ち

Tusculum-Bücherei

DIE SATIREN UND BRIEFE

DES HORAZ

Lateinisch und deutsch

ERNST HEIMERAN VERLAG MÜNCHEN

2. neubearbeitete Auflage / 1953/54
Satz und Druck: C. Brügel & Sohn, Ansbach / Binden: Himmelseher, Ansbach

Q. Horatius Flaccus
Sermones et Epistulae

Übersetzt und zusammen mit Hans Färber bearbeitet von
WILHELM SCHÖNE

Sermones

LIBER I

I

Qui fit, Maecenas, ut nemo, quam sibi sortem
seu ratio dederit seu fors obiecerit, illa
contentus vivat, laudet diversa sequentis ?
 'o fortunati mercatores' gravis annis
miles ait, multo iam fractus membra labore;   5
contra mercator navim iactantibus Austris:
'militia est potior. quid enim ? concurritur: horae
momento cita mors venit aut victoria laeta.'
agricolam laudat iuris legumque peritus,
sub galli cantum consultor ubi ostia pulsat.   10
ille, datis vadibus qui rure extractus in urbem est,
solos felicis viventis clamat in urbe.
cetera de genere hoc — adeo sunt multa — loquacem
delassare valent Fabium. ne te morer, audi,
quo rem deducam. si quis deus 'en ego' dicat   15
'iam faciam quod voltis: eris tu, qui modo miles,
mercator; tu, consultus modo, rusticus: hinc vos,
vos hinc mutatis discedite partibus. eia,
quid statis ?' nolint. atqui licet esse beatis.
quid causae est, merito quin illis Iuppiter ambas   20
iratus buccas inflet neque se fore posthac
tam facilem dicat, votis ut praebeat aurem ?
 praeterea, ne sic, ut qui iocularia, ridens
percurram — quamquam ridentem dicere verum
quid vetat ? ut pueris olim dant crustula blandi   25
doctores, elementa velint ut discere prima —
sed tamen amoto quaeramus seria ludo:

Satiren

1. Buch

1

Wie kommt es nur, Mäcenas ? Keiner ist zufrieden mit dem Lebens-
lose, wie eigne Wahl es ihm geschaffen oder äußere Fügung es beschert
hat; jeder preist die glücklich, die einen anderen Lebensweg erkoren.
„Glückselig ihr Kaufleute !" so seufzt mit der Jahre wachsender
Last der Soldat, dem mancherlei Strapazen die Kraft der Glieder gebrochen. Das Gegenteil denkt der Kaufmann auf See, wenn Stürme
sein Schiff hin und her schleudern. „Da hat Kriegsfahrt doch den Vorzug !" spricht er. „Ist's nicht so ? Die Heere rücken an, im Augenblick
folgt die Entscheidung: ein rascher Tod oder Siegesjubel." Den Landwirt preist der Rechts- und Gesetzeskundige, sobald beim ersten
Hahnenschrei der ratsuchende Klient ihm die Tür stürmt. Der Bauer ist
aufs Stadtgericht entboten; Pfandleistung macht sein Kommen un-
erläßlich: da beteuert er, gut habe es nur der Stadtbewohner. Seufzer
und Wünsche derart sind so häufig: die Redseligkeit eines Fabius
könnte bei der Aufzählung erschlaffen. Doch ich will dich nicht er-
müden: höre, worauf ich hinaus will. Gesetzt, ein Gott spräche: „Nun
gut, ich will jetzt euren Wunsch erfüllen; du, eben Soldat, sollst Kaufmann sein; du, Rechtskundiger bisher, jetzt Landwirt: tauscht die
Rollen; ihr geht hier ab, ihr dort ! — Heda, was steht ihr noch ?" Sie
würden den Wunsch verleugnen; und doch könnten sie jetzt ihr Glück
haben ! Ist es nicht begründet und verdient, wenn Juppiter sie zornig
anbläst und erklärt, künftig werde er nicht so gefällig sein, Wünschen
Gehör zu schenken ?

Noch eins, um nicht wie beim Schwankdichter durch einen Scherz den
Fall zu erledigen. Freilich, warum dürfte man nicht Wahrheit auch scherzend vortragen ? Gibt doch auch der Lehrer in der Schule manchmal
Zuckerwerk als Lockmittel, damit die Kinder Lust bekommen, das Abc
zu lernen. Doch Scherz beiseite, ernsthaft wollen wir die Frage prüfen. —

ille gravem duro terram qui vertit aratro,
perfidus hic caupo, miles nautaeque, per omne
audaces mare qui currunt, hac mente laborem   30
sese ferre, senes ut in otia tuta recedant,
aiunt, cum sibi sint congesta cibaria: sicut
parvola — nam exemplo est — magni formica laboris
ore trahit quodcumque potest atque addit acervo
quem struit, haud ignara ac non incauta futuri.   35
quae, simul inversum contristat Aquarius annum,
non usquam prorepit et illis utitur ante
quaesitis sapiens, cum te neque fervidus aestus
demoveat lucro neque hiems, ignis mare ferrum,
nil obstet tibi, dum ne sit te ditior alter.   40

    quid iuvat inmensum te argenti pondus et auri
furtim defossa timidum deponere terra,
quod, si conminuas, vilem redigatur ad assem?
at ni id fit — quid habet pulcri constructus acervus?
milia frumenti tua triverit area centum: 45
non tuus hoc capiet venter plus ac meus: ut, si
reticulum panis venalis inter onusto
forte vehas umero, nihilo plus accipias quam
qui nil portarit. vel dic quid referat intra
naturae finis viventi, iugera centum an   50
mille aret? 'at suave est ex magno tollere acervo.'
dum ex parvo nobis tantundem haurire relinquas,
cur tua plus laudes cumeris granaria nostris?
ut tibi si sit opus liquidi non amplius urna
vel cyatho et dicas 'magno de flumine mallem   55
quam ex hoc fonticulo tantundem sumere.' eo fit,
plenior ut siquos delectet copia iusto,
cum ripa simul avolsos ferat Aufidus acer.
at qui tantuli eget quanto est opus, is neque limo
turbatam haurit aquam neque vitam amittit in undis.   60

    at bona pars hominum decepta cupidine falso
'nil satis est', inquit, 'quia tanti quantum habeas sis.'

Der Mann dort, der mit hartem Pflug die unfügsame Scholle bricht, hier der prellsüchtige Schenkwirt, der Soldat, die Schiffer, die waghalsig jedes Meer durcheilen, sie tragen die Mühsal angeblich nur zu einem Zwecke: im Alter wollen sie sich in gesicherte Muße zurückziehn, sobald sie Vorrat eingeheimst haben. Ihnen gilt als Musterbild die winzige Ameise mit ihrer großen Arbeitskraft: sie schleift ja mit dem Maule herzu, was sie nur kann, und tut es zu dem Haufen, den sie aufbaut, in Voraussicht der Zukunft und in wahrhafter Vorsorge. Aber sobald mit der Jahreswende der Wassermann trübe Zeiten bringt, kriecht sie nirgends mehr hervor und ist klug genug, zu nutzen, was sie früher gesammelt. Dich aber hält nicht heiße Sommersglut, nicht Winterfrost von der Jagd nach Gewinn zurück; kein Feuer, keine Woge, keine Waffe ist dir ein Hindernis, wofern nur der „Andere" nicht reicher wird als du.

Welche Freude macht es dir, Unmengen Silbers und Goldes angstvoll in heimlich geschaufelter Grube zu bergen, wo doch nur ein roter Heller bleibt, wenn du es zersplitterst? Ja, aber rührt man nicht daran, worin besteht dann der Reiz des geschichteten Haufens? Mag deine Tenne hunderttausend Scheffel gedroschen haben, darum wird dein Magen nicht mehr fassen als der meine. Müßtest du in dem Sklaventrupp, der zu Markte getrieben wird, zufällig den Brotsack auf dem schwer bepackten Rücken tragen: du würdest darum nicht mehr bekommen, als wer ohne Last marschiert ist. Noch eins sage mir: was kommt bei naturgemäßer Lebenshaltung darauf an, ob man hundert, ob man tausend Morgen unter dem Pfluge hat? „Es ist doch ein behagliches Gefühl, so aus dem vollen zu schöpfen." Vergönnst du uns, aus kleinem Vorrat das gleiche Maß zu füllen, so wüßte ich nicht, warum deine Speicher den Vorzug verdienten vor unsern Mehlkisten. Es ist, wie wenn du frisches Wasser brauchtest, nicht mehr als einen Krug oder einen Becher, und nun sprächst: „ich möchte lieber aus dem großen Strome die gleiche Menge schöpfen als aus dem kleinen Quell hier." Die Folge ist, daß so manchen, der an maßloser Fülle sich labt, der reißende Aufidus fortschwemmt, ihn mitsamt dem Uferrande. Aber wer nur das Wenige begehrt, was er braucht, der schöpft kein schlammgetrübtes Wasser und verliert nicht sein Leben in den Wellen.

Verbreitet freilich ist der Einwand, den nur die falsche Sucht eingibt: „Genug kann es niemals sein; denn so viel Geld du hast, so viel

quid facias illi ? iubeas miserum esse, libenter
quatenus id facit: ut quidam memoratur Athenis
sordidus ac dives, populi contemnere voces   65
sic solitus: 'populus me sibilat, at mihi plaudo
ipse domi, simul ac nummos contemplor in arca.'
Tantalus a labris sitiens fugientia captat
flumina — quid rides ? mutato nomine de te
fabula narratur: congestis undique saccis   70
indormis inhians et tamquam parcere sacris
cogeris aut pictis tamquam gaudere tabellis.
nescis, quo valeat nummus, quem praebeat usum ?
panis ematur, holus, vini sextarius, adde
quis humana sibi doleat natura negatis.   75
an vigilare metu exanimem, noctesque diesque
formidare malos fures, incendia, servos,
ne te conpilent fugientes, hoc iuvat ? horum
semper ego optarim pauperrimus esse bonorum.

   at si condoluit temptatum frigore corpus   80
aut alius casus lecto te adflixit, habes qui
adsideat, fomenta paret, medicum roget, ut te
suscitet ac reddat gnatis carisque propinquis ?
non uxor salvum te volt, non filius; omnes
vicini oderunt, noti, pueri atque puellae.   85
miraris, cum tu argento post omnia ponas,
si nemo praestet, quem non merearis, amorem ?
an si cognatos, nullo natura labore
quos tibi dat, retinere velis servareque amicos,
infelix operam perdas, ut siquis asellum   90
in campo doceat parentem currere frenis ?

   denique sit finis quaerendi, cumque habeas plus,
pauperiem metuas minus et finire laborem
incipias, parto quod avebas, ne facias quod
Ummidius quidam; non longa est fabula: dives   95
ut metiretur nummos, ita sordidus, ut se
non umquam servo melius vestiret, ad usque

giltst du in der Welt." Wie soll man dem Verrannten beikommen?
Überlaß ihn seinem Elend: es macht ihm ja Vergnügen. So pflegte in
Athen, wie man erzählt, ein schmutzig reicher Geizhals das Urteil seiner
Mitmenschen mit Nichtachtung zu strafen; er sagte: „Die Menschen
da draußen zischen mich aus, aber daheim klatsche ich mir selbst Beifall, sobald ich die Goldstücke in der Truhe beschaue." In Durstes
Qualen hascht Tantalus nach Fluten, die von seinen Lippen weichen –
worüber lächelst du? Nur der Name ist verändert: du bist der Held der
Sage. Eingesackt hast du, wo du konntest: da liegt nun Sack auf Sack
gebettet und du oben darauf mit gierendem Munde; dabei mußt du die
Goldschätze schonen wie Gottesschätze oder sie genießen wie Wand-
gemälde. Solltest du nicht wissen, welchen Wert die Münze hat, wozu
sie verhilft? Brot mag man kaufen, Gemüse, einen Schoppen Wein,
auch andern natürlichen Bedarf, den der Mensch nur ungern missen
würde. Daß du schlaflos liegst in Todesängsten, dich Tag und Nacht
graulst vor schändlichen Spitzbuben, vor Brandstiftungen, vor den
Sklaven mit ihren Raub- und Fluchtgelüsten, ist das etwa Genuß? Von
solchen Gütern, solchen Gaben möcht' ich doch stets recht wenig haben!
 Aber wenn auf dem Schmerzenslager Fieberfrost dich schüttelt,
wenn sonst ein Krankheitsfall dich niederwarf, hast du da wohl einen
Freund, der an deinem Bette sitzt, dir Umschläge bereitet, den Arzt
ruft, daß er dir wieder emporhelfe und dich deinen Kindern, deinen
lieben Verwandten wiedergebe? Nicht Weib, nicht Kind wünscht
deine Genesung; alle Nachbarn sind dir gram, alle Bekannten, selbst
die Knaben und Mägdlein. Das Geld geht dir ja über alles: wunderst
du dich, wenn niemand dir die Liebe erweist, die du nicht verdienst?
Natur schenkt dir die Blutsverwandten ohne dein Zutun: wäre es so
ganz verlorene Liebesmüh', sie dir zu erhalten, dir ihre Neigung zu
wahren? so sinnlos, wie wenn man den Esel schulen wollte, als Renner
auf dem Marsfeld dem Zügel zu gehorchen?
 Kurz und gut, nicht schrankenlos soll der Erwerbstrieb wuchern.
Du hast deine Habe gemehrt; nun mindere auch die Furcht vor der
Knappheit. Höre auf, dich zu quälen: du hast ja jetzt, was du begehrtest.
Es kann dir sonst gehen wie einem gewissen Ummidius. Die Geschichte
ist nicht lang. Er war so reich, daß er das Geld mit Scheffeln maß; er
war so schmutzig geizig, daß er sich nie im Leben besser kleidete als ein

supremum tempus, ne se penuria victus
opprimeret, metuebat. at hunc liberta securi
divisit medium, fortissima Tyndaridarum.   100

'quid mi igitur suades ? ut vivam Naevius aut sic
ut Nomentanus ?' pergis pugnantia secum
frontibus adversis conponere: non ego avarum
cum veto te fieri, vappam iubeo ac nebulonem:
est inter Tanain quiddam socerumque Viselli: 105
est modus in rebus, sunt certi denique fines,
quos ultra citraque nequit consistere rectum.

illuc, unde abii, redeo: qui nemo, ut avarus,
se probet ac potius laudet diversa sequentis,
quodque aliena capella gerat distentius uber,   110
tabescat neque se maiori pauperiorum
turbae conparet, hunc atque hunc superare laboret.
sic festinanti semper locupletior obstat,
ut, cum carceribus missos rapit ungula currus,
instat equis auriga suos vincentibus, illum   115
praeteritum temnens extremos inter euntem.
inde fit, ut raro, qui se vixisse beatum
dicat et exacto contentus tempore vita
cedat uti conviva satur, reperire queamus.

iam satis est. ne me Crispini scrinia lippi   120
conpilasse putes, verbum non amplius addam.

2

Ambubaiarum collegia, pharmacopolae,
mendici, mimae, balatrones, hoc genus omne
maestum ac sollicitum est cantoris morte Tigelli:
quippe benignus erat. contra hic, ne prodigus esse
dicatur metuens, inopi dare nolit amico,   5
frigus quo duramque famem propellere possit.
   hunc si perconteris, avi cur atque parentis

Sklave; und bis zum Ende seiner Tage beherrschte ihn die Furcht, der Mangel am Nötigsten könnte über ihn kommen. Doch es kam anders: ihm hat eine Freigelassene mit dem Beile das Haupt gespalten, an Mut eine zweite Klytämnestra.

„Was empfiehlst du mir also? Soll ich ein Verschwenderleben führen wie Nävius oder Nomentanus?" Da stellst du wieder schroffe Gegensätze Stirn gegen Stirn. Wenn ich dir Geiz widerrate, so rate ich nicht zum Schlemmen und Verschwenden. Es gibt doch ein Mittel zwischen den Extremen wie Tanais und Visellius' Schwiegervater: es gibt ein rechtes Maß in allen Dingen; kurz, feste Schranken sind gezogen, und diesseits wie jenseits liegt das Unhaltbare.

Ich kehre zum Ausgangspunkt zurück, warum niemand sein Los zufrieden hinnimmt, warum jeder, als ein rechter Nimmersatt, den fremden Lebensweg rühmt und sich abhärmt, weil des andern Ziege das Euter straffer trägt; warum er sich nicht der größeren Menge der Ärmeren vergleicht, nein, den und jenen durchaus noch überbieten muß. Wer so vorwärts hastet, stößt immer auf ein Hindernis, einen noch Reicheren; und es geht wie beim Rennen, wenn vom Startplatz der Gaul die Wagen dahinreißt: da verfolgt der Lenker das Gespann, das dem seinen voraus will; nichts gilt ihm der Überholte, der unter den letzten fährt. So kommt es, daß wir selten einen Zufriedenen finden, der nach eignem Ausspruch ein glückliches Leben vollbracht hat und beim Ablauf seiner Frist wie ein gesättigter Tischgast davon Abschied nimmt.

Ich denke, es genügt. Du sollst nicht glauben, ich hätte in den Schriften des trübsichtigen Crispinus einen Beutezug getan; drum will ich kein Wort mehr hinzutun.

2

Der Flötenspielerinnen ehrsame Zunft, die Quacksalber und Bettelpriester, Soubretten und Possenreißer — dies ganze Gesindel ist um des Sängers Tigellius Ende tief bekümmert: er war ja so splendid! Ein andrer wieder möchte selbst dem armen Freund nichts geben, was ihn vor Kälte, vor dem grimmigen Hunger schützen könnte: ihm bangt vor dem Ruf des Verschwenders.

Hier verpraßt einer sinnlos in unersättlichem Schlemmen das reiche

praeclaram ingrata stringat malus ingluvie rem,
omnia conductis coemens obsonia nummis,
sordidus atque animi quod parvi nolit haberi,   10
respondet. laudatur ab his, culpatur ab illis.
Fufidius vappae famam timet ac nebulonis,
dives agris, dives positis in fenore nummis:
quinas hic capiti mercedes exsecat atque
quanto perditior quisque est, tanto acrius urget;   15
nomina sectatur modo sumpta veste virili
sub patribus duris tironum. 'maxime' quis non
'Iuppiter' exclamat simul atque audivit ? 'at in se
pro quaestu sumptum facit ?' hic ? vix credere possis,
quam sibi non sit amicus, ita ut pater ille, Terenti   20
fabula quem miserum gnato vixisse fugato
inducit, non se peius cruciaverit atque hic.
   siquis nunc quaerat 'quo res haec pertinet ?' illuc:
dum vitant stulti vitia, in contraria currunt.
Maltinus tunicis demissis ambulat, est qui   25
inguen ad obscaenum subductis usque; facetus
pastillos Rufillus olet, Gargonius hircum:
nil medium est. sunt qui nolint tetigisse nisi illas
quarum subsuta talos tegat instita veste,
contra alius nullam nisi olenti in fornice stantem.   30
quidam notus homo cum exiret fornice, 'macte
virtute esto' inquit sententia dia Catonis;
'nam simul ac venas inflavit taetra libido,
huc iuvenes aequom est descendere, non alienas
permolere uxores.' 'nolim laudarier' inquit   35
'sic me' miratur cunni Cupiennius albi.

   audire est operae pretium, procedere recte
qui moechis non voltis, ut omni parte laborent
utque illis multo corrupta dolore voluptas
atque haec rara cadat dura inter saepe pericla.   40
hic se praecipitem tecto dedit, ille flagellis
ad mortem caesus, fugiens hic decidit acrem

Gut, das ihm Großvater und Vater hinterließ; alle möglichen Leckerbissen kauft er mit zusammengeborgtem Geld; du fragst, warum?
„Knausrig und kleinlich soll man mich nicht schimpfen", gibt er dir
zur Antwort. Lob wie Tadel findet er dafür in gleicher Weise. Der
reiche Fufidius wieder, Besitzer weiter Ländereien und zinsbar ange-
legten Kapitals, möchte nicht als Schlemmer, als Verschwender gelten;
sechzig Prozent schlägt er heraus; je schlechter es einem geht, um so
schärfer setzt er ihm zu; auf junge Leute, die, vom Vater knapp gehalten,
eben mündig wurden, hat er's besonders abgesehen. „Allmächtiger
Gott !" ruft jeder, der davon hört, „aber sicher genießt er doch sein
Leben, wo ihm solche Summen in die Tasche fließen !" Der? Man sollte
es nicht glauben: sich selbst ist er kein Freund; schlimmer quält er sich
als der bekannte Vater im Lustspiel des Terenz, der den Sohn davon-
gejagt hat und nun ein trauriges Leben führt.

Was ich mit den Geschichten sagen will, fragt jetzt wohl einer. Daß
Narren, die den einen Fehler meiden, geradewegs in den andern stürzen.
Beim Spaziergang läßt Maltinus seine Tunika bis zu den Füßen hängen;
ein andrer trägt sie bis zur unanständigen Hüftengegend aufgeschürzt;
der Elegant Rufillus duftet nach Pastillen, Gargonius nach dem Ziegenbock. Die rechte Mitte kennt man nicht. Den einen reizen Damen, die
ehrbar ihre Knöchel mit dem Falbelkleid verhüllen, den andern nur
die feile Dirne im anrüchigen Lokal. Aus solchem Haus kam einst ein
junger Mensch: „gepriesen sei deine Tugend !" rief Cato, dem er bekannt, in seiner tiefen Weisheit; „wem eklige Sinnenlust die Adern
schwellen läßt, der Jüngling gehe lieber hier hinab statt andrer Leute
Frauen vorzunehmen." „So mag ich nicht gelobt sein", meint dazu
Cupiennius, dem die weißgekleidete Matrone mehr behagt.

Hört nun – es lohnt zu hören! –, die ihr Ehebrechern den Erfolg nicht
gönnt, wie schlecht es ihnen allerwegen geht, wie ihre Lust, die ihnen
selten blüht, von vielem Leid getrübt ist und sie so manches Mal in
schwere Not gebracht hat. Kopfüber stürzt sich der vom Dach, dort
peitscht man einen fast zu Tode, der flieht und fällt den bösen Räubern

praedonum in turbam, dedit hic pro corpore nummos.
hunc perminxerunt calones; quin etiam illud
accidit, ut cuidam testis caudamque salacem   45
demeterent ferro. 'iure' omnes: Galba negabat.
    tutior at quanto merx est in classe secunda,
libertinarum dico — Sallustius in quas
non minus insanit quam qui moechatur. at hic si,
qua res, qua ratio suaderet quaque modeste   50
munifico esse licet, vellet bonus atque benignus
esse, daret quantum satis esset nec sibi damno
dedecorique foret. verum hoc se amplectitur uno,
hoc amat et laudat: 'matronam nullam ego tango',
ut quondam Marsaeus, amator Originis ille,   55
qui patrium mimae donat fundumque laremque,
'nil fuerit mi' inquit 'cum uxoribus umquam alienis.'
verum est cum mimis, est cum meretricibus, unde
fama malum gravius quam res trahit. an tibi abunde
personam satis est, non illud, quidquid ubique   60
officit, evitare ? bonam deperdere famam,
rem patris oblimare malum est ubicumque. quid inter-
est in matrona, ancilla peccesne togata ?
    Villius in Fausta Sullae gener, hoc miser uno
nomine deceptus, poenas dedit usque superque   65
quam satis est, pugnis caesus ferroque petitus,
exclusus fore, cum Longarenus foret intus.
huic si muttonis verbis mala tanta videnti
diceret haec animus 'quid vis tibi ? numquid ego a te
magno prognatum deposco consule cunnum   70
velatumque stola, mea cum conferbuit ira ?'
quid responderet ? 'magno patre nata puella est.'
    at quanto meliora monet pugnantiaque istis
dives opis natura suae, tu si modo recte
dispensare velis ac non fugienda petendis   75
inmiscere. tuo vitio rerumne labores,
nil referre putas ? quare, ne paeniteat te,
desine matronas sectarier, unde laboris

in die Hände, jener zahlt und rettet so sein Leben, zur Notzucht gibt man den den Pferdeknechten preis; ja, das auch gibt's, daß einer Hoden und das geile Glied durchs Messer einbüßt. „Recht so!" rufen alle – außer Galba.

Glaub' mir, mit größrer Sicherheit beziehst du deine Ware eine Klasse tiefer, wo die freigelassnen Mädchen sind. Sallustius freilich lebt in diesem Kreise nicht weniger sinnlos als der andre, der mit Ehefrauen buhlt: Schaden und Schande konnte er sich sparen, brauchte nicht drauf und drein zu geben, wenn er ein freundlicher Spender war, wie's seinem Vermögen zukam, wie die Stimme der Vernunft ihm riet und wie mit rechtem Maß man schenken darf. Doch „Ehefrauen rühr' ich nicht an" – das allein ist sein Stolz und seine Freude, darin nur gefällt er sich. Grade wie einst Marsaeus, der in Origo, die Tänzerin, verliebt war: ihr schenkt er Hof und Haus, die ganze Erbschaft, und sagt dazu: „Mit fremden Ehefrauen geb' ich mich nicht ab." Nein, aber mit Tänzerinnen, mit Dirnen, die dem Rufe noch mehr schaden als dem Beutel! Oder hütest du dich nur, des Ehebrechers Rolle zu spielen, statt alles zu meiden, was dir Schaden bringt? Den guten Ruf einbüßen, des Vaters Gut verprassen – wo gilt das nicht als Schande? Was macht's, ob du der ehrbaren Frau, ob du der niederen Magd den Kopf verdrehst?

Villius fühlt sich als Sullas Schwiegersohn, weil er der Tochter Fausta Hausfreund war; der arme Narr, den nur der eine große Name blendete – wie bitter hatte er's zu büßen, den man mit Fäusten schlug, mit Messerstichen verfolgte und vor die Tür setzte, war ein anderer Galan bei ihr. Hätte nun bei solcher Leiden Anblick der Penis selbst ihn angesprochen: „Was willst du nur? Verlange ich von dir, sobald die Lust sich regt, ein Frauenzimmer, das eines Konsuls Tochter, das sich in die züchtige Stola hüllt?" — was wär' die Antwort? „Ja, sie ist nun mal des großen Mannes Tochter!"

Viel besser, so ganz anders als dein Treiben ist es, was Natur dir rät, die reichlich Mittel hat, dich zu befriedigen; recht haushalten mußt du nur damit, darfst nicht durcheinanderbringen, was man meiden, was man wünschen soll. Meinst du, es macht nichts aus, ob du selbst oder das Schicksal es verschuldet, was du leidest? Drum spare dir die Reue, hör' auf, den Ehefrauen nachzustellen, wobei du viel mehr böse Not

plus haurire mali est quam ex re decerpere fructus.
nec magis huic inter niveos viridisque lapillos,   80
sit licet hoc, Cerinthe, tuum, tenerum est femur aut crus
rectius, atque etiam melius persaepe togatae.
    adde huc, quod mercem sine fucis gestat, aperte
quod venale habet ostendit nec, siquid honesti est,
iactat habetque palam, quaerit, quo turpia celet.   85
regibus hic mos est, ubi equos mercantur: opertos
inspiciunt, ne si facies, ut saepe, decora
molli fulta pede est, emptorem inducat hiantem,
quod pulcrae clunes, breve quod caput, ardua cervix.
hoc illi recte: ne corporis optima Lyncei   90
contemplere oculis, Hypsaea caecior illa,
quae mala sunt, spectes. 'o crus, o bracchia.' verum
depugis, nasuta, brevi latere ac pede longo est.
matronae praeter faciem nil cernere possis,
cetera, ni Catia est, demissa veste tegentis.   95
si interdicta petes, vallo circumdata — nam te
hoc facit insanum —, multae tibi tum officient res,
custodes, lectica, ciniflones, parasitae,
ad talos stola demissa et circumdata palla,
plurima, quae invideant, pure adparere tibi rem.   100
altera, nil obstat: Cois tibi paene videre est
ut nudam, ne crure malo, ne sit pede turpi;
metiri possis oculo latus. an tibi mavis
insidias fieri pretiumque avellier ante
quam mercem ostendi? leporem venator ut alta   105
in nive sectetur, positum sic tangere nolit
cantat et adponit 'meus est amor huic similis; nam
transvolat in medio posita et fugientia captat.'
hiscine versiculis speras tibi posse dolores
atque aestus curasque gravis e pectore pelli?   110
nonne, cupidinibus statuat natura modum quem,
quid latura sibi, quid sit dolitura negatum,
quaerere plus prodest et inane abscindere soldo?
num, tibi cum faucis urit sitis, aurea quaeris

erfahren als wirklich Früchte ernten wirst. Und die Matrone hat in
ihrem Schmuck von Perlen und Smaragden — mag das auch dein Geschmack sein, mein Cerinthus ! — doch nicht zartere Schenkel, schlan-
kere Beine; ja, die kleine Dirne ist ihr oft weit überlegen.

Und mehr noch: die stellt ihre Ware ohne falschen Aufputz aus, offen
zeigt sie, was sie zu verkaufen hat, doch ohne ihre Schönheit prahlerisch
zur Schau zu tragen oder ihre Mängel ängstlich zu verbergen. Hohe
Herren machen es so beim Pferdehandel: in Decken gehüllt wird das
Tier besichtigt, sonst könnte, wie so oft, ein schöner Leib auf allzu
schwachen Füßen leicht den Käufer locken, der staunend auf die stattlichen Hinterbacken, auf den feinen Kopf, den stolz erhobenen Nacken
gafft. Recht tun sie und warnen dich damit, des Frauenkörpers Schönheit mit dem scharfen Auge eines Lynceus anzustaunen, während du für
seine Mängel so blind bist wie Hypsaea. „Diese Wade ! diese Arme !"
und dabei siehst du nicht, daß ihr doch hinterwärts die Rundung fehlt,
die Nase groß, die Taille kurz, die Füße gar zu lang. Bei Ehefrauen siehst
du nichts als das Gesicht, das übrige verhüllt das Kleid, das tief herab-
wallt — wenn's nicht die hochgeschürzte Catia ist. Reizt dich Verbot-
nes ? Macht gerade das dich toll, was des Gesetzes Wall umschirmt ?
Wie viele Hindernisse stehn dir da im Weg: die Sänfte und ihre Begleiter; daheim die Sklaven zum Frisieren und die Frauen, die Gesellschaft leisten; das lange Kleid, das bis auf die Knöchel reicht, der Mantel drüber und so vieles, was dir den unverhüllten Anblick ihrer Reize
neidisch wehrt. Bei der anderen aber ist nichts im Wege: im zarten ko-
ischen Gewande siehst du sie wie nackt, brauchst nicht vor häßlicher
Wade, häßlichem Fuß besorgt zu sein, abtasten kannst du mit den Blicken
ihre Hüfte. Oder willst du dich ins Garn locken, dir den Preis abdringen
lassen, bevor du die Ware sahst ? Er singt das Lied vom Jäger, der den
Hasen im tiefen Schnee verfolgt, doch, liegt er ihm zur Hand, ihn nicht
berühren mag; „ganz so ist meine Liebe", fährt er fort, „was mir bequem zur Hand liegt, das verschmäht sie, was mich flieht, begehrt sie
heiß". Meinst du mit solchen Sprüchlein das Herz von Liebespein, von
quälender Leidenschaft und Sorgen zu entlasten ? Ist es nicht nützlicher
zu fragen, welches Maß Natur der Sinnenlust gesetzt hat, auf was sie
ohne Not, auf was sie nur mit Schmerz verzichtet, und so den leeren
Wahn vom wahren Kern zu scheiden ? Rufst du nach goldenen Pokalen,

pocula ? num esuriens fastidis omnia praeter 115
pavonem rhombumque ? tument tibi cum inguina, num, si
ancilla aut verna est praesto puer, impetus in quem
continuo fiat, malis tentigine rumpi ?
non ego; namque parabilem amo venerem facilemque.
illam 'post paulo', 'sed pluris', 'si exierit vir' 120
Gallis, hanc Philodemus ait sibi, quae neque magno
stet pretio neque cunctetur, cum est iussa venire.
candida rectaque sit, munda hactenus, ut neque longa
nec magis alba velit quam dat natura videri.
haec ubi supposuit dextro corpus mihi laevom, 125
Ilia et Egeria est; do nomen quodlibet illi
nec vereor, ne, dum futuo, vir rure recurrat,
ianua frangatur, latret canis, undique magno
pulsa domus strepitu resonet, vepallida lecto
desiliat mulier, miseram se conscia clamet, 130
cruribus haec metuat, doti deprensa, egomet mi.
discincta tunica fugiendum est et pede nudo,
ne nummi pereant aut puga aut denique fama.
deprendi miserum est : Fabio vel iudice vincam.

3

Omnibus hoc vitium est cantoribus, inter amicos
ut numquam inducant animum cantare rogati,
iniussi numquam desistant. Sardus habebat
ille Tigellius hoc. Caesar, qui cogere posset,
si peteret per amicitiam patris atque suam, non 5
quicquam proficeret; si conlibuisset, ab ovo
usque ad mala citaret 'io Bacchae' modo summa
voce, modo hac, resonat quae chordis quattuor ima.
nil aequale homini fuit illi: saepe velut qui
currebat fugiens hostem, persaepe velut qui 10
Iunonis sacra ferret; habebat saepe ducentos,
saepe decem servos; modo reges atque tetrarchas,

wenn dir der Durst die Kehle brennt ? Verschmähst du, wenn dich hun-
gert, alles außer Steinbutt und Pfauenbraten ? All deine Sinne sind in
Aufruhr und ein Dirnchen, ein junger Sklave ist zur Hand, die dir so-
gleich zu Willen sind; magst du dann lieber bersten vor ungestillter
Gier ? Das ist nicht mein Geschmack; mir liegt die Liebe mehr, die
rasch bereit und leicht sich gibt. Jene, die immer sagt: „Ein andermal";
„mehr mußt du geben"; „erst wenn mein Mann verreist ist", die gönnt
der weise Philodemus den Kastraten und sich selber eine andre, die
nicht so hoch im Preis steht und die auf Verlangen willig kommt.
Hübsch und wohlgewachsen soll sie sein und schmuck; so eine, die
nicht größer und nicht weißer scheinen will, als die Natur sie schuf.
Wenn ich nun zu ihrer Rechten liege und sie sich von der andern Seite
zärtlich an mich schmiegt, dann ist sie meine Ilia, meine Egeria; die
schönsten Namen geb' ich ihr und brauche nicht zu sorgen, daß mitten
in der Schäferstunde der Mann vom Lande heimkehrt, die Tür erbro-
chen wird, die Hunde bellen, daß das ganze Haus ringsum von Lärm
erschallt, das Mädchen leichenblaß vom Lager aufspringt, die vertraute
Dienerin ihr Unglück laut bejammert und für ihre Knochen fürchtet,
daß die Ertappte um die Mitgift bangt, ich selbst um meinen Kopf. Im
flatternden Hemd, mit nacktem Fuß muß man fliehen, sonst kostet's
Buße oder schwere Schläge oder mindestens den guten Ruf. Ertappt zu
werden ist ein rechtes Pech: selbst Fabius wird mir das nicht bestreiten.

3

Alle Sänger haben diese Unart: werden sie im Freundeskreis um ein
Liedlein gebeten, so lehnen sie ab; unaufgefordert können sie kein
Ende finden. Auch Tigellius, der bekannte Künstler aus Sardinien, hatte
diese Marotte: wenn der Kaiser selbst, der ihn doch zwingen konnte,
auf die Freundschaft mit seinem Vater, auf die eigne Freundschaft sich
berufen hätte, seine Bitte blieb stets unerfüllt; dann fiel's ihm plötzlich
ein, und nun sang er sein „Juchheißa" von der Vorspeise bis zum Dessert, bald im tiefsten Baß und bald im höchsten Falsett. Nichts Ausge-
glichenes kannte dieser Mensch: bald rannte er, als wär' ihm der Feind
auf den Fersen, dann wieder schritt er feierlich, als trüge er Junos Heiligtümer in Prozession; einmal hielt er sich zweihundert Sklaven, ein
andermal nur zehn; heut' renommierte er mit großartigen Beziehungen

omnia magna loquens, modo 'sit mihi mensa tripes et
concha salis puri et toga, quae defendere frigus
quamvis crassa queat.' deciens centena dedisses   15
huic parco, paucis contento, quinque diebus
nil erat in loculis; noctes vigilabat ad ipsum
mane, diem totum stertebat; nil fuit unquam
sic inpar sibi. nunc aliquis dicat mihi 'quid? tu
nullane habes vitia?' immo alia et fortasse minora.   20
　　Maenius absentem Novium cum carperet, 'heus tu'
quidam ait 'ignoras te an ut ignotum dare nobis
verba putas?' 'egomet mi ignosco' Maenius inquit.
stultus et inprobus hic amor est dignusque notari.
cum tua pervideas oculis mala lippus inunctis,   25
cur in amicorum vitiis tam cernis acutum
quam aut aquila aut serpens Epidaurius? at tibi contra
evenit, inquirant vitia ut tua rursus et illi.

　　iracundior est paulo, minus aptus acutis
naribus horum hominum; rideri possit eo quod   30
rusticius tonso toga defluit et male laxus
in pede calceus haeret: at est bonus, ut melior vir
non alius quisquam, at tibi amicus, at ingenium ingens
inculto latet hoc sub corpore. denique te ipsum
concute, numqua tibi vitiorum inseverit olim   35
natura aut etiam consuetudo mala; namque
neglectis urenda filix innascitur agris.
　　illuc praevertamur, amatorem quod amicae
turpia decipiunt caecum vitia aut etiam ipsa haec
delectant, veluti Balbinum polypus Hagnae.   40
vellem in amicitia sic erraremus et isti
errori nomen virtus posuisset honestum.
ac pater ut gnati, sic nos debemus amici
siquod sit vitium non fastidire. strabonem
appellat paetum pater, et pullum, male parvos   45
sicui filius est, ut abortivus fuit olim
Sisyphus; hunc varum distortis cruribus, illum

zu Königen und hohen Potentaten, bald klang es ganz bescheiden:
„Mir genügt schon ein einfacher Tisch, eine Muschel mit purem Salz,
dazu eine Toga aus grobem Stoff, wenn sie nur warm hält." Eine Million konntest du diesem schlichten, genügsamen Manne geben: in einer
Woche war die Kasse leer. Bald wachte er nachts bis zum frühen Morgen, dann wieder schnarchte er den ganzen Tag. Keinen unbeständigeren
Menschen gab's auf der Welt.

Jetzt sagt vielleicht einer: „Und du ? Hast du keine Fehler ?" Gewiß,
aber andre, die doch wohl harmloser sind.

Jüngst machte Maenius einen andern hinter seinem Rücken schlecht.
„Hör mal, du", fragt man ihn, „kennst du dich selbst so wenig, oder
meinst du, wir wüßten nichts von dir, du könntest uns was vormachen ?"
„Mir selbst verzeihe ich", sagt darauf Maenius. Dumm und verkehrt
ist solche Selbstgefälligkeit, höchst tadelnswert ! Wenn es deine eignen
Fehler zu durchschauen gilt, spielst du den Augenkranken; warum
bist du dann bei der Freunde Schwächen so scharfsichtig wie ein Adler,
wie die Schlange von Epidauros ? Paß auf, nun werden sie auch über
deine Fehler strenge Musterung halten !

Gewiß, dein Freund ist etwas reizbar, ist nicht recht geeignet für die
feinen Nasen dieser Welt; man kann wohl über ihn lächeln, denn der
Faltenwurf der Toga läßt zu wünschen übrig, das Haar zeigt nicht den
neusten Schnitt, der allzu weite Schuh sitzt schlecht am Fuß — aber er
ist ein guter Mensch, wie's keinen zweiten gibt, ist dir ein treuer Freund,
und welch' ein Geist birgt sich in dieser ungepflegten Hülle ! Prüfe dich
doch selbst erst gründlich, ob nicht Natur oder böse Gewohnheit seiner
Zeit dir manchen Fehler in die Seele pflanzte: auf vernachlässigtem
Acker sprießt das Unkraut üppig, das man verbrennen muß.

Achten wir lieber zunächst darauf, wie ein Verehrer blind ist für die
Schönheitsfehler seiner Liebsten, wohl sogar Freude daran hat wie Balbinus am Nasenpolyp seiner Hagna. Ich wünschte, wir begingen diesen
Irrtum im Verkehr mit unseren Freunden, einen Irrtum, den gute Gesinnung nur rühmen kann. Nicht verächtlich abwenden dürfen wir uns
von den Fehlern des Freundes; nein, wir wollen's machen wie der Vater, dessen Sohn gebrechlich ist: „Mein Blinzler", sagt er, wenn der
Junge schielt, „mein Püppchen", wenn er zu klein geriet wie einst
Sisyphus, der mißgeborene Zwerg, „mein Teckelchen", „mein Hum-

balbutit scaurum pravis fultum male talis.
    parcius hic vivit: frugi dicatur; ineptus
et iactantior hic paulo est: concinnus amicis   50
postulat ut videatur; at est truculentior atque
plus aequo liber: simplex fortisque habeatur;
caldior est: acris inter numeretur. opinor,
haec res et iungit iunctos et servat amicos.
at nos virtutes ipsas invertimus atque   55
sincerum furimus vas incrustare. probus quis
nobiscum vivit, multum demissus homo: illi
tardo cognomen, pingui damus. hic fugit omnis
insidias nullique malo latus obdit apertum,
cum genus hoc inter vitae versemur, ubi acris   60
invidia atque vigent ubi crimina: pro bene sano
ac non incauto fictum astutumque vocamus.
simplicior quis et est, qualem me saepe libenter
obtulerim tibi, Maecenas, ut forte legentem
aut tacitum inpellat quovis sermone: 'molestus,   65
communi sensu plane caret' inquimus. eheu,
quam temere in nosmet legem sancimus iniquam.
nam vitiis nemo sine nascitur; optimus ille est,
qui minimis urgetur. amicus dulcis, ut aequum est,
cum mea conpenset vitiis bona, pluribus hisce,   70
si modo plura mihi bona sunt, inclinet, amari
si volet: hac lege in trutina ponetur eadem.
qui, ne tuberibus propriis offendat amicum,
postulat, ignoscet verrucis illius: aequum est
peccatis veniam poscentem reddere rursus.   75
    denique, quatenus excidi penitus vitium irae,
cetera item nequeunt stultis haerentia, cur non
ponderibus modulisque suis ratio utitur ac res
ut quaeque est, ita suppliciis delicta coercet?
siquis eum servum, patinam qui tollere iussus   80
semesos piscis tepidumque ligurrierit ius,
in cruce suffigat, Labeone insanior inter
sanos dicatur. quanto hoc furiosius atque

pelchen", so nennt er hätschelnd das Kind, dessen Beine gekrümmt,
dessen Knöchel verwachsen sind.

Zu sparsam lebt hier einer: einen guten Haushalter mag man ihn
nennen. Aufdringlich und allzu vorlaut ist ein andrer: nur seinen Freunden gefällig will er scheinen. Der dort ist grob und ungeniert: als offenherzig und bieder soll er gelten. Der ist ein Hitzkopf: unter die Feuer-
geister mußt du ihn rechnen. Ich meine, so kann man Freundschaft
knüpfen, so die Freundschaft wahren. Wir aber — wir stellen gerade
das Gute auf den Kopf, geflissentlich beschmutzen wir ein reines Gefäß.
Da lebt in unserem Kreise ein braver, ganz bescheidner Mensch; und
wie nennen wir ihn? einen Dummkopf, einen Einfaltspinsel! Der dort
hütet sich schlau vor allen Intrigen, nie bietet er dem bösen Gegner
eine Blöße; man lebt ja doch in einer Welt, wo krasser Neid, wo Verleumdungssucht in üppiger Blüte stehn: nicht vernünftig und vorsichtig, nein, falsch und verschlagen gilt er uns. Ein andrer ist ein bißchen gradezu, so ungeniert, wie ich dir oft begegne, mein Mäcenas;
wenn wir lesen, in Gedanken versunken sind, überfällt er uns plötzlich
mit einem Gespräch: „Wie taktlos!" heißt es gleich, „der Mensch hat
auch gar keine Lebensart!" Stellen wir da nicht in blindem Eifer ein
Gesetz auf, das uns selbst am ärgsten trifft? Kein Mensch wird ja ohne
Fehler geboren; der ist noch der beste, den die kleinsten drücken.
Liebevoll mag der Freund meine Vorzüge gegen meine Fehler auf die
Waage legen; überwiegt das Gute, dann sei er ihm geneigt, sofern er
Wert auf meine Liebe legt: mit dem gleichen Maß wird er dereinst ge-
messen. Soll der Freund an deinen Beulen keinen Anstoß nehmen, so
mußt du gegen seine Bläschen duldsam sein: wer für die eignen Schwä-
chen Nachsicht fordert, muß auch Nachsicht üben.

Und schließlich: wer kann den Zorn, wer kann die anderen Fehler,
die uns armen Toren anhängen, mit Stumpf und Stil ausrotten? Soll
also nicht Vernunft nach ihrem Maße messen, soll das Vergehen nicht
die Strafe treffen, die seiner Schwere gemäß? Ein Sklave hat beim Ab-
räumen der Schüssel vom Fisch, der übrig blieb, von der lauen Brühe
genascht — ans Kreuz willst du ihn deshalb schlagen lassen? Vernünf-
tigen Leuten giltst du da noch toller als der tolle Labeo. Wieviel sinnloser gar und schlimmer ist dies: dein Freund hat eine Kleinigkeit ver-

maius peccatum est: paulum deliquit amicus,
quod nisi concedas, habeare insuavis: acerbus   85
odisti et fugis ut Rusonem debitor aeris,
qui nisi, cum tristes misero venere kalendae,
mercedem aut nummos unde unde extricat, amaras
porrecto iugulo historias captivus ut audit.
conminxit lectum potus mensave catillum   90
Euandri manibus tritum deiecit: ob hanc rem,
aut positum ante mea quia pullum in parte catini
sustulit esuriens, minus hoc iucundus amicus
sit mihi ? quid faciam, si furtum fecerit aut si
prodiderit conmissa fide sponsumve negarit ?   95
    quis paria esse fere placuit peccata, laborant,
cum ventum ad verum est: sensus moresque repugnant
atque ipsa utilitas, iusti prope mater et aequi.
cum prorepserunt primis animalia terris,
mutum et turpe pecus, glandem atque cubilia propter   100
unguibus et pugnis, dein fustibus atque ita porro
pugnabant armis, quae post fabricaverat usus,
donec verba, quibus voces sensusque notarent,
nominaque invenere; dehinc absistere bello,
oppida coeperunt munire et ponere leges,   105
ne quis fur esset neu latro neu quis adulter.
nam fuit ante Helenam cunnus taeterrima belli
causa, sed ignotis perierunt mortibus illi,
quos venerem incertam rapientis more ferarum
viribus editior caedebat ut in grege taurus.   110
iura inventa metu iniusti fateare necesse est,
tempora si fastosque velis evolvere mundi.
nec natura potest iusto secernere iniquum,
dividit ut bona diversis, fugienda petendis;
nec vincet ratio hoc, tantundem ut peccet idemque,   115
qui teneros caules alieni fregerit horti
et qui nocturnus sacra divum legerit. adsit
regula, peccatis quae poenas inroget aequas,
ne scutica dignum horribili sectere flagello.

sehen; unfreundlich wäre es, ihm deshalb gram zu sein. Bitter aber haßt
du ihn und meidest ihn wie den Ruso sein Schuldner: der muß wie ein
armer Sünder den Kopf herhalten und das lederne Geschichtswerk
seines Gläubigers anhören, falls er nicht Zins und Kapital am fatalen
Monatsersten irgendwie aufzutreiben weiß. In der Bezechtheit hat
dein Freund das Polster beschmutzt, er ließ ein Tellerchen vom Tische
fallen, das der uralte Euander noch höchstselbst benutzte, hungrig hat
er ein Hühnchen genommen, das doch auf meiner Seite der Schüssel
lag — soll ich ihn deshalb minder lieben? Was soll ich tun, wenn er
mich bestahl, wenn er Vertrauen brach, die Bürgschaft weigerte?

„Alle Vergehen sind so ziemlich gleich“: der Stoiker, der so denkt,
gerät in Not, wenn er ins wirkliche Leben kommt; Gefühl, Gesittung
spricht dagegen und der Nutzen selbst, der wohl der Urquell ist von
Recht und Sitte. Als einst aus junger Erde Lebewesen krochen, anzu-
schaun wie stummes, garstiges Getier, da kämpfte man um Eichelfraß
und Lagerstätte erst mit Faust und Nägeln, mit Knütteln dann, mit
Waffen schließlich, die der Bedarf geschmiedet. Worte und Namen
fand man jetzt und machte den Naturlaut, die Empfindung erst verständlich: da ließ die Kampfwut nach; zum ersten Male gründete man
feste Städte, gab Gesetze, um Diebstahl, Raub und Ehebruch zu wehren. Denn längst vor Helena war Kriegsgrund oft die schnöde Lust am
Weibe; doch namenlos, sanglos mußten sie sterben, die wie das wilde
Tier nach unsteter Liebe gierten; ein Stärkerer schlug sie nieder gleich
dem Stier in der Herde. Blättere im Buch der Menschheitsgeschichte,
und du mußt bekennen: nur Furcht vor Unrecht schuf das Recht. Natur
im Menschen zeigt ihm wohl, was gut und böse, was man suchen, was
man meiden soll, doch niemals kann sie die Begriffe Recht und Unrecht
trennen, und niemals wird Vernunft mich überzeugen, gleich schwer
habe sich der vergangen, der zarte Kohlstauden aus Nachbars Garten
stahl, wie ein andrer, der zur Nachtzeit der Götter Heiligstes beraubte.
Es muß schon eine Richtschnur sein, die alle Verfehlung mit rechter
Strafe sühnt; sonst marterst du einen mit der grausigen Stachelpeitsche,
dem nur der Riemen zukommt. Denn daß du den Sünder, der Ärgeres

nam ut ferula caedas meritum maiora subire   120
verbera, non vereor, cum dicas esse paris res
furta latrociniis et magnis parva mineris
falce recisurum simili te, si tibi regnum
permittant homines. si dives, qui sapiens est,
et sutor bonus et solus formosus et est rex,   125
cur optas quod habes ? 'non nosti, quid pater' inquit
'Chrysippus dicat: sapiens crepidas sibi numquam
nec soleas fecit; sutor tamen est sapiens.' qui ?
'ut quamvis tacet Hermogenes, cantor tamen atque
optumus est modulator; ut Alfenus vafer omni   130
abiecto instrumento artis clausaque taberna
sutor erat: sapiens operis sic optimus omnis
est opifex, solus sic rex.' vellunt tibi barbam
lascivi pueri; quos tu nisi fuste coerces,
urgeris turba circum te stante miserque   135
rumperis et latras, magnorum maxime regum.
ne longum faciam: dum tu quadrante lavatum
rex ibis neque te quisquam stipator ineptum
praeter Crispinum sectabitur, et mihi dulces
ignoscent, siquid peccaro stultus, amici   140
inque vicem illorum patiar delicta libenter
privatusque magis vivam te rege beatus.

4

Eupolis atque Cratinus Aristophanesque poetae
atque alii, quorum comoedia prisca virorum est,
siquis erat dignus describi, quod malus ac fur,
quod moechus foret aut sicarius aut alioqui
famosus, multa cum libertate notabant.   5
  hinc omnis pendet Lucilius, hosce secutus,
mutatis tantum pedibus numerisque, facetus,
emunctae naris, durus conponere versus.
nam fuit hoc vitiosus: in hora saepe ducentos,
ut magnum, versus dictabat stans pede in uno;   10
cum flueret lutulentus, erat quod tollere velles;

verdient hat, mit der Rute züchtigst, brauch' ich nicht zu fürchten: du
sagst ja selbst, Diebstahl und Raubmord seien gleiche Schuld, du drohst
ja, jeden Auswuchs, groß oder klein, mit gleichem Messer zu beschneiden — falls man dir königliche Allmacht zuerkennt. Doch — wenn der
Weise allein reich und schön und ein tüchtiger Schuster ist, wenn er
der wahre König: warum wünschst du dir, was du schon hast ? „Du
verstehst die Lehre vom Vater Chrysippus nicht", meint unser Stoiker;
„der Weise hat sich niemals Schuhe, niemals Sandalen gefertigt und ist
doch ein feiner Schuster." Wie meinst du das ? „Ganz wie Hermogenes,
auch wenn er schweigt, der beste Sänger, ein virtuoser Künstler ist, wie
der gerissene Alfenus ein rechter Schuster blieb, obwohl er alles Hand-
werkszeug zur Seite warf und seine Bude schloß: so ist der Weise der
größte Meister jeder Kunst, ist er allein der wahre König."

Die frechen Buben zupfen dir den Bart; mußt wacker deinen Stock
gebrauchen und sie dir vom Leibe halten, sonst umdrängt dich ihre
Schar, du aber belferst laut und platzest vor Wut, du größter aller großen
Könige auf Erden ! Und nun zum Schluß: du, mein König, du gehst
für einen Dreier ins öffentliche Bad, und nur der alberne Crispinus bildet
dein Gefolge — ich hingegen weiß, die lieben Freunde werden mir
verzeihn, wenn ich in meines Herzens Einfalt sündigte, wie ich auch
ihre Schwächen gern ertragen will; so leb' ich als ein schlichter Bürger
und doch glücklicher als du, der große König !

4

Eupolis, Kratinos, Aristophanes und andre, die das alte attische Lustspiel pflegten, stellten mit größtem Freimut an den Pranger, hatte einer
ihren Spott verdient, weil er ein schlechter Kerl, ein Dieb, ein Ehebrecher oder Mörder war oder sonst verdächtig.

Ganz so wie diese tat Lucilius; er schuf nach ihrem Vorbild, änderte
nur Fuß und Rhythmus seiner Verse; ein feiner, kluger Kopf, im Versbau freilich hart. Dies war ja seine Schwäche: in einer Stunde diktierte
er oft zweihundert Verse auf einem Beine stehend, wie wenn das eine
große Leistung wäre ! So manches möchte man tilgen, denn schlammig
rauschte seiner Dichtung Strom; redselig war er und zu bequem, in

garrulus atque piger scribendi ferre laborem,
scribendi recte: nam ut multum, nil moror. ecce,
　　Crispinus minimo me provocat 'accipe, si vis,
accipiam tabulas; detur nobis locus, hora,　　　　　　　　　15
custodes; videamus, uter plus scribere possit.'
di bene fecerunt, inopis me quodque pusilli
finxerunt animi, raro et perpauca loquentis;
at tu conclusas hircinis follibus auras
usque laborantis, dum ferrum molliat ignis,　　　　　　　　20
ut mavis, imitare. beatus Fannius ultro
delatis capsis et imagine, cum mea nemo
scripta legat, volgo recitare timentis ob hanc rem,
quod sunt quos genus hoc minime iuvat, utpote pluris
culpari dignos. quemvis media elige turba:　　　　　　　　25
aut ob avaritiam aut misera ambitione laborat.
hic nuptarum insanit amoribus, hic puerorum;
hunc capit argenti splendor; stupet Albius aere;
hic mutat merces surgente a sole ad eum, quo
vespertina tepet regio, quin per mala praeceps　　　　　　30
fertur uti pulvis collectus turbine, nequid
summa deperdat metuens aut ampliet ut rem.
omnes hi metuunt versus, odere poetas.
'faenum habet in cornu, longe fuge; dummodo risum
excutiat, sibi non, non cuiquam parcet amico　　　　　　　35
et quodcumque semel chartis inleverit, omnis
gestiet a furno redeuntis scire lacuque
et pueros et anus.' agedum pauca accipe contra.
　　primum ego me illorum, dederim quibus esse poetis,
excerpam numero: neque enim concludere versum　　　　40
dixeris esse satis neque, siqui scribat uti nos
sermoni propiora, putes hunc esse poetam.
ingenium cui sit, cui mens divinior atque os
magna sonaturum, des nominis huius honorem.
idcirco quidam comoedia necne poema　　　　　　　　　　45
esset, quaesivere, quod acer spiritus ac vis
nec verbis nec rebus inest, nisi quod pede certo

ernster Arbeit zu schaffen — Gutes zu schaffen, meine ich; denn auf die
Menge leg' ich keinen Wert.

Sieh, da kommt schon Crispinus und fordert mich zur Wette, eins
gegen zehn: „Hier deine Schreibtafel, bitte; ich werde meine nehmen;
Ort und Stunde soll man uns bestimmen, zur Aufsicht Unparteiische;
wollen mal sehen, wer mehr dichten kann." Nein, Gott sei Dank! — mir
ward ein schwaches, kleines Talent, das sich nur selten und in wenig
Worten äußert; aber du dichte nur mit Hochdruck weiter, wie's dir
Freude macht, dem ledernen Blasebalg gleich, der unermüdlich schafft,
bis sich das Eisen im Feuer erweicht.

Fannius kann freilich lachen, der sein porträtgeschmücktes Werk
samt der Kassette ungeniert zu Markte bringt; doch meine Schriften
liest kein Mensch, und öffentlich sie vorzutragen ist mir leid: die meisten wissen ja, daß sie den Spott verdienen, und drum sagt ihnen diese
Dichtungsart nicht zu. Greife aus der Menge heraus, wen du willst: an
Habgier krankt er oder an unglückseliger Ehrsucht; einer ist in Ehefrauen toll verliebt, ein andret in Knaben; den betört der Glanz kunst-
voller Silberarbeit, Albius schwärmt für Bronze. Von Sonnenaufgang
bis ins Land der milden Abendsonne tauscht der Kaufherr seine Waren; ja, ruhelos treibt er dahin durch Leid und Gefahr wie im Wirbel-
wind der Staub — ihm graut vor dem Gedanken an Verlust; wachsen
soll sein Besitz. Sie alle hassen die Dichter und fürchten ihre Verse:
„Weit weg — ein stößiger Stier ! Wenn nur ein Gelächter herausspringt,
dann kennt er gegen den Freund, ja gegen sich selbst keine Schonung;
und was er einmal hingeschmiert, das müssen alle Sklaven, alle alten
Weiber hören, die vom Backofen und vom Brunnen kommen." Nun
schön — laß mich ein kurzes Wort darauf erwidern.

Vor allem dies: zur Zahl der Dichter, denen ich mit Recht den Ehrennamen gönne, möchte ich mich selbst nicht rechnen; denn wer einen
Vers zu schmieden weiß, wer so wie ich im Ton der Alltagsrede schreibt,
der ist drum noch kein Dichter. Nur wer von schöpferischer Phantasie
erfüllt, von göttlicher Begeisterung einen Hauch verspürt und in erhabenen Tönen singt, nur dem magst du die Ehre dieses Namens gönnen. Drum hat man ja gezweifelt, ob die Komödie wirklich eine Dichtung ist, weil ihr der sprühende Geist, die wuchtige Kraft in Stoff und
Sprache fehlt — wenn nicht bestimmtes Versmaß sie von der Alltags-

differt sermoni, sermo merus. 'at pater ardens
saevit, quod meretrice nepos insanus amica
filius uxorem grandi cum dote recuset,   50
ebrius et, magnum quod dedecus, ambulet ante
noctem cum facibus.' numquid Pomponius istis
audiret leviora, pater si viveret ? ergo
non satis est puris versum perscribere verbis,
quem si dissolvas, quivis stomachetur eodem   55
quo personatus pacto pater. his, ego quae nunc,
olim quae scripsit Lucilius, eripias si
tempora certa modosque, et quod prius ordine verbum est
posterius facias praeponens ultima primis,
non, ut si solvas 'postquam Discordia taetra   60
belli ferratos postis portasque refregit',
invenias etiam disiecti membra poetae.
    hactenus haec: alias, iustum sit necne poema.
nunc illud tantum quaeram, meritone tibi sit
suspectum genus hoc scribendi. Sulcius acer   65
ambulat et Caprius, rauci male cumque libellis,
magnus uterque timor latronibus; at bene siquis
et vivat puris manibus, contemnat utrumque.
ut sis tu similis Caeli Birrique latronum,
non ego sim Capri neque Sulci: cur metuas me ?   70
nulla taberna meos habeat neque pila libellos,
quis manus insudet volgi Hermogenisque Tigelli,
nec recito cuiquam nisi amicis idque coactus,
non ubivis coramve quibuslibet. in medio qui
scripta foro recitent, sunt multi quique lavantes: 75
suave locus voci resonat conclusus. inanis
hoc iuvat, haud illud quaerentis, num sine sensu,
tempore num faciant alieno. 'laedere gaudes'
inquit 'et hoc studio pravus facis.' unde petitum
hoc in me iacis ? est auctor quis denique eorum,   80
vixi cum quibus ? absentem qui rodit, amicum
qui non defendit alio culpante, solutos
qui captat risus hominum famamque dicacis,

rede unterschiede, wär's reine Prosa. „Aber hör' doch, wie in der
Komödie der zornglühende Vater wettert, weil sein leichtlebiger Sohn
um einer Dirne willen, in die er toll verliebt, die Gattin mit der reichen
Mitgift ablehnt, und weil er — welche Schande! — bezecht mit Fak-
keln schon am hellen Tag umherschwärmt." Ja — würde denn Pomponius freundlichere Worte hören, wenn sein Vater lebte? Du siehst,
in schlichten Worten einen Vers zusammenschreiben, reicht nicht aus;
löst du ihn auf, so grollt jeder zornige Vater im Alltagsleben gerade so
wie jener auf der Bühne. Nimm dem, was ich jetzt schreibe und was
einst Lucilius schrieb, das feste Versmaß und den Rhythmus, verändere
die Stellung aller Worte, so findest du doch niemals eines zerrißnen
Dichters Glieder wie beim aufgelösten Enniusvers: „Nachdem die
grausige Zwietracht eisenbeschlagene Pfosten und Tore des Krieges
zerschmettert."

Nicht mehr davon; ob die Satire echte Poesie ist oder nicht, soll uns
ein andermal beschäftigen; jetzt nur die Frage, ob dir diese Dichtungs-
art mit Recht verdächtig. Da laufen Sulcius und Caprius eilig durch die
Straßen, Anklageschriften unterm Arm, mit heiserer Kehle, ein schreck-
liches Paar für jeden Übeltäter; doch wer rechtschaffen, wer mit reinen
Händen lebt, der kann sie beide verachten. Und magst du selbst auch
Strolchen wie Caelius und Birrius gleichen, so bin ich doch kein
Kläger wie Caprius oder Sulcius — wozu denn deine Furcht? In keinem
Laden, in keinem Schaufenster soll man meine Schriften finden, wo
das Volk oder Hermogenes Tigellius seine schmutzigen Finger daran
wischt; nur meinen Freunden lese ich sie vor, auch das nur gezwungen,
nicht vor jedermann und nicht an jedem Ort. Wie viele tragen ihre
Werke mitten auf dem Markt, im Bade vor: der hochgewölbte Raum
gibt ihrer Stimme schöne Resonanz. Die eitlen Toren, die daran Gefallen finden und nicht danach fragen, ob sie taktlos handeln, ob die
Stunde schlecht gewählt.

„Dich freut es eben, zu verletzen", meint da einer, „und so recht absichtlich und aus innerer Bosheit tust du dies." Woher dieser häßliche
Vorwurf? stammt er gar von einem der Männer, in deren Kreis ich
lebe? Ja, wer einen hinterm Rücken schlecht macht, wer seinen Freund
nicht wider falschen Vorwurf schützt, wer nach der Leute ausgelasse-
nem Gelächter und nach dem Rufe eines Witzbolds trachtet, wer Nie-

fingere qui non visa potest, conmissa tacere
qui nequit: hic niger est, hunc tu, Romane, caveto.   85
    saepe tribus lectis videas cenare quaternos,
e quibus unus amet quavis aspergere cunctos
praeter eum qui praebet aquam; post hunc quoque potus,
condita cum verax aperit praecordia Liber:
hic tibi comis et urbanus liberque videtur   90
infesto nigris: ego si risi, quod ineptus
pastillos Rufillus olet, Gargonius hircum,
lividus et mordax videor tibi ? mentio siquae
de Capitolini furtis iniecta Petilli
te coram fuerit, defendas, ut tuus est mos: 95
'me Capitolinus convictore usus amicoque
a puero est causaque mea permulta rogatus
fecit et incolumis laetor quod vivit in urbe;
sed tamen admiror, quo pacto iudicium illud
fugerit': hic nigrae sucus lolliginis, haec est   100
aerugo mera; quod vitium procul afore chartis,
atque animo prius, ut siquid promittere de me
possum aliud vere, promitto. liberius si
dixero quid, si forte iocosius, hoc mihi iuris
cum venia dabis: insuevit pater optimus hoc me,   105
ut fugerem exemplis vitiorum quaeque notando.
cum me hortaretur, parce frugaliter atque
viverem uti contentus eo quod mi ipse parasset:
'nonne vides, Albi ut male vivat filius utque
Baius inops? magnum documentum, ne patriam rem   110
perdere quis velit.' a turpi meretricis amore
cum deterreret: 'Scetani dissimilis sis.'
ne sequerer moechas, concessa cum venere uti
possem: 'deprensi non bella est fama Treboni'
aiebat. 'sapiens, vitatu quidque petitu   115
sit melius, causas reddet tibi; mi satis est, si
traditum ab antiquis morem servare tuamque,
dum custodis eges, vitam famamque tueri
incolumem possum; simul ac duraverit aetas

erlebtes erdichten, Anvertrautes nicht verschweigen kann: das ist eine
wirklich schwarze Seele, den mußt du meiden, Römer!

  Du kannst es oft erleben, daß im Speisezimmer zwölf bei Tische sind,
und einem macht's Vergnügen, irgendwie sie alle derb zu necken außer
dem Hausherrn, der das Wasser reichen läßt; in der Bezechtheit, wenn
der Wein die Zunge löst und den verschloßnen Schrein des Herzens
öffnet, kommt schließlich auch der Hausherr dran. So einer scheint dir
launig, geistreich, offenherzig, der du die „schwarzen Seelen" haßt;
doch wenn ich harmlos spotte, weil der alberne Rufillus nach Pastillen
duftet und Gargonius nach dem Ziegenbock, dann komme ich dir
hämisch vor und niederträchtig. Erwähnt man in deiner Gesellschaft
den Diebstahl des Petillius Capitolinus, so verteidigst du ihn wohl nach
deiner Art: „Capitolinus war seit meinen Kinderjahren mir Freund und
Gönner; viel tat er mir zuliebe, wenn ich ihn bat, und daß er freige-
sprochen ward und unverbannt daheim lebt, das freut mich von Herzen
— nur höchst erstaunlich, wie er damals der Verurteilung entging!"
Sieh, das ist echter Saft des schwarzen Tintenfisches, das ist der reine
Grünspan! Solcherlei Gemeinheit soll meinen Schriften und vorher
meinem Herzen immer ferne sein, das verspreche ich so heilig, wie ich
je etwas versprechen kann.

  Habe ich wirklich mal zu offenherzig, zu spöttisch mich geäußert,
so mußt du mir das nachsichtsvoll zugute halten; mein lieber Vater hat
mich dran gewöhnt, der mich zur Warnung vor den Fehlern auf das
Beispiel andrer wies. Wenn er mich mahnte, sparsam und schlicht zu
leben und mit dem zufrieden, was er selbst mir schuf, dann hieß es:
„Siehst du nicht, wie kümmerlich der junge Albius, wie elend Bajus
lebt? Eine ernste Warnung, des Vaters Gut nicht zu vergeuden!" Vor
häßlicher Liebschaft wollte er mich behüten: „Dem Scetanus darfst du
mir nicht ähnlich werden"; nicht sollt' ich fremden Ehefrauen nach-
laufen, statt erlaubte Liebe zu genießen: „Wahrlich, nicht schön ist des
Trebonius Ruf, den man dabei ertappt", so warnte er. „Der Philosoph
wird dir die Gründe dafür sagen, was du besser meiden, was du suchen
magst; mir soll's genügen, dir die altehrwürdige Sitte treu zu wahren
und rein zu halten dein Leben und deinen guten Ruf, solange du des
Hüters noch bedarfst; hat dir das Alter Körper und Geist gestählt,

membra animumque tuum, nabis sine cortice.' sic me   120
formabat puerum dictis et, sive iubebat
ut facerem quid, 'habes auctorem, quo facias hoc'
unum ex iudicibus selectis obiciebat,
sive vetabat, 'an hoc inhonestum et inutile factu
necne sit addubites, flagret rumore malo cum   125
hic atque ille ?' avidos vicinum funus ut aegros
exanimat mortisque metu sibi parcere cogit,
sic teneros animos aliena opprobria saepe
absterrent vitiis. ex hoc ego sanus ab illis
perniciem quaecumque ferunt, mediocribus et quis   130
ignoscas vitiis teneor. fortassis et istinc
largiter abstulerit longa aetas, liber amicus,
consilium proprium; neque enim, cum lectulus aut me
porticus excepit, desum mihi. 'rectius hoc est;
hoc faciens vivam melius; sic dulcis amicis   135
occurram; hoc quidam non belle: numquid ego illi
inprudens olim faciam simile ?' haec ego mecum
conpressis agito labris; ubi quid datur oti,
inludo chartis. hoc est mediocribus illis
ex vitiis unum; cui si concedere nolis,   140
multa poetarum veniat manus, auxilio quae
sit mihi — nam multo plures sumus —, ac veluti te
Iudaei cogemus in hanc concedere turbam.

5

Egressum magna me accepit Aricia Roma
hospitio modico; rhetor comes Heliodorus,
Graecorum longe doctissimus; inde Forum Appi
differtum nautis cauponibus atque malignis.
hoc iter ignavi divisimus, altius ac nos   5
praecinctis unum: minus est gravis Appia tardis.
hic ego propter aquam, quod erat deterrima, ventri
indico bellum, cenantis haud animo aequo
exspectans comites. iam nox inducere terris

wirst du schon lernen ohne Kork zu schwimmen." Mit solchen Worten
formte er des jungen Knaben Seele; bald wies er mir als Mahnung für
mein Handeln einen der erwählten Richter: „er sei dein Vorbild, ihm
eifre nach bei deinem Tun"; bald warnte er: „kannst du noch zweifeln,
ob dies ehrlos, ob es schädlich ist, wo der und jener in so üblem Rufe
steht?" Ein Begräbnis in der Nachbarschaft erschreckt eßgierige
Kranke, die Furcht vorm Sterben zwingt sie sich zu schonen — so hält
des andern Schande zarte Seelen oft vom Unrecht fern.

Dank meinem Vater bin ich frei von Fehlern, die mich ins Unglück
stürzen, und nur leichte Schwächen hängen mir noch an, die wohl ver-
zeihlich sind; auch davon wird vielleicht das Alter manches bessern,
ein offner Freund nicht minder und die Arbeit an mir selbst; denn daran
soll's nicht fehlen, wenn ich auf dem Ruhbett liege oder durch die Säulenhallen wandre. „So ist's wohl besser." „Wenn ich dies tue, lebe ich
glücklicher." „Den Freunden werde ich so willkommen sein." „Das
war nicht nett; ob ich wohl manchmal ähnlich handle, ohne es zu
ahnen?" Das überdenke ich im stillen, mit geschloßnen Lippen; und
find' ich Zeit dazu, dann bringe ich mal etwas zu Papier. Das ist so eine
von den leichteren Schwächen; und kennst du keine Nachsicht, dann
wird die Riesenschar der Versemacher mir zu Hilfe kommen: wir sind
ja in der Überzahl, und wie die Juden werden wir dich zwingen, unsrer
Sekte schleunigst beizutreten!

5

Hinter mir lagen die Tore der Großstadt; Aricia bot bescheidenes
Quartier. Ein Gelehrter war mit mir, Heliodor, der größte Meister
griechischer Redekunst. Dann ging's nach Forum Appi, wo es wimmelt
von Schiffern und prellsüchtigen Schenkwirten. Die Strecke bis hierher
hatten wir, als bequeme Leute, uns eingeteilt; dem Hochgeschürzten,
der es eiliger hat als wir, ist sie eintägig: minder beschwerlich wird die
Appia, wenn man langsam reist. Dort sperrte ich wegen des Wassers
— weil es ganz abscheulich war — meinem Magen die Zufuhr: die
Mitreisenden speisten; ich wartete in nicht sehr heiterer Seelenstim-

umbras et caelo diffundere signa parabat: 10
tum pueri nautis, pueris convicia nautae
ingerere: 'huc adpelle'; 'trecentos inseris'; 'ohe,
iam satis est.' dum aes exigitur, dum mula ligatur,
tota abit hora. mali culices ranaeque palustres
avertunt somnos; absentem cantat amicam   15
multa prolutus vappa nauta atque viator
certatim; tandem fessus dormire viator
incipit ac missae pastum retinacula mulae
nauta piger saxo religat stertitque supinus.
        iamque dies aderat, nil cum procedere lintrem   20
sentimus, donec cerebrosus prosilit unus
ac mulae nautaeque caput lumbosque saligno
fuste dolat: quarta vix demum exponimur hora.
ora manusque tua lavimus, Feronia, lympha.
milia tum pransi tria repimus atque subimus   25
inpositum saxis late candentibus Anxur.
        huc venturus erat Maecenas optimus atque
Cocceius, missi magnis de rebus uterque
legati, aversos soliti conponere amicos.
hic oculis ego nigra meis collyria lippus   30
inlinere. interea Maecenas advenit atque
Cocceius Capitoque simul Fonteius, ad unguem
factus homo, Antoni, non ut magis alter, amicus.
        Fundos Aufidio Lusco praetore libenter
linquimus, insani ridentes praemia scribae,   35
praetextam et latum clavum prunaeque vatillum.
in Mamurrarum lassi deinde urbe manemus,
Murena praebente domum, Capitone culinam.
        postera lux oritur multo gratissima; namque
Plotius et Varius Sinuessae Vergiliusque   40
occurrunt, animae, qualis neque candidiores
terra tulit neque quis me sit devinctior alter.
o qui conplexus et gaudia quanta fuerunt.
nil ego contulerim iucundo sanus amico.
proxima Campano ponti quae villula, tectum   45

mung. Schon begann die Nacht ihre Schatten über die Lande zu breiten
und mit Sternen das Firmament zu übersäen. Da erhob sich gewaltiges
Schimpfen: unsre Sklaven sagten den Schiffern Grobheiten, Schiffer den
Sklaven. „Hier anlegen !" „Willst du dreihundert Stück einpacken ?"
„Halt da, genug jetzt !" Das Fahrgeld wird abgefordert, das Maultier
wird angeschirrt: eine volle Stunde geht hin. Bösartige Schnaken und
Sumpffrösche verscheuchen den Schlaf, während an sein fernes Lieb
der Bootsmann denkt und, bezecht von reichlichem Fusel, sein Lied
singt; ein Passagier singt um die Wette mit. Schließlich wird der Passagier müde und sinkt in Schlaf; der faule Bootsmann läßt das Maultier
grasen, bindet das Leitseil an einen Stein und — rücklings liegt er da
und schnarcht.

Und schon graute der Tag, da merkten wir, unsere Schute kam durchaus nicht vorwärts. Schließlich springt ein Hitzkopf ans Land und walkt
dem Maultier wie dem Bootsmann Kopf und Lenden mit einem Wei-
denknüttel. Es ward zehn Uhr, bis wir endlich aussteigen konnten.
Antlitz und Hände waschen wir in deinem klaren Quell, Feronia. Darauf wird gefrühstückt; wir ziehen gemächlich drei Meilen weiter, hinan
zur weithin schimmernden Felsenhöhe, wo Anxur thront.

Hier wollte mein edler Gönner Mäcenas eintreffen und mit ihm Coccejus, beide in hochwichtiger Sendung, beide schon geübt, entfremdete
Freunde zu versöhnen. Hier legte ich schwärzliche Salbe auf meine
entzündeten Lidränder. Gerade da kommt Mäcenas an; mit ihm Coccejus und zugleich Fontejus Capito, ein Mann von feinstem Schliff,
Antonius' Freund, wie kein zweiter ihm nahestehend.

Nächster Ort Fundi; Stadtgewaltiger Aufidius Luscus. Wir schieden
gern wieder, doch belustigte uns der verstiegene Kanzleibeamte und
seine Prunkentfaltung: Staatskleid, breiter Purpursaum und Pfanne mit
feurigen Kohlen. Die Nacht verbringen wir ermüdet in der Stadt derer
von Mamurra: Murena bietet Unterkunft, Capito Bewirtung.

Der folgende Morgen leuchtet uns zum Tage schönster Freude:
denn in Sinuessa schlossen sich Plotius, Varius und Vergil uns an,
Freundesseelen ohne Fehl und Falsch: edlere trug die Erde nimmer,
und niemand ist ihnen dankbarer ergeben als ich. War das ein zärtliches,
ein fröhliches Begrüßen ! Nichts acht' ich gleich dem Herzensfreunde,
so lange noch mein Sinn gesund. — Dicht an der campanischen Brücke

praebuit et parochi, quae debent, ligna salemque.
hinc muli Capuae clitellas tempore ponunt.
lusum it Maecenas, dormitum ego Vergiliusque;
namque pila lippis inimicum et ludere crudis.

hinc nos Coccei recipit plenissima villa,   50
quae super est Caudi cauponas. nunc mihi paucis
Sarmenti scurrae pugnam Messique Cicirri,
Musa, velim memores et quo patre natus uterque
contulerit litis. Messi clarum genus Osci;
Sarmenti domina exstat: ab his maioribus orti   55
ad pugnam venere. prior Sarmentus 'equi te
esse feri similem dico.' ridemus et ipse
Messius 'accipio', caput et movet. 'o tua cornu
ni foret exsecto frons', inquit, 'quid faceres, cum
sic mutilus minitaris ?' at illi foeda cicatrix   60
saetosam laevi frontem turpaverat oris.
Campanum in morbum, in faciem permulta iocatus,
pastorem saltaret uti Cyclopa rogabat:
nil illi larva aut tragicis opus esse cothurnis.
multa Cicirrus ad haec: donasset iamne catenam   65
ex voto Laribus, quaerebat; scriba quod esset,
nilo deterius dominae ius esse; rogabat
denique, cur umquam fugisset, cui satis una
farris libra foret, gracili sic tamque pusillo.
prorsus iucunde cenam producimus illam.   70

tendimus hinc recta Beneventum, ubi sedulus hospes
paene macros arsit dum turdos versat in igni.
nam vaga per veterem dilapso flamma culinam
Volcano summum properabat lambere tectum.
convivas avidos cenam servosque timentis   75
tum rapere atque omnis restinguere velle videres.

incipit ex illo montis Apulia notos
ostentare mihi, quos torret Atabulus et quos
nunquam erepsemus, nisi nos vicina Trivici
villa recepisset lacrimoso non sine fumo,   80

liegt ein bescheidenes Gehöft; das gab uns Obdach, und die Hofleute lieferten die Gebühr an Holz und Salz. Von da ging's nach Capua, und zeitig konnten die Maultiere absatteln. Zum Spielplatz fühlt sich Mäcen gezogen, zum Schlummerbett Vergil und ich; Lidentzündung und Magenverstimmung will sich schlecht mit dem Ballspiel vertragen.

Weiter nahm uns Coccejus' üppiges Landhaus auf; es liegt am Berg, hoch über den Wirtshäusern von Caudium. Jetzo sing' mir, o Muse, in Kürze vom Kampfe des Witzbolds Sarmentus und des Messius, den man auch den Gockel nennt; sag' an, wer die Erzeuger der Streiter, die jetzt sich maßen im Zanke. Des Messius erlauchte Ahnen sind — Osker; Sarmentus' Herrin wandelt noch auf Erden: solches Ursprungs waren die Helden, die zum Kampfe schritten. Sarmentus begann: „Welche Ähnlichkeit! Den Gaul der Wildnis sehe ich vor mir!" Wir lachen; Messius selbst sagt „es gilt" und macht eine drohende Kopfbewegung. „Hu! Wäre auf deiner Stirn das Horn nicht ausgeschnitten, was würdest du anrichten! Schon so, obwohl verstümmelt, bist du fürchterlich mit deiner Drohgebärde!" Dem andern hatte eine Narbe die borstige Stirn in dem Gesicht zur Linken schandbar entstellt. Auf die Campanerkrankheit, auf die Erscheinung des Gegners richteten sich noch viele Ausfälle. Dann bat er ihn, zu tanzen als Cyklop in Schäferstimmung: eine Schreckmaske, auch den tragischen Hochschuh könne er entbehren. Reichlich zahlte der Gockel heim. „Ob Sarmentus schon sein Gelübde erfüllt, seine Sklavenkette den Göttern des Hauses gestiftet habe? Daß er jetzt Kanzleibeamter sei, hebe die Anrechte seiner Herrin durchaus nicht auf. Was habe ihn überhaupt zum Ausreißen bestimmt? Er sei doch so dürr, so winzig, daß schon ein Pfund Brot ihn satt mache." — Es war höchst vergnüglich, und so weilten wir lange beim Mahle.

Von dannen zogen wir gradeswegs gen Benevent, wo der diensteifrige Wirt beinahe abbrannte, als er die magern Drosseln überm Feuer drehte. Denn spielend hatte sich Vulkan der Fessel entrafft, und züngelnd leckte schon die Flamme bis an der alten Küche Dach. Es war ein rührendes Schauspiel, wie die Gäste in hungriger Hast und die Diener voll Angst das Essen retteten und alle sich beeiferten zu löschen.

Von nun an bot Apulien mir den Anblick altvertrauter Berge; doch haust hier der schwüle Scirocco, und wir wären nimmer hinaufgekeucht, hätte nicht nahe bei Trivicum uns ein Landhaus beherbergt.

udos cum foliis ramos urente camino.
hic ego mendacem stultissimus usque puellam
ad mediam noctem exspecto; somnus tamen aufert
intentum veneri; tum inmundo somnia visu
nocturnam vestem maculant ventremque supinum.　　　　　85
　　quattuor hinc rapimur viginti et milia raedis,
mansuri oppidulo, quod versu dicere non est,
signis perfacile est: venit vilissima rerum
hic aqua, sed panis longe pulcherrimus, ultra
callidus ut soleat umeris portare viator.　　　　　　　90
nam Canusi lapidosus, aquae non ditior urna:
qui locus a forti Diomede est conditus olim.
flentibus hinc Varius discedit maestus amicis.
inde Rubos fessi pervenimus, utpote longum
carpentes iter et factum corruptius imbri.　　　　　　95
postera tempestas melior, via peior ad usque
Bari moenia piscosi; dein Gnatia Lymphis
iratis exstructa dedit risusque iocosque,
dum flamma sine tura liquescere limine sacro
persuadere cupit. credat Iudaeus Apella,　　　　　　100
non ego; namque deos didici securum agere aevom
nec, siquid miri faciat natura, deos id
tristis ex alto caeli demittere tecto.
　　Brundisium longae finis chartaeque viaeque est.

6

　Non quia, Maecenas, Lydorum quidquid Etruscos
incoluit finis, nemo generosior est te,
nec quod avus tibi maternus fuit atque paternus
olim qui magnis legionibus imperitarent,
ut plerique solent, naso suspendis adunco　　　　　　5
ignotos, ut me libertino patre natum.
cum referre negas, quali sit quisque parente

Tränen freilich kostete uns der Rauch; denn im Kamin schwelte feuchtes, grünbelaubtes Reisig. Hier war ich Tor genug, bis zu mitternächtiger Stunde auf eine wortbrüchige Schöne zu warten. Der Schlaf entrückte mich der Liebessehnsucht, aber Träume mit wüsten Gesichten beflecken mir Hemd und Leib.

In raschem Tempo fuhren wir der Meilen vierundzwanzig, um in einem Städtchen zu nächtigen, dessen Name im Verse nicht nennbar, im Rebus sehr leicht zu deuten: hier muß man kaufen, was sonst in der Welt geschenkt wird, — das Wasser. Aber höchst vortrefflich ist das Brot: wer klug ist, pflegt, wenn er weiter wandert, noch auf den Schultern Vorrat mitzunehmen. Denn in Canusium ist das Brot steinhart, der Krug genau so wenig wasserreich; Gründer des Ortes war vorzeiten der Held Diomedes. Hier flossen Tränen: Varius trennte sich von den Freunden, er selbst betrübten Herzens. Weiter nach Rubi. Bei Ankunft große Müdigkeit: lang war und schlimm der Weg, verschlimmert noch durch Regen. Folgenden Tages war das Wetter besser, die Straße noch kläglicher, bis zu den Mauern der fischreichen Seestadt Barium. Sodann kam Gnatia; bei den Quellnymphen steht es seit Erbauung in Ungnade. Zu lachen und zu scherzen gab uns die Stadt, da sie uns einzureden wünschte, daß hier sich ohne Feuer das Räucherwerk im Heiligtum verzehre. Das glaube Apella der Jude, ich nimmermehr. Denn, wie ich gelernt habe, leben die Götter in sorgenfreiem Ruhestande; und wenn im Naturlauf sich Seltsames begibt, so sind es nicht verstimmte Götter, die solches herabsenden vom hohen Himmelshaus.

Brundisium endet die vielen Meilen des Wegs und meine vielen Zeilen.

6

Wohl ist von all den lydischen Uransiedlern im Etruskerland nicht einer edleren Stammes als du, Mäcenas; Ahnen zählst du, mütterliche und väterliche Ahnen, die einst großen Heerscharen geboten, und trägst doch nicht, wie es so mancher tut, darob die Nase himmelwärts, siehst nicht herab auf Namenlose, wie ich es bin, der Sohn des Freigelassenen. Du sprichst: des Vaters Stand ist mir unwesentlich am Manne,

natus, dum ingenuus, persuades hoc tibi vere,
ante potestatem Tulli atque ignobile regnum
multos saepe viros nullis maioribus ortos   10
et vixisse probos amplis et honoribus auctos;
contra Laevinum, Valeri genus, unde Superbus
Tarquinius regno pulsus fugit, unius assis
non umquam pretio pluris licuisse, notante
iudice quo nosti populo, qui stultus honores   15
saepe dat indignis et famae servit ineptus,
qui stupet in titulis et imaginibus. quid oportet
nos facere a volgo longe longeque remotos?
namque esto: populus Laevino mallet honorem
quam Decio mandare novo censorque moveret   20
Appius, ingenuo si non essem patre natus:
vel merito, quoniam in propria non pelle quiessem.
sed fulgente trahit constrictos Gloria curru
non minus ignotos generosis. quo tibi, Tilli,
sumere depositum clavom fierique tribuno?   25
invidia adcrevit, privato quae minor esset.
nam ut quisque insanus nigris medium impediit crus
pellibus et latum demisit pectore clavom,
audit continuo 'quis homo hic est? quo patre natus?'
ut siqui aegrotet quo morbo Barrus, haberi   30
et cupiat formosus, eat quacumque, puellis
iniciat curam quaerendi singula, quali
sit facie, sura, quali pede, dente, capillo:
sic qui promittit civis, urbem sibi curae,
imperium fore et Italiam, delubra deorum,   35
quo patre sit natus, num ignota matre inhonestus,
omnis mortalis curare et quaerere cogit.
'tune, Syri Damae aut Dionysi filius, audes
deicere de saxo civis aut tradere Cadmo?'
'at Novius collega gradu post me sedet uno;   40

wenn der Mann nur freigeboren ist. Damit bekennst du dich zu der ge-
gründeten Überzeugung: schon ehe Tullius aus dunklem Ursprung zur
Macht des Thrones kam, sind oft genug Männer, die keine Ahnen zähl-
ten, in Ehren durchs Leben gegangen und zu hohen Würden aufgestiegen; hingegen hat Lävinus — vom Geblüte jenes Valerius, der einst
den König Tarquinius Superbus vom Thron in die Verbannung stieß
— deshalb nie um eines Hellers Wert mehr gegolten; dies Urteil sprach
sogar ein Richter, den du kennst, das Volk, das oft töricht genug seine
Ehren an Unwürdige weggibt und sich zu unsinnigem Namenskult
erniedrigt, das mit Staunen sich weidet an Inschriften und Ahnenbildern.

Welche Haltung geziemt unsereinem, die wir den Blicken der Menge
weit, gar weit entrückt sind? Denn, trotz allem, das Volk würde doch
lieber Lävinus mit dem Amte betrauen als einen Decius, den neuen
Mann; und ein gestrenger Zensor Appius würde mich aus dem Senat
befördern, wenn ich nicht den freibürtigen Vater nachwiese — sogar
mit Recht, denn der Mensch soll ruhig in der eignen Haut bleiben.
Aber auf gleißendem Triumphwagen thront die vergötterte Ehre, und
gefesselt folgen ihr die Namenlosen nicht minder als die Ahnenreichen.
Was hast du davon, Tillius, daß du den abgelegten Purpursaum wieder
aufnahmst und Tribun wurdest? Die Mißgunst beobachtet dich nur
um so schärfer; bei schlichtem Stande hättest du weniger auszustehn.
Denn sobald einer — unklug genug — als Senator sein Schienbein bis
hoch hinauf in schwarze Riemen zwängt und von der Brust den breiten
Saum herabfallen läßt, — gleich umschwirren ihn die Fragen: „Wer ist
der Mann? Was ist sein Vater?" Wer etwa an der Sucht des Barrus
litte und als Schönheit gelten wollte, der würde, wo er geht und steht,
die Mädchen zur Neugier reizen; sie müßten spähen und forschen, wie
Gesicht und Wade, wie Fuß und Zahn und Haar beschaffen ist. Ähnlich
der vielversprechende Mann, der für die Mitbürger, für Stadt und Reich,
für Italien und die Heiligtümer der Religion zu sorgen verheißt: alle
Welt zwingt er, sorglich zu forschen, wer sein Vater ist, und ob nicht
etwa eine ahnenlose Mutter seinen Stammbaum entwürdigt. „Du,
des Syrers Damas Sohn oder eines beliebigen Dionysios, du erdreistest
dich, römische Bürger vom tarpejischen Felsen zu stoßen, sie dem
Henker Kadmus auszuliefern?" „Aber Kollege Novius sitzt ja noch

namque est ille, pater quod erat meus.' 'hoc tibi Paulus
et Messalla videris ? at hic, si plostra ducenta
concurrantque foro tria funera magna, sonabit
cornua quod vincatque tubas: saltem tenet hoc nos.'

nunc ad me redeo libertino patre natum,   45
quem rodunt omnes libertino patre natum,
nunc, quia sim tibi, Maecenas, convictor, at olim,
quod mihi pareret legio Romana tribuno.
dissimile hoc illi est, quia non, ut forsit honorem
iure mihi invideat quivis, ita te quoque amicum,   50
praesertim cautum dignos adsumere, prava
ambitione procul. felicem dicere non hoc
me possim, casu quod te sortitus amicum;
nulla etenim mihi te fors obtulit: optimus olim
Vergilius, post hunc Varius dixere, quid essem.   55
ut veni coram, singultim pauca locutus —
infans namque pudor prohibebat plura profari —
non ego me claro natum patre, non ego circum
me Satureiano vectari rura caballo,
sed quod eram narro. respondes, ut tuus est mos,   60
pauca; abeo, et revocas nono post mense iubesque
esse in amicorum numero. magnum hoc ego duco,
quod placui tibi, qui turpi secernis honestum
non patre praeclaro, sed vita et pectore puro.

atqui si vitiis mediocribus ac mea paucis   65
mendosa est natura, alioqui recta, velut si
egregio inspersos reprendas corpore naevos,
si neque avaritiam neque sordes nec mala lustra
obiciet vere quisquam mihi, purus et insons,
ut me collaudem, si et vivo carus amicis,   70
causa fuit pater his; qui macro pauper agello
noluit in Flavi ludum me mittere, magni
quo pueri magnis e centurionibus orti

hinter mir im Range; was er ist, war mein Vater einst." „Darum kommst
du dir schon als ein Paulus und Messalla vor? Novius ist ja ein ganz
andrer Mann: wenn auf dem Markte zweihundert Lastwagen und drei
große Leichenzüge zusammentreffen, wird seine Stimme erdröhnen,
daß sie Hörner und Drommeten überschallt. Sein Brustton macht uns
immerhin Eindruck."

Jetzt komme ich zurück auf mich, des Freigelassenen Sohn, den alle
bekritteln als des Freigelassenen Sohn, jetzt wegen der innigen Gemeinschaft mit dir, Mäcenas, früher aber, weil ich Tribun hieß und eine
römische Legion befehligte. Unähnlich ist der jetzige Anstoß dem von
ehemals. Denn den Rang im Heere mag mir jeder wohl mit Recht miß-
gönnen; nicht so deine Freundschaft, zumal du behutsam nur die
Würdigen zu wählen weißt, von eitler Ehrsucht weit entfernt. Wohl
preise ich mich glücklich, doch nicht so, als hätte ein Glückslos deine
Freundschaft mir gebracht. Kein Zufall war's, daß ich auf meinem Wege
dir begegnete: ehedem hat Vergil, der edle Freund, dann Varius dir
gesagt, was an mir wäre. Als ich vor dein Angesicht kam, gelangen
mir nur kurze, stockende Worte; mehr ließ mich sprachlose Befangen-
heit nicht hervorbringen. Nicht konnte ich von einem hochgestellten
Vater berichten, nicht von weiten Gütern bei Tarent, die ich auf statt-
lichem Gaul durchreite; sondern ich erzählte schlicht, was ich war. Du
erwidertest, wie du zu tun pflegst, nur weniges. Ich ging, und neun
Monate später ludst du mich wieder ein und sagtest, ich solle mich zu
deinen Freunden zählen. Das ist ein Großes, dünkt mich, daß ich Huld
gewann bei dir, der du Wert und Unwert zu scheiden weißt, nicht nach
des Vaters Vorzügen, nur nach der Reinheit des Wandels und des
Herzens.

Und doch, des Vaters Verdienst ist es, wenn meine Art bei erträg-
lichen und zählbaren Schwächen im übrigen Gradheit aufweist, wie
auch am wohlgebildeten Leibe, wer rügen will, versprengte Mäler finden mag. Wenn keiner mir wahrheitsgemäß Habsucht und schmutzigen
Geiz oder üblen Umgang vorwerfen kann, wenn ich rein und ohne
Falsch lebe — um einmal im Selbstlob zu schwelgen — und geliebt
von Freunden: so verdanke ich dies alles meinem Vater. Mager war
sein Ackergut und knapp der Erwerb; gleichwohl mochte er mich nicht
in Flavius' Knabenschule schicken, wohin die stolzen Söhne der stolzen

laevo suspensi loculos tabulamque lacerto
ibant octonos referentes idibus aeris,   75
sed puerum est ausus Romam portare docendum
artis quas doceat quivis eques atque senator
semet prognatos. vestem servosque sequentis,
in magno ut populo, siqui vidisset, avita
ex re praeberi sumptus mihi crederet illos.   80
ipse mihi custos incorruptissimus omnis
circum doctores aderat. quid multa ? pudicum,
qui primus virtutis honos, servavit ab omni
non solum facto, verum opprobrio quoque turpi
nec timuit, sibi ne vitio quis verteret, olim   85
si praeco parvas aut, ut fuit ipse, coactor
mercedes sequerer; neque ego essem questus. at hoc nunc
laus illi debetur et a me gratia maior.

  nil me paeniteat sanum patris huius, eoque
non, ut magna dolo factum negat esse suo pars,   90
quod non ingenuos habeat clarosque parentes,
sic me defendam. longe mea discrepat istis
et vox et ratio. nam si natura iuberet
a certis annis aevum remeare peractum
atque alios legere, ad fastum quoscumque parentes   95
optaret sibi quisque, meis contentus honestos
fascibus et sellis nollem mihi sumere, demens
iudicio volgi, sanus fortasse tuo, quod
nollem onus haud umquam solitus portare molestum.
nam mihi continuo maior quaerenda foret res   100
atque salutandi plures, ducendus et unus
et comes alter, uti ne solus rusve peregre⟨ve⟩
exirem, plures calones atque caballi
pascendi, ducenda petorrita. nunc mihi curto
ire licet mulo vel si libet usque Tarentum,   105
mantica cui lumbos onere ulceret atque eques armos.
obiciet nemo sordis mihi, quas tibi, Tilli,
cum Tiburte via praetorem quinque secuntur

Herren Hauptleute gingen, am linken Arm behängt mit Griffelkasten und
Tafel, acht As Gebühr im Monat zahlend. Er fand den Mut, sein Kind
nach Rom zu bringen: erlernen sollte es die Wissenschaften, die jed-
weder Ritter und Senator seinen Sprößling lernen läßt. Wer im Getriebe
der Großstadt etwa meine Kleidung samt der Gefolgschaft an Dienern
beachtet hätte, mußte denken, Aufwendungen für mich flössen aus altem Erbgut. Der Vater selbst war mir bei allen Gängen zu den Lehrern
der ganz unbestechliche Hüter. Ein Wort statt vieler: die Reinheit hat
er mir bewahrt, den ersten Ehrentitel männlicher Tugend; bewahrt hat
er mich nicht nur vor jedem Fehltritt, sondern auch vor übler Nach-
rede. Nicht fürchtete er, es könne ihn Vorwurf treffen, wenn ich einst
als Ausrufer oder, wie er selbst es war, als Makler geringem Erwerb
nachginge, — und auch ich hätte mich nicht beklagt; aber um so größer
jetzt das Lob, das ich ihm schulde, um so größer meine Dankbarkeit!
    Nicht bei Sinnen wäre ich, wollte ich mich der Herkunft von sol-
chem Vater schämen; und darum mag ich mich nicht verteidigen wie
so mancher, der zu verstehn gibt, es sei nicht sein Verschulden, daß er
nicht wohlgeborne, angesehene Eltern habe. Grundverschieden ist
meine Rede und meine Denkart. Denn wenn Naturordnung es fügte,
daß der Mensch nach gewissen Jahren die zurückgelegte Lebensstrecke
noch einmal zu wandern und sich andere Eltern auszusuchen hätte,
wie ein jeder sie sich nach seinem Dünkel wünschte: ich wäre mit den
meinen zufrieden und dächte nicht daran, solche zu wählen, denen der
Amtsbüttel und der Amtssessel ihren Wert verleiht. Verrückt hieße
ich im Urteil der Masse, in deinem Sinne doch vielleicht vernünftig:
nicht gewillt zu drückender Traglast, wie ich sie nie zuvor gewohnt
war. Denn sofort müßte ich auf Mehrung der Habe bedacht sein;
es wüchse die Zahl der Pflichtbesuche, der Besucher; ein und der andre
Begleiter wäre mitzuführen, denn um keinen Preis dürfte ich allein
hinaus aufs Land oder in die Ferne; ich müßte mehr Reitknechte und
Pferde füttern, brauchte ein Gefolge von Gepäckwagen. Jetzt darf ich
schlicht das Maultier zäumen und, wenn mir's einfällt, bis gen Tarent
ziehn, mag ihm der Mantelsack die Lenden und der Reiter die Seiten
wund drücken. Niemand wird mir Schäbigkeit vorwerfen wie dir,
Tillius, wenn du als Prätor auf der Straße nach Tibur nur fünf Diener
mitnimmst, die dir Topf und Weinkorb nachtragen. In diesem Stück

te pueri, lasanum portantes oenophorumque.
hoc ego commodius quam tu, praeclare senator,   110
milibus atque aliis vivo. quacumque libido est,
incedo solus, percontor quanti holus ac far,
fallacem circum vespertinumque pererro
saepe forum, adsisto divinis; inde domum me
ad porri et ciceris refero laganique catinum;   115
cena ministratur pueris tribus et lapis albus
pocula cum cyatho duo sustinet, adstat echinus
vilis, cum patera guttus, Campana supellex.
deinde eo dormitum, non sollicitus, mihi quod cras
surgendum sit mane, obeundus Marsya, qui se   120
voltum ferre negat Noviorum posse minoris.
ad quartam iaceo; post hanc vagor aut ego lecto
aut scripto quod me tacitum iuvet unguor olivo,
non quo fraudatis inmundus Natta lucernis.
ast ubi me fessum sol acrior ire lavatum   125
admonuit, fugio campum lusumque trigonem.
pransus non avide, quantum interpellet inani
ventre diem durare, domesticus otior. haec est
vita solutorum misera ambitione gravique;
his me consolor victurum suavius ac si   130
quaestor avus pater atque meus patruusque fuisset.

7

Proscripti Regis Rupili pus atque venenum
hybrida quo pacto sit Persius ultus, opinor
omnibus et lippis notum et tonsoribus esse.
    Persius hic permagna negotia dives habebat
Clazomenis et iam litis cum Rege molestas,   5
durus homo atque odio qui posset vincere Regem,
confidens, tumidus, adeo sermonis amari,
Sisennas, Barros ut equis praecurreret albis.
ad Regem redeo. postquam nihil inter utrumque
convenit — hoc etenim sunt omnes iure molesti,   10

lebe ich bequemer als du, erlauchter Senator, und noch in tausend anderen. Recht nach Herzenslust gehe ich durch die Straßen, ganz allein;
ich erkunde, was Mehl und Gemüse kosten; ziellos streifend besuche
ich oft die große Rennbahn mit ihrem Gaunervölkchen und den abend-
lich feiernden Marktplatz, bleibe auch mal bei den Wahrsagern stehen.
Von solchen Gängen begebe ich mich nach Hause zu einer Schüssel
Salat und Erbsen und Pfannkuchen. Das Mahl wird mir von drei
Dienern dargereicht; der weiße Steintisch trägt ein Paar Humpen samt
dem Schöpfmaß; daneben steht das Mischgefäß, dazu eine Kanne samt
der Schale, alles schlichter kampanischer Hausrat. Dann gehe ich
schlafen, ohne die Sorge, daß ich anderntags früh aufstehn müßte, um
mich auf dem Forum dem Marsyas zu stellen, der das Gesicht des jüngeren Novius so unausstehlich findet. Bis gegen neun bleibe ich liegen;
später gehe ich spazieren, ein andermal lese oder schreibe ich mit stil-
lem Behagen, salbe mich dann mit Olivenöl, anders als der schmutzige
Natta, der den Lampen ihr Öl stiehlt. Das Spiel macht müde, die Sonne
steigt und empfiehlt den Gang zum Bade: nicht länger hält mich Marsfeld und Dreiball. Dann ein Frühstück, nicht üppig, eben ausreichend,
um dem Magen für den Tag das Gefühl der Leere zu ersparen; danach
genieße ich daheim die Muße.

So gestaltet sich ein Leben, dem eitler Ehrgeiz mit seiner Qual und
Bürde fern blieb. So wird mein Leben erquicklicher sein – damit tröste
ich mich – als wenn mein Großvater, mein Vater und noch ein Onkel
es bis zum Quästor gebracht hätte.

7

Bei allen Quacksalbern und Barbieren erzählt man sich wohl schon,
wie Persius, der Bastard, sich gegen Gift und Geifer des verfemten
Rupilius Rex gewehrt hat.

Besagter Persius, ein schwer reicher Mann, trieb ausgedehnten Handel in Klazomenai und führte nun mit Rex hartnäckige Prozesse; ein
grober Kerl, in seiner bissigen Art dem Rex noch überlegen, frech und
aufgeblasen und ein solches Lästermaul, daß er selbst Barrus und
Sisenna mit seinem Prachtgespann weit überholte. Um auf jenen Rex
zurückzukommen: auch nicht im kleinsten Punkte konnten sich die
beiden einigen — so geht's nun einmal allen beim Kampfe Mann gegen

quo fortes, quibus adversum bellum incidit: inter
Hectora Priamiden, animosum atque inter Achillem
ira fuit capitalis, ut ultima divideret mors,
non aliam ob causam, nisi quod virtus in utroque
summa fuit: duo si Discordia vexet inertis   15
aut si disparibus bellum incidat, ut Diomedi
cum Lycio Glauco, discedat pigrior, ultro
muneribus missis —: Bruto praetore tenente
ditem Asiam, Rupili et Persi par pugnat, uti non
conpositum melius cum Bitho Bacchius. in ius   20
acres procurrunt, magnum spectaculum uterque.
Persius exponit causam; ridetur ab omni
conventu; laudat Brutum laudatque cohortem,
solem Asiae Brutum appellat stellasque salubris
appellat comites excepto Rege; Canem illum,   25
invisum agricolis sidus, venisse: ruebat
flumen ut hibernum, fertur quo rara securis.
tum Praenestinus salso multoque fluenti
expressa arbusto regerit convicia, durus
vindemiator et invictus, cui saepe viator   30
cessisset magna conpellans voce cuculum.
at Graecus, postquam est Italo perfusus aceto,
Persius exclamat: 'per magnos, Brute, deos te
oro, qui reges consueris tollere, cur non
hunc Regem iugulas? operum hoc, mihi crede, tuorum est.' 35

8

Olim truncus eram ficulnus, inutile lignum,
cum faber, incertus scamnum faceretne Priapum,
maluit esse deum. deus inde ego, furum aviumque
maxima formido; nam fures dextra coercet
obscaenoque ruber porrectus ab inguine palus,   5
ast inportunas volucres in vertice harundo
terret fixa vetatque novis considere in hortis.

Mann: sie sind so unversöhnlich wie sie tapfer sind. Zwischen Hektor, des Priamos stolzem Sohn, und dem gewaltigen Achill stand so bittrer Haß, daß nur der Tod zuletzt ihn lösen konnte — nichts andres war der Grund, als daß sie beide höchste Tapferkeit beseelte. Sind's feige Männer, die die Zwietracht stachelt, oder ungleichartige, die in Kampf geraten, wie Diomedes mit dem Lykier Glaukos, so weicht der Schwächere vom Platz und schickt noch obendrein Geschenke —: damals also, wie Brutus oberster Richter war in Asiens reicher Flur, da maßen sich Rupilius und Persius im Kampf — ein edles Paar, nicht schlechter als die Gladiatoren Bacchius und Bithus. Sie stürmen kampfesmutig in die Schranken des Gerichts, ein herrlich Schauspiel einer wie der andre. Persius trägt seine Sache vor; er erntet stürmische Heiterkeit bei allen Hörern. Er preist den Brutus, preist sein Gefolge; die Sonne Asiens nennt er Brutus, segensreiche Sterne nennt er die Begleiter — ausgenommen Rex; als Hundsstern sei der hier erschienen, den die Bauern hassen. Er überstürzt sich wie der winterliche Strom im tiefen Walde, wo selten eine Axt erklingt. Nun tritt Rex auf, der Pränestiner: dem andern, der im witzigen Wortschwall gewaltig dahinbraust, wirft er Schimpfworte hin, wie sie aus dem Weinberg schallen, ein grober Winzer, der keinem etwas schuldig bleibt, bei dem wohl oftmals auch der Wandersmann den kürzeren zog, wenn er sein lautes „Kuckuck" höhnend ihm hinüberrief. Doch wie der Grieche Persius mit italischem Essig übergossen war, da schreit er laut: „Bei den allmächtigen Göttern bitte ich dich, mein Brutus, wo du es doch gewohnt bist, Könige zu vertilgen: warum brichst du nicht diesem ‚Rex' den Hals ? Glaube mir, das wäre eine Tat, die eines Brutus würdig!"

8

Ein Stamm vom Feigenbaum war ich dereinst, wertloses Holz; ob eine Bank, ob ein Priapus aus mir werden sollte, schwankte erst der Zimmermann; dann machte er mich lieber zum Gott. Ein Gott bin ich seitdem, der größte Schrecken für die Diebe und die Vögel: denn den Dieben wehrt die Rechte und der rote Pfahl, der sich aus unanständiger Lendengegend reckt, die frechen Vögel aber scheucht das Schilf auf meinem Kopf und läßt sie nicht in den neuen Park einfallen. Hierher

huc prius angustis eiecta cadavera cellis
conservus vili portanda locabat in arca;
hoc miserae plebi stabat commune sepulcrum   10
Pantolabo scurrae Nomentanoque nepoti;
mille pedes in fronte, trecentos cippus in agrum
hic dabat, heredes monumentum ne sequeretur.
    nunc licet Esquiliis habitare salubribus atque
aggere in aprico spatiari, quo modo tristes   15
albis informem spectabant ossibus agrum,
cum mihi non tantum furesque feraeque suetae
hunc vexare locum curae sunt atque labori
quantum carminibus quae versant atque venenis
humanos animos: has nullo perdere possum   20
nec prohibere modo, simul ac vaga luna decorum
protulit os, quin ossa legant herbasque nocentis.
    vidi egomet nigra succinctam vadere palla
Canidiam pedibus nudis passoque capillo,
cum Sagana maiore ululantem: pallor utrasque   25
fecerat horrendas adspectu. scalpere terram
unguibus et pullam divellere mordicus agnam
coeperunt; cruor in fossam confusus, ut inde
manis elicerent animas responsa daturas.
lanea et effigies erat altera cerea: maior   30
lanea, quae poenis conpesceret inferiorem;
cerea suppliciter stabat, servilibus ut quae
iam peritura modis. Hecaten vocat altera, saevam
altera Tisiphonen: serpentes atque videres
infernas errare canes Lunamque rubentem,   35
ne foret his testis, post magna latere sepulcra.
mentior at siquid, merdis caput inquiner albis
corvorum atque in me veniat mictum atque cacatum
†Iulius et fragilis Pediatia furque Voranus.
    singula quid memorem, quo pacto alterna loquentes   40
umbrae cum Sagana resonarint triste et acutum
utque lupi barbam variae cum dente colubrae
abdiderint furtim terris et imagine cerea

ließ einst der Sklav den toten Sklaven im billigen Sarge schaffen,
wenn man den Leichnam aus der engen Zelle warf; hier war fürs arme
Volk der Sammelfriedhof, für Leute wie den Tagedieb Pantolabus und
den Verschwender Nomentanus. Tausend Fuß in der Front, dreihundert in die Tiefe: so gibt der Grenzpfahl die Maße an, und daß der
Platz nie an die Erben fallen darf.

Jetzt kann man hier oben auf des Esquilins gesunder Höhe wohnen,
kann auf dem sonnigen Wall spazieren gehn, wo kürzlich noch ein
grausiges Feld mit bleichen Knochen einen traurigen Anblick bot. Mir
freilich macht das Diebsgesindel nicht so sehr Not und Sorge und das
Getier, das meistens hier sein Wesen treibt, wie die Weiber, die mit
Zaubersprüchen und mit Zaubermitteln der Menschen Ruhe stören.
Nicht loswerden kann ich sie und nicht verhindern, daß sie Toten-
gebein und Zauberkräuter suchen, sobald der wandelnde Mond sein
schönes Antlitz zeigt.

So sah ich selbst Canidia kommen, den schwarzen Mantel hochgeschürzt, mit nacktem Fuß und aufgelöstem Haar, Beschwörungslieder
heulend, und mit ihr die ältere Sagana. Totenblässe ließ sie beide
schauderhaft erscheinen. Mit den Nägeln begannen sie die Erde aufzu-
kratzen, mit den Zähnen ein schwarzes Lamm zu reißen; Blut floß in
die Grube, um der Toten Geister anzulocken, deren Weisung sie be-
gehrten. Da war ein Bild aus Wolle und ein anderes aus Wachs; das
größere, wollene, sollte wohl das kleine strafen; das wächserne stand in
flehender Haltung, als müßte es gleich den Sklaventod erleiden. Hekate
ruft die eine an, die grausige Tisiphone die andre: Schlangen sah man
kriechen und der Unterwelt Hunde laufen, und um nicht Zeuge dieser
Greuel zu sein, verkroch der Mond sich schamrot hinter hohen Monu-
menten. Ist aber nur ein Wort von alledem erlogen, so sollen die Raben
mir mit ihrem weißen Dreck den Kopf beschmutzen und Julius und der
weibische Pediatius und der Dieb Voranus mögen kommen, um mich
von vorne und von hinten zu besudeln.

Was soll ich noch im einzelnen erzählen, wie der Toten Schatten,
Zwiesprache mit Sagana haltend, in schaurigen und schrillen Tönen
Antwort gaben, wie die beiden die Barthaare eines Wolfes samt dem
Zahne einer bunten Natter heimlich in die Erde gruben, wie das Feuer

largior arserit ignis et ut non testis inultus
horruerim voces furiarum et facta duarum ?   45
nam displosa sonat quantum vesica, pepedi
diffissa nate ficus; at illae currere in urbem.
Canidiae dentis, altum Saganae caliendrum
excidere atque herbas atque incantata lacertis
vincula cum magno risuque iocoque videres.   50

                              9

Ibam forte via sacra, sicut meus est mos,
nescio quid meditans nugarum, totus in illis:
accurrit quidam notus mihi nomine tantum
arreptaque manu 'quid agis, dulcissime rerum ?'
'suaviter, ut nunc est,' inquam 'et cupio omnia quae vis.'   5
cum adsectaretur, 'numquid vis ? ' occupo. at ille
'noris nos' inquit; 'docti sumus.' hic ego 'pluris
hoc' inquam 'mihi eris.' misere discedere quaerens
ire modo ocius, interdum consistere, in aurem
dicere nescio quid puero, cum sudor ad imos   10
manaret talos. 'o te, Bolane, cerebri
felicem' aiebam tacitus, cum quidlibet ille
garriret, vicos, urbem laudaret. ut illi
nil respondebam, 'misere cupis' inquit 'abire:
iamdudum video; sed nil agis: usque tenebo;   15
persequar hinc quo nunc iter est tibi.' 'nil opus est te
circumagi: quendam volo visere non tibi notum;
trans Tiberim longe cubat is, prope Caesaris hortos.'
'nil habeo quod agam et non sum piger: usque sequar te.'

demitto auriculas, ut iniquae mentis asellus,   20
cum gravius dorso subiit onus. incipit ille:
'si bene me novi, non Viscum pluris amicum,
non Varium facies; nam quis me scribere pluris

heller flammte durch die Wachsfigur und wie ich mich entsetzte vor
den Worten dieser beiden Furien und vor ihrem Tun — als Zeuge freilich, der nicht ungerächt geblieben: denn wie wenn eine Blase platzt,
so knallte ich los, ein Feigenstamm mit geborstnen Hinterbacken; sie
aber stürzten in die Stadt davon. Canidias falsche Zähne und Saganas
stattliche Perücke gingen dabei verloren, auch die Zauberkräuter und
die magischen Binden fielen aus den Armen — ein Anblick wahrlich,
um sich totzulachen.

9

Ging ich da kürzlich auf der heiligen Straße, sinnend nach meiner
Gewohnheit, — ein Verslein mag's gewesen sein, das ich im Kopfe
hatte: da rennt ein Herr auf mich zu — ich kenne ihn eben dem Namen
nach — drückt mir hastig die Hand: „Wie geht's, mein Verehrtester ?"
„O, soweit ganz leidlich", sagte ich; „und ich hoffe, daß es dir nach
Wunsch ergeht." Als er Miene machte, sich mir anzuschließen, kam ich
weiterem zuvor mit der Frage: „Kann ich sonst noch dienen ?" Er aber
sprach: „Du solltest von mir gehört haben; ich zähle zur schöngeistigen
Gemeinde." Darauf ich: „Um so schmeichelhafter !" Ich sehnte und
quälte mich, loszukommen: jetzt ging ich schneller, ein andermal blieb
ich stehen oder sagte meinem Burschen etwas Gleichgültiges ins Ohr,
während der Angstschweiß mir bis unten auf die Knöchel rann. „Ach
Bolanus, beneidenswerter ! wer doch dein Temperament besäße !"
sprach ich leise bei mir, als der andere von allem Möglichen plauderte,
entzückt von den Neubauten, von der Großstadt redete. Wie ich ihn
beharrlich ohne Antwort ließ, sagte er: „Du wünschst sehnlichst loszukommen: ich merke es längst; aber es hilft dir nichts; ich lasse nicht
los; ich werde dich weiter begleiten, wohin der Weg dich jetzt führt."
„Du mußt dir nicht den Umweg machen; ich will einen Freund be-
suchen, den du doch nicht kennst; er liegt krank, drüben am Ende von
Trastevere, dicht bei Cäsars Park." „O, ich habe nichts vor und bin
nicht schlecht zu Fuß: ich bleibe dein Begleiter."
Da lasse ich die lieben Ohren hängen, wie ein verdroßnes Eselchen,
wenn ihm gar zu schwere Traglast aufgebürdet ist. Der andere beginnt:
„Wenn ich mich recht einschätze, werde ich in deiner Freundschaft
nicht tiefer stehn als Viscus, als Varius. Denn wer könnte massenhafter

aut citius possit versus? quis membra movere
mollius? invideat quod et Hermogenes, ego canto.'   25

   interpellandi locus hic erat 'est tibi mater,
cognati, quis te salvo est opus?' 'haud mihi quisquam.
omnis conposui.' 'felices. nunc ego resto.
confice; namque instat fatum mihi triste, Sabella
quod puero cecinit divina mota anus urna: 30
«hunc neque dira venena nec hosticus auferet ensis
nec laterum dolor aut tussis nec tarda podagra:
garrulus hunc quando consumet cumque: loquaces,
si sapiat, vitet, simul atque adoleverit aetas.» '

   ventum erat ad Vestae, quarta iam parte diei   35
praeterita, et casu tum respondere vadato
debebat, quod ni fecisset, perdere litem.
'si me amas,' inquit 'paulum hic ades.' 'inteream, si
aut valeo stare aut novi civilia iura;
et propero quo scis.' 'dubius sum, quid faciam', inquit,   40
'tene relinquam an rem.' 'me, sodes.' 'non faciam' ille,
et praecedere coepit. ego, ut contendere durum
cum victore, sequor. 'Maecenas quomodo tecum?'
hinc repetit. 'paucorum hominum et mentis bene sanae.'
'nemo dexterius fortuna est usus. haberes   45
magnum adiutorem, posset qui ferre secundas,
hunc hominem velles si tradere: dispeream, ni
summosses omnis.' 'non isto vivimus illic,
quo tu rere, modo; domus hac nec purior ulla est
nec magis his aliena malis; nil mi officit, inquam,   50
ditior hic aut est quia doctior; est locus uni
cuique suus.' 'magnum narras, vix credibile.' 'atqui
sic habet.' 'accendis quare cupiam magis illi
proximus esse.' 'velis tantummodo: quae tua virtus,
expugnabis: et est qui vinci possit eoque   55

oder prompter Verse machen als ich? Wer wiegt sich geschmeidiger
in den Hüften? Dazu bin ich Sänger: beneiden muß mich selbst Hermogenes."

Hier war der Ort für eine Zwischenfrage: „Hast du eine Mutter oder
sonst Verwandte, denen du deine Selbsterhaltung schuldig bist?"
„Keinen einzigen; alle habe ich ins Grab gebracht." Die Glücklichen!
Jetzt kommt an mich die Reihe. Nur rasch zu Ende! An mir erfüllt
sich ein düsterer Schicksalsspruch, den in der Kindheit mir die Alte,
die Sabellerin, aus der Urne der Weissagung geschüttelt hat:

> Nicht Schwert, nicht Giftgebräu wird dermaleinst dich töten,
> Kein schleichend Zipperlein samt Hals- und Lungennöten.
> Ein Schwätzer bringt dich um, fällst du ihm einst zur Beute;
> Drum, wirst du groß, sei klug: flieh redewütge Leute!

Erreicht war Vestas Tempel; der halbe Vormittag war schon vorüber, und zufällig hatte mein Begleiter grade jetzt einer Ladung zu folgen. Sein Erscheinen war verbürgt; im Falle des Ausbleibens riskierte
er seinen Prozeß. „Laß dich erbitten", sagte er, „mir einen Augenblick
hier Beistand zu leisten." „Ich will des Todes sein, wenn ich das Stehen
aushalte und für Rechtsfragen Verständnis habe; auch hab' ich es eilig;
du kennst ja mein Ziel." „Da weiß ich wirklich nicht, was ich tun soll;
ob ich dich im Stich lasse oder mein Geld." „Bitte, doch mich!" „Ich
kann mich nicht dazu entschließen", sagte er und ging des Weges voran.
Und ich? Es ist ja nicht geraten der Übermacht zu trotzen, — ich folgte.

„Wie stellt sich Mäcenas eigentlich zu dir?" so nimmt er dann den
Faden auf. „Er hält es mit der engeren Auswahl und ist gar sicher im
Urteil." „Ja, ja, geschickter hat keiner die Hand des Glückes ergriffen.
Du bekämst einen gewichtigen Verbündeten, der auch mit der zweiten
Rolle zufrieden wäre, wenn du meine Wenigkeit einführen wolltest.
Ich lasse mich aufhängen, wenn du nicht bald alle an die Wand gedrückt
hättest." „Nein, nicht auf die Art leben wir dort, wie du es dir denkst;
es gibt kein Haus, das so rein wäre wie dies und so frei von solchen
häßlichen Intrigen. Keiner ist mir im Wege, weil er an Gütern, an Geist
mich überragt; ein jeder hat die Stelle, die ihm zukommt." „Großartig, was du da sagst! Kaum zu glauben!" „Gleichwohl, es ist so." „Du
begeisterst mich nur um so mehr zu dem Wunsche, ihm recht nahe zu
stehn." „Du brauchst ja nur zu wollen. Bei deinen Vorzügen wirst du
als Eroberer einziehn. Auch ist er ganz der Mann, sich einnehmen zu

difficilis aditus primos habet.' 'haud mihi dero:
muneribus servos corrumpam; non, hodie si
exclusus fuero, desistam; tempora quaeram,
occurram in triviis, deducam. nil sine magno
vita labore dedit mortalibus.' haec dum agit, ecce   60
Fuscus Aristius occurrit, mihi carus et illum
qui pulchre nosset. consistimus. 'unde venis' et
'quo tendis ?' rogat et respondet. vellere coepi
et pressare manu lentissima bracchia, nutans,
distorquens oculos, ut me eriperet. male salsus   65
ridens dissimulare; meum iecur urere bilis.
'certe nescio quid secreto velle loqui te
aiebas mecum.' 'memini bene, sed meliore
tempore dicam; hodie tricensima sabbata: vin tu
curtis Iudaeis oppedere ?' 'nulla mihi' inquam   70
'religio est.' 'at mi: sum paulo infirmior, unus
multorum. ignosces; alias loquar.' huncine solem
tam nigrum surrexe mihi ! fugit inprobus ac me
sub cultro linquit. casu venit obvius illi
adversarius et 'quo tu, turpissime ?' magna   75
inclamat voce, et 'licet antestari ?' ego vero
oppono auriculam. rapit in ius; clamor utrimque,
undique concursus. sic me servavit Apollo.

10

[Lucili, quam sis mendosus, teste Catone,
defensore tuo, pervincam, qui male factos
emendare parat versus, hoc lenius ille,
quo melior vir et est longe subtilior illo,
qui multum puer et loris et funibus udis   5 *
exoratus, ut esset, opem qui ferre poetis
antiquis posset contra fastidia nostra,
grammaticorum equitum doctissimus. ut redeam illuc:]

lassen, und eben darum macht er die erste Annäherung nicht leicht."
„An mir wird es nicht fehlen. Geschenke sollen seine Dienerschaft ge-
fügig machen. Weist er mich heute ab, so komm' ich morgen wieder.
Stunden und Stimmungen will ich erkunden, auf der Straße ihm meinen
Gruß darbringen, meine Begleitung anbieten. Was dir im Leben soll
gelingen, mit vielem Schweiß mußt du's erringen."

Während er so redete, traf sich's, daß Aristius Fuscus des Weges kam,
ein lieber Freund von mir, der den andern recht wohl kannte. Wir bleiben stehen. „Woher, wohin?" fragt er und muß mir die gleichen Fragen
beantworten. Ich begann zu zupfen und mit der Hand seinen unemp-
findlichen Arm zu kneifen, wobei ich ihm winkte und mit den Augen
zwinkerte, er möchte mich doch erlösen. Der böse Witzbold lacht und
stellt sich dumm; ich kochte vor galligem Ärger. „Da fällt mir eben
ein, du wolltest doch etwas mit mir unter vier Augen besprechen."
„Ganz recht, ich erinnere mich; aber ich will es dir zu gelegener Stunde
sagen; heute ist Neumonds Sabbat, du willst doch nicht das Volk der
Beschneidung verhöhnen?" „O, mich plagt kein Skrupel." „Aber
mich; das ist meine kleine Schwäche, bin eben nur so ein Herden-
mensch. Du wirst verzeihen. Wir sprechen ein andermal davon."
Mußte die Sonne dieses Morgens mir so ganz verdüstert sein! Der
Unmensch läuft davon und läßt mich unter dem Messer.

Zufällig kommt meinem Plagegeist sein Kläger in den Weg und
schreit ihn an: „Wo willst du hin, Halunke?" Und zu mir gewandt:
„Der Herr ist doch Zeuge?" Gleich hielt ich ihm mein Ohr hin. Er
schleppte den andern vor den Prätor. Beiderseits großes Geschrei, all-
seits großer Auflauf. So ward mein Retter Apollo.

10

[Lucilius, wie fehlerhaft du bist, das werde ich erweisen durch das
Zeugnis Catos, der dein Verteidiger ist und der die schlecht gemachten
Verse bessern will; dabei geht er weit schonender zu Werke, er, der ja
noch redlicher und viel feinsinniger ist als einer, der in seiner Jugend
mit feuchten Riemen und mit Stricken derb gestrichelt wurde; denn
es sollte einen geben, der als gelehrtester der sprachgelehrten Ritter
den alten Dichtern Hilfe bringen könnte gegen unsern Überdruß. Um
nun dorthin zurückzukehren:]

Nempe inconposito dixi pede currere versus   1
Lucili. quis tam Lucili fautor inepte est,
ut non hoc fateatur? at idem, quod sale multo
urbem defricuit, charta laudatur eadem.
nec tamen hoc tribuens dederim quoque cetera; nam sic   5
et Laberi mimos ut pulchra poemata mirer.

ergo non satis est risu diducere rictum
auditoris; et est quaedam tamen hic quoque virtus.
est brevitate opus, ut currat sententia neu se
inpediat verbis lassas onerantibus auris,   10
et sermone opus est modo tristi, saepe iocoso,
defendente vicem modo rhetoris atque poetae,
interdum urbani, parcentis viribus atque
extenuantis eas consulto. ridiculum acri
fortius et melius magnas plerumque secat res.   15
illi, scripta quibus comoedia prisca viris est,
hoc stabant, hoc sunt imitandi; quos neque pulcher
Hermogenes umquam legit neque simius iste
nil praeter Calvum et doctus cantare Catullum.

'at magnum fecit, quod verbis graeca latinis   20
miscuit.' o seri studiorum, quine putetis
difficile et mirum, Rhodio quod Pitholeonti
contigit? 'at sermo lingua concinnus utraque
suavior, ut Chio nota si conmixta Falerni est.'
cum versus facias, te ipsum percontor, an et cum   25
dura tibi peragenda rei sit causa Petilli?
scilicet oblitos patriaeque patrisque Latini,
cum Pedius causas exsudet Poplicola atque
Corvinus, patriis intermiscere petita
verba foris malis, Canusini more bilinguis?   30
atque ego cum graecos facerem, natus mare citra,
versiculos, vetuit me tali voce Quirinus
post mediam noctem visus, cum somnia vera:
'in silvam non ligna feras insanius ac si
magnas Graecorum malis inplere catervas.'   35

Gewiß, ich hab's gesagt: mit stolpernden Füßen laufen des Lucilius
Verse. Wer wird ihn denn so blind verehren und dies leugnen ? Und
doch — im selben Atem, auf demselben Blatte habe ich ihn gepriesen,
weil er die Stadt mit kräftigem Witz verspottet hat. Wenn ich dies an-
erkenne, brauche ich drum nicht alles übrige an ihm zu rühmen; so
müßte ich ja auch Laberius' Mimen als erhabene Poesie bewundern !

Ich meine, es kann nicht genügen, das Maul des Hörers zu breitem
Lachen aufzureißen; auch hier gilt es, den rechten Kunstgeschmack zu
wahren: Kürze ist vor allem nötig, damit sich der Gedanke leicht dahin-
schwingt und nicht im Wortschwall hängen bleibt, der das Ohr ermüdet und belastet; der Ausdruck muß bald ernst, doch öfter scherzhaft sein, bald muß er den erhabnen Schwung des Redners oder Dichters zeigen, bald den leichten Ton des städtischen Weltmanns treffen,
der sich zu beherrschen und klug mit seinen Mitteln Maß zu halten
weiß. Scherz entscheidet ja auch wichtige Fragen oft kräftiger und besser als der leidenschaftliche Ernst. Darin lag die Stärke jener Dichter,
die das alte attische Lustspiel pflegten, darin müssen sie uns Vorbild
sein; die aber hat der schöne Hermogenes niemals gelesen noch der
Affe, der nichts versteht als des Catullus und des Calvus Lieder nach-
zuleiern.

„Doch groß war sein Verdienst, daß er in die lateinischen Worte
griechische flocht." O weh, wie hinkt ihr in der Bildung nach — glaubt
ihr denn wirklich, das sei ein schweres Kunststück, was selbst dem
Rhodier Pitholeon gelang ? „Aber der Ausdruck gewinnt an Wohlklang, wenn man beide Sprachen schön vereint — wie bei der Mischung
herben Falerners mit süßem Chierwein." Gilt das bloß, wenn du Verse
schmiedest — entscheide selbst — oder auch, wenn du des Petillius
schlimmen Prozeß behandeln mußt ? Natürlich, wenn so bedeutende
Männer wie Pedius Poplicola und Corvinus sich mit Prozessen plagen,
so möchtest du, sie sollen Heimatland und Stammvater Latinus vergessen und fremde Laute in die Muttersprache mischen wie die Bewohner
von Canusium mit ihrem Kauderwelsch ! Als ich, geboren diesseits des
Meeres, selbst einst griechische Verslein schuf, erschien im Traume mir
Quirinus nach Mitternacht, zur Stunde der wahren Träume, und verbot
es mir: „Nicht närrischer ist's, Holz in den Wald zu schleppen, als wenn
du dich bemühst, der Griechen Dichterschar noch zu vergrößern."

    turgidus Alpinus iugulat dum Memnona dumque
diffingit Rheni luteum caput, haec ego ludo,
quae neque in aede sonent certantia iudice Tarpa
nec redeant iterum atque iterum spectanda theatris.
arguta meretrice potes Davoque Chremeta   40
eludente senem comis garrire libellos
unus vivorum, Fundani, Pollio regum
facta canit pede ter percusso; forte epos acer
ut nemo Varius ducit, molle atque facetum
Vergilio adnuerunt gaudentes rure Camenae: 45
hoc erat, experto frustra Varrone Atacino
atque quibusdam aliis, melius quod scribere possem,
inventore minor; neque ego illi detrahere ausim
haerentem capiti cum multa laude coronam.
    at dixi fluere hunc lutulentum, saepe ferentem   50
plura quidem tollenda relinquendis. age quaeso,
tu nihil in magno doctus reprehendis Homero ?
nil comis tragici mutat Lucilius Acci ?
non ridet versus Enni gravitate minores,
cum de se loquitur non ut maiore reprensis ?   55
quid vetat et nosmet Lucili scripta legentis
quaerere, num illius, num rerum dura negarit
versiculos natura magis factos et euntis
mollius ac siquis pedibus quid claudere senis,
hoc tantum contentus, amet scripsisse ducentos   60
ante cibum versus, totidem cenatus, Etrusci
quale fuit Cassi rapido ferventius amni
ingenium, capsis quem fama est esse librisque
ambustum propriis? fuerit Lucilius, inquam,
comis et urbanus, fuerit limatior idem   65
quam rudis et Graecis intacti carminis auctor
quamque poetarum seniorum turba; sed ille,
si foret hoc nostrum fato dilatus in aevum,
detereret sibi multa, recideret omne quod ultra
perfectum traheretur, et in versu faciendo   · 70
saepe caput scaberet, vivos et roderet unguis.

Mag Alpinus in seinen schwülstigen Versen Memnon meucheln,
mag er des Rheingottes lehmfarbiges Haupt verhunzen — ich bringe
dies hier spielend zu Papier, was nicht beim Wettbewerb im Tempel
vor des Kunstrichters Tarpas Ohr ertönen soll noch auf der Bühne
stets aufs neue der Menge Schaulust reizen. Du allein, Fundanius,
bringst es fertig, heitere Spiele plaudernd zu gestalten, in denen die
schlaue Dirne und der freche Davus den alten Chremes foppen; Pollio
singt im tragischen Iambus von großer Könige Taten; das Heldenepos
dichtet, feurig wie kein zweiter, Varius; Weichheit und Anmut schenk-
ten dem Vergil die Musen, die an Feld und Flur sich freuen. Dies hier
war mein Gebiet, auf dem ich Besseres leisten kann als Varro Atacinus
und manche andre, die sich ohne Glück darin versuchten — kleiner
freilich als der Schöpfer dieser Kunst, dem ich seinen wohlverdienten
Ruhmeskranz niemals entreißen will.

Und doch hab' ich gesagt, nur schlammig rausche seiner Dichtung
Strom und führe vieles mit sich, was man lieber tilgen als bewahren
müsse. Ich bitte dich: hast du gelehrter Kenner nie etwas am großen
Homer zu tadeln ? Wünscht nicht der witzige Lucilius manches bei dem
Tragiker Accius anders, lacht er nicht über Ennius' Verse, die des In-
halts Würde nicht entsprechen, wobei er sich doch niemals denen überlegen dünkt, die er getadelt ? Und wenn wir selbst Lucilius' Schriften
lesen — was wehrt denn uns zu fragen, ob nicht seine eigne Art, ob
nicht der mangelhafte Zeitgeschmack die größere Kunst, den weicheren
Fluß der Verse ihm versagte ? Kann's anders sein, wenn einer, schon
damit zufrieden, die Gedanken in sechsfüßiges Maß zu schließen, zweihundert Verse vor dem Essen, ebenso viele dann nach Tisch zu dichten
pflegt ? Derart war des Etruskers Cassius Talent, dessen Verse wie ein
reißender Gießbach strömten — es wird erzählt, aus seinen eignen
Schriften und ihren Hüllen sei ihm der Scheiterhaufen aufgeschichtet.
Ich meine, mag auch Lucilius fein und witzig sein, mag er gefeilter sein
als jener Schöpfer der noch rohen Dichtung, die dem griechischen
Genius fremd, gefeilter als die ganze Schar der alten Dichter: hätte ihn
das Schicksal bis auf unsre Tage aufgespart, abfeilen würde er doch
vieles und beschneiden alles, was der Schönheit Grenze wuchernd über-
schreitet, er würde oft beim Dichten sich hinterm Ohre kratzen und die
Nägel bis aufs Fleisch benagen.

saepe stilum vertas, iterum quae digna legi sint
scripturus, neque te ut miretur turba labores,
contentus paucis lectoribus. an tua demens
vilibus in ludis dictari carmina malis ?   75
non ego; nam satis est equitem mihi plaudere, ut audax,
contemptis aliis, explosa Arbuscula dixit.
men moveat cimex Pantilius aut cruciet quod
vellicet absentem Demetrius aut quod ineptus
Fannius Hermogenis laedat conviva Tigelli ?   80
Plotius et Varius, Maecenas Vergiliusque,
Valgius et probet haec Octavius optimus atque
Fuscus et haec utinam Viscorum laudet uterque.
ambitione relegata te dicere possum,
Pollio, te, Messalla, tuo cum fratre, simulque   85
vos, Bibule et Servi, simul his te, candide Furni,
conpluris alios, doctos ego quos et amicos
prudens praetereo: quibus haec, sint qualiacumque,
adridere velim, doliturus, si placeant spe
deterius nostra. Demetri, teque, Tigelli,   90
discipularum inter iubeo plorare cathedras.
    i, puer, atque meo citus haec subscribe libello.

Willst du schreiben, was man immer wieder liest, so mußt du oft den
Griffel wenden und das Geschriebene tilgen; verschmähen mußt du die
Bewunderung der Menge und mit wenigen Lesern dich begnügen. Bist
du so dumm zu wünschen, daß man in Winkelschulen deine Lieder
vordiktiert? Ich mag das nicht; nein, „mir genügt es, wenn die Ritter
Beifall klatschen", wie einst die Künstlerin Arbuscula sprach, die
Menge dreist verachtend, als man sie ausgezischt. Soll mich Pantilius,
die Wanze, ärgern oder soll mich's kränken, weil Demetrius mich
hinterm Rücken schlecht macht, weil der fade Fannius, des Hermogenes
Tigellius Zechgenosse, mich beschimpft? Euch möchte ich gefallen,
Plotius und Varius, Mäcenas und Vergil und Valgius, Octavius und
Fuscus, all' den lieben Freunden; auch euern Beifall wünsch' ich,
Brüder Viscus. Fern von falschem Ehrgeiz darf ich dich nennen, Pollio,
dich, Messalla samt dem Bruder, euch beide, Bibulus und Servius, und
mit ihnen dich, aufrichtiger Furnius, und noch manchen andern klugen
und mir wohlgesinnten Mann, dessen Namen ich mit Absicht jetzt ver-
schweige. Ihnen allen soll mein Werk willkommen sein, wenn auch
sein Wert gering — das ist mein Wunsch, und schmerzlich wäre mir's,
wenn meine Hoffnung trügt. Ihr beide aber, Demetrius und Tigellius,
möget vor den Sesseln eurer Schülerinnen weiter plärren.

Nun mach', mein Junge, schreibe flink noch diesen Abschiedsgruß
als meines Buches Schluß!

LIBER II

I

'Sunt quibus in satura videar nimis acer et ultra
legem tendere opus; sine nervis altera quidquid
conposui pars esse putat similisque meorum
mille die versus deduci posse. Trebati,
quid faciam? praescribe.' 'quiescas.' 'ne faciam, inquis,   5
omnino versus?' 'aio.' 'peream male, si non
optimum erat; verum nequeo dormire.' 'ter uncti
transnanto Tiberim, somno quibus est opus alto,
inriguumque mero sub noctem corpus habento.
aut si tantus amor scribendi te rapit, aude   10
Caesaris invicti res dicere, multa laborum
praemia laturus.' 'cupidum, pater optime, vires
deficiunt; neque enim quivis horrentia pilis
agmina nec fracta pereuntis cuspide Gallos
aut labentis equo describit volnera Parthi.'   15
'attamen et iustum poteras et scribere fortem,
Scipiadam ut sapiens Lucilius.' 'haud mihi dero,
cum res ipsa feret: nisi dextro tempore, Flacci
verba per attentam non ibunt Caesaris aurem:
cui male si palpere, recalcitrat undique tutus.'   20
'quanto rectius hoc quam tristi laedere versu
Pantolabum scurram Nomentanumque nepotem,
cum sibi quisque timet, quamquam est intactus, et odit.'
'quid faciam? saltat Milonius, ut semel icto
accessit fervor capiti numerusque lucernis;   25
Castor gaudet equis, ovo prognatus eodem
pugnis; quot capitum vivunt, totidem studiorum
milia: me pedibus delectat claudere verba

2. Buch

1

„Manche meinen, als Satiriker sei ich zu scharf, und straffer, als erlaubt sei, spannte ich den Bogen – kraftlos und matt ist nach der anderen Urteil alles, was ich schuf, und solche Verse, wie die meinen, könne
einer tausend Stück am Tag herunterhaspeln. Was soll ich tun, Trebatius? Deinen Rat will ich befolgen." „Schweig still!" „Was? Ich soll
überhaupt nicht dichten?" „Ganz recht." „Ich will verdammt sein,
wenn das nicht das beste wäre; aber – ich kann nun mal nicht ruhen."
„Hier mein Rezept für tiefen Schlaf: mit Öl einreiben, dreimal durch
den Tiber schwimmen und dann zur Nacht den Körper auch von innen
gut mit Wein anfeuchten. Oder, falls dich die Schreiblust gar zu mächtig packt, so wage es und preise des unbesiegten Kaisers Heldentaten;
das wird dir reichen Lohn für deine Mühe bringen." „Ich möchte schon,
verehrter Gönner, doch die Kräfte fehlen: nicht jeder vermag im Lied
zu schildern, wie das Heer von Speeren starrt, die Gallier sterben, wenn
ihr Spieß zerbrach, der Parther schwerverletzt vom Pferde gleitet."

„Nun gut, so preise ihn als starken und gerechten Herrscher, wie
einst Lucilius in seiner Klugheit einen Scipio besang." „Zur guten
Stunde soll's an mir nicht fehlen: doch nur im rechten Augenblick wird
Flaccus' Wort das Ohr des Kaisers offen finden; wenn man ihn zur
Unzeit streichelt, weiß er sich zu sichern und schlägt aus." „Und doch
ist's zehnmal besser als im bösen Spottgedicht den Narren Pantolabus
und den Verschwender Nomentanus zu verletzen; gleich ist dann jeder
um sich selbst besorgt und grollt dir, magst du ihn auch brav ver-
schonen." „Was tun? Milonius pflegt zu tanzen, wenn ihm der Wein-
dunst in den Kopf stieg und der Lampen Zahl verdoppelt; Castor freut
sich an Rossen, der demselben Ei entsproßne Zwillingsbruder liebt den
Faustkampf – wieviel Menschen, soviel tausend Passionen kennt die
Welt. Mir macht's nun einmal Freude, in Versform meine Worte ein-

Lucili ritu, nostrum melioris utroque.
ille velut fidis arcana sodalibus olim   30
credebat libris neque, si male cesserat, usquam
decurrens alio neque, si bene; quo fit ut omnis
votiva pateat veluti descripta tabella
vita senis. sequor hunc, Lucanus an Apulus anceps;
nam Venusinus arat finem sub utrumque colonus,   35
missus ad hoc pulsis, vetus est ut fama, Sabellis,
quo ne per vacuum Romano incurreret hostis,
sive quod Apula gens seu quod Lucania bellum
incuteret violenta. sed hic stilus haud petet ultro
quemquam animantem et me veluti custodiet ensis   40
vagina tectus: quem cur destringere coner
tutus ab infestis latronibus ? o pater et rex
Iuppiter, ut pereat positum robigine telum
nec quisquam noceat cupido mihi pacis ! at ille,
qui me conmorit — melius non tangere, clamo —   45
flebit et insignis tota cantabitur urbe.

    Cervius iratus leges minitatur et urnam,
Canidia Albuci, quibus est inimica, venenum,
grande malum Turius, siquid se iudice certes.
ut quo quisque valet suspectos terreat utque   50
imperet hoc natura potens, sic collige mecum:
dente lupus, cornu taurus petit: unde nisi intus
monstratum ? Scaevae vivacem crede nepoti
matrem: nil faciet sceleris pia dextera — mirum,
ut neque calce lupus quemquam neque dente petit bos — 55
sed mala tollet anum vitiato melle cicuta.
ne longum faciam: seu me tranquilla senectus
exspectat seu mors atris circumvolat alis,
dives, inops, Romae, seu fors ita iusserit, exul,
quisquis erit vitae scribam color.' 'o puer, ut sis   60
vitalis metuo et maiorum nequis amicus
frigore te feriat.' 'quid ? cum est Lucilius ausus

zukleiden – ganz wie Lucilius tat, dem wir in diesem Punkt doch beide
nicht gewachsen. Der hat wie treuen Freunden einst den Blättern anvertraut, was ihn in tiefster Brust bewegte; an keinen andern wandte
er sich in Lust und Leid: so kommt's, daß wie auf einem Weihgemälde
nun des greisen Dichters Leben vor uns liegt. Er sei mein Vorbild,
gleichviel, ob Apulien, ob Lucanien mir mein wehrhaft Wesen gab;
an beiden Grenzen pflügt Venusias Bauer, der – wie die Sage kündet –
einst nach Vertreibung des Sabellervolks hier angesiedelt, um in dem
menschenleeren Land des Feindes Angriff gegen Rom zu wehren,
mochten der Apuler oder der Lucaner Scharen kampflustig Krieg
beginnen. Doch mutwillig wird mein Griffel keinen Lebenden verletzen, er wird mich wie das Schwert behüten, das in der Scheide steckt:
warum sollt' ich's denn zücken, wenn ich mich sicher weiß vorm Angriff meiner Feinde? Beim Vater und König Juppiter: möge meine
Waffe ruhn und rosten und niemand mir zu nahe treten, denn ich will
den Frieden! Doch wehe dem, der mich aus meiner Ruhe stört! ‚Nicht
angerührt!' ruf' ich ihm warnend zu; es soll ihm schlecht ergehn, und
durch mein Lied gebrandmarkt soll er in der ganzen Stadt verspottet
werden.

Mit Klage und Gericht droht Cervius voller Wut; Canidia schreckt
die Gegner mit dem Gift, wie es Albucius kennt; mit falschem Spruche
rächt sich Turius, wenn du einst vor seinem Richterstuhle prozessierst.
Wie jeder mit der Waffe seinen Feind bekämpft, die ihm verliehn, und
wie ein mächtiges Naturgesetz uns dies gebeut, kann uns gar manches
Beispiel zeigen: Der Wolf kämpft mit dem Zahn, mit seinem Horn der
Stier; was andres als ein innerer Naturtrieb lehrt sie dies? Vertraue
Scaeva, dem Verschwender, unbesorgt die Mutter an, die ihm zu lange
lebt: nicht wird die kindlich fromme Hand Gewalttat üben – kein Wunder, da der Wolf nicht mit dem Huf, der Stier nicht mit den Zähnen
kämpft – nein, Gift im Honig wird die Alte rasch ins Jenseits bringen.
Kurz, ob ein sanftes Greisenalter mich erwartet, ob schon der Tod mit
schwarzem Fittich mich umrauscht, ob ich in Reichtum oder Armut
lebe, ob in Rom oder als Verbannter, wenn's das Schicksal so beschließt:
wie sich mein Leben künftig auch gestalten mag – ich dichte!"

„Mein Sohn, dann wird dir's bald ans Leben gehn und aus dem Kreis
der hohen Freunde eisige Kälte dich berühren." „O nein, denk' an

primus in hunc operis conponere carmina morem
detrahere et pellem, nitidus qua quisque per ora
cederet, introrsum turpis: num Laelius aut qui   65
duxit ab oppressa meritum Karthagine nomen
ingenio offensi aut laeso doluere Metello
famosisque Lupo cooperto versibus ? atqui
primores populi arripuit populumque tributim,
scilicet uni aequos virtuti atque eius amicis.   70
quin ubi se a volgo et scaena in secreta remorant
virtus Scipiadae et mitis sapientia Laeli,
nugari cum illo et discincti ludere, donec
decoqueretur holus, soliti. quidquid sum ego, quamvis
infra Lucili censum ingeniumque, tamen me   75
cum magnis vixisse invita fatebitur usque
invidia et fragili quaerens inlidere dentem
offendet solido — nisi quid tu, docte Trebati,
dissentis.' 'equidem nihil hinc diffindere possum.
sed tamen ut monitus caveas, ne forte negoti   80
incutiat tibi quid sanctarum inscitia legum:
si mala condiderit in quem quis carmina, ius est
iudiciumque.' 'esto, siquis mala; sed bona siquis
iudice condiderit laudatus Caesare ? siquis
opprobriis dignum latraverit, integer ipse ?'   85
'solventur risu tabulae, tu missus abibis.'

                              2

    Quae virtus et quanta, boni, sit vivere parvo
— nec meus hic sermo est, sed quae praecepit Ofellus
rusticus, abnormis sapiens crassaque Minerva —
discite non inter lances mensasque nitentis,
cum stupet insanis acies fulgoribus et cum   5
adclinis falsis animus meliora recusat,
verum hic inpransi mecum disquirite. cur hoc ?
dicam, si potero. male verum examinat omnis
corruptus iudex. leporem sectatus equove

Lucilius, der als erster dergestalt zu dichten wagte und manchem innerlich gemeinen Kerl das Fell abriß, mit dem er gleisnerisch herum-
stolzierte: hat Laelius, hat der große Scipio, der von Karthagos Fall
den Ehrennamen trägt, je Anstoß an dem genialen Witz genommen?
Haben sie's dem Dichter je verübelt, daß er Metellus angriff, daß er
Lupus hart mit Schmähgedichten zugesetzt? Und doch hat er des Volkes erste Männer wie das Volk in allen Schichten angepackt, dem Guten
nur gewogen und dem Freund des Guten. Ja, wie sich jene beiden von
des Lebens Bühne in die Einsamkeit geflüchtet, Scipio, der Held, und
Laelius, sein milder, weiser Freund, da pflegten sie mit unserm Dichter
sorglos oft zu scherzen und zu spielen, bis das Gemüse gar geworden
war. Und ich? Was ich auch bin, wie sehr Lucilius mich an Rang und
an Begabung übertrifft, der Neid muß dennoch wider Willen mir gestehn: ich durfte manches Großen Freund mich nennen, und auf Granit
wird beißen, wer hier den Zahn in morsches Fleisch zu stoßen wähnt
– falls du, gelehrter Freund, nicht andrer Meinung bist." „Ich? nein,
ich kann von alledem dir nichts bestreiten; nur laß dich warnen, sei
auf deiner Hut, daß nicht die Unkenntnis der heiligen Satzung dir
schweren Schaden bringt: So jemand gegen einen andern üble Spottgedichte schreibt, soll vor Gericht man ihn darob verklagen." „Gewiß,
wenn's üble sind; doch schreibt er gute, hat selbst des Kaisers Richter-
spruch ihm Lob gespendet? hat er, untadlig selbst, nur solche ange-
belfert, die seinen Spott verdienen?" „Dann wird sich das Gericht vor
Lachen schütteln, und du darfst frei und ungestraft nach Hause gehn."

2

Welch' köstlich Ding ein schlichtes Leben ist, ihr lieben Freunde –
hört zu, statt meiner spricht zu euch Ofellus, ein Bauer, Philosoph mit
derbem Hausverstand, der keine Schule kennt – das dürft ihr nicht
beim üppigen Mahl vor leckern Schüsseln lernen, wo von der tollen
Pracht das Auge geblendet, der Geist vom falschen Schein betrogen
wird und sich dem Bessern widersetzt; nein, hier noch vor dem Frühstück wollen wir's erwägen. Warum? Ich sag' es euch, so gut ich's
kann. Schlecht prüft die Wahrheit jeder Richter, der bestochen. Hast
du den Hasen auf der Jagd verfolgt, auf wildem Rosse dich ermüdet –

lassus ab indomito vel, si Romana fatigat   10
militia adsuetum graecari — seu pila velox
molliter austerum studio fallente laborem,
seu te discus agit, pete cedentem aera disco:
cum labor extuderit fastidia, siccus, inanis
sperne cibum vilem; nisi Hymettia mella Falerno   15
ne biberis diluta. foris est promus, et atrum
defendens piscis hiemat mare: cum sale panis
latrantem stomachum bene leniet. unde putas aut
qui partum? non in caro nidore voluptas
summa, sed in te ipso est. tu pulmentaria quaere   20
sudando: pinguem vitiis albumque neque ostrea
nec scarus aut poterit peregrina iuvare lagois.

   vix tamen eripiam, posito pavone velis quin
hoc potius quam gallina tergere palatum,
corruptus vanis rerum, quia veneat auro   25
rara aviṣ et picta pandat spectacula cauda:
tamquam ad rem attineat quidquam. num vesceris ista,
quam laudas, pluma? cocto num adest honor idem?
carne tamen quamvis distat nil, hac magis illam
inparibus formis deceptum te petere esto: 30
unde datum sentis, lupus hic Tiberinus an alto
captus hiet? pontisne inter iactatus an amnis
ostia sub Tusci? laudas, insane, trilibrem
mullum, in singula quem minuas pulmenta necesse est.
ducit te species, video: quo pertinet ergo   35
proceros odisse lupos? quia scilicet illis
maiorem natura modum dedit, his breve pondus:
ieiunus raro stomachus volgaria temnit.
'porrectum magno magnum spectare catino
vellem' ait Harpyiis gula digna rapacibus. at vos   40
praesentes, Austri, coquite horum obsonia. quamquam
putet aper rhombusque recens, mala copia quando
aegrum sollicitat stomachum, cum rapula plenus

doch ist der römische Felddienst dir vielleicht zu schwer, weil du an
Griechensport gewöhnt, mag denn der rasche Ball, bei dem der Eifer
leicht dich über alle herbe Mühe täuscht, mag auch der Diskus dich beschäftigen: also bohre Löcher mit dem Diskus in die Luft – kurz, wenn
die Arbeit dir die Mäkelsucht vertrieb: laß sehen, ob du nun trotz Durst
und Hunger schlichte Hausmannskost verschmähst; jetzt trinkst du
sicher nur Falerner, den hymettischer Honig würzt ! Nimm an, dein
Koch ist ausgegangen, und das Meer ist stürmisch und läßt keinen
Fischfang zu: da wird dir Brot mit Salz des Magens Knurren doch ganz
gut befriedigen. Und fragst du nach des Rätsels Lösung ? Nicht in dem
teuern Bratenduft liegt höchste Lust, nein, in dir selbst. Du mußt des
Mahles Würze dir durch saure Arbeit schaffen: den bleichen, krank-
haft aufgedunsenen Schlemmer werden Austern nicht erfreun noch
teurer Seefisch und ein Birkhuhn, das aus fernem Lande kam.

Und doch kann ich's kaum hindern, daß du mit dem Pfau, der aufgetragen, lieber deinen Gaumen kitzelst als mit gebratnem Huhn; der
Schein betört dich, da der seltne Vogel nur für schweres Geld zu haben
und mit dem bunten, ausgespreizten Schweif ein prächtig Schauspiel
bietet – als wäre damit dir gedient ! Kannst du denn jene Federn essen,
die du so bewunderst ? Prunkt der gebratne Pfau im gleichen Schmuck ?
Mag also auch das Fleisch sich im Geschmack nicht unterscheiden, so
läßt du dich bei deiner Wahl vom äußeren Glanze narren – nun gut,
das soll noch gelten; woher doch ward dir das Gefühl dafür, ob man
den Hecht, der hier sein Maul aufsperrt, im Tiber, ob man ihn auf hoher
See gefangen ? und ob er zwischen unsern Tiberbrücken einst umher-
schwamm oder bei des tuskischen Stromes Mündung ? In deinem Un-
verstand rühmst du die Barbe, die drei Pfund wiegt und die du doch
fürs Mahl in Stücke schneiden mußt. Die Größe hat dir's angetan, ich
seh' es wohl – doch warum hassest du dann die großen Hechte ? Kein
Wunder, diese hat Natur ja groß geschaffen, die Barben aber klein und
mäßig im Gewicht: und was alltäglich, lehnt ein Magen ab, der selten
Hunger spürt. „Ein großes Prachtstück will ich hingestreckt auf großer Schüssel sehn", so spricht der Schlund, der auch den gierigen
Harpyien Ehre machte. Ihr Winde, kommt und kocht mit eurem Glut-
hauch ihre Leckerbissen gründlich gar ! Indes auch so schon stinkt für
sie der frische Wildschweinbraten und der Steinbutt, wenn von der

atque acidas mavolt inulas. necdum omnis abacta
pauperies epulis regum: nam vilibus ovis   45
nigrisque est oleis hodie locus. haud ita pridem
Galloni praeconis erat acipensere mensa
infamis. quid ? tunc rhombos minus aequor alebat ?
tutus erat rhombus tutoque ciconia nido,
donec vos auctor docuit praetorius. ergo   50
siquis nunc mergos suavis edixerit assos,
parebit pravi docilis Romana iuventus.
   sordidus a tenui victu distabat Ofello
iudice: nam frustra vitium vitaveris illud,
si te alio pravum detorseris. Avidienus,   55
cui Canis ex vero dictum cognomen adhaeret,
quinquennis oleas est et silvestria corna
ac nisi mutatum parcit defundere vinum et
cuius odorem olei nequeas perferre, licebit
ille repotia, natalis aliosve dierum   60
festos albatus celebret, cornu ipse bilibri
caulibus instillat, veteris non parcus aceti.
quali igitur victu sapiens utetur et horum
utrum imitabitur ? hac urget lupus, hac canis, aiunt.
mundus erit, qua non offendat sordibus atque   65
in neutram partem cultus miser. hic neque servis,
Albuci senis exemplo, dum munia didit,
saevus erit, nec sic ut simplex Naevius unctam
convivis praebebit aquam: vitium hoc quoque magnum.
   accipe nunc, victus tenuis quae quantaque secum   70
adferat. in primis valeas bene; nam variae res
ut noceant homini credas, memor illius escae,
quae simplex olim tibi sederit. at simul assis
miscueris elixa, simul conchylia turdis,
dulcia se in bilem vertent stomachoque tumultum   75
lenta feret pituita. vides, ut pallidus omnis
cena desurgat dubia ? quin corpus onustum
hesternis vitiis animum quoque praegravat una
atque adfigit humo divinae particulam aurae.

Überfülle krank ihr Magen nach scharfen Rüben, bitterm Alant lechzt.
Und noch nicht jede schlichte Kost ist von der Reichen Tisch ver-
schwunden: denn billige Eier und des Ölbaums schwarze Früchte
haben sich bis auf den heutigen Tag behauptet. Erst unlängst war Gallonius', des Auktionators, Tafel durch den Stör berüchtigt, den er den
Gästen vorgesetzt. Wieso ? gedieh der Steinbutt damals nicht wie sonst
im Meere ? Das wohl, doch war er seines Lebens sicher wie der junge
Storch im sichern Nest, bis dann auch diesen euch ein durchgefallner
Prätor essen lehrte. Wenn also einer heut' verordnet, daß gebratne
Tauchervögel köstlich schmecken, so wird Roms Jugend rasch gehorchen, die nur allzu gern das Schlechte lernt.

Bescheidnes Leben ist nun freilich, wie Ofellus meint, von schmutziger Knauserei gar weit entfernt: vergeblich würdest du den einen Fehler
meiden, wenn du verdrehter Kerl dich in den andern stürzest. Der
Kyniker Avidienus wird mit Recht als Hund verlästert: er nährt sich
von fünfjährigen Oliven und von wilden Kirschen; nur längst ver-
dorbenen Wein wagt er sich einzuschenken, und mag er auch Geburtstag, Hochzeit oder sonst ein Fest im weißen Feierkleid begehn, so gießt
er eigenhändig Öl, das unerträglich duftet, aus großer Kanne tropfen-
weise über seinen Kohl, dazu ein reichlich Quantum alten Essig. Welch
Leben wird der weise Mann nun wählen ? Ob er dem Schlemmer, ob
dem Knauser gleicht ? Das Sprichwort sagt: hier droht der Wolf und
dort der Hund ! So wird er sich fein sauber halten, daß er nicht durch
Schäbigkeit verletzt; er wird nach keiner Seite sich verächtlich machen.
Nicht wird er, wie der grämliche Albucius, mit den Sklaven zanken,
wenn er die Arbeit erst verteilt, noch wird er's wie der gute Naevius
dulden, daß man den Gästen schmutziges Wasser reicht: gewiß ein
böser Schnitzer !

Nun höre, welche Segensfülle dir ein einfach Leben bringt. Vor allem
eins: du bleibst gesund ! Bedenke, wie das bunte Durcheinander dir
geschadet, wie gut dir eine schlichte Mahlzeit stets bekam. Wenn du
Gebratnes mit Gesottnem mischst und Austern neben Drosseln ißt,
dann wandelt sich der Wohlgeschmack in Gallenbitter, und zäher
Schleim bringt deinem Magen Aufruhr. Siehst du, wie bleich sich jeder
Gast vom üppigen Mahl erhebt, bei dem die Auswahl schwer ? Ja,
selbst den Geist belastet noch der Körper nach des letzten Tages Tafel-

alter ubi dicto citius curata sopori   80
membra dedit, vegetus praescripta ad munia surgit.
hic tamen ad melius poterit transcurrere quondam,
sive diem festum rediens advexerit annus,
seu recreare volet tenuatum corpus, ubique
accedent anni, tractari mollius aetas   85
imbecilla volet: tibi quidnam accedet ad istam
quam puer et validus praesumis mollitiem, seu
dura valetudo inciderit seu tarda senectus ?

   rancidum aprum antiqui laudabant, non quia nasus
illis nullus erat, sed, credo, hac mente, quod hospes   90
tardius adveniens vitiatum commodius quam
integrum edax dominus consumeret. hos utinam inter
heroas natum tellus me prima tulisset.

   das aliquid famae, quae carmine gratior aurem
occupet humanam ? grandes rhombi patinaeque   95
grande ferunt una cum damno dedecus. adde
iratum patruum, vicinos, te tibi iniquum
et frustra mortis cupidum, cum derit egenti
as, laquei pretium. 'iure' inquit 'Trausius istis
iurgatur verbis: ego vectigalia magna   100
divitiasque habeo tribus amplas regibus.' ergo,
quod superat non est melius quo insumere possis ?
cur eget indignus quisquam te divite ? quare
templa ruunt antiqua deum ? cur, inprobe, carae
non aliquid patriae tanto emetiris acervo ?   105
uni nimirum recte tibi semper erunt res,
o magnus posthac inimicis risus. uterne
ad casus dubios fidet sibi certius ? hic qui
pluribus adsuerit mentem corpusque superbum,
an qui contentus parvo metuensque futuri   110
in pace, ut sapiens, aptarit idonea bello ?

   quo magis his credas, puer hunc ego parvus Ofellum
integris opibus novi non latius usum
quam nunc accisis. videas metato in agello
cum pecore et gnatis fortem mercede colonum   115

sünden und zieht zu Boden, was der Gottheit Hauch in uns. Der andre,
der nach kurzer Mahlzeit bald in tiefen Schlummer sank, erhebt sich
neugestärkt zu Pflicht und Arbeit. Er kann auch leicht sich etwas Beßres gönnen, wenn in der Jahre Lauf ein Festtag wiederkehrt, wenn der
erschöpfte Körper neuer Kraft bedarf, die Jahre steigen und des Alters
Schwäche weichere Pflege braucht: wie kannst du dann das Wohlsein,
das du in der Jugend, in des Lebens Vollkraft schon vorausnimmst, dir
erhöhen, wenn böse Krankheit dich befällt, das müde Alter da ist ?

Die Alten lobten Wildgeruch bei ihrem Eberbraten; nicht weil sie
ohne Nase waren – nein, sie meinten, der späte Gast mag lieber sich
am Fleisch erfreun, auch wenn's schon angegangen, statt daß der
Hausherr ganz allein in seiner Gier den frischen Braten schlingt. Wie
schön wär's, hätte mich die junge Erde schon in jener Heldenzeit getragen !

Lockt dich der gute Ruf, der süßer als Gesang des Menschen Ohr
umtönt ? Der große Steinbutt auf der Riesenschüssel bringt zu dem
Schaden dir auch große Schande ; denk' an den strengen Oheim, der
dir zürnt, denk' an die Nachbarn; du selber wirst dir leid und wünschst
zu sterben – vergeblich freilich, denn der letzte Groschen fehlt, den
Strick zu kaufen. „Mit Recht", meint einer, „mag man so den Trausius
schelten; ich habe große Renten, dazu ein Vermögen, das drei Königen
genügte." So weißt du wirklich deinen Überfluß nicht besser anzu-
wenden ? Warum muß mancher darben, der es nicht verdient, du aber
schwelgst im Glück ? Warum sinkt mancher alten Tempel Pracht in
Trümmer ? Willst du – ein schlechter Patriot – dem teuern Vaterlande
nichts von deiner Fülle geben ? Meinst du denn, ewig werde dir allein
das Glück die Treue wahren ? Bald kommt die Zeit, wo deine Feinde
laut dich höhnen ! Und sprich, wer kann im Unglück fester auf sich
trauen: der eine, welcher Geist und Leib im Überfluß verzärtelt, oder
jener, der mit wenigem zufrieden stets der Zukunft bang gedenkt, der
schon im Frieden weise für die Kriegszeit rüstet ?

Erst recht wirst dieser Wahrheit du vertrauen, wenn du hörst, daß
ich in früher Jugend schon Ofellus, unsern Bauern, kennen lernte,
wie er im ungeschmälerten Besitz nicht üppiger lebte als jetzt, wo durch
die Landverteilung ihm sein Gut genommen. Als Pächter siehst du ihn
mit Vieh und Söhnen auf den Feldern wacker schaffen, die ein anderer

'non ego' narrantem 'temere edi luce profesta
quicquam praeter holus fumosae cum pede pernae.
ac mihi seu longum post tempus venerat hospes
sive operum vacuo gratus conviva per imbrem
vicinus, bene erat non piscibus urbe petitis,   120
sed pullo atque haedo; tum pensilis uva secundas
et nux ornabat mensas cum duplice ficu.
post hoc ludus erat culpa potare magistra
ac venerata Ceres, ita culmo surgeret alto,
explicuit vino contractae seria frontis.   125
saeviat atque novos moveat Fortuna tumultus:
quantum hinc inminuet? quanto aut ego parcius aut vos,
o pueri, nituistis, ut huc novus incola venit?
nam propriae telluris erum natura nec illum
nec me nec quemquam statuit: nos expulit ille,   130
illum aut nequities aut vafri inscitia iuris,
postremum expellet certe vivacior heres.
nunc ager Umbreni sub nomine, nuper Ofelli
dictus, erit nulli proprius, sed cedet in usum
nunc mihi, nunc alii. quocirca vivite fortes   135
fortiaque adversis opponite pectora rebus.'

3

'Sic raro scribis, ut toto non quater anno
membranam poscas, scriptorum quaeque retexens,
iratus tibi, quod vini somnique benignus
nil dignum sermone canas. quid fiet? at ipsis
Saturnalibus huc fugisti sobrius. ergo   5
dic aliquid dignum promissis. incipe. nil est.
culpantur frustra calami inmeritusque laborat
iratis natus paries dis atque poetis.
atqui voltus erat multa et praeclara minantis,
si vacuum tepido cepisset villula tecto.   10
quorsum pertinuit stipare Platona Menandro?
Eupolin, Archilochum, comites educere tantos?

bekam; „bei mir gab's alltags", so erzählt er, „meist nur Räucher-
schinken und Gemüse, und wenn ein langentbehrter Gast sich einfand,
wenn in der Regenzeit, da niemand schaffen mag, ein lieber Nachbar
bei mir Einkehr hielt, dann taten wir uns gütlich – aber nicht mit
Fischen aus der Stadt; ein Böcklein nur, ein Huhn war aufgetragen, den
Nachtisch zierten Trauben, Nüsse, getrocknete Feigen. Beim Wein
vertrieben wir uns dann die Zeit; kein Zechkomment, nur ein Verschulden nötigte zum Trinken. Der Ceres ward gespendet, daß sie in
der Halme Segen sich erkenntlich zeige, und bald hat auch der Wein
die Sorgenfalten von der ernsten Stirn geglättet. Mag auch das Schicksal wüten und mit neuem Umsturz drohn: was kann es mir noch nehmen? Hat denn für mich, für euch, ihr Kinder, das Leben seinen
Glanz verloren, seitdem ein neuer Herr hier Einzug hielt? Denn ganz
zu eigen gab Natur das Land nicht ihm, nicht mir noch irgend einem;
und wie er uns vertrieb, so wird auch er einst weichen müssen, vielleicht weil eigne Schuld ihm das Gewonnene raubt, weil er vom Recht
mit seinen Kniffen nichts versteht und sicher doch am Ende ihn der
Erbe überlebt. Jetzt trägt das Gut den Namen des Umbrenus, jüngst
noch des Ofellus; zu eigen wird es keinem, nur der Nutzen ist bald mir,
bald anderen gegönnt. So lebt denn tapfer, stellt dem Unglück stets
ein tapfres Herz entgegen!"

3

„So selten schreibst du, daß du nicht viermal im ganzen Jahr das
Pergament zur Hand nimmst; was du kaum geschrieben, streichst du
alles wieder aus, dir selber böse, weil die Leidenschaft für Wein und
Schlaf dir nie ein würdig Lied gelingen läßt: wie soll das enden? Doch
halt – du bist ja aus des Saturnalienfestes Trubel hierher aufs Land geflüchtet; recht gescheit! So schaffe denn etwas, das der Erwartung wert.
Laß hören! – Wieder nichts? Vergeblich beschuldigst du die Feder,
unverdient wird nun das enge Zimmer angeklagt, auf dem der Fluch
der Götter und Poeten ruhe. Und doch las man in deiner Miene vorher
die Verheißung eines reichen, schönen Schaffens, wenn dich nur erst
dein Häuslein unterm warmen Dach in seinen stillen Frieden aufgenommen hätte. Was nützte es nun, Platon und Menander einzupacken,
dazu Archilochos und Eupolis? Wozu so viele treffliche Begleiter für

invidiam placare paras virtute relicta?
contemnere miser. vitanda est inproba Siren
desidia, aut quidquid vita meliore parasti　　　　　　　　15
ponendum aequo animo.' 'di te, Damasippe, deaeque
verum ob consilium donent tonsore. sed unde
tam bene me nosti?' 'postquam omnis res mea Ianum
ad medium fracta est, aliena negotia curo
excussus propriis. olim nam quaerere amabam,　　　　20
quo vafer ille pedes lavisset Sisyphus aere,
quid scalptum infabre, quid fusum durius esset.
callidus huic signo ponebam milia centum;
hortos egregiasque domos mercarier unus
cum lucro noram; unde frequentia Mercuriale　　　　25
inposuere mihi cognomen compita.' 'novi
et miror morbi purgatum te illius. atqui
emovit veterem mire novus, ut solet, in cor
traiecto lateris miseri capitisve dolore,
ut lethargicus hic cum fit pugil et medicum urget.　　30
dum nequid simile huic, esto ut libet.' 'o bone, ne te
frustrere: insanis et tu stultique prope omnes,
siquid Stertinius veri crepat, unde ego mira
descripsi docilis praecepta haec, tempore quo me
solatus iussit sapientem pascere barbam　　　　　　35
atque a Fabricio non tristem ponte reverti.
nam male re gesta cum vellem mittere operto
me capite in flumen, dexter stetit et ,,cave faxis
te quicquam indignum. pudor" inquit ,,te malus angit,
insanos qui inter vereare insanus haberi.　　　　　　40

　primum nam inquiram, quid sit furere: hoc si erit in te
solo, nil verbi, pereas quin fortiter, addam.
quem mala stultitia et quemcumque inscitia veri

die Reise ? Willst du auf die Betätigung deiner Dichterkraft verzichten,
um so die Neider zu versöhnen ? Dann wirst du nur Verachtung finden,
armer Kerl ! Du hast die Wahl: entweder meide die schnöde Trägheit
mit ihrem lockenden Sirenensang, oder du mußt mit Gleichmut allem
Ruhm entsagen, den dir ein früheres, besseres Leben eingebracht."

„Mein Damasippus, für den trefflich guten Rat, den du mir gabst,
sei dir als Lohn des Himmels das erbeten, was dir am meisten nottut:
ein Barbier. Doch sag', woher kennst du mich so genau ?"

„Seitdem mir mein Vermögen beim Bankier am Janusbogen in die
Brüche ging, besorg' ich, von den eignen ferngehalten, die Geschäfte
andrer Leute. Denn früher pflegte ich zu untersuchen, in welchem
Becken sich der schlaue Sisyphus die Füße wusch, was ungeschickt gemeißelt, was zu grob im Guß geraten sei; als feiner Kenner legt' ich
für ein Kunstwerk Hunderttausend an, und wie kein anderer verstand
ich Gärten, schöne Häuser mit Gewinn zu kaufen: drum nannte mich
das Publikum, das sich zum Schwatzen an den Straßenecken trifft, den
Jünger des Merkur."

„Ja, ja, ich weiß; und mit Erstaunen seh' ich: jene Krankheit bist
du los; indes hat wohl das alte Leiden einem seltsam neuen Platz gemacht, die bösen Schmerzen sind aus Brust und Kopf, wie's häufig geht,
ins Herz gewandert, wie wenn ein Patient, der erst an Schlafsucht litt,
auf einmal um sich schlägt und seinem Arzt zu Leibe geht. Doch wenn
nur deine Sucht nicht auch zur Tobsucht wird – das andre ist mir gleich."

„Mein Lieber, täusch' dich nicht: du selbst bist toll, und alle fast
sind Toren, so wahr Stertinius recht behält mit seiner Predigt; von ihm
hab' ich die wunderbaren Lehren selbst gehört und eifrig aufgezeichnet.
Er redete mir damals tröstlich zu, riet mir, ich solle einen Weisheitsbart
mir wachsen lassen und von der Brücke des Fabricius frohgemut nach
Hause gehn. Denn als ich nach dem Scheitern meines Glücks bereit
war, mit verhülltem Haupt mich in den Strom zu stürzen, da stand er
wie ein guter Engel plötzlich mir zur Rechten: „Tu nichts, was deiner
unwert !" sprach er, „eine falsche Scham bedrückt dich, denn du
fürchtest, unter lauter Tollen selbst für toll zu gelten.

Zunächst laß uns die Frage prüfen: was ist Tollheit ? Findet sie sich
nur bei dir, so will ich dich mit keinem Worte hindern, als ein Held zu
sterben. Wer nicht die Wahrheit kennt und als ein schlimmer Tor wie

caecum agit, insanum Chrysippi porticus et grex
autumat. haec populos, haec magnos formula reges,   45
excepto sapiente, tenet. nunc accipe, quare
desipiant omnes aeque ac tu, qui tibi nomen
insano posuere. velut silvis, ubi passim
palantis error certo de tramite pellit,
ille sinistrorsum, hic dextrorsum abit, unus utrique   50
error, sed variis inludit partibus: hoc te
crede modo insanum, nihilo ut sapientior ille
qui te deridet caudam trahat. est genus unum
stultitiae nihilum metuenda timentis, ut ignis,
ut rupes fluviosque in campo obstare queratur;   55
alterum et huic varum et nihilo sapientius ignis
per medios fluviosque ruentis: clamet amica,
mater, honesta soror cum cognatis, pater, uxor:
'hic fossa est ingens, hic rupes maxima: serva !'
non magis audierit, quam Fufius, ebrius olim,   60
cum Ilionam edormit, Catienis mille ducentis
'mater, te appello' clamantibus. huic ego volgus
errori similem cunctum insanire docebo.

    insanit veteres statuas Damasippus emendo:
integer est mentis Damasippi creditor ? esto.   65
'accipe quod numquam reddas mihi' si tibi dicam:
tune insanus eris, si acceperis, an magis excors
reiecta praeda, quam praesens Mercurius fert ?
scribe decem a Nerio: non est satis; adde Cicutae
nodosi tabulas, centum, mille adde catenas: 70
effugiet tamen haec sceleratus vincula Proteus.
cum rapies in ius malis ridentem alienis,
fiet aper, modo avis, modo saxum et, cum volet, arbor.
si male rem gerere insani est, contra bene sani:
putidius multo cerebrum est, mihi crede, Perelli   75

blind durchs Leben tappt, von dessen Tollheit ist der Stoiker Chrysipp mit seiner Schule überzeugt: sieh, diese Formel trifft gewaltige Fürsten ebenso wie ganze Völker, der Philosoph allein ist ausgenommen. Und höre weiter, warum alle selbst wie du an Narrheit leiden, die dich jetzt als toll bezeichnen. Wenn Wanderer im tiefen Walde ratlos schweifend ihren rechten Weg verlieren, der eine links, der andre rechts zur Seite geht, so hält der gleiche Irrtum beide zwar befangen, nur in verschiedner Richtung lockt er sie; genau so steht's mit dir: glaub nur, daß du ein Narr, doch glaub auch, daß der andre, der dich höhnt, nicht um ein Haar breit klüger seine Narrenkappe trägt. Zwei Arten gibt's von Torheit: der eine ist voll Angst, wo gar nichts zu befürchten; er klagt, auf freiem Feld versperrten Feuer, Wasser, Felsabgründe ihm den Weg; der andere, in schroffem Gegensatz zu jenem, doch kein bißchen klüger, will sich durch Feuersglut und Wasserfluten stürzen. Mag auch die Liebste schreien, seine Mutter, die würdige Schwester samt den Tanten, der Vater, die Gattin: „da ist ein breiter Graben, hier ein riesig großer Stein, nimm dich in acht!", er hört genau so wenig wie einst Fufius auf der Bühne hörte, als er bezecht die Rolle einer schlafenden Heldin spielte, ob auch sein Partner Catienus ihm mit tausend Stimmen zuschrie: „Mutter, dich rufe ich!" Daß alle Welt so närrisch ist wie jene beiden, will ich dir jetzt zeigen.

Verrückt ist Damasippus, wenn er alte Statuen aufkauft: doch ist sein Gläubiger denn richtig bei Verstande? Nun gut, wir wollen sehen. Wenn ich zu dir sage: „Hier nimm die Summe, brauchst sie nicht zurückzuzahlen" – wär's etwa dumm von dir, sie anzunehmen? Wär's nicht viel dümmer noch, die Beute auszuschlagen, die Merkur so gnädig dir gespendet? Und magst du zur Vorsicht auch vom Bankier Nerius die Zehntausend buchen lassen, das hilft dir nichts; magst du dich durch verzwickte Formulare sichern, wie sie der Wucherer Cicuta liebt, magst du noch hundert, magst du tausend andre Klauseln suchen: der böse Schuldner wird doch wie ein vielgestaltiger Proteus allen Kniffen schlau entgehn. Wenn du ihn vor Gericht schleppst, der auf fremde Kosten sich ins Fäustchen lacht, dann wird er bald ein Wildschwein, bald ein Vogel, ein Felsstück oder nach Bedarf ein Baum. Ist der ein Narr, der sein Vermögen schlecht verwaltet, weise aber, wer es gut versteht: wie hirnverbrannt ist dann dein Gläubiger Perellius,

dictantis, quod tu numquam rescribere possis.

audire atque togam iubeo conponere, quisquis
ambitione mala aut argenti pallet amore,
quisquis luxuria tristive superstitione
aut alio mentis morbo calet: huc propius me,   80
dum doceo insanire omnis vos, ordine adite.

danda est ellebori multo pars maxima avaris:
nescio an Anticyram ratio illis destinet omnem.
heredes Staberi summam incidere sepulcro,
ni sic fecissent, gladiatorum dare centum   85
damnati populo paria atque epulum arbitrio Arri,
frumenti quantum metit Africa. 'sive ego prave
seu recte hoc volui, ne sis patruus mihi': credo,
hoc Staberi prudentem animum vidisse. quid ergo
sensit, cum summam patrimoni insculpere saxo   90
heredes voluit? quoad vixit, credidit ingens
pauperiem vitium et cavit nihil acrius, ut, si
forte minus locuples uno quadrante perisset,
ipse videretur sibi nequior. 'omnis enim res,
virtus, fama, decus, divina humanaque pulchris   95
divitiis parent; quas qui construxerit, ille
clarus erit, fortis, iustus.' 'sapiensne?' 'etiam, et rex
et quidquid volet.' hoc veluti virtute paratum
speravit magnae laudi fore. quid simile isti
Graecus Aristippus? qui servos proicere aurum   100
in media iussit Libya, quia tardius irent
propter onus segnes. uter est insanior horum?
nil agit exemplum, litem quod lite resolvit.

siquis emat citharas, emptas conportet in unum,
nec studio citharae nec Musae deditus ulli,   105
si scalpra et formas non sutor, nautica vela
aversus mercaturis: delirus et amens
undique dicatur merito. qui discrepat istis,
qui nummos aurumque recondit, nescius uti

wenn er einen Schuldschein dir diktiert, den du doch nimmer einzulösen fähig bist.

Nun ordnet rasch noch eure Toga und hört fein auf meine Worte, ihr alle, die an falschem Ehrgeiz oder Geldgier krank, die Vergnügungssucht oder finstrer Aberglaube oder sonst ein seelisches Gebrechen quält; nur näher her zu mir, ich will's euch hübsch der Reihe nach beweisen: ihr alle, einer wie der andre, seid verrückt!

Die größte Dosis Nieswurz kommt dem Geizhals zu; vielleicht wär's gar vernünftig, ihm das ganze Quantum zu verschreiben, das von dem Heilkraut in Anticyras Gefilden wächst. Die Erben des Staberius schrieben auf den Leichenstein die Summe, die sein Nachlaß ausgemacht, sonst müßten sie dem Volk ein Spiel mit hundert Fechterpaaren geben, dazu ein Leichenmahl, so prunkvoll, wie es Arrius einst geboten, und den Ertrag der afrikanischen Ernte als Getreidespende. „Mag ich mit Unrecht, mag ich dies mit Recht verlangen – man soll nicht gegen mich den Vormund spielen": so hat Staberius, glaub' ich, klug sich vorgesehen. Was hatte er denn damit im Sinn, daß die Erben auf den Stein der Erbschaft Summe einzumeißeln hätten? Solang' er lebte, galt ihm Armut stets als schlimmster Fehler, und keinen hat er ängstlicher gemieden; ja, hätte er beim Sterben einen Pfennig weniger besessen, er wäre sich als Taugenichts erschienen: denn alles – meint er – Tugend, Ruhm und Ehre, des Himmels und der Erde Güter müssen hinter dem geliebten Geld zurückstehn; wer dies besitzt, der ist berühmt, gerecht und tapfer gleichermaßen. „Auch weise?" Auch, und sogar König, alles, was er will. Er hofft, die Summe auf dem Stein wird seine Tüchtigkeit beweisen, wird ihm bei der Nachwelt Lob gewinnen. Wie anders handelte doch Aristipp, der Grieche! Er ließ die Sklaven mitten in der Libyschen Wüste das Geld hinwerfen, weil sie von der schweren Last gehindert gar zu langsam gingen. Wer ist der größere Narr von diesen beiden? Doch freilich paßt das Beispiel schlecht, weil's eine strittige Frage nur durch eine neue Frage aufzulösen sucht.

Wenn einer Zithern kauft und sie in Massen häuft, der nichts vom Zitherspiel, nichts von der Musen Kunst versteht; wenn einer, der kein Schuster, Ahlen sich und Leisten schafft, ein andrer Segel, der an keinen Handel je gedacht: verrückt und sinnlos wird ihn alle Welt mit vollem Rechte nennen. Treibt der's denn anders, der in seiner Truhe Gold

conpositis metuensque velut contingere sacrum ? 110
siquis ad ingentem frumenti semper acervum
porrectus vigilet cum longo fuste neque illinc
audeat esuriens dominus contingere granum
ac potius foliis parcus vescatur amaris;
si positis intus Chii veterisque Falerni 115
mille cadis — nihil est: tercentum milibus, acre
potet acetum; age si et stramentis incubet unde-
octoginta annos natus, cui stragula vestis,
blattarum ac tinearum epulae, putrescat in arca:
nimirum insanus paucis videatur, eo quod 120
maxima pars hominum morbo iactatur eodem.
filius aut etiam haec libertus ut ebibat heres,
dis inimice senex, custodis ? ne tibi desit ?
quantulum enim summae curtabit quisque dierum,
unguere si caules oleo meliore caputque 125
coeperis inpexa foedum porrigine ? quare,
si quidvis satis est, peiuras, surripis, aufers
undique ? tun sanus ? populum si caedere saxis
incipias servosve tuos, quos aere pararis,
insanum te omnes pueri clamentque puellae; 130
cum laqueo uxorem interimis matremque veneno,
incolumi capite es ? quid enim ? neque tu hoc facis Argis
nec ferro ut demens genetricem occidis Orestes.
an tu reris eum occisa insanisse parente
ac non ante malis dementem actum Furiis quam 135
in matris iugulo ferrum tepefecit acutum ?
quin, ex quo est habitus male tutae mentis Orestes,
nil sane fecit quod tu reprehendere possis:
non Pyladen ferro violare aususve sororem
Electran, tantum maledicit utrique vocando 140
hanc Furiam, hunc aliud, iussit quod splendida bilis.
   pauper Opimius argenti positi intus et auri,
qui Veientanum festis potare diebus
Campana solitus trulla vappamque profestis,
quondam lethargo grandi est oppressus, ut heres 145

und Silber birgt und doch nicht weiß die Schätze zu genießen, ja sie
nicht anzurühren sich getraut, als wär's ein Heiligtum? Da streckt sich
einer neben seinen korngefüllten Speicher, hält Tag und Nacht mit
langem Knüppel Wache und wagt trotz großen Hungers nicht vom
eigenen Besitz ein Körnlein nur zu nehmen, statt dessen lebt er kümmerlich von bitteren Kräutern; in seinem Keller lagern tausend – nein,
dreihunderttausend Krüge von altem Chier- und Falernerwein, er aber
trinkt nur essigsauren Krätzer; ja selbst als Greis von neunundsiebzig
Jahren schläft er auf bloßer Streu, obwohl die schönsten Decken in
der Kiste modern als Futter für die Schaben und die Motten: gewiß
scheint der nur wenigen ein Narr, weil ja die meisten an der gleichen
Narrheit kranken. Du gottgehaßter Alter, hütest du dies alles, daß dein
Sohn, vielleicht dein Freigelaßner einst als Erbe es verpraßt? Du willst
– so sagst du – selbst nicht Mangel leiden? Wieviel wird dir denn jeder
Tag von deinem Reichtum kürzen, wenn du ein beßres Öl auf deinen
Salat gießt – und auf dein ungekämmtes, schmutzverfilztes Haar?
Doch wenn dir alles gut genug, warum willst du durch Meineid, Dieb-
stahl, Raub so viel zusammenscharren? Bist du bei Verstand? Wenn
du jetzt plötzlich nach den Leuten auf der Straße, nach den eignen
Sklaven, die du mit schwerem Gelde dir gekauft, mit Steinen wirfst, so
schreit gleich alle Welt: „Der ist verrückt!"; wenn du jedoch die eigne
Frau mit einem Strick, mit Gift die Mutter umbringst, dann ist's bei dir
im Kopfe richtig! Ja, warum auch nicht? Nicht Argos ist die Stätte
deiner Tat, nicht mit dem Schwerte tötest du, wie einst Orest in seinem
Wahn, die Mutter. Glaubst du etwa, erst nach dem Muttermorde sei
er irr geworden, und nicht schon früher habe ihm der bösen Furien
Wut den Sinn verwirrt, längst eh' er mit dem scharfen Schwert der
Mutter warmes Blut vergossen? Im Gegenteil: seitdem Orestes, wie
man glaubte, den Verstand verlor, da tat er nie mehr etwas Tadelns-
wertes: nicht Pylades und nicht Elektra, seine Schwester, wagt' er
tätlich anzugreifen; er schalt nur beide, nannte diese eine Furie und
jenen anders, wie's ihm grad' die schwarze Galle eingab.

Opimius war arm trotz allem Gold und Silber, das daheim im Kasten
lag. An Feiertagen trank er schlechte Vejentaner aus irdnem Schöpf-
gefäß, an Wochentagen gar verdorbnen Wein. Einst warf ihn eine
schwere Ohnmacht nieder, so daß der Erbe schon vergnügt und auf-

iam circum loculos et clavis laetus ovansque
curreret. hunc medicus multum celer atque fidelis
excitat hoc pacto: mensam poni iubet atque
effundi saccos nummorum, accedere pluris
ad numerandum: hominem sic erigit; addit et illud: 150
'ni tua custodis, avidus iam haec auferet heres.'
'men vivo ?' 'ut vivas igitur, vigila. hoc age.' 'quid vis ?'
'deficient inopem venae te, ni cibus atque
ingens accedit stomacho fultura ruenti.
tu cessas ? agedum sume hoc tisanarium oryzae.'   155
'quanti emptae ?' 'parvo.' 'quanti ergo ?' 'octussibus.' 'eheu,
quid refert, morbo an furtis pereamque rapinis ?'
quisnam igitur sanus ? qui non stultus. quid avarus ?
stultus et insanus. quid, siquis non sit avarus,
continuo sanus ? minime. cur, Stoice ? dicam.   160

   'non est cardiacus' Craterum dixisse putato
'hic aeger'. recte est igitur surgetque ? negabit,
quod latus aut renes morbo temptentur acuto.
non est periurus neque sordidus: inmolet aequis
hic porcum Laribus; verum ambitiosus et audax: 165
naviget Anticyram. quid enim? differt, barathrone
dones quidquid habes an numquam utare paratis ?
Servius Oppidius Canusi duo praedia, dives
antiquo censu, gnatis divisse duobus
fertur et hoc moriens pueris dixisse vocatis   170
ad lectum: 'postquam te talos, Aule, nucesque
ferre sinu laxo, donare et ludere vidi,
te, Tiberi, numerare, cavis abscondere tristem,
extimui, ne vos ageret vesania discors,
tu Nomentanum, tu ne sequerere Cicutam.   175
quare per divos oratus uterque Penatis
tu cave ne minuas, tu ne maius facias id

geräumt nach Schränken lief und Schlüsseln; doch sein Arzt, ein treuer
und entschloßner Mann, versteht ihn mit dem rechten Mittel aufzu-
wecken: er läßt ein Tischlein bringen, ganze Säcke Geld darauf ent-
leeren und ein paar Leute kommen, um es hier zu zählen; so bringt er
erst den Kranken zum Bewußtsein, dann sagt er: „Wenn du selbst dein
Geld nicht hütest, wird's der gierige Erbe jetzt schon mit sich schleppen." „Wo ich noch lebe?" „Um zu leben, mußt du munter bleiben.
Drum aufgepaßt!" „Was soll ich denn?" „Vor Schwäche wird das
Blut dir in den Adern stocken, wenn du nicht ißt und so den kranken
Magen kräftig stärkst. Du zögerst noch? Nimm diese Graupensuppe
hier." „Was kostet sie?" „Ganz wenig." „Wieviel also?" „Vier
Groschen." „Wie entsetzlich! Da ist's ja gleich, ob an der Krankheit,
ob an Raub und Diebstahl ich zugrunde gehe!" – Wer ist nun also bei
Verstande? Wer kein Dummkopf ist. Was ist der Geizhals? Dumm
und unvernünftig. So ist denn ohne weiteres vernünftig, wer kein Geizhals? Durchaus nicht. Warum nicht, mein Stoiker? Das will ich dir
gleich sagen.

„Der Magen ist bei diesem Patienten ganz gesund" – nimm an, so
hätte Craterus, der Arzt, gesprochen. Es geht ihm also gut, er darf das
Bett verlassen? Ganz ausgeschlossen, denn ein böses Leiden sitzt ihm
noch in Lunge oder Nieren. Der da bricht keine Eide, kennt auch
keinen schmutzigen Geiz: zum Dank mag er den Laren, die ihm hold,
ein Ferkel opfern; doch ein vermeßner Ehrgeiz peinigt ihn: so muß er
nach Anticyra zur Kur gleich fahren! Denn was macht's aus, ob du die
ganze Habe in den Abgrund wirfst, ob du das Aufgesparte nie genießt?
Da wohnte in Canusium ein Servius Oppidius, ein reicher Mann nach
Schätzung unsrer Väter; zwei Güter nannte er sein eigen, die er ster-
bend seinen Söhnen nun vermachte. Er rief die beiden Jungen an sein
Bett und sprach: „Oft sah ich dich, mein Aulus, deine Würfel, deine
Nüsse unbesorgt im losen Bausch des Kleides tragen oder sie verschen-
ken und verspielen; doch du, Tiberius, zähltest sie genau und bargst
sie dann verdrossen im Versteck: jetzt bin ich bange, daß euch beide
ganz verschiedne Narrheit einst befällt, daß du wie Nomentanus ein
Verschwender und du ein Geizhals wie Cicuta wirst. Drum laßt euch
bitten bei den guten Geistern unsres Hauses: du mindre niemals, und
du suche nie zu mehren, was euerm Vater reichlich dünkt und was sich

quod satis esse putat pater et natura coercet.
praeterea ne vos titillet gloria, iure
iurando obstringam ambo: uter aedilis fueritve   180
vestrum praetor, is intestabilis et sacer esto.'
in cicere atque faba bona tu perdasque lupinis,
latus ut in circo spatiere et aeneus ut stes,
nudus agris, nudus nummis, insane, paternis;
scilicet ut plausus quos fert Agrippa feras tu,   185
astuta ingenuum volpes imitata leonem ?

   nequis humasse velit Aiacem, Atrida, vetas cur ?
'rex sum —' nil ultra quaero plebeius. '— et aequam
rem imperito, ac sicui videor non iustus, inulto
dicere quod sentit permitto.' maxime regum,   190
di tibi dent capta classem reducere Troia.
ergo consulere et mox respondere licebit ?
'consule.' cur Aiax, heros ab Achille secundus,
putescit, totiens servatis clarus Achivis?
gaudeat ut populus Priami Priamusque inhumato,   195
per quem tot iuvenes patrio caruere sepulcro ?
'mille ovium insanus morti dedit, inclitum Ulixen
et Menelaum una mecum se occidere clamans.'
tu cum pro vitula statuis dulcem Aulide natam
ante aras spargisque mola caput, inprobe, salsa,   200
rectum animi servas ? 'quorsum ?' insanus quid enim Aiax
fecit ? cum stravit ferro pecus, abstinuit vim
uxore et gnato; mala multa precatus Atridis
non ille aut Teucrum aut ipsum violavit Ulixen.
'verum ego, ut haerentis adverso litore navis   205
eriperem, prudens placavi sanguine divos.'
nempe tuo, furiose ? 'meo, sed non furiosus.'

   qui species alias veris scelerisque tumultu
permixtas capiet, commotus habebitur atque
stultitiane erret nihilum distabit an ira.   210
Aiax inmeritos cum occidit desipit agnos:

in naturgegebnen Grenzen hält. Und weiter müßt durch feierlichen Eid
ihr beide mir versprechen, daß ihr euch nie von Ruhmsucht kitzeln
laßt: wer je von euch zum Prätor, zum Aedil gewählt wird, soll vor
Gott verflucht, vor Menschen ehrlos sein." Du Narr, willst du dem
Volk denn Bohnen, Erbsen und Lupinen spenden und dein Erbe so
vertun, um dich im Zirkus stolz zu brüsten und in Erz gegossen auf
dem Markt zu stehn – doch nun vom Landbesitz, von allem Geld ent-
blößt, das dir dein Vater hinterließ ? Natürlich willst du, wie Agrippa
einst, den Beifall ernten, ein schlauer Fuchs, der es dem edlen Löwen
gleichzutun versucht.

Warum verbietest du, Atride Agamemnon, des Aias Leiche zu bestatten ? „Weil ich König bin." Dann schweig' ich still, bin nur ein
Mann des Volks. „Und in der Ordnung ist, was ich befehle; wenn's
einem nicht gerecht scheint, darf er ungestraft mir seine Ansicht sagen."
Großmächt'ger König, mögen es die Götter fügen, daß du nach Trojas
Fall die Flotte glücklich heimführst. So darf ich also fragen und dann
wieder Antwort geben. „Frag nur !" Weshalb muß Aias, nach Achill
der Tapferste im Heere, unbegraben modern, der Held, der seine Griechen oft gerettet ? Soll Priamus mit seinem Volk denn jubeln, soll der
unbestattet sein, durch den so manchen Troers Sohn kein Grab in
heim'scher Erde finden konnte ? „Im Wahnsinn schlug er tausend
Schafe nieder und rühmt' sich laut dabei, er töte edle Helden, Odysseus,
Menelaus und mich selbst." Als du in Aulis deine liebe Tochter statt
eines Opfertieres vor den Altar stelltest, als du mit Salz und Gerste ihr
das Haupt bestreutest, Gottloser, warst du da recht bei Verstande ?
„Wie meinst du das ?" Was hat in seinem Wahnsinn Aias denn ver-
brochen ? Als er das Vieh mit seinem Schwerte würgte, hat er doch
Frau und Kind verschont; er wünschte den Atriden alles Böse, doch hat
er sich an Teucer, ja selbst an Odysseus nicht vergriffen. „Ich aber
suchte wohlbedacht durch Blut die Götter mild zu stimmen, wollte
die Schiffe lösen, die am Unheilstrand von Aulis festgebannt." Ganz
recht, doch war's dein eigen Blut, Wahnwitziger ! „Gewiß, mein Blut;
wahnwitzig war ich nicht."

Wer falsche Vorstellungen hegt, die mit verbrecherischer Leidenschaft sich wirren, gilt mir als verrückt, gleichgültig, ob die Quelle
seines Irrtums Dummheit oder Jähzorn. Aias ist sinnlos, wenn er un-

cum prudens scelus ob titulos admittis inanis,
stas animo et purum est vitio tibi cum tumidum est cor ?
siquis lectica nitidam gestare amet agnam,
huic vestem ut gnatae paret, ancillas paret, aurum,   215
Rufam aut Pusillam appellet fortique marito
destinet uxorem: interdicto huic omne adimat ius
praetor et ad sanos abeat tutela propinquos.
quid, siquis gnatam pro muta devovet agna,
integer est animi ? ne dixeris. ergo ubi prava   220
stultitia, hic summa est insania; qui sceleratus,
et furiosus erit; quem cepit vitrea fama,
hunc circumtonuit gaudens Bellona cruentis.

  nunc age luxuriam et Nomentanum arripe mecum.
vincet enim stultos ratio insanire nepotes.   225
hic simul accepit patrimoni mille talenta,
edicit, piscator uti, pomarius, auceps,
unguentarius ac Tusci turba inpia vici,
cum scurris fartor, cum Velabro omne macellum
mane domum veniant. quid tum ? venere frequentes,   230
verba facit leno: 'quidquid mihi, quidquid et horum
cuique domi est, id crede tuum et vel nunc pete vel cras.'
accipe quid contra haec iuvenis responderit aequus.
'in nive Lucana dormis ocreatus, ut aprum
cenem ego; tu piscis hiberno ex aequore verris.   235
segnis ego, indignus qui tantum possideam; aufer,
sume tibi deciens; tibi tantundem; tibi triplex,
unde uxor media currit de nocte vocata.'
filius Aesopi detractam ex aure Metellae,
scilicet ut deciens solidum absorberet, aceto   240
diluit insignem bacam: qui sanior ac si
illud idem in rapidum flumen iaceretve cloacam ?
Quinti progenies Arri, par nobile fratrum,

schuldsvolle Lämmer mordet: doch wenn du wohlbedacht um eitler
Ehren willen eine Schuld begehst – ja, bist du dann bei Sinnen, ist dein
Herz von Frevel rein, das doch die Ruhmsucht schwellt? Nimm an, es
läßt da einer in der Sänfte ein hübsches Lamm spazieren tragen, er
schafft ihm Kleidung, Goldgeschmeide, Dienerschaft wie einem Kinde,
nennt es „Blondchen", „Püppchen" und will es einem wackern Mann
zur Gattin geben: der Spruch des Prätors würde ihm die freien Rechte
nehmen und Verwandte, deren Geist gesund, zum Vormund ihm bestimmen. Wer aber statt des stummen Lammes seine eigne Tochter
weiht, ist der denn bei Verstand? O nein! Wo also Torheit sich mit
Schlechtigkeit im Bunde findet, da ist der höchste Wahnsinn ausge-
brochen; wer ein Verbrecher, der ist auch verrückt; wer sich vom
Glanz der Ruhmsucht blenden läßt, der ist benommen wie ein Priester
der Bellona, die am Blutrausch ihre Freude hat.

Nun nimm mit mir den Luxus vor und zum Exempel den Verschwender Nomentanus: Vernunft wird leicht beweisen, daß Verschwender
alle dumm und sinnlos sind. Als der vom Vater viele Millionen erbte,
da macht er öffentlich bekannt, die Fischer, Obstverkäufer, Vogelfänger, die Salbenhändler und das Kupplervolk des Tuskerviertels, die
Possenreißer und Geflügelmäster und was noch sonst zum Lebens-
mittelmarkt gehört, sie alle sollten früh am Morgen ihn zu Haus be-
suchen. Und was geschah? Natürlich kam man zahlreich angelaufen;
ein Kuppler führt das Wort: „Was ich, was diese hier daheim besitzen,
das sollst du alles als dein Eigentum betrachten; es steht dir stets zu
Diensten, heut' wie morgen." Nun höre, was der gute Junge drauf er-
widert, der so billig dachte: „Du hier bringst in Lucaniens Schnee, die
Beine wohl umschirmt, die Nächte zu, damit ich Wildschweinbraten
auf der Tafel habe; du fängst für mich beim Wintersturm die Fische auf
dem Meer. Ich bleibe träg zu Hause, bin nicht würdig, so viel Mammon
zu besitzen – weg damit! Du nimm eine Million, du das gleiche, du
dreimal so viel, aus dessen Haus die Gattin noch nach Mitternacht auf
meinen Wink gefällig zu mir eilt." Äsopus' Sohn gedachte eine ganze
Million mit einem Schluck herabzuschlürfen: da hat er eine wundervolle
Perle aus Metellas Ohr in Essig aufgelöst – war es verrückter, wenn er
sie ins Wasser, in die Gosse warf? Des Quintus Arrius Söhne kannte
man als edles Brüderpaar, das sich in Niedertracht und Albernheit und

nequitia et nugis pravorum et amore gemellum
luscinias soliti inpenso prandere coemptas,   245
quorsum abeant ? sani ut creta, an carbone notati ?

  aedificare casas, plostello adiungere muris,
ludere par inpar, equitare in harundine longa
siquem delectet barbatum, amentia verset.
si puerilius his ratio esse evincet amare   250
nec quicquam differre, utrumne in pulvere, trimus
quale prius, ludas opus, an meretricis amore
sollicitus plores: quaero, faciasne quod olim
mutatus Polemon ? ponas insignia morbi,
fasciolas, cubital, focalia, potus ut ille   255
dicitur ex collo furtim carpsisse coronas,
postquam est inpransi correptus voce magistri ?
porrigis irato puero cum poma, recusat;
'sume, catelle': negat; si non des, optet. amator
exclusus qui distat, agit ubi secum, eat an non,   260
quo rediturus erat non arcessitus, et haeret
invisis foribus ? 'nec nunc, cum me vocet ultro,
accedam ? an potius mediter finire dolores ?
exclusit; revocat: redeam ? non, si obsecret.' ecce
servos, non paulo sapientior 'o ere, quae res   265
nec modum habet neque consilium, ratione modoque
tractari non volt. in amore haec sunt mala, bellum,
pax rursum: haec siquis tempestatis prope ritu
mobilia et caeca fluitantia sorte laboret
reddere certa sibi, nihilo plus explicet ac si   270
insanire paret certa ratione modoque.'
quid ? cum Picenis excerpens semina pomis
gaudes, si cameram percusti forte, penes te es ?
quid ? cum balba feris annoso verba palato,
aedificante casas qui sanior ? adde cruorem   275
stultitiae atque ignem gladio scrutare. modo, inquam.
Hellade percussa Marius cum praecipitat se,

allerhand üblen Gelüsten zwillingsmäßig glich; sie speisten schon zum Frühstück Nachtigallen, die sie für teures Geld gekauft. In welche Klasse weist du sie? Sind sie mit weißer Kreide als gesund, mit schwarzer Kohle als verrückt gezeichnet?

Aus Sand sich Häuschen bauen, Mäuse an ein Wäglein spannen, mit Nüssen grad und ungrad spielen und auf langen Bambusstöcken reiten – wer dran als bärtiger Mann noch Freude hat, dem fehlt es an Verstand. Läßt du dir nun beweisen, daß Verliebtheit noch weit kindischer ist als dies, und daß kein Unterschied, ob du wie einst als Junge von drei Jahren im Sande spielst, ob einer Dirne wegen du aus Liebeskummer greinst: so frag' ich dich, willst du nicht handeln wie einst der bekehrte Polemo? Willst du nicht all' die Zeichen weichlich-üppigen Lebens, die Tüchlein, Binden, Polster von dir tun? So soll auch jener still den Kranz vom Kopf genommen haben, als er bezecht am frühen Morgen durch des Meisters ernstes Wort ergriffen wurde. – Du hältst dem trotzigen Jungen Äpfel hin, er mag sie nicht; „so nimm doch, Häschen", er sagt nein; doch gibst du nichts, dann will er: ebenso treibt's der Verliebte, der, erst abgewiesen, jetzt nun überlegt, ob er hineingehn soll, wohin er sicher ginge, wär' er nicht gerufen; denn von der leidigen Tür kommt er nicht los. „Soll ich auch jetzt nicht zu ihr gehn, wo sie von selbst mich ruft? Soll ich nicht lieber rasch entschlossen allem Liebesleid ein Ende machen? Sie wies mich ab, ruft mich zurück – kehr' ich zurück? Nein, nein, und wenn sie auf den Knieen mich drum bäte!" Hör' doch den Sklaven, der viel klüger redet: „Ein Ding, Herr, das nicht Maß und Überlegung kennt, das will auch niemals mit Vernunft und Maß behandelt werden. Dergleichen Übel bringt nun mal die Liebe: heute Krieg, dann wieder Frieden. Dies wechselt wie das Wetter, hängt vom blinden Zufall ab; willst du's für dich allein beständig machen? Genau so wenig wird dir das gelingen, wie wenn du dich bemühst, mit Maß und mit Vernunft verrückt zu sein." Sieh, wenn als Liebesprobe Kerne aus Piceneräpfeln du zur Zimmerdecke schnellst und kindlich froh bist, falls du sie getroffen – bist du dann bei Sinnen? Und wenn du noch als alter Knabe zärtlich Liebesworte lallst, bist du da klüger als das Kind, das Häuschen baut? Nun laß zur Dummheit auch noch Mord und Totschlag kommen, schüre mit dem Schwert das Liebesfeuer! Erst jüngst stach Marius seine Hellas nieder und gab sich

cerritus fuit? an commotae crimine mentis
absolves hominem et sceleris damnabis eundem
ex more inponens cognata vocabula rebus?   280

  libertinus erat, qui circum compita siccus
lautis mane senex manibus currebat et 'unum',
—'quid tam magnum?' addens —, 'unum me surpite morti!
dis etenim facile est' orabat, sanus utrisque
auribus atque oculis; mentem, nisi litigiosus,   285
exciperet dominus, cum venderet. hoc quoque volgus
Chrysippus ponit fecunda in gente Meneni.

  'Iuppiter, ingentis qui das adimisque dolores,'
mater ait pueri mensis iam quinque cubantis,
'frigida si puerum quartana reliquerit, illo   290
mane die, quo tu indicis ieiunia, nudus
in Tiberi stabit.' casus medicusve levarit
aegrum ex praecipiti: mater delira necabit
in gelida fixum ripa febrimque reducet,
quone malo mentem concussa? timore deorum."   295

  haec mihi Stertinius, sapientum octavos, amico
arma dedit, posthac ne conpellarer inultus.
dixerit insanum qui me, totidem audiet atque
respicere ignoto discet pendentia tergo.'

  'Stoice, post damnum sic vendas omnia pluris,   300
qua me stultitia, quoniam non est genus unum,
insanire putas? ego nam videor mihi sanus.'
'quid, caput abscissum manibus cum portat Agaue
gnati infelicis, sibi tunc furiosa videtur?'
'stultum me fateor — liceat concedere veris —   305
atque etiam insanum; tantum hoc edissere, quo me
aegrotare putes animi vitio.' 'accipe: primum
aedificas, hoc est longos imitaris, ab imo
ad summum totus moduli bipedalis, et idem
corpore maiorem rides Turbonis in armis   310
spiritum et incessum: qui ridiculus minus illo?

selbst den Tod – ist das nicht Wahnwitz? Oder sprichst du ihn von
Irrsinn frei und wirfst ihm ein Verbrechen vor, wie man ja gern den
Dingen sinnverwandte Namen gibt?

Da war ein alter Freigelaßner, der frühmorgens nüchtern mit ge-
waschnen Händen zu allen Götterbildern an den Straßenecken lief und
flehte: „Mich, nur mich allein – was ist es denn so Großes? – laßt am
Leben bleiben: für Götter ist's ja leicht!" Die beiden Augen, Ohren
waren ganz gesund, nur für die geistige Gesundheit mußte beim Ver-
kauf sein Herr die Garantie verweigern, falls er Klagen und Prozesse
scheute. Auch diese Sorte pflegt der Stoiker Chrysippus in der Narren
große Sippschaft einzureihen.

„Ach Juppiter, der du uns Menschen arge Schmerzen schickst und
wieder nimmst", so sprach die Mutter eines Jungen, der schon seit
fünf Monaten darniederlag, „sobald mein Sohn vom kalten Wechsel-
fieber frei, soll er frühmorgens an dem Tage, wo man dir zu Ehren
fastet, nackt im Tiber stehn." Durch Zufall, sei's durch Kunst des
Arztes wird der Krankheit Krise überwunden: die verrückte Mutter
läßt das Kind im kalten Flusse stehn, ein neues Fieber bringt ihm rasch
den Tod. Welch' Übel hatte ihr den Geist verwirrt? Der Aberglaube!"

Mit diesem Rüstzeug hat Stertinius, der achte von den sieben Weisen, freundschaftlich mich ausgestattet, damit mich künftig keiner ungestraft beschimpfe. Wer mich nun einen Narren nennt, dem will ich's
reichlich wiedergeben; er soll den unbekannten Sack mit Fehlern auf
dem eignen Rücken sehen lernen.'

„Mein lieber Stoiker, nach dem Bankrott, den du erlitten, magst du
wieder tüchtig Geld verdienen; doch sag' mir erst, an welcher Narrheit
von den vielen Arten ich denn leide? Ich muß gestehn, ich komm' mir
selbst ganz vernünftig vor." „Was meinst du? Wenn Agaue ihres
armen Sohnes losgerißnes Haupt in Händen trägt, ob sie sich selbst
dabei für rasend hält?" „Nun schön, der Wahrheit sei die Ehre, also
bin ich dumm, bin auch verrückt; nur mußt du mir das eine noch ver-
raten, an welcher geistigen Störung ich nach deiner Meinung kranke."
„Vernimm denn: erstens baust du, äffst die großen Herren nach, ob-
gleich du selbst vom Scheitel bis zur Sohle nur zwei Fuß im ganzen,
und dabei lachst du über des gewappneten Gladiators Turbo Gang und
Keckheit, die für seine Kleinheit allzu groß: bist du denn weniger

an, quodcumque facit Maecenas, te quoque verum est,
tanto dissimilem et tanto certare minorem ?
absentis ranae pullis vituli pede pressis
unus ubi effugit, matri denarrat, ut ingens   315
belua cognatos eliserit: illa rogare,
quantane ? num tantum, sufflans se, magna fuisset ?
'maior dimidio.' 'num tanto ?' cum magis atque
se magis inflaret, 'non, si te ruperis,' inquit,
'par eris.' haec a te non multum abludit imago.   320
adde poemata nunc, hoc est, oleum adde camino;
quae siquis sanus fecit, sanus facis et tu.
non dico horrendam rabiem —' 'iam desine.' '— cultum
maiorem censu —' 'teneas, Damasippe, tuis te.'
'— mille puellarum, puerorum mille furores —'   325
'o maior tandem parcas, insane, minori.'

                                4

   'Unde et quo Catius ?' 'non est mihi tempus, aventi
ponere signa novis praeceptis, qualia vincent
Pythagoran Anytique reum doctumque Platona.'
'peccatum fateor, cum te sic tempore laevo
interpellarim; sed des veniam bonus, oro.   5
quodsi interciderit tibi nunc aliquid, repetes mox,
sive est naturae hoc sive artis, mirus utroque.'
'quin id erat curae, quo pacto cuncta tenerem
utpote res tenuis, tenui sermone peractas.'
'ede hominis nomen, simul et, Romanus an hospes.'   10
'ipsa memor praecepta canam, celabitur auctor.
   longa quibus facies ovis erit, illa memento,
ut suci melioris et ut magis alba rotundis,
ponere: namque marem cohibent callosa vitellum.
cole surbano qui siccis crevit in agris   15
dulcior: inriguo nihil est elutius horto.
si vespertinus subito te oppresserit hospes,

lächerlich als jener ? Oder meinst du, du dürftest dich in allem nach
Mäcenas richten, wo du so ungleich ihm und viel zu klein, dich je mit
ihm zu messen ? Einst wurden junge Frösche, als die Mutter fern, von
einem Kalb zertreten; ein einziger blieb am Leben und erzählt der
Alten, welch' Riesentier die Brüder totgedrückt. „Wie groß ?" will jene
wissen, bläht sich auf und fragt, ob es so groß gewesen sei. „Wohl um
die Hälfte größer." „So groß also ?", sie bläht sich stärker, immer stärker auf. „Nie", meint er, „gleichst du ihm, und wenn du dich zerplatzt."
Die Fabel paßt nicht schlecht zu dir. Dazu kommt, daß du dichtest,
also Öl ins Feuer gießt ! Wenn das je einer mit Vernunft getan, dann
bist du auch vernünftig. Von des Jähzorns Wut will ich nicht reden ..."
„Genug nun !" „Von dem Aufwand, der zu groß für dein Vermögen..."
„Um dich magst du dich kümmern, Damasippus." „Und von der
Liebesleidenschaft für tausend Mädchen, tausend Jungen . . ." „Nun
Schluß ! Der größere Narr verschone jetzt den kleinern !"

4

„Woher, wohin, mein Catius ?" „Hab' keine Zeit, muß memorieren,
mir die neue Weisheit einverleiben, die ich eben hörte – ich sag' dir,
sie wird alles in den Schatten stellen, was einst Pythagoras und Sokrates
und auch der große Platon uns gelehrt hat !" „Zur Unzeit hab' ich dich
gestört; ich sehe meinen Fehler ein und bitte dich, verzeih' mir gütigst.
Und sollte wirklich dir ein Wort entfallen sein, rasch wirst du's wieder-
finden – kraft der dir angeborenen Erinnrungsgabe oder der Gedächt-
niskunst, die so erstaunlich sich in dir vereinen." „Das ist's ja, was mir
eben Sorge machte, wie ich dies alles gut behalte; ein höchst subtiler
Stoff ward in subtilster Form mir dargeboten." „Wie heißt der große
Meister ? Ist's ein Römer, ist's ein Fremder ?" „Aus dem Gedächtnis
will ich dir die Lehre künden; des Lehrers Name bleibt verschwiegen.
   Zunächst die Eier: sei bedacht, nur solche auf den Tisch zu bringen,
die von länglicher Gestalt; sie schmecken besser, haben helleres Eiweiß
als die runden, denn die Haut ist härter und ein künftiges Hähnchen
steckt dahinter. Der Kohl vom trocknen Feld ist feiner als vom wasser-
reichen Garten bei der Stadt; nichts ist so kraftlos wie verwässertes
Gemüse. Kommt dir am Abend unerwartet noch ein Gast ins Haus,

ne gallina malum responset dura palato,
doctus eris vivam musto mersare Falerno:
hoc teneram faciet. pratensibus optima fungis   20
natura est; aliis male creditur. ille salubris
aestates peraget, qui nigris prandia moris
finiet, ante gravem quae legerit arbore solem.
Aufidius forti miscebat mella Falerno:
mendose, quoniam vacuis conmittere venis   25
nil nisi lene decet: leni praecordia mulso
prolueris melius. si dura morabitur alvus,
mitulus et viles pellent obstantia conchae
et lapathi brevis herba, sed albo non sine Coo.
lubrica nascentes inplent conchylia lunae;   30
sed non omne mare est generosae fertile testae:
murice Baiano melior Lucrina peloris,
ostrea Circeis, Miseno oriuntur echini,
pectinibus patulis iactat se molle Tarentum.
    nec sibi cenarum quivis temere arroget artem,   35
non prius exacta tenui ratione saporum.
nec satis est cara piscis averrere mensa
ignarum, quibus est ius aptius et quibus assis
languidus in cubitum iam se conviva reponit.
Umber et iligna nutritus glande rotundas   40
curvat aper lances carnem vitantis inertem;
nam Laurens malus est, ulvis et harundine pinguis.
vinea submittit capreas non semper edulis.
fecundae leporis sapiens sectabitur armos.
piscibus atque avibus quae natura et foret aetas,   45
ante meum nulli patuit quaesita palatum.

    sunt quorum ingenium nova tantum crustula promit.
nequaquam satis in re una consumere curam,
ut siquis solum hoc, mala ne sint vina, laboret,
quali perfundat piscis securus olivo.   50
Massica si caelo suppones vina sereno,
nocturna siquid crassi est tenuabitur aura

so soll das Kochhuhn sich nicht zäh dem Gaumen widersetzen; drum
merk' dir: im Falernermost mußt du das Tier ertränken, das gibt ein
zartes Fleisch. Der Pilz gedeiht am besten auf der Wiese; den andern
traut man kaum. Wer stets sein Frühstück mit des Maulbeerbaumes
schwarzen Früchten schließt, die er frühmorgens vor der heißen Sonne
pflückte, der wahrt sich auch im Sommer die Gesundheit. Mit kräftigem
Falerner pflegt Aufidius seinen Honigtrank zu mischen – ganz falsch,
denn für den leeren Magen paßt nur Mildes: mit mildem Trank magst
du dir drum die Därme spülen. Miesmuscheln, andre billige Muschel-
arten und kleinblättriger Sauerampfer räumen jedes Hindernis beiseite, wenn du an Verstopfung leidest, wobei der weiße Koerwein nicht
zu vergessen. Schlüpfrige Muscheltiere wachsen, wenn der Mond sich
füllt; doch nicht in jedem Meer gedeiht die edle Ware: besser als Bajäs
Purpurschnecke ist die Riesenmuschel vom Lucrinersee, die Auster ist
vortrefflich bei Circeji, der Seeigel bei Misenum, und Kammuscheln,
die mit offner Schale man serviert, sind Ruhm und Stolz des üppigen
Tarent.

Und dann die Mahlzeit selbst: hier soll sich keiner als ein Künstler
dünken, der nicht die feine Lehre vom Geschmack genau studiert!
Was nützt dir's, teure Fische wahllos einzukaufen, wenn du nicht weißt,
ob sie gekocht mit Brühe aufzutragen, ob sie gebraten deinen Gast, der
schon gesättigt sich zurücklehnt, wieder zuzulangen reizen? Du magst
kein fades Fleisch? dann soll die runde Silberschüssel unter eines Ebers
Last sich biegen, der in des umbrischen Gebirgswalds kräftiger Eichel-
kost gemästet; denn nichts taugt einer aus der Gegend von Laurentum,
der nur von Schilf und Sumpfgras fett geworden. Die Rehe, die von
Rebenknospen naschten, bieten dir nicht immer schmackhaft Fleisch.
Das Schulterstück der trächtigen Häsin wird der Kenner suchen. Der
Fische, des Geflügels Art und rechtes Lebensalter hat noch kein Gaumen je vor mir erforscht.

Gar manch Genie erschöpft sich drin, ein neues Backwerk zu er-
finden – als ob's genügte, nur dem einen seine Sorgfalt zuzuwenden!
Wie wenn du dich nur um des Weines Güte kümmerst und nicht be-
achtest, was für Öl man auf die Fische träufelt! Stellst du den edlen
Massikerwein bei klarem Wetter nachts ins Freie, so wird die Nacht-
luft alles Trübe läutern und der herbe Duft wird schwinden, der den

et decedet odor nervis inimicus; at illa
integrum perdunt lino vitiata saporem.
Surrentina vafer qui miscet faece Falerna　　　　　55
vina, columbino limum bene colligit ovo,
quatenus ima petit volvens aliena vitellus.
tostis marcentem squillis recreabis et Afra
potorem coclea; nam lactuca innatat acri
post vinum stomacho; perna magis et magis hillis　　60
flagitat inmorsus refici, quin omnia malit
quaecumque inmundis fervent allata popinis.

　　est operae pretium duplicis pernoscere iuris
naturam. simplex e dulci constat olivo,
quod pingui miscere mero muriaque decebit　　　　65
non alia quam qua Byzantia putuit orca.
hoc ubi confusum sectis inferbuit herbis
Corycioque croco sparsum stetit, insuper addes
pressa Venafranae quod baca remisit olivae.
Picenis cedunt pomis Tiburtia suco:　　　　　　70
nam facie praestant, venucula convenit ollis;
rectius Albanam fumo duraveris uvam.
hanc ego cum malis, ego faecem primus et allec,
primus et invenior piper album cum sale nigro
incretum puris circumposuisse catillis.　　　　　75

　　inmane est vitium dare milia terna macello
angustoque vagos piscis urgere catino.
magna movet stomacho fastidia, seu puer unctis
tractavit calicem manibus, dum furta ligurrit,
sive gravis veteri creterrae limus adhaesit.　　　80
vilibus in scopis, in mappis, in scobe quantus
consistit sumptus? neglectis flagitium ingens.
ten lapides varios lutulenta radere palma
et Tyrias dare circum inlota toralia vestis,
oblitum, quanto curam sumptumque minorem　　85
haec habeant, tanto reprehendi iustius illis,
quae nisi divitibus nequeunt contingere mensis?'

Nerven schädlich; doch wenn du ihn durch Leinen filterst, wird die rechte Feinheit dem Geschmack genommen. Wer schlau den Sorrentiner mit Falernerhefe mischt, der soll ein Taubenei zur Klärung nehmen; das Dotter wird zu Boden sinkend mitziehn, was der Mischung fremd. Geröstete Krabben, afrikanische Schnecken sind ein gutes Mittel für den schlappen Trinker: denn Kopfsalat schwimmt wirkungslos im Magen, der vom Wein erhitzt; viel lieber will er sich durch Schinken oder Würstchen reizen und erfrischen lassen, ja, er zieht alles vor, was man ihm siedendheiß aus schmutzger Kellerkneipe holt.

Die Mühe lohnt's wahrhaftig, auch der Doppeltunke Wesen gründlich zu studieren. Erst wird sie einfach hergestellt aus süßem Öl, das man mit vollem Wein und Salzfischlake mischt – doch solcher, die des Fasses Duft als echt byzantisch ausweist. Dies alles, mit geschnittnen Kräutern durchgerührt, bestreut mit feinstem Safran, wird nun aufgekocht und bleibt so stehen, bis es abgekühlt; dann wirst du's mit Olivenöl noch übergießen, das aus Venafrums edler Frucht gewonnen. Picener Äpfeln müssen die von Tibur weichen, so schön sie anzusehn, doch fehlt's an Saft. Venuculatrauben sind wohl für den Einmachtopf geeignet; im Rauche magst du besser jene trocknen, die der Albanerberge Sonne reifte. Ich hab's erfunden, diese Keltertraube mit den Äpfeln zum Dessert zu reichen; ich hab' als erster Weinsteinsalz und Fischpastete, als erster weißen Pfeffer, gut mit dunklem Salz vermischt, in netten Schälchen auf dem Tisch verteilt als Würze.

Wie ungeheuerlich ist die Verirrung, erst auf dem Fischmarkt Hunderte zu opfern und dann die Fische, die das weite Meer gewohnt sind, auf kleiner Schüssel ganz erbärmlich einzuengen! Und welch gewaltiger Ekel packt den Magen, wenn dir ein Sklave, der Gestohlenes heimlich naschte, mit fettigen Fingern deinen Becher reicht, wenn übler Schmutz am schönen alten Kruge klebt. Sind denn nur Besen, Tücher, Sägespäne gar so teuer? Wie schmachvoll, wenn's in diesem Punkte fehlt! Schämst du dich nicht, den bunten Marmorstein mit schmutzigem Wedel abzustäuben und tyrische Purpurdecken auf den ungewaschnen Überzug zu breiten? Bedenke: das zu meiden kostet wenig Geld und Mühe; mit um so größerm Recht wird man dies tadeln, als wenn der Luxus fehlt, den nur die Reichen sich auf ihrer Tafel leisten."

'docte Cati, per amicitiam divosque rogatus
ducere me auditum, perges quocumque, memento.
nam quamvis memori referas mihi pectore cuncta,   90
non tamen interpres tantundem iuveris. adde
voltum habitumque hominis, quem tu vidisse beatus
non magni pendis, quia contigit; at mihi cura
non mediocris inest, fontis ut adire remotos
atque haurire queam vitae praecepta beatae.'   95

5

'Hoc quoque, Tiresia, praeter narrata petenti
responde, quibus amissas reparare queam res
artibus atque modis. quid rides ?' 'iamne doloso
non satis est Ithacam revehi patriosque penatis
adspicere ?' 'o nulli quicquam mentite, vides ut   5
nudus inopsque domum redeam te vate, neque illic
aut apotheca procis intacta est aut pecus: atqui
et genus et virtus, nisi cum re, vilior alga est.'
'quando pauperiem missis ambagibus horres,
accipe qua ratione queas ditescere. turdus   10
sive aliud privum dabitur tibi, devolet illuc,
res ubi magna nitet domino sene; dulcia poma
et quoscumque feret cultus tibi fundus honores
ante Larem gustet venerabilior Lare dives.
qui quamvis periurus erit, sine gente, cruentus   15
sanguine fraterno, fugitivus, ne tamen illi
tu comes exterior, si postulet, ire recuses.'
'utne tegam spurco Damae latus ? haud ita Troiae
me gessi, certans semper melioribus.' 'ergo
pauper eris.' 'fortem hoc animum tolerare iubebo;   20
et quondam maiora tuli. tu protinus, unde
divitias aerisque ruam, dic, augur, acervos.'

'dixi equidem et dico: captes astutus ubique
testamenta senum neu, si vafer unus et alter
insidiatorem praerosos fugerit hamo,   25

„Bei unsrer Freundschaft, bei den Göttern laß dich bitten, mein gelehrter Catius: nimm mich als Hörer mit zu ihm, wo er auch sei, vergiß
es nicht! Gewiß, aus der Erinnrung magst du alles mir getreu berichten – indes als Dolmetsch wirst du mich nicht so erbauen wie er selbst.
Dazu die Miene, die Gebärde jenes großen Mannes geschaut zu haben,
welch ein Glück! Du selbst hast's schon erlebt und achtest es gering;
doch mich erfüllt ein sehnliches Verlangen, Zugang zu finden zum verborgnen Quell und aus ihm selbst die große Kunst zu schöpfen, wie
man ein glücklich Leben führen kann."

5

„Schon viel erzähltest du mir nun, Tiresias; gib mir bitte auch Bescheid, durch welche Mittel, welche Künste ich mein verlornes Gut ersetzen kann. Was lachst du?" „Also ist's dem listenreichen Dulder nicht
mehr genug, nach Ithaka zurückzukehren, Haus und Herd zu schauen?"
„Der du noch keinen je betrogst, du siehst ja: wie du selber prophe-
zeitest, so komm' ich nackt und arm zur Heimat; weder Stall noch Keller hat mir der Freier Schar verschont: und edle Herkunft, Heldenmut
gilt heut' bei leeren Taschen keinen Heller!" „Um's kurz zu sagen:
vor der Armut ist dir bang; so höre, wie du reich wirst. Kommt dir
eine Drossel oder sonst ein Leckerbissen als Geschenk ins Haus, so
laß sie dorthin weiterflattern, wo dir Reichtum in den Händen eines
Alten winkt; auch schönes Obst, und was für Herrlichkeiten noch dein
Gut dir bringt, sollst du dem Reichen früher als dem Hausgott spenden,
denn er ist mehr zu ehren als der Gott. Mag er meineidig sein, unfrei
geboren, ein entlaufner Sklave, mag ihn Bruderblut beflecken, dennoch mußt du ehrerbietig ihm zur Linken gehn, wenn er Begleitung
wünscht." „Soll ich so einen widerlichen Kerl wie Dama ehren? Vor
Troja hielt ich's anders, wo ich mich stets mit den Besten maß." „Dann
bleibst du eben arm!" „Ich will das tapfre Herz bezwingen; Schlim-
meres hab' ich schon ertragen. Du, Seher, künde weiter, wo ich Reichtum, wo ich Geld in Haufen mir zusammenscharren kann."
„Ich wiederhole, was ich dir schon eben sagte: angle pfiffig, wo's
nur geht, nach Testamenten alter Leute; falls der und jener schlau den
Köder abnagt und den Lockungen entwischt, dann darfst du nicht

aut spem deponas aut artem inlusus omittas.
magna minorve foro si res certabitur olim,
vivet uter locuples sine gnatis, inprobus, ultro
qui meliorem audax vocet in ius, illius esto
defensor; fama civem causaque priorem   30
sperne, domi si gnatus erit fecundave coniux.
„Quinte" puta aut „Publi" — gaudent praenomine molles
auriculae — „tibi me virtus tua fecit amicum.
ius anceps novi, causas defendere possum;
eripiet quivis oculos citius mihi quam te   35
contemptum cassa nuce pauperet; haec mea cura est,
nequid tu perdas neu sis iocus." ire domum atque
pelliculam curare iube; si cognitor ipse,
persta atque obdura: seu rubra Canicula findet
infantis statuas, seu pingui tentus omaso   40
Furius hibernas cana nive conspuet Alpis.
„nonne vides" aliquis cubito stantem prope tangens
inquiet, „ut patiens, ut amicis aptus, ut acer?"
plures adnabunt thynni et cetaria crescent.
sicui praeterea validus male filius in re   45
praeclara sublatus aletur, ne manifestum
caelibis obsequium nudet te, leniter in spem
adrepe officiosus, ut et scribare secundus
heres et, siquis casus puerum egerit Orco,
in vacuom venias: perraro haec alea fallit.   50
qui testamentum tradet tibi cumque legendum,
abnuere et tabulas a te removere memento,
sic tamen, ut limis rapias, quid prima secundo
cera velit versu; solus multisne coheres,
veloci percurre oculo. plerumque recoctus   55
scriba ex quinqueviro corvum deludet hiantem
captatorque dabit risus Nasica Corano.'
'num furis? an prudens ludis me obscura canendo?'

enttäuscht die Hoffnung sinken lassen oder auf die edle Kunst verzichten. Gibt's einen Rechtsstreit auf dem Forum, mag er klein sein
oder groß, so frage, wer von beiden Gegnern reich und ohne Kinder,
wer frech genug war, ohne Grund den andern, der ein Ehrenmann,
hier anzuklagen: dem mußt du Beistand sein; den braven Bürger mit
dem bessern Ruf und bessern Recht verachte, falls er daheim ein Kind
hat – oder eine Frau, von der er eins erwartet. ‚Mein lieber Quintus‘
oder ‚liebster Publius‘, magst du etwa sagen – ein Ohr, dem Schmeiche-
lei willkommen, hört Vornamen gern –, ‚durch deine Tüchtigkeit hast
du mein Herz gewonnen: glaub' mir, das Recht mit seinen Kniffen ist
mir wohlbekannt, und auch Prozesse weiß ich gut zu führen; ja, eher
laß ich mir die Augen aus dem Kopfe reißen, als daß man dich um
einer tauben Nuß Wert ärmer macht, dein Recht verachtend; meine
Sorge soll es sein, daß du nichts einbüßt, nicht verspottet wirst.‘ Dann
heiß' ihn heimgehn und sein Bäuchlein pflegen; du selber sei sein Anwalt vor Gericht und harre standhaft aus, ob auch der glühende Hundsstern stumme Statuen aus Holz zum Bersten bringt, ob Dichter Furius,
bis zum Platzen voll von fetten Rindskaldaunen, ‚der Alpen winter-
liches Haupt mit weißem Schnee bespuckt‘. ‚Da sieh nur‘, raunt dann
mancher, seinen Nachbar mit dem Arme stoßend, ‚ist der nicht standhaft und energisch, seinem Freund gefällig?‘ In Scharen wird sich's
jetzt um deinen Köder drängen, und der Fischzug lohnt. Doch dein
Bemühen um die Kinderlosen, das zu offenkundig, könnte dich ver-
raten; drum sieh, ob irgendwo in reichem Hause ein krankes Kind auf-
wächst: ganz sachte schlängle dich heran und fördre dienstbeflissen
deine Hoffnung auf den zweiten Platz im Testament. Will's dann der
Zufall, daß der Junge in den Orkus fährt, so rückst du in die leere
Stelle ein: das ist ein Wurf, der selten trügt. Und aufgepaßt, wenn einer
dir sein Testament zu lesen gibt: du mußt dich weigern, mußt das
Schriftstück von dir weisen – doch suche schielend zu erhaschen, was
das Hauptblatt auf der zweiten Zeile sagt; mit raschem Blicke lies, ob
du allein, ob viele mit dir Erben. So manchmal wird ein neugebackner
Sekretär, der sich vom schlichten Polizisten dazu aufgeschwungen hat,
den gierigen Raben höhnen, und nach der Erbschaft lüstern wird
Nasica von Coranus ausgelacht." „Sprichst du denn irre? oder willst
du mich mit solchem dunklen Rätselspruch absichtlich narren?"

'o Laertiade, quidquid dicam, aut erit aut non:
divinare etenim magnus mihi donat Apollo.'   60
'quid tamen ista velit sibi fabula, si licet, ede.'
'tempore quo iuvenis Parthis horrendus, ab alto
demissum genus Aenea, tellure marique
magnus erit, forti nubet procera Corano
filia Nasicae, metuentis reddere soldum.   65
tum gener hoc faciet: tabulas socero dabit atque
ut legat orabit; multum Nasica negatas
accipiet tandem et tacitus leget invenietque
nil sibi legatum praeter plorare suisque.

    illud ad haec iubeo: mulier si forte dolosa   70
libertusve senem delirum temperet, illis
accedas socius: laudes, lauderis ut absens.
adiuvat hoc quoque, sed vincit longe prius ipsum
expugnare caput. scribet mala carmina vecors:
laudato. scortator erit: cave te roget; ultro   75
Penelopam facilis potiori trade.' 'putasne
perduci poterit tam frugi tamque pudica,
quam nequiere proci recto depellere cursu?'
'venit enim magnum donandi parca iuventus
nec tantum veneris quantum studiosa culinae.   80
sic tibi Penelope frugi est; quae si semel uno
de sene gustarit tecum partita lucellum,
ut canis a corio numquam absterrebitur uncto.
me sene quod dicam factum est. anus inproba Thebis
ex testamento sic est elata: cadaver   85
unctum oleo largo nudis umeris tulit heres,
scilicet elabi si posset mortua; credo,
quod nimium institerat viventi. cautus adito
neu desis operae neve immoderatus abundes.
difficilem et morosum offendet garrulus: ultra   90
'non' 'etiam' sileas; Davus sis comicus atque
stes capite obstipo, multum similis metuenti.

„Sohn des Laërtes, was ich dir verkünde, wird geschehen oder nicht:
der große Gott Apollo selbst schenkt mir die Sehergabe !" „So sag'
doch, wenn du darfst, was die Geschichte von vorhin bedeutet."
„Wenn einst ein junger Held, der Parther Schrecken, der aus Aeneas'
edlem Hause stammt, zu Wasser und zu Lande seine Macht entfaltet,
da wird Nasicas schlanke Tochter mit dem wackeren Coranus sich ver-
mählen – weil sich der Vater scheut, das ganze Kapital zurückzuzahlen,
das ihm jener lieh. Was tut der Schwiegersohn ? Er wird sein Testament dem Schwiegervater geben, daß er's lese; Nasica wird sich lange
sträuben; endlich nimmt er's an und liest es still für sich – und findet,
daß für ihn und für die Seinen nichts hinterlassen bleibt als hinterm
Sarg zu trauern.

Noch eins empfehl' ich dir: wird ein schwachsinniger Alter mal von
einer schlauen Dirne, einem Freigelaßnen kommandiert, gleich schließe
dich als treuer Helfer an und lobe sie, damit sie dich dann hinter deinem
Rücken loben. Auch das bringt Nutzen; doch viel eher führt ein Angriff auf die Hauptperson zum Ziele. Vielleicht verfaßt der Dummkopf
schaurige Gedichte: dann rühme sie; er ist ein Weiberjäger: laß dich
nicht erst bitten, führ' ihm Penelope freiwillig zu und zeige dich dem
Mächtigen gefällig." „Meinst du ? wird sie sich denn verführen lassen,
die so brav, so keusch, daß auch die Freier sie vom rechten Wege nicht
verleiten konnten ?" „Kein Wunder, denn die Jugend, die bei ihr erschien, war allzu knausrig mit Geschenken, und die Liebe lockte weniger als die Küche. So bleibt Penelope dir treu; doch warte nur: hat sie
von einem einzigen Alten erst einmal genascht und das Profitchen
brav mit dir geteilt, läßt sie davon genau so wenig wie der Hund vom
fett'gen Leder. Hör' ein Geschichtchen, das ich einst als alter Mann
erlebte. In Theben ließ ein garstiges altes Weib laut Testament sich so
bestatten: der Erbe mußte ihren kräftig eingeölten Leichnam auf den
nackten Schultern tragen – gewiß um zu versuchen, ob sie ihm im
Tode noch entschlüpfen könnte, nachdem er ihr im Leben, denk' ich,
allzu lästig fiel. Sei also hübsch behutsam: laß es nie an Eifer fehlen;
doch auch kein Übermaß an Dienstbarkeit ! Wer mürrisch und verdrossen, liebt den Schwätzer nicht: sag' „ja" und „nein", dann
schweige; sei dem Sklaven der Komödie gleich und halte stets den
Kopf gesenkt, ganz so, als wenn du ängstlich wärst. Zeig' dich nur

obsequio grassare; mone, si increbruit aura,
cautus uti velet carum caput; extrahe turba
oppositis umeris; aurem substringe loquaci.   95
inportunus amat laudari: donec 'ohe iam'
ad caelum manibus sublatis dixerit, urge:
crescentem tumidis infla sermonibus utrem.

    cum te servitio longo curaque levarit,
et certum vigilans ,,quartae sit partis Ulixes"   100
audieris ,,heres": ,,ergo nunc Dama sodalis
nusquam est ? unde mihi tam fortem tamque fidelem ?"
sparge subinde et, si paulum potes inlacrimare, est
gaudia prodentem voltum celare. sepulcrum
permissum arbitrio sine sordibus exstrue: funus   105
egregie factum laudet vicinia. siquis
forte coheredum senior male tussiet, huic tu
dic, ex parte tua seu fundi sive domus sit
emptor, gaudentem nummo te addicere. sed me
imperiosa trahit Proserpina: vive valeque.'   110

6

    Hoc erat in votis: modus agri non ita magnus,
hortus ubi et tecto vicinus iugis aquae fons
et paulum silvae super his foret. auctius atque
di melius fecere. bene est. nil amplius oro,
Maia nate, nisi ut propria haec mihi munera faxis.   5
si neque maiorem feci ratione mala rem
nec sum facturus vitio culpave minorem,
si veneror stultus nihil horum 'o si angulus ille
proximus accedat, qui nunc denormat agellum !
o si urnam argenti fors quae mihi monstret, ut illi,   10
thesauro invento qui mercennarius agrum
illum ipsum mercatus aravit, dives amico
Hercule !', si quod adest gratum iuvat, hac prece te oro:

recht gefällig: weht der Wind, so bitte ihn, sein teures Haupt vorsichtig einzuhüllen; mit deiner Schultern Stoßkraft rette ihn aus dem Ge-
dränge, und wenn er redet, spitze brav die Ohren. Will er sein eignes
Lob in höchsten Tönen hören, so gib's ihm gründlich, laß durch deine
schwülstigen Phrasen den aufgeblasnen Kerl sich immer weiter blähn,
bis er mit hocherhobnen Händen ruft: ‚Hör auf, genug!'

   Hat er dich dann von allen Sorgen, aller Dienstbarkeit durch seinen
Tod erlöst, hast du ganz deutlich, ohne daß du träumst, den Satz gehört: ‚Odysseus soll den vierten Teil von meiner Habe erben', so
jammre mal ein bißchen hie und da: ‚Mein lieber Dama ist nicht mehr?
Wo werd' ich einen Freund je wieder finden, der so treu, so bieder?'
Wenn's leidlich geht, dann weine auch dazu: so kannst du nett verbergen, wie vergnügt du bist. Beim Grabmal, dessen Bau dir überlassen, darfst du ja nicht knausern; auch der Bestattung Pracht muß von
der Nachbarschaft bewundert werden. Und wenn zufällig von den
andern Erben ein alter Herr recht böse hustet, sprich ihn schleunigst
an: falls er von deinem Teil ein Haus, ein Grundstück kaufen möchte,
so sage nur, mit Freuden würdest du's ihm unentgeltlich überlassen.
   Doch meine Königin Proserpina ruft mich zurück: so leb' denn wohl!"

6

   Das war so meiner Sehnsucht Wunsch: ein Ackergut auf nicht zu
großem Raume, dazu ein Garten und dem Haus benachbart ein frisch
rinnender Quell und oben am Bergeshang ein Fleckchen Wald. Reicher
und schöner ist, was die Götter mit bescherten. Mein Herz ist zufrieden.
Nichts weiter erbitte ich, Sohn der Maja, als daß du diese Gaben mir
recht zu eigen machen wolltest. Du weißt, ich habe das Meinige nicht
durch Betrug vergrößert; ich bin auch nicht gesonnen, durch Mißwirt-
schaft oder Verschwendung es zu verkleinern; in meine Gebete stiehlt
sich kein törichter Wunsch, wie dieser: „Ach, wäre doch das nächste
Eckchen dort mein, das jetzt dem kleinen Gut zur Abrundung noch
fehlt! Ach, wollte ein Glücksfall mir eine Truhe mit Geld zeigen, wie
jenem Feldarbeiter, der den Schatz fand und nun als Käufer und Eigner
eben jenes Feld bestellte, durch Herkules' Huld ein reicher Mann!"
Du weißt, mit Dank und Freude schätze ich, was ich habe; und so laß

pingue pecus domino facias et cetera praeter
ingenium, utque soles, custos mihi maximus adsis.   15

    ergo ubi me in montes et in arcem ex urbe removi,
quid prius inlustrem saturis musaque pedestri ?
nec mala me ambitio perdit nec plumbeus auster
autumnusque gravis, Libitinae quaestus acerbae.
Matutine pater, seu Iane libentius audis,   20
unde homines operum primos vitaeque labores
instituunt — sic dis placitum —, tu carminis esto
principium. Romae sponsorem me rapis: 'eia,
ne prior officio quisquam respondeat, urge.'
sive aquilo radit terras seu bruma nivalem   25
interiore diem gyro trahit, ire necesse est.
postmodo quod mi obsit clare certumque locuto
luctandum in turba et facienda iniuria tardis.
'quid tibi vis, insane ?' et 'quam rem agis ?' inprobus urget
iratis precibus, 'tu pulses omne quod obstat,   30
ad Maecenatem memori si mente recurras ?'
hoc iuvat et melli est, non mentiar. at simul atras
ventum est Esquilias, aliena negotia centum
per caput et circa saliunt latus. 'ante secundam
Roscius orabat sibi adesses ad Puteal cras.'   35
'de re communi scribae magna atque nova te
orabant hodie meminisses, Quinte, reverti.'
'inprimat his cura Maecenas signa tabellis.'
dixeris: 'experiar': 'si vis, potes,' addit et instat.

    septimus octavo propior iam fugerit annus,   40
ex quo Maecenas me coepit habere suorum
in numero, dumtaxat ad hoc, quem tollere raeda
vellet iter faciens et cui concredere nugas
hoc genus: 'hora quota est ?' 'Thraex est Gallina Syro par ?'

mich eins nur bitten für den Gutsherrn: mach fett und schwer sein Vieh, mach ihm Kisten und Kasten schwer, nur nicht die Schwingen seines Geistes; und bleibe, der du warst, mein Hort und Hüter.

Nachdem ich denn aus der Stadt in die Berge und in meine Burg entrückt bin, ist dies Glück auch der reizvollste Stoff für mein Geplauder, für das schlichte Schaffen meiner Muse. Kein übler Ehrgeiz drückt, kein bleischwerer Scirocco quält mich hier, nicht der drückende Spätsommer, die Erntezeit der herben Leichengöttin. Vater der heiligen Frühe – oder ist Janus der Name, den du lieber hörst ? – du bist's ja, der nach urewigem Rat allen Anfang im Leben und Schaffen der Menschen weiht, sei du auch meines Liedes Anbeginn. In Rom, da reißt du mich heraus, da muß ich Bürgschaft stellen. „Heda ! du sollst der Freundespflicht entsprechen; spute dich, daß ja kein andrer dich aussticht !" Ob nun der Nordwind den Erdboden fegt, ob im tiefen Winter der Schneetag zögernd seine engere Bahn betritt: – ich muß hinaus ! Habe ich dann, mit der Aussicht auf persönlichen Verlust, laut und bestimmt meine Formel aufgesagt, muß ich im Gewühl die Ellbogen brauchen und die Langsamen unsanft beiseite drücken. „Was willst du, bist du verrückt ? Was fällt dir ein ?" so fährt mich einer gröblich an mit Zornesflüchen; „du möchtest wohl alles beiseite stoßen, wenn's einmal wieder zu Mäcenas geht: da rennst du und hast nur Sinn für ihn !" Ja, das ist meine Freude, meines Herzens Lust: warum es leugnen ? Aber sobald die düstere Höhe des Esquilin erreicht ist, brechen hundert fremde Anliegen über mich herein und umschwirren mich von allen Seiten. „Roscius läßt dich bitten, du möchtest morgen vor der zweiten Stunde beim Gerichtstermin ihm Beistand leisten." „Es handelt sich um eine wichtige und brennende Standesfrage; die Vereinigung der Sekretäre bittet dich, Quintus, du möchtest ja daran denken, dich heute einzufinden." „Vermittle doch gütigst, daß Mäcenas auf dies Blatt sein Siegel drückt." Sagst du „versuchen will ich's", so versetzt er „du kannst schon, wenn du willst", und dabei bleibt er.

Das siebente Jahr nun ist's, und nicht mehr fern der achte Jahrestag, seit mich Mäcenas in den Kreis der Seinen aufgenommen hat; – nur in der Absicht freilich, einen Gefährten auf Reisen mit in den Wagen zu nehmen und ihm Vertraulichkeiten mitzuteilen, etwa von der Art: „Wieviel Uhr ist es ? Wird Gallina der Thraker dem Syrer seinen Mann

'matutina parum cautos iam frigora mordent',   45
et quae rimosa bene deponuntur in aure.
per totum hoc tempus subiectior in diem et horam
invidiae noster. ludos spectaverat, una
luserat in campo: 'fortunae filius' omnes.
frigidus a rostris manat per compita rumor: 50
quicumque obvius est, me consulit: 'o bone — nam te
scire, deos quoniam propius contingis, oportet —
numquid de Dacis audisti ?' 'nil equidem.' 'ut tu
semper eris derisor.' 'at omnes di exagitent me,
si quicquam.' 'quid ? militibus promissa Triquetra   55
praedia Caesar an est Itala tellure daturus ?'
iurantem me scire nihil mirantur ut unum
scilicet egregii mortalem altique silenti.

   perditur haec inter misero lux, non sine votis:
o rus, quando ego te adspiciam quandoque licebit   60
nunc veterum libris, nunc somno et inertibus horis
ducere sollicitae iucunda oblivia vitae ?
o quando faba Pythagorae cognata simulque
uncta satis pingui ponentur holuscula lardo ?
o noctes cenaeque deum, quibus ipse meique   65
ante Larem proprium vescor vernasque procacis
pasco libatis dapibus. prout cuique libido est,
siccat inaequalis calices conviva solutus
legibus insanis, seu quis capit acria fortis
pocula seu modicis uvescit laetius. ergo   70
sermo oritur, non de villis domibusve alienis,
nec male necne Lepos saltet; sed, quod magis ad nos
pertinet et nescire malum est, agitamus, utrumne
divitiis homines an sint virtute beati,
quidve ad amicitias, usus rectumne, trahat nos   75
et quae sit natura boni summumque quid eius.

   Cervius haec inter vicinus garrit anilis

stehen ?" „Die Morgenkühle wird schon recht empfindlich; wer sich
nicht vorsieht, kann sich etwas holen"; dazu ähnliche Geheimnisse,
die man einem indiskreten Ohre gefahrlos anvertraut. Die ganze Zeit
hindurch ward unsereiner von neidischen Blicken verfolgt, täglich und
stündlich mehr. Beim Schauspiel hatte ich neben ihm gesessen, im Marsfeld mit ihm Ball gespielt: „das Glückskind !" wispern alle. Ein schau-
riges Gerücht ergießt sich von der Börse über Straßen und Plätze; wer
mir begegnet, sucht sich Rats zu holen: „Bester Freund, du mußt ja
Bescheid wissen, denn du hast nähere Fühlung mit den Allmächtigen.
Was gibt's mit den Dakern ? Hast du was gehört ?" „Nicht das Min-
deste !" „Natürlich, du bist und bleibst ein Spötter." „Aber alle Götter
sollen mich strafen, wenn ich das Geringste weiß." „Wie wird es mit
den Landgütern, die Cäsar den Soldaten versprach ? Will er sie auf
Sizilien anweisen oder auf italischem Boden ?" Beteure ich mein Nicht-
wissen, so staunen sie über dies Menschenkind, das ja einzig dastehe
mit seiner ausnehmenden, tiefen Verschwiegenheit.

    Bei solchem Zeitverderb schwinden die Tagesstunden; sehnsüchtig
seufzt der Geplagte: Geliebte Flur da draußen, wann wird mein Auge
dich schauen ? Wann darf ich nach unruhvollem Leben süßes Vergessen schlürfen, jetzt aus Büchern der Alten, jetzt im Schlummer und in
Stunden der Muße ? Ach, wann wird die Bohne, Pythagoras' Verwandte, wieder auf meinem Tisch erscheinen, mit ihr der geliebte Kohl,
saftig geschmälzt durch fettes Schweinefleisch ? Ach ihr Nachtmahle,
ihr Götterschmäuse, wo ich mit Freunden am eignen Herde speise und
meine verzogenen Sklaven satt mache von den Resten des Herren-
schmauses. Ganz nach Gefallen mischt und leert jeder Gast seinen
Becher, ohne den Zwang sinnloser Trinkgesetze, gleichviel ob seine
Fassungskraft feurigen Trunk verträgt oder zu fröhlicher Befeuchtung
das gelinde Maß vorzieht. So entspinnt sich denn die Unterhaltung,
nicht über Landhäuser und Stadtpaläste andrer Leute, auch nicht über
Herrn Lepos' Erfolge und Mißerfolge im Ballett; nein, wir besprechen,
was uns näher angeht, was wir, um nicht Schaden zu nehmen, verstehen
müssen: ob Reichtum, ob Tugend das Menschenglück begründet, ob wir
Freundschaft nur aus Vorteil schließen oder um sittlich uns zu fördern;
dazu die Frage nach dem Wesen des Guten und dem höchsten Gut.

    Nachbar Cervius tischt dabei Geschichtchen auf, wie sie Groß-

ex re fabellas. siquis nam laudat Arelli
sollicitas ignarus opes, sic incipit:

'olim rusticus urbanum murem mus paupere fertur   80
accepisse cavo, veterem vetus hospes amicum,
asper et attentus quaesitis, ut tamen artum
solveret hospitiis animum. quid multa ? neque ille
seposti ciceris nec longae invidit avenae,
aridum et ore ferens acinum semesaque lardi   85
frusta dedit, cupiens varia fastidia cena
vincere tangentis male singula dente superbo,
cum pater ipse domus palea porrectus in horna
esset ador loliumque, dapis meliora relinquens.

tandem urbanus ad hunc ,,quid te iuvat" inquit, ,,amice, 90
praerupti nemoris patientem vivere dorso ?
vis tu homines urbemque feris praeponere silvis ?
carpe viam, mihi crede, comes, terrestria quando
mortalis animas vivunt sortita neque ulla est
aut magno aut parvo leti fuga: quo, bone, circa,   95
dum licet, in rebus iucundis vive beatus,
vive memor, quam sis aevi brevis." haec ubi dicta
agrestem pepulere, domo levis exsilit; inde
ambo propositum peragunt iter, urbis aventes
moenia nocturni subrepere. iamque tenebat   100
nox medium caeli spatium, cum ponit uterque
in locuplete domo vestigia, rubro ubi cocco
tincta super lectos canderet vestis eburnos
multaque de magna superessent fercula cena,
quae procul exstructis inerant hesterna canistris.   105
ergo ubi purpurea porrectum in veste locavit
agrestem, veluti succinctus cursitat hospes
continuatque dapes nec non verniliter ipsis
fungitur officiis, praelambens omne quod adfert.

ille cubans gaudet mutata sorte bonisque   110

mutter erzählt; sie passen zum Thema des Gesprächs. Rühmt etwa
jemand Arellius' Reichtümer, ohne deren drückende Sorgen zu kennen,
so beginnt Cervius:

„Es war einmal eine Landmaus, die in ihrem ärmlichen Erdloch den
Besuch der Stadtmaus empfing; seit langem pflegten sie Verkehr und
Freundschaft. Die Wirtin war sonst hartgewöhnt und hielt Erworbenes
zusammen; nur wenn sie Gäste bei sich sah, tat sie des Herzens Schrein
weit auf. Genug, heut war ihr nichts zu schade, nicht die aufgesparte
Erbse noch das lange Haferkorn; auch ein Rosinchen brachte sie im
Maule und selbst das angebissene Speckstück gab sie her; durch Abwechslung wollte sie gern die Unlust der Feinschmeckerin überwinden,
die mit verwöhntem Zahne die einzelnen Gaben kaum berührte, während die Hausfrau selbst, auf heurigem Stroh hingestreckt, sich mit
einfacher Kost begnügte und die besseren Gänge dem Gaste überließ.

Endlich sprach die Städterin zu ihr: „Wie kann es dir nur behagen,
Liebste, so entsagungsvoll am steilen Hange der Waldschlucht zu
leben? Möchtest du nicht die große Welt und das Stadtleben dem wilden Wald vorziehen? Komm mit mir, auf mein Wort; wir wandern
zusammen. Der Erdgebornen Los ist ja die Sterblichkeit; und niemand,
weder groß noch klein, entrinnt dem Schicksal. Derohalben, meine
Beste, lebe herrlich und in Freuden, solange dir's vergönnt ist; lebe
und bedenke, wie kurze Frist dir bleibt!" Diese Worte machten auf
das Landkind Eindruck: flink sprang es aus dem Häuschen. Alsbald
vollführen sie zusammen die geplante Reise; sie haben es eilig, um noch
bei nächtlicher Weile die Mauern der Stadt zu beschleichen. Und schon
hatte die Nacht auf himmlischer Bahn die Mitte erreicht, da setzten sie
beide ihre Füßchen in ein reiches Haus, wo über Ruhebetten aus Elfenbein rote, scharlachgetränkte Decken schimmerten; auch waren hier
die Reste eines großen Schmauses, zahlreiche Gerichte von gestern, die
in der Ecke standen und ganze Körbe füllten. Da muß denn die Freundin vom Lande es sich auf purpurner Decke bequem machen; die Wirtin läuft geschäftig hin und her, als hätte sie das Kleid geschürzt; so
läßt sie einen Gang dem andern folgen und sorgt auch, wie ein Sklave,
für die richtige Bedienung, wobei sie alles, was sie zuträgt, vorher mit
dem Zünglein kostet.

Die Freundin ruht auf dem Pfühl, vergnügt über den schönen Tausch,

rebus agit laetum convivam, cum subito ingens
valvarum strepitus lectis excussit utrumque.
currere per totum pavidi conclave magisque
exanimes trepidare, simul domus alta Molossis
personuit canibus. tum rusticus: ,,haud mihi vita   115
est opus hac" ait et ,,valeas: me silva cavosque
tutus ab insidiis tenui solabitur ervo." '

7

'Iamdudum ausculto et cupiens tibi dicere servos
pauca reformido.' 'Davusne ?' 'ita. Davus, amicum
mancipium domino et frugi quod sit satis, hoc est,
ut vitale putes.' 'age libertate Decembri,
quando ita maiores voluerunt, utere: narra.'   5
    'pars hominum vitiis gaudet constanter et urget
propositum; pars multa natat, modo recta capessens,
interdum pravis obnoxia. saepe notatus
cum tribus anellis, modo laeva Priscus inani
vixit inaequalis, clavum ut mutaret in horas,   10
aedibus ex magnis subito se conderet unde
mundior exiret vix libertinus honeste;
iam moechus Romae, iam mallet doctus Athenis
vivere, Vortumnis quotquot sunt natus iniquis.
scurra Volanerius, postquam illi iusta cheragra   15
contudit articulos, qui pro se tolleret atque
mitteret in phimum talos, mercede diurna
conductum pavit: quanto constantior isdem
in vitiis, tanto levius miser ac prior illo
qui iam contento, iam laxo fune laborat.'   20
    'non dices hodie, quorsum haec tam putida tendant,
furcifer?' 'ad te, inquam.' 'quo pacto, pessime ?' 'laudas
fortunam et mores antiquae plebis, et idem,
siquis ad illa deus subito te agat, usque recuses,
aut quia non sentis, quod clamas, rectius esse,   25

und zeigt das Behagen des Gastes, der sich's an guten Dingen wohl sein
läßt. Da plötzlich ein furchtbares Türenschlagen, das beide aus den
Kissen aufscheucht. Sie huschen erschreckt in alle Ecken, und die Auf-
regung steigert sich zur Todesangst: denn plötzlich erdröhnt das hohe
Haus vom Gebell molossischer Hunde. Da sagte die Landmaus: „Für
solches Leben dank' ich schön. Gehab' dich wohl! Mich sichert mein
Wald und mein Schlupfloch vor Feindestücken: des will ich mich
getrösten bei schmaler Wickenkost."

7

„Ich warte längst schon, möchte gern mal mit dir reden; hab' nur
als Sklave Furcht." „Bist du es, Davus?" „Ja, dein Davus, der getreue
Diener seines Herrn, auch brav – so ziemlich wenigstens, so weit, daß
ich nicht allzu gut bin für das irdische Leben." „Sprich nur, ein offnes
Wort erlaubt dir ja der Saturnalien Freiheit, wie es unsre Väter wollten."
    „So mancher freut sich an der Sünde und hält unentwegt an solchem
Leben fest; doch viele andre schwanken, wählen bald das Gute und
geben sich dann auch dem Schlechten hin. Priscus fiel öfters durch drei
Fingerringe auf, ein andermal blieb seine Linke leer; er lebte unbestän-
dig und pflegte stündlich seinen Purpurstreif zu wechseln; aus seinem
prächtgen Haus verkroch er plötzlich sich in eine Höhle, in der ein
beßrer Freigelaßner kaum mit Anstand wohnen konnte; heut' lebte
er in Rom als Ehebrecher und morgen als Gelehrter in Athen – geboren unterm Fluche aller Wandlungsgötter! Sieh Volanerius, den
Lebemann, dem alle Glieder von der wohlverdienten Gicht gelähmt:
er hat um Tagelohn sich einen angenommen, der ihm die Würfel auf-
hebt und statt seiner in den Becher tut: so war er doch mehr konse-
quent im Laster und um so besser dran als jener andre, der bald am
straff gespannten, bald am losen Strick sich quält."
    „Willst du mir nicht gleich sagen, wen du mit dem tollen Zeug da
meinst, du Galgenstrick?" „Ich meine dich." „Wieso, du Schuft?"
„Du lobst das schlichte Leben und die Art der kleinen Leute in der
guten alten Zeit; doch wollte plötzlich dir ein Gott dazu verhelfen,
dann sträubst du dich mit Hand und Fuß: du glaubst wohl selbst nicht
an die Herrlichkeit, von der du predigst, vielleicht auch bist du nur

aut quia non firmus rectum defendis et haeres
nequiquam caeno cupiens evellere plantam.
Romae rus optas; absentem rusticus urbem
tollis ad astra levis. si nusquam es forte vocatus
ad cenam, laudas securum holus ac, velut usquam   30
vinctus eas, ita te felicem dicis amasque,
quod nusquam tibi sit potandum. iusserit ad se
Maecenas serum sub lumina prima venire
convivam: ,,nemon oleum fert ocius ? ecquis
audit ?'' cum magno blateras clamore fugisque.   35
Mulvius et scurrae, tibi non referenda precati,
discedunt. ,,etenim fateor me'' dixerit ille
,,duci ventre levem, nasum nidore supinor,
inbecillus, iners, siquid vis, adde, popino.
tu cum sis quod ego et fortassis nequior, ultro   40
insectere velut melior verbisque decoris
obvolvas vitium ?'' quid, si me stultior ipso
quingentis empto drachmis deprenderis ? aufer
me voltu terrere; manum stomachumque teneto,
dum quae Crispini docuit me ianitor edo.   45

    te coniunx aliena capit, meretricula Davum:
peccat uter nostrum cruce dignius? acris ubi me
natura intendit, sub clara nuda lucerna
quaecumque excepit turgentis verbera caudae
clunibus aut agitavit equum lasciva supinum,   50
dimittit neque famosum neque sollicitum, ne
ditior aut formae melioris meiat eodem.
tu cum proiectis insignibus, anulo equestri
Romanoque habitu, prodis ex iudice Dama,
turpis odoratum caput obscurante lacerna,   55
non es quod simulas ? metuens induceris atque
altercante libidinibus tremis ossa pavore.
quid refert, uri virgis ferroque necari

ein schwacher Kämpfer für das Recht, hängst fest und suchst vergeblich deine Füße aus dem Dreck zu ziehn. Lebst du in Rom, so sehnst
du dich aufs Land, und auf dem Lande lobst du wankelmütig die Stadt
bis zu den Sternen. Bist du zufällig nicht zum Essen eingeladen, dann
rühmst du deine schlichte Hausmannskost und preisest dein sorgenfreies Glück und bist zufrieden, daß dir nirgends ein Gelage winkt –
als wenn du je gezwungen wie zum Frondienst gingest! Wenn aber
spät beim ersten Lampenschimmer Mäcenas dich als Tischgast zu sich
bittet, dann gibt es gleich ein groß' Geschrei: ‚Rasch, bringt denn
keiner Öl für die Laterne? Hört ihr nicht?' so polterst du und rennst
davon. Doch Mulvius und die andern deiner Gäste, lauter Pflastertreter, verwünschen dich mit lästerlichen Flüchen und rücken grollend
ab. ‚Nun ja, ich geb' es zu', so sagt wohl einer, ‚als lockrer Zeisig laß
ich mich vom Bauch verführen und schnüffle mit erhobner Nase, wo's
nach Braten duftet; bin energielos, arbeitsscheu, und wenn du willst,
sag' auch: ein Leckermaul. Du aber, Freund Horaz, der doch dasselbe
ist wie ich, vielleicht noch schlimmer, du fährst mich gar noch an,
fühlst dich als beßrer Mensch und willst mit schönen Redensarten
deine Fehler schlau bemänteln?' Ja, wenn sich's nun herausstellt, daß
du törichter als ich, der Sklav, den du für lumpige fünfhundert Drachmen kauftest? – Laß doch, mach' kein so grimmiges Gesicht, beherrsche
deinen Groll und deine Hand – ich wiederhole nur, was von des Sto-
ikers Crispinus Pförtner ich erst lernte.

Dich reizt die Ehefrau des andern, mich ein schlichtes Dirnchen:
sag', wer von uns verdient für seine Sünde mehr das Kreuz? Regt sich
bei mir die Lust, empfängt mich eine nackt beim hellen Lampenschein,
sie stellt sich hinterwärts mir zur Verfügung, spielt auch Pferd mit mir;
dann geh' ich von ihr, nicht um meinen guten Ruf besorgt und nicht
voll Eifersucht auf einen Nebenbuhler, der reicher oder schöner ist als
ich und an derselben Stelle sich entlädt. Und du? Wenn du die Zeichen
deines Ranges von dir tust, die Römertoga und den Ritterring, wenn
du dich aus dem ritterlichen Richter in den gemeinen Sklaven Dama
wandelst, das parfümierte Haupt mit der Kapuze deines Mantels dicht
verhüllt – bist du nicht wirklich das, was du nur scheinst? Voll Angst
wirst du zu ihr geführt, und während dein Verlangen mit der Furcht
im Streite liegt, bebst du an allen Gliedern. Was macht's aus, ob du als

auctoratus eas, an turpi clausus in arca,
quo te demisit peccati conscia erilis,   60
contractum genibus tangas caput ? estne marito
matronae peccantis in ambo iusta potestas,
in corruptorem vel iustior ? illa tamen se
non habitu mutatve loco peccatve superne,
cum te formidet mulier neque credat amanti.   65
ibis sub furcam prudens dominoque furenti
conmittes rem omnem et vitam et cum corpore famam.
evasti: credo, metues doctusque cavebis:
quaeres, quando iterum paveas iterumque perire
possis, o totiens servus. quae belua ruptis,   70
cum semel effugit, reddit se prava catenis ?

   „non sum moechus" ais. neque ego hercule fur, ubi vasa
praetereo sapiens argentea. tolle periclum:
iam vaga prosiliet frenis natura remotis.
tune mihi dominus, rerum imperiis hominumque   75
tot tantisque minor, quem ter vindicta quaterque
inposita haud umquam misera formidine privet ?
adde super, dictis quod non levius valeat; nam,
sive vicarius est, qui servo paret, uti mos
vester ait, seu conservus, tibi quid sum ego? nempe   80
tu, mihi qui imperitas, aliis servis miser atque
duceris ut nervis alienis mobile lignum.

   quisnam igitur liber ? sapiens sibique imperiosus,
quem neque pauperies neque mors neque vincula terrent,
responsare cupidinibus, contemnere honores   85
fortis, et in se ipso totus, teres atque rotundus,
externi nequid valeat per leve morari,
in quem manca ruit semper fortuna. potesne
ex his ut proprium quid noscere ? quinque talenta
poscit te mulier, vexat foribusque repulsum   90
perfundit gelida, rursus vocat: eripe turpi

Gladiator dich verkaufst, der sich mit Ruten peitschen, mit dem
Schwerte töten läßt, ob du in einer Kiste schmählich eingeschlossen
steckst, wo der Geliebten schuldbewußte Zofe dich verbarg, so daß du
krummgezogen mit den Knieen deinen Kopf berührst? Kann nicht der
Mann der Ehebrecherin mit Recht euch beide strafen? Mit größerm
Recht wohl dich als den Verführer: sie sucht sich wenigstens nicht zu
verkleiden, bleibt zu Haus und hält sich stets passiv; als Weib gibt sie
sich nur mit Bangen hin und mißtraut dem Verliebten. So weißt du, was
geschieht, und machst dich doch zum Sklaven; dem wuterfüllten Gat-
ten gibst du alles preis: Vermögen, Leib und Leben samt dem guten
Ruf. Heut' bist du mal entwischt: ich denke, nun bist du gewitzigt,
wirst voll Furcht dich hüten – doch nein, schon morgen suchst du
Möglichkeit zu neuen Ängsten, neuen Fährlichkeiten; du bleibst
doch stets ein Knecht! Welch' Tier ist denn so dumm, wenn es den
Strick einmal zerriß, in die Gefangenschaft zurückzukehren?

,Ich bin kein Ehebrecher', sagst du. Schön, ich bin gewiß kein Dieb,
wenn ich an silbernen Gefäßen klug vorübergehe. Laß die Gefahr beiseite: gleich wird sich Natur vom Zügel frei in tollen Sprüngen zeigen.
Du willst mein Herr sein? bist ja selbst dem mächtigen Zwange vieler
Dinge, vieler Menschen untertan, und wenn des Prätors Stab dir drei-
und viermal die Freiheit schenkte, du kommst von deiner Furcht doch
nimmer los. Noch eins, nicht weniger wichtig, als was ich schon sagte:
mag jemand, der selbst einem Sklaven dient, nach euerm Sprachgebrauch nun ,Stellvertreter' oder auch ,Mitsklave' sein – bin ich dasselbe
nicht bei dir? Du bist ja doch mein Herr und mußt zu deinem Unglück
wieder anderen dienen; wie eine Holzfigur bewegst du dich, die eine
fremde Hand am Faden zieht.

Wer ist denn also frei? Der Weise, der sich selbst beherrscht, den
Armut, Kerker, Tod nicht schrecken kann, der auch die Kraft hat, den
Begierden Trotz zu bieten und alle Ehren zu verachten, der in dem
eignen Ich Genüge findet, wie eine Kugel abgerundet und vollkom-
men, an deren glatter Fläche nichts von außen haften bleibt, so daß das
Schicksal machtlos ihn bestürmt. Kannst du in diesem Bild etwas erkennen, das dein eigen? Da ist ein Weib, das fordert Tausende von dir,
dann höhnt sie, weist dich aus dem Haus und überschüttet dich mit
kaltem Wasser – und ruft dich bald zurück! Entreiß' dich endlich die-

colla iugo liber, „liber sum" dic age. non quis.
urget enim dominus mentem non lenis et acris
subiectat lasso stimulos versatque negantem.
vel cum Pausiaca torpes, insane, tabella,   95
qui peccas minus atque ego, cum Fulvi Rutubaeque
aut Pacideiani contento poplite miror
proelia rubrica picta aut carbone, velut si
re vera pugnent, feriant vitentque moventes
arma viri ? nequam et cessator Davus; at ipse   100
subtilis veterum iudex et callidus audis.
nil ego, si ducor libo fumante: tibi ingens
virtus atque animus cenis responsat opimis ?
obsequium ventris mihi perniciosius est cur ?
tergo plector enim. qui tu inpunitior illa,   105
quae parvo sumi nequeunt, obsonia captas ?
nempe inamarescunt epulae sine fine petitae
inlusique pedes vitiosum ferre recusant
corpus. an hic peccat, sub noctem qui puer uvam
furtiva mutat strigili: qui praedia vendit,   110
nil servile gulae parens habet ? adde, quod idem
non horam tecum esse potes, non otia recte
ponere teque ipsum vitas fugitivus et erro,
iam vino quaerens, iam somno fallere curam;
frustra: nam comes atra premit sequiturque fugacem.'   115

   'unde mihi lapidem ?' 'quorsum est opus ?' 'unde sagittas ?'
'aut insanit homo aut versus facit.' 'ocius hinc te
ni rapis, accedes opera agro nona Sabino.'

                              8

   'Ut Nasidieni iuvit te cena beati ?
nam mihi quaerenti convivam dictus here illic
de medio potare die.' 'sic, ut mihi numquam

sem schnöden Joch und rufe: ‚Frei, frei will ich sein !' Du kannst es nicht: denn die Begierde, der Tyrann in deiner Brust, hält dich in strenger Zucht; sie gibt dir, bist du schlapp, die scharfen Sporen und reißt dich jäh zurück, wenn du den eignen Weg zu gehen suchst. Nimm an, du stehst wie starr vor einem Bild des Meisters Pausias, bist ganz hingerissen – ich aber staune, auf den Zehen mich erhebend, über Straßenschilder, wo man Gefechte zwischen Fulvius und andren Gladiatoren sieht, so echt mit Rötel oder Kohle dargestellt, als ob die Männer wirklich Schläge führend und parierend ihre Waffen schwängen: bist du dann weniger verdreht als ich ? Doch Davus ist ein Taugenichts und Bummler – du selber wirst als feiner und gediegner Kenner alter Kunst gerühmt ! Ich bin ein Nichtsnutz, reizt mich mal ein frischgebackner Kuchen, der noch dampft: und du ? kannst denn du Tugendheld der Lockung eines feinen Essens widerstehn ? Und soll bei mir das Schlemmen wirklich schlimmere Folgen haben ? Gewiß, ich muß es mit dem Rücken büßen. Doch du mit deiner Gier nach Leckerbissen, die man nicht so billig kauft – wirst du wohl weniger gestraft ? Das endlos ausgedehnte Mahl wird dir zur bittren Galle, und die geschwächten Füße weigern deinem kranken Leib den Dienst. Wenn einer recht nach Sklavenart für den gestohlenen Kamm im Abenddunkel eine Traube eintauscht, gilt er gleich als Sünder: wer Haus und Hof verkaufen muß, weil er der Gurgel frönt, ist der was Beßres als ein Knecht ? Und mehr noch: keine Stunde kannst du bei dir selber sein, weißt mit der Mußezeit nichts Rechtes anzufangen; du fliehst dich wie ein flüchtiger Vagabund und suchst im Wein, im Schlaf die Sorge zu vergessen – doch vergebens: als finstrer Weggenoß drängt sie dir nach und ist dem Flüchtling immer auf den Fersen."

„Rasch einen Stein !" „Wozu denn ?" „Her mit Pfeil und Bogen !" „Der Mensch ist närrisch – oder er macht Verse." „Wenn du dich jetzt nicht schleunigst fortscherst, schick' ich dich als neunten Ackerknecht auf mein Sabinergut."

8

„Wie war das Mahl beim reichen Nasidienus ? hat dir's gut geschmeckt ? Als ich dich gestern zu mir bitten wollte, sagt' man mir, du zechtest schon seit Mittag dort." „So herrlich war's, daß ich mich nie

in vita fuerit melius.' 'dic, si grave non est,
quae prima iratum ventrem placaverit esca.'   5
'in primis Lucanus aper: leni fuit Austro
captus, ut aiebat cenae pater: acria circum
rapula, lactucae, radices, qualia lassum
pervellunt stomachum, siser, allec, faecula Coa.
his ut sublatis puer alte cinctus acernam   10
gausape purpureo mensam pertersit et alter
sublegit quodcumque iaceret inutile quodque
posset cenantis offendere, ut Attica virgo
cum sacris Cereris procedit fuscus Hydaspes
Caecuba vina ferens, Alcon Chium maris expers.   15
hic erus ,,Albanum, Maecenas, sive Falernum
te magis adpositis delectat, habemus utrumque." '

  'divitias miseras! sed quis cenantibus una,
Fundani, pulcre fuerit tibi, nosse laboro.'
'summus ego et prope me Viscus Thurinus et infra,   20
si memini, Varius; cum Servilio Balatrone
Vibidius, quos Maecenas adduxerat umbras.
Nomentanus erat super ipsum, Porcius infra,
ridiculus totas semel absorbere placentas;
Nomentanus ad hoc, qui, siquid forte lateret,   25
indice monstraret digito; nam cetera turba,
nos, inquam, cenamus avis, conchylia, piscis,
longe dissimilem noto celantia sucum,
ut vel continuo patuit, cum passeris atque
ingustata mihi porrexerit ilia rhombi.   30
post hoc me docuit melimela rubere minorem
ad lunam delecta. quid hoc intersit, ab ipso
audieris melius. tum Vibidius Balatroni
,,nos nisi damnose bibimus, moriemur inulti,"
et calices poscit maiores. vertere pallor   35
tum parochi faciem nil sic metuentis ut acris
potores, vel quod maledicunt liberius vel

im Leben besser unterhalten habe!" „Erzähle doch, wenn dir's nicht
lästig ist: womit hast du des Magens Knurren denn zunächst gestillt?"
„Als erster Gang kam ein lukanischer Eber auf den Tisch, den man bei
lindem Südwind eingefangen, wie des Mahles Spender uns verriet; mit
scharfen Rübchen, Kopfsalat und Rettich war er rings garniert, was
einen schlaffen Magen reizen kann, dazu Rapunzeln, Weinsteinsalz aus
Kos und Fischpastete. Bald wurde alles abgetragen, und ein hochge-
schürzter Sklave säuberte den Tisch aus feinem Ahornholz mit Pur-
purfries; ein andrer las die Speisenreste auf: sie seien überflüssig, könnten auch die Gäste leicht genieren, meint der Wirt. Dann kam in feierlich gemeßnem Schritt – gleich einer attischen Jungfrau, die der Ceres
Heiligtümer trägt – der braune Inderbursch Hydaspes mit dem Grie-
chensklaven Alkon, Caecuber im Arm und feinsten Chierwein, der
nicht wie sonst mit Seewasser getauft. ‚Doch wenn du diesem hier
Albaner vorziehst, mein Mäcenas, oder auch Falerner', wirft der Hausherr ein, ‚wir haben beide.'"

„Welch' armselige Protzerei! Nun wüßt' ich gar zu gern, Fundanius:
wer war mit dir eingeladen, als du dich so prächtig amüsiertest?" „Ich
lag oben, neben mir Viscus aus Thurii, und unten, wenn ich mich nicht
irre, Varius; dann kam Vibidius mit Servilius Balatro, als ungeladne
Gäste von Mäcenas mitgebracht, und dieser selbst; noch vor dem Hausherrn Nomentanus und als letzter Porcius, der zur heiteren Unterhaltung ganze Kuchen auf einmal hinunterschlang. Auch Nomentanus
hatte seinen Auftrag: falls uns von des Mahls verborgenen Finessen
was entginge, sollte er uns mit der Nase gleich drauf stoßen; denn das
andre Laienvolk – ich meine wir, wir essen Vögel, Austern, Fische, die
ganz anders aussehn als sie schmecken: wie sich's gleich zeigte, als er
mir vom Stachelflunder und vom Steinbutt Leber, Milch und Rogen
präsentierte, ein Gericht, das ich noch nie gekostet. Später lehrte er
mich, Honigäpfel seien schön gerötet, wenn man sie bei Neumond
pflücke; was drauf ankommt, magst du besser von ihm selber hören.
Da sagt zu Freund Balatro Vibidius: ‚Du, jetzt heißt es aber mörderisch
zechen, wollen wir nicht ungerächt vor Langerweile sterben', und er
fordert größere Gemäße. Blässe überzieht das Antlitz unsres Lieferanten, denn er fürchtet nichts so sehr wie scharfe Trinker: ungenierter
pflegt man dann zu spotten, und vom heftigen Pokulieren wird der

fervida quod subtile exsurdant vina palatum.
invertunt Allifanis vinaria tota
Vibidius Balatroque secutis omnibus: imi   40
convivae lecti nihilum nocuere lagoenis.
adfertur squillas inter murena natantis
in patina porrecta. sub hoc erus „haec gravida" inquit
„capta est, deterior post partum carne futura.
his mixtum ius est: oleo, quod prima Venafri   45
pressit cella; garo de sucis piscis Hiberi;
vino quinquenni, verum citra mare nato,
dum coquitur — cocto Chium sic convenit, ut non
hoc magis ullum aliud —; pipere albo, non sine aceto,
quod Methymnaeam vitio mutaverit uvam.   50
erucas viridis, inulas ego primus amaras
monstravi incoquere; inlutos Curtillus echinos,
ut melius muria quod testa marina remittat."
   interea suspensa gravis aulaea ruinas
in patinam fecere, trahentia pulveris atri   55
quantum non Aquilo Campanis excitat agris.
nos maius veriti, postquam nihil esse pericli
sensimus, erigimur; Rufus posito capite, ut si
filius inmaturus obisset, flere. quis esset
finis, ni sapiens sic Nomentanus amicum   60
tolleret: „heu, Fortuna, quis est crudelior in nos
te deus? ut semper gaudes inludere rebus
humanis." Varius mappa conpescere risum
vix poterat. Balatro suspendens omnia naso
„haec est condicio vivendi" aiebat, „eoque   65
responsura tuo numquam est par fama labori.
tene, ut ego accipiar laute, torquerier omni
sollicitudine districtum, ne panis adustus,
ne male conditum ius adponatur, ut omnes
praecincti recte pueri comptique ministrent.   70
adde hos praeterea casus, aulaea ruant si,
ut modo, si patinam pede lapsus frangat agaso.
sed convivatoris, uti ducis, ingenium res

Gaumen gegen alle feineren Genüsse abgestumpft. Ganze Krüge
stürzen nun Vibidius und Balatro in ihre mächtigen Humpen, und die
andern folgen ihnen nach; nur auf dem unteren Sofa tun die Gäste
ihren Flaschen keinen Schaden. Jetzt kommt auf den Tisch ein Meer-
aal, hingestreckt auf großer Schüssel; dazu Krabben ringsum in der
Tunke schwimmend. ‚Trächtig wurde der gefangen‘, klärt uns gleich
der Hausherr auf, ‚das Fleisch ist nach der Laichzeit weniger schmackhaft. Auch der Tunke Zubereitung sollt ihr wissen: ganz feines Öl zunächst, der erste Ablauf von Venafrums Pressen; Fischsauce, die aus
spanischen Makrelen hergestellt; fünfjähriger Wein von heimatlichen
Reben, noch beim Kochen zugesetzt – erst zu der fertigen Brühe paßt
der Chier, dem nichts andres gleicht; mit weißem Pfeffer etwas Essig,
den die Gärung aus Methymnas Trauben schuf. Auch grünen Rauken-
kohl und bittern Alant mitzukochen ist recht gut: das hab’ ich selbst
erfunden; Seeigel aber, ungespült, empfiehlt Curtillus, weil dies Schal-
tier etwas hergibt, das noch besser sei als jede Salzfischlake.‘

Auf einmal stürzt der ausgespannte Baldachin in schwerem Fall auf
unsre Schüssel; dunkler Staub wird aufgewirbelt, mehr als wenn der
Nordwind auf Campaniens Feldern haust. Wir sind erschrocken,
fürchten größres Unglück; doch wie sich’s zeigt, daß die Gefahr vorbei,
beruhigt man sich bald: nur Rufus, unser Wirt, verbirgt sein Haupt
und schluchzt, als sei ihm vor der Zeit ein Sohn gestorben. Wer weiß,
wie lange er noch weinte, hätte Nomentanus nicht den Freund mit
weisem Zuspruch aufgerichtet: ‚Ach, keine Gottheit‘, rief er, ‚ist so
grausam gegen uns wie du, Fortuna! Immer freut’s dich, unser Men-
schenwerk zu höhnen!‘ Varius konnte kaum das Lachen mit der Ser-
viette sich verbeißen. Balatro, der über alles spöttisch seine Nase rümpft,
bemerkt dazu: ‚So ist nun mal das Leben, und drum findet deine Placke-
rei niemals den Ruhm, der ihr gebührt. Wie quälst du dich und plagst
dich, um mich vornehm zu bewirten, bist in schwerer Sorge, daß nicht
angebranntes Brot, nicht schlecht gekochte Sauce auf den Tisch kommt,
daß die Sklaven alle nett gekleidet, hübsch frisiert uns hier bedienen!
Nun das Pech dazu, wenn mal wie heut’ ein Baldachin herunterkracht
und wenn ein Tolpatsch stolpernd seine Schüssel hinwirft. Sieh, dem
Wirt geht’s wie dem Feldherrn: seine wahre Größe bleibt im Glück

adversae nudare solent, celare secundae."
Nasidienus ad haec „tibi di, quaecumque preceris,   75
commoda dent: ita vir bonus es convivaque comis"
et soleas poscit. tum in lecto quoque videres
stridere secreta divisos aure susurros.'

'nullos his mallem ludos spectasse; sed illa
redde age quae deinceps risisti.' 'Vibidius dum   80
quaerit de pueris, num sit quoque fracta lagoena,
quod sibi poscenti non dentur pocula, dumque
ridetur fictis rerum Balatrone secundo,
Nasidiene, redis mutatae frontis, ut arte
emendaturus fortunam; deinde secuti   85
mazonomo pueri magno discerpta ferentes
membra gruis sparsi sale multo non sine farre,
pinguibus et ficis pastum iecur anseris albae
et leporum avolsos, ut multo suavius, armos,
quam si cum lumbis quis edit. tum pectore adusto   90
vidimus et merulas poni et sine clune palumbis,
suavis res, si non causas narraret earum et
naturas dominus; quem nos sic fugimus ulti,
ut nihil omnino gustaremus, velut illis
Canidia adflasset, peior serpentibus Afris.'   95

verborgen, erst das Mißgeschick wird sie enthüllen !' Nasidienus sagt gerührt: ‚Die Götter mögen alle Wünsche dir erfüllen: bist ein guter Mensch, ein liebenswürdiger Gast'; dann läßt er sich die Sohlen geben und geht ab. Auf jedem Sofa sah man gleich die Nachbarn heimlich flüstern und ins Ohr sich zischeln."

„Gar zu gern wär' ich dabei gewesen, könnte mir kein schönres Schauspiel denken ! Doch erzähle, was noch weiter Lustiges geschah."

„Vibidius fragt die Sklaven, ob der Weinkrug auch in Trümmer ging, weil er trotz seines Drängens trocken sitze; wir andern lachen über rasch erfundne Witze, während Balatro gut sekundiert – da trittst du, Nasidienus, wieder ein, die Stirn entwölkt, voll froher Zuversicht, durch deine Kunst das Unglück wieder gutzumachen. Ihm folgen Sklaven, eine Riesenschüssel in der Hand, drauf liegt ein Kranichfrikassee, gesalzen, gut paniert, dazu die Leber einer blütenweißen Gans, die man mit saftigen Feigen fett gemacht, von Hasen nur das losgetrennte Schulterstück – viel feiner im Geschmack, als wenn du's mit den Lenden essen wolltest, sagt der Wirt. Vor unsern Augen trägt man Amseln auf mit knusprig brauner Brust, dann Tauben ohne Bürzel, lauter delikate Sachen – hätte nicht der Hausherr stets besondre Eigenschaft und Zubereitung gründlich ausgekramt. Das trieb uns endlich in die Flucht, und unsre Rache war, daß wir von allem nichts berührten – wie wenn Canidia es mit ihrem giftigen Hauch verpestet hätte, die schlimmer ist als afrikanische Schlangenbrut."

Epistulae

LIBER I

I

Prima dicte mihi, summa dicende Camena,
spectatum satis et donatum iam rude quaeris,
Maecenas, iterum antiquo me includere ludo?
non eadem est aetas, non mens. Veianius armis
Herculis ad postem fixis latet abditus agro,   5
ne populum extrema totiens exoret harena.
est mihi purgatam crebro qui personet aurem:
'solve senescentem mature sanus equum, ne
peccet ad extremum ridendus et ilia ducat.'
nunc itaque et versus et cetera ludicra pono: 10
quid verum atque decens, curo et rogo et omnis in hoc sum:
condo et conpono quae mox depromere possim.

ac ne forte roges, quo me duce, quo lare tuter:
nullius addictus iurare in verba magistri,
quo me cumque rapit tempestas, deferor hospes.   15
nunc agilis fio et mersor civilibus undis
virtutis verae custos rigidusque satelles,
nunc in Aristippi furtim praecepta relabor
et mihi res, non me rebus subiungere conor.

ut nox longa quibus mentitur amica diesque   20
longa videtur opus debentibus, ut piger annus
pupillis quos dura premit custodia matrum:
sic mihi tarda fluunt ingrataque tempora quae spem
consiliumque morantur agendi naviter id quod
aeque pauperibus prodest, locupletibus aeque,   25
aeque neglectum pueris senibusque nocebit.
restat ut his ego me ipse regam solerque elementis.

Briefe

I. Buch

Mäcenas

Freund, dem das erste Lied meiner Muse gehörte, dem auch das letzte zugehören soll, willst du mich wieder in die verlassene Bahn der Spiele nötigen, da ich doch für die Schaulust genug getan und mir zum Abschied schon des Fechters Ehrenrapier verdient habe? Vorüber sind die Jahre, verändert ist die Stimmung. Auch Vejanius hat seine Waffen im Herkulestempel an den Pfeiler gehängt und birgt sich in ländlicher Stille: er mag nicht immer wieder an die Schranken des Ringplatzes hintreten, um gnädige Laune vom Publikum zu erbitten. Eine Stimme raunt mir gar oft ins Ohr, und mein Ohr ist hellhörig: „Sichtlich altert der Renner; sei klug: entschirre ihn beizeiten, daß nicht Straucheln und Keuchen ihm Spott am Ende noch einträgt." So trenne ich mich jetzt von Poesie und allem sonstigen Tand. Wahrheit und Pflicht ist das Ziel, dem mein Sinnen und Fragen gilt und all mein Trachten. Ich sammle und ordne, was ich künftig nach Bedarf entnehmen kann.

Frage auch nicht nach dem Führer meines Weges, nach dem Hause meiner Zuflucht: keinem Meister verpflichtet, auf seine Worte zu schwören, treibe ich, wohin der Sturm mich trägt, nur als flüchtiger Gast. Jetzt neige ich zur Betätigung und tauche in das flutende Leben der Umwelt, – der wahren Tugend ein Wächter und gestrenger Hüter. Jetzt unversehens ein Rückfall zu Aristippischen Lehren: ich suche mir die Güter der Welt dienstbar zu machen, nicht mich der Welt.

Lang wird die Nacht, hält die Geliebte nicht Wort; lang wird der Tag dem Tagelöhner; träge schleicht das Jahr den Unmündigen, die noch der Mutter strenger Obhut unterstehen: so fließen langsam und freudlos mir die Zeiten, die mein Hoffen, mein Streben hinhalten; die mich hindern, mit Ernst mich dem einen zu widmen, was keiner, ob arm oder reich, ohne Gewinn betreibt, was keiner, ob jung oder alt, ohne Schaden versäumt. So muß ich mir mit den Grundlagen aller Lebensweisheit selbst Lenker und Tröster sein.

non possis oculo quantum contendere Lynceus:
non tamen idcirco contemnas lippus inungui;
nec quia desperes invicti membra Glyconis,   30
nodosa corpus nolis prohibere cheragra.
est quadam prodire tenus, si non datur ultra.
fervet avaritia miseroque cupidine pectus:
sunt verba et voces, quibus hunc lenire dolorem
possis et magnam morbi deponere partem.   35
laudis amore tumes: sunt certa piacula, quae te
ter pure lecto poterunt recreare libello.
invidus, iracundus, iners, vinosus, amator:
nemo adeo ferus est, ut non mitescere possit,
si modo culturae patientem commodet aurem.   40

     virtus est vitium fugere et sapientia prima
stultitia caruisse. vides, quae maxima credis
esse mala, exiguum censum turpemque repulsam,
quanto devites animi capitisque labore:
inpiger extremos curris mercator ad Indos,   45
per mare pauperiem fugiens, per saxa, per ignis:
ne cures ea quae stulte miraris et optas,
discere et audire et meliori credere non vis?
quis circum pagos et circum compita pugnax
magna coronari contemnat Olympia, cui spes,   50
cui sit condicio dulcis sine pulvere palmae?
vilius argentum est auro, virtutibus aurum.

     'o cives, cives, quaerenda pecunia primum est;
virtus post nummos': haec Ianus summus ab imo
prodocet, haec recinunt iuvenes dictata senesque   55
laevo suspensi loculos tabulamque lacerto.
est animus tibi, sunt mores, est lingua fidesque,
sed quadringentis sex septem milia desunt:
plebs eris. at pueri ludentes 'rex eris' aiunt,
'si recte facies.' hic murus aeneus esto: 60
nil conscire sibi, nulla pallescere culpa.

     Roscia, dic sodes, melior lex an puerorum est
nenia, quae regnum recte facientibus offert,

Kannst du an Sehschärfe nicht mit Lynkeus wetteifern, so mögest du doch bei Lidentzündungen die Salbe nicht verschmähen. Darfst du nicht hoffen auf die Muskelkraft Glykons des Allbesiegers, so mögest du dir doch gern die Gicht mit ihren Knoten fernhalten. Wandre getrost Teilstrecken, wenn unerreichbar das Endziel! Es fiebert das Herz vor Habsucht und quälender Gier: hier ist ein Zuspruch, eine Zauberformel; damit kannst du solchen Schmerz dir lindern und viele Plagen der Krankheit von dir tun. Von Ehrgeiz schwillt deine Brust: hier sind heilkräftige Sühnungen; sie können dir aufhelfen, so du dreimal dich reinigst, dreimal die Schrift liesest. Neid, Jähzorn, Trägheit, Trunk und Brunst: sie alle können den Menschen nicht so verwildern, daß er sich nicht veredeln ließe, sofern er pflegender Einwirkung ein williges Ohr leiht.

Tugend übt, wer die Sünde flieht; Abkehr von Torheit ist der Weisheit Anfang. Bedenke, wie kraftvoll du den eingebildeten Übeln vorbeugst, – die schlimmsten sind dir Leere im Beutel, schändliche Abweisung beim Amtsbewerb: da setzest du Seele und Leben ein; rastlos eilst du in Geschäften ans Ende der Welt nach Indien; Schutz suchend vor der Armut fliehst du durch Wogen, durch Felsen, durch Gluten. Um dich zu schützen vor dem Drang nach nichtigen Werten und Zielen, willst du nicht lernen und hören, nicht besserer Einsicht vertrauen? Wer möchte beharrlich Dörfer und Jahrmärkte als Ringkämpfer bereisen und den hehren Kranz von Olympia verschmähen, wenn er die Hoffnung, wenn er alle Aussicht hätte, staublos den köstlichen Preis zu gewinnen? Tiefer als Gold steht Silber im Wert, Gold tiefer als Tugend.

„Nein, hört, ihr Bürger: trachtet am ersten nach dem Reichtum; die Taler gehn der Tugend vor." So predigt es Janus am ersten und Janus am letzten Bogen; so beten es jung und alt wie Schulbuben im Chore nach, mit Griffelkasten und Rechentafel am linken Arm. Du hast Gesinnung, hast Charakter; dein Wort findet Beifall und Glauben; aber an den vierhundert Tausenden fehlen sechs oder sieben: also zählst du nicht zur Gesellschaft. Wie anders sagen schon die Knaben beim Spiele: „König wird, wer's recht gemacht!" Ja, das sei die eherne Schutzwehr: Gewissensreinheit, frei von schuldgequälter Angst.

Was meinst du, bitte: ist Roscius' Gesetz vom Ritterzensus weiser oder der Knaben Singsang, der dem rechten Tun die Krone darreicht,

et maribus Curiis et decantata Camillis ?
isne tibi melius suadet, qui, 'rem facias, rem,   65
si possis, recte, si non quocumque modo, rem'
ut propius spectes lacrumosa poemata Pupi,
an qui Fortunae te responsare superbae
liberum et erectum praesens hortatur et aptat ?

   quodsi me populus Romanus forte roget, cur   70
non ut porticibus sic iudiciis fruar isdem
nec sequar aut fugiam quae diligit ipse vel odit:
olim quod volpes aegroto cauta leoni
respondit, referam: 'quia me vestigia terrent,
omnia te adversum spectantia, nulla retrorsum.'   75
belua multorum es capitum. nam quid sequar aut quem ?
pars hominum gestit conducere publica; sunt qui
frustis et pomis viduas venentur avaras
excipiantque senes, quos in vivaria mittant;
multis occulto crescit res fenore. verum   80
esto aliis alios rebus studiisque teneri:
idem eadem possunt horam durare probantes ?

   'nullus in orbe sinus Bais praelucet amoenis'
si dixit dives, lacus et mare sentit amorem
festinantis eri; cui si vitiosa libido   85
fecerit auspicium: 'cras ferramenta Teanum
tolletis, fabri.' lectus genialis in aula est:
nil ait esse prius, melius nil caelibe vita;
si non est, iurat bene solis esse maritis.
quo teneam voltus mutantem Protea nodo?   90
quid pauper? ride: mutat cenacula, lectos,
balnea, tonsores, conducto navigio aeque
nauseat ac locuples, quem ducit priva triremis.

   si curatus inaequali tonsore capillos
occurri, rides; si forte subucula pexae   95
trita subest tunicae vel si toga dissidet inpar,
rides: quid ? mea cum pugnat sententia secum,

jener Sang, wie er den männlichen Sprossen im Hause Curius und
Camillus geläufig war? Wer rät dir besser? Der eine sagt: „Geld mußt
du machen, Geld; wenn es geht, mit Recht und Anstand, wenn nicht,
unter allen Umständen Geld; nur so kannst du die rührsamen Stücke
des Pupius im Vorderrang genießen." Der andre will, daß du der herri-
schen Glücksgöttin frei und aufrecht die Stirn bietest: dazu will er dich
hilfreich ermutigen und ausrüsten.

Wenn also mich das Volk von Rom etwa fragte, warum ich zwar in
seinen Säulenhallen gern Gemeinschaft mit ihm pflege, aber nicht bei
seinen Werturteilen, warum mein Tun und Lassen nicht zu seinem
Lieben und Hassen stimmt: so möchte ich mir das Wort aneignen,
das seinerzeit der vorsichtige Fuchs dem kranken Löwen zur Antwort
gab: „Weil mich die Fußspuren schrecken; sie alle weisen hinein zu dir,
keine weist hierher zurück." Solch ein Raubtier bist du, Publikum, und
noch dazu ein vielköpfiges. Wo ist da Ziel und Beispiel für mein Tun?
Da ist ein Teil der Menschheit erpicht auf Staatspachten; ein andrer
ködert geizige Witwen mit Zuckerwerk und Früchten und beschleicht
Erbgreise, um sie in sein Gehege einzufangen; vielen wächst die Habe
durch verschwiegenen Wucher. Doch mag es so sein, daß bei verschiedenen Personen auch Ziele und Strebungen sich scheiden: kann wohl
ein Kopf eine Stunde bei einem Sinne verharren?

„Kein Meerbusen der Welt überstrahlt Bajäs Reize": so sprach der
Reiche, und alsbald spürt Golf und Lagune die leidenschaftliche Liebe
des ungeduldigen Bauherrn. Gab ihm dann krankhafte Laune andern
Zukunftswink, – gleich heißt es: „Packt ein, ihr Handwerksleute;
morgen zum Neubau nach Teanum!" Das Ehebett steht in der Halle:
nun preist er als Höchstes und Bestes den ledigen Stand; ist leer die
Stätte, schwört er, recht wohl sei nur dem Ehemann. Wie ihn halten
und binden, den wechselgestaltigen Proteus? Was tut der Unbegüterte?
Ja, lache nur: er wechselt seine Dachstuben und Möbel, seine Bäder
und Haarscherer; im Mietskahn wird ihm genau so übel zumute wie
dem Reichen, den seine Luxusjacht dahinträgt.

Hat der Haarkünstler mir Stufen angeschoren, so lachst du, wenn
du mich kommen siehst; guckt unter wolligem Tuchstoff etwa abge-
tragenes Unterzeug hervor oder sitzt die Toga nicht im rechten Faltenwurf, so lachst du. Wie aber, wenn mein Wille mit sich im Streit liegt,

quod petiit spernit, repetit quod nuper omisit,
aestuat et vitae disconvenit ordine toto,
diruit, aedificat, mutat quadrata rotundis ?　　　　　　　100
insanire putas sollemnia me neque rides
nec medici credis nec curatoris egere
a praetore dati, rerum tutela mearum
cum sis et prave sectum stomacheris ob unguem
de te pendentis, te respicientis amici.　　　　　　　　105

　　ad summam: sapiens uno minor est Iove, dives,
liber, honoratus, pulcher, rex denique regum,
praecipue sanus — nisi cum pitvita molesta est.

2

　　Troiani belli scriptorem, Maxime Lolli,
dum tu declamas Romae, Praeneste relegi;
qui, quid sit pulcrum, quid turpe, quid utile, quid non,
planius ac melius Chrysippo et Crantore dicit.
cur ita crediderim, nisi quid te detinet, audi.　　　　　　5
　　fabula qua Paridis propter narratur amorem
Graecia barbariae lento conlisa duello,
stultorum regum et populorum continet aestus.
Antenor censet belli praecidere causam:
quid Paris? ut salvus regnet vivatque beatus,　　　　　　10
cogi posse negat. Nestor componere litis
inter Peliden festinat et inter Atriden:
hunc amor, ira quidem communiter urit utrumque.
quidquid delirant reges, plectuntur Achivi.
seditione, dolis, scelere atque libidine et ira　　　　　　15
Iliacos intra muros peccatur et extra.
　　rursus, quid virtus et quid sapientia possit,
utile proposuit nobis exemplar Ulixen,
qui domitor Troiae multorum providus urbes
et mores hominum inspexit latumque per aequor,　　　　20

wenn er das Gewünschte verwirft und das eben Verstoßene zurück-
wünscht, wenn er unstet schwankt und in der ganzen Lebensordnung
mit sich uneins ist, wenn er zerstört und aufbaut und das Viereck
tauscht mit dem Kreisrund? Das sind die landläufigen Grillen, meinst
du da und siehst keinen Grund, mich auszulachen, mir den Arzt zu bestellen oder gerichtliche Vormundschaft; und doch bist du der Hort
meines Daseins und kannst dich ereifern schon über den Fehlschnitt
an des Freundes Fingernagel, – des Freundes, der ganz an dir hängt,
der bei allem an dich denkt.

Kurz und gut: der Weise steht nur dem obersten der Götter im
Range nach; Reichtum, Freiheit, Ehre, Schönheit sind sein alleiniges
Vorrecht; er ist der König aller Könige, ist auch ein Ausbund von
Gesundheit – es sei denn, daß ihn grade der Schnupfen plagt!

Lollius Maximus

Den Sänger des Troischen Krieges habe ich in Präneste einmal wieder gelesen, während du dich in Rom zum Redner bildest. Er sagt uns,
was schön und was verwerflich ist, was zum Besten dient und was zum
Schaden: er sagt es anschaulicher und wirksamer selbst als Chrysippos
und Krantor, die Philosophen. Wie ich zu diesem Glauben komme,
laß dir berichten, falls dich nichts anderes gerade fesselt.

Die Mär, die von Paris' Liebschaft erzählt, und wie darob Griechenland und Barbarenland zu langwierigem Zweikampf aufeinander
stießen, umschließt viel Torheit, viel Leidenschaft von Königen und
Völkern. Antenor rät, dem Kriege die Wurzel wegzuschneiden. Was
meint Paris? „Er lasse sich nicht zwingen, des Throns Bestand, des
Lebens Glück zu sichern." Nestor will Streit beilegen: lebhaft vermittelt er, jetzt dem Peliden, jetzt dem Atriden zuredend. Hier schürt Liebe
den Brand, Zorn lodert hier wie dort gleich heftig. Der Fürsten Wahn
sät Hader, den Völkern blühen die Streiche. Zwist, Ränke, Frevel,
Wollust und Zorn: sie treiben's arg in Trojas Mauern, arg treiben sie's
vor Trojas Mauern.

Wiederum zeigt er uns, was Mannheit, was Weisheit vollbringt: das
edle Musterbild ist Odysseus. Troja hat er bezwungen, hat vieler Menschen Städte und Sitten mit klugem Blicke erforscht; bemüht um Heim-

dum sibi, dum sociis reditum parat, aspera multa
pertulit, adversis rerum inmersabilis undis.
Sirenum voces et Circae pocula nosti;
quae si cum sociis stultus cupidusque bibisset,
sub domina meretrice fuisset turpis et excors,   25
vixisset canis inmundus vel amica luto sus.

    nos numerus sumus et fruges consumere nati,
sponsi Penelopae nebulones Alcinoique
in cute curanda plus aequo operata iuventus,
cui pulchrum fuit in medios dormire dies et   30
ad strepitum citharae cessatum ducere somnum.

    ut iugulent hominem, surgunt de nocte latrones:
ut te ipsum serves, non expergisceris ? atqui
si noles sanus, curres hydropicus; et ni
posces ante diem librum cum lumine, si non   35
intendes animum studiis et rebus honestis,
invidia vel amore vigil torquebere. nam cur
quae laedunt oculum, festinas demere: siquid
est animum, differs curandi tempus in annum ?
dimidium facti, qui coepit, habet: sapere aude,   40
incipe. vivendi qui recte prorogat horam,
rusticus exspectat, dum defluat amnis; at ille
labitur et labetur in omne volubilis aevum.

    quaeritur argentum puerisque beata creandis
uxor et incultae pacantur vomere silvae: 45
quod satis est cui contingit, nihil amplius optet.
non domus et fundus, non aeris acervus et auri
aegroto domini deduxit corpore febris,
non animo curas; valeat possessor oportet,
si conportatis rebus bene cogitat uti.   50
qui cupit aut metuit, iuvat illum sic domus et res
ut lippum pictae tabulae, fomenta podagram,
auriculas citharae collecta sorte dolentis.
sincerum est nisi vas, quodcumque infundis acescit.

kehr und Rettung, für sich und für die Gefährten, erlitt er auf weitem
Meere viel Fährlichkeiten; doch konnten die Wogen des Ungemachs
ihn nicht in die Tiefe reißen. Du weißt von Sirenenstimmen und von
Kirkes Zaubertränken: hätte er, gleich seinen Gefährten, betört und
gierig den Genuß geschlürft, so war er dem Joch der Buhlin verfallen:
erniedrigt, geistlos mußte er leben, mit hündischen Trieben oder mit
grunzendem Behagen im Schmutze.

Wir sind die gewöhnlichen Alltagsmenschen, berufen, der Erde
Brot zu essen: ganz wie die windigen Freier Penelopes und die junge
Welt an Alkinoos' Hofe, die nur allzu beflissen ihr leiblich Wohl pflegte,
mit dem schönen Lebenszweck, bis in den Mittag zu schlafen und durch
Saitenspiel den ausbleibenden Schlummer herbeizulocken.

Zur Mordtat stehn die Räuber bei dunkler Nacht vom Lager auf:
zu selbsteigner Rettung magst du dich nicht aufraffen? Und doch,
wenn du bei gesundem Leibe zu bequem bist, wird die Wassersucht
dich laufen lehren; und wenn du nicht vor Tage dir Buch und Lampe
geben läßt, wenn du deinen Geist nicht zu edlen Zwecken und Zielen
anspannst, werden die Foltern des Neides und der Sinnenlust dich
schlaflos halten. Du pflegst ja, was dir Störendes ins Auge kam,
schleunig zu entfernen. Hier frißt's die Seele wund: warum schiebst
du die Kur hinaus bis übers Jahr? Frisch begonnen, ist halb gewonnen.
Entschließ dich zur Weisheit! Wage den Anfang! Wer ein neues Leben
antreten will und den ersten Tag – vertagt, der tut wie jener Bauer: er
steht und wartet, bis der Strom abläuft; der aber fließt und flutet und
wird in Ewigkeit fluten.

Des Strebens Ziel werden die Silbermünzen und bei Gründung der
Familie die Glücksgüter der Gattin; wilde Wälder müssen sich der
Pflugschar unterwerfen. Wer sein auskömmlich Teil empfing, sollte
nichts weiter wünschen. Nicht Haus- und Grundbesitz, nicht Haufen
von Erz und Gold haben je in den Adern des kranken Herrn die Fieber-
gluten gestillt noch im Gemüte den Kummer; Gesundheit ist ihm von-
nöten, will er die aufgeschichtete Habe wirklich nutzen. Wen Gier
oder Furcht beherrscht, den erfreut Haus und Habe genau so, wie den
Augenkranken ein Gemäldesaal, wie weiche Hüllen den Gichtbrüchi-
gen oder wie voller Zitherklang das verstopfte, schmerzende Ohr. Ist
das Gefäß nicht rein, wird alles, was du hineingießest, sauer.

sperne voluptates: nocet empta dolore voluptas.   55
semper avarus eget: certum voto pete finem.
invidus alterius macrescit rebus opimis;
invidia Siculi non invenere tyranni
maius tormentum. qui non moderabitur irae,
infectum volet esse, dolor quod suaserit et mens,   60
dum poenas odio per vim festinat inulto.
ira furor brevis est: animum rege; qui nisi paret,
imperat; hunc frenis, hunc tu conpesce catena.

fingit equum tenera docilem cervice magister
ire, viam qua monstret eques; venaticus, ex quo   65
tempore cervinam pellem latravit in aula,
militat in silvis catulus. nunc adbibe puro
pectore verba, puer, nunc te melioribus offer.
quo semel est inbuta recens servabit odorem
testa diu. quodsi cessas aut strenuos anteis,   70
nec tardum opperior nec praecedentibus insto.

3

Iuli Flore, quibus terrarum militet oris
Claudius Augusti privignus, scire laboro.
Thracane vos Hebrusque nivali compede vinctus
an freta vicinas inter currentia turris
an pingues Asiae campi collesque morantur ?   5

quid studiosa cohors operum struit ? hoc quoque curo.
quis sibi res gestas Augusti scribere sumit ?
bella quis et paces longum diffundit in aevum ?
quid Titius, Romana brevi venturus in ora,
Pindarici fontis qui non expalluit haustus,   10
fastidire lacus et rivos ausus apertos ?
ut valet ? ut meminit nostri ? fidibusne Latinis
Thebanos aptare modos studet auspice Musa,
an tragica desaevit et ampullatur in arte ?

Meide die Lüste: die Lust schafft Leid, und Schmerz ist ihr Preis. Habsucht fühlt immer ein Darben: ein Ziel muß dir den Wunsch begrenzen. Der Neider magert ab, weil sein Nachbar im Fette sitzt. Neid ist eine Folter, wie Siziliens Tyrannen sie nicht schlimmer ersonnen haben. Wer den Zorn nicht meistert, wird die Tat ungetan wünschen, zu der ihn Gekränktheit und Erregung trieb, als er rachgierigem Hasse durch jähe Gewalt frönte. Zorn ist ein Anfall von Wahnsinn. Beherrsche den Trieb in der Brust. Gehorcht er nicht, so gebietet er: zähme ihn mit dem Zaume, kirre ihn mit der Kette!

Schulung braucht das Pferd bei jugendlichem Nacken: da ist es gelehrig, da übt der Stallmeister es ein, den Weg zu gehn nach des Reiters Weisung. Der Jagdhund hat zuvor im Hofe den ausgestopften Hirsch verbellt, erst dann tut er im Wald seinen Dienst. Jetzt, weil du jung bist, schlürfe mit reinem Herzen das Wort der Lehre, jetzt öffne dich vorbildlicher Weisheit. Dem frischen Tonkrug gibt für lange die erste Füllung ihren Duft. Ob du nun aber bedächtig säumst oder rüstig vorangehst, soll mich nicht kümmern: ich warte nicht auf den Langsamen, ich haste nicht denen nach, die vor mir sind.

Julius Florus

Julius Florus, ich sehne mich nach Kunde: in welch fernem Lande mag jetzt Claudius, Augustus' Stiefsohn, mit der Truppe stehn? In Thrakien noch, bei Frösten, die den Hebrus in Eises Fesseln schlagen? Oder am Meeresarm, wo nachbarlich die Türme sich entgegenschauen? Oder weilt ihr in Asien, inmitten üppig prangender Fluren und Hügel?

Was für Ziele setzt sich der Eifer des gelehrten Stabes? Auch das ist meinem Herzen wichtig. Wer wird der Herold für Augustus' Taten, der Sänger seiner Kriege und Friedenssiege, durch den ihr Ruhm ausstrahlt in die Weiten der Zukunft? Was ist bei Titius im Werke? Nicht lange, so wird ihn Rom vielstimmig preisen: klomm er doch unverzagt empor, aus Pindars Bergquell zu schöpfen, zu stolz, zu wählerisch für bequeme Brunnen und Wasserläufe. Ist er wohlauf? Denkt er auch mein? Wohin ruft ihn der Muse Wink? Sucht er Thebanische Weisen zu eignen für Latiums Saiten, oder eifert er im Überschwang des tragischen Pathos?

quid mihi Celsus agit — monitus multumque monendus,   15
privatas ut quaerat opes et tangere vitet
scripta, Palatinus quaecumque recepit Apollo,
ne, si forte suas repetitum venerit olim
grex avium plumas, moveat cornicula risum
furtivis nudata coloribus — ? ipse quid audes ?   20
quae circumvolitas agilis thyma ? non tibi parvum
ingenium, non incultum est et turpiter hirtum:
seu linguam causis acuis seu civica iura
respondere paras seu condis amabile carmen,
prima feres hederae victricis praemia. quodsi   25
frigida curarum fomenta relinquere posses,
quo te caelestis sapientia duceret, ires.
hoc opus, hoc studium parvi properemus et ampli,
si patriae volumus, si nobis vivere cari.

debes hoc etiam rescribere, sit tibi curae   30
quantae conveniat Munatius. an male sarta
gratia nequiquam coit et rescinditur ac vos
seu calidus sanguis seu rerum inscitia vexat
indomita cervice feros ? ubicumque locorum
vivitis, indigni fraternum rumpere foedus,   35
pascitur in vestrum reditum votiva iuvenca.

4

Albi, nostrorum sermonum candide iudex,
quid nunc te dicam facere in regione Pedana ?
scribere quod Cassi Parmensis opuscula vincat
an tacitum silvas inter reptare salubris
curantem quidquid dignum sapiente bonoque est ?   5

non tu corpus eras sine pectore: di tibi formam,
di tibi divitias dederunt artemque fruendi.
quid voveat dulci nutricula maius alumno,
qui sapere et fari possit quae sentiat et cui

Was treibt Freund Celsus? Ihm galt und gilt noch heute der treue
Rat, daß er eigenen Reichtum mehre, nicht leihe aus all den Büchern,
die auf dem Palatin Apoll beherbergt. Sonst, wenn dereinst die Vogel-
schar kommt, ihre Federn zurückzufordern, möchte die arme Krähe
zum Gespött werden: kahlgerupft stände sie da, ohne die entlehnte
Farbenpracht.

Und nun du selbst und dein Beginnen? Wo blühn die Beete, die du
emsig umschwärmst? Nicht klein ist deiner Gaben Feld, nicht unge-
pflegt in Wildnis wuchernd. Ob du für Streitsachen die Zunge schärfst
oder rechtsgelehrte Bescheide entwirfst oder ein gefällig Liedlein dichtest: sieghaft wirst du allen voran den Efeukranz erringen. Könntest
du vollends die äußeren Sorgen von dir tun, die des Geistes Feuer
niederhalten: frei wäre der Weg zu den Höhen der himmelentstamm-
ten Weisheit. Ihr müssen wir wirkend und strebend zueilen, ob in
schlichter, ob in erlauchter Stellung, soll unser Leben dem Vaterlande,
soll es uns selbst etwas wert sein.

Pflicht deines Briefes ist noch eine Auskunft. Pflegst du so herzlich,
wie sich's gehört, den Umgang mit Munatius? Oder will die Wundnaht
nicht halten? Droht neuer Bruch trotz der Versöhnung? Muß ich
denken, euch plagt das heiße Blut, euch fehlt die Welterfahrung, so
daß ihr unfügsam den Nacken aufwerft?

Wo ihr auch weilt in der Welt: solch Paar darf nicht den Bruder-
bund zerreißen. Auf der Weide geht schon das Opfertier, geweiht zum
Göttermahl für eure Heimkehr.

Albius Tibullus

Albius, du aufrichtiger Beurteiler meiner Plaudereien, was magst du
jetzt treiben dort in der Landschaft von Pedum? Dichtest du Liedchen,
so zierlich, wie nicht Cassius von Parma sie schuf, oder schlenderst du
schweigend im Schatten heilkräftiger Wälder, erfüllt von Gedanken,
wie sie ein weises, edles Herz bewegen?

Dein Leben war stets reiches Innenleben. Die Götter haben dir
Wohlgestalt, haben Wohlstand dir verliehen und dazu die Kunst des
Genießens. Was könnte die zärtlichste Pflegerin dem Liebling noch
Größeres erflehen, der die Gabe hat, sinnig zu empfinden und beredt

gratia fama valetudo contingat abunde   10
et mundus victus non deficiente crumina?

   inter spem curamque, timores inter et iras
omnem crede diem tibi diluxisse supremum:
grata superveniet quae non sperabitur hora.
me pinguem et nitidum bene curata cute vises,   15
cum ridere voles, Epicuri de grege porcum.

5

   Si potes Archiacis conviva recumbere lectis
nec modica cenare times holus omne patella,
supremo te sole domi, Torquate, manebo.
vina bibes iterum Tauro diffusa palustris
inter Minturnas Sinuessanumque Petrinum.   5
si melius quid habes, arcesse, vel imperium fer.
iamdudum splendet focus et tibi munda supellex:
mitte levis spes et certamina divitiarum
et Moschi causam: cras nato Caesare festus
dat veniam somnumque dies; inpune licebit   10
aestivam sermone benigno tendere noctem.

   quo mihi fortunam, si non conceditur uti?
parcus ob heredis curam nimiumque severus
adsidet insano: potare et spargere flores
incipiam patiarque vel inconsultus haberi.   15
quid non ebrietas dissignat? operta recludit,
spes iubet esse ratas, ad proelia trudit inertem,
sollicitis animis onus eximit, addocet artis.
fecundi calices quem non fecere disertum,
contracta quem non in paupertate solutum?   20

   haec ego procurare et idoneus imperor et non
invitus, ne turpe toral, ne sordida mappa
corruget naris, ne non et cantharus et lanx

zu sagen, was er fühlt; der auch Beliebtheit und Ansehn und Gesundheit in Fülle hat und einen netten Haushalt nebst einem Geldbeutel, der nie versiegt?

In all dem Getriebe von Hoffnung und Sorge, von Ängsten und Ärgernissen nimm jeden Tag, der dir heraufdämmert, als letzten Tag; beglückend überrascht dich dann die Stunde, die unverhofft hinzukommt.

Willst du mal herzhaft lachen, so komm zu mir zu Besuch: mich findest du rund und behäbig, in wohlgepflegter Leiblichkeit, ein richtiges Schweinchen aus Epikuros' Herde!

Torquatus

Paßt dir als Tischplatz ein schmales Polster nach Archias' Bauart, und ist die einfache Schüssel mit allerlei Grünkost dir nicht zuwider, so erwarte ich dich in meinem Hause beim letzten Sonnenstrahl. Weine gibt es aus Taurus' zweitem Amtsjahr, abgefüllt zwischen Minturnäs Sümpfen und der Gegend von Sinuessa. Hast du etwas Besseres, so laß es bringen; oder – füg' dich den Gesetzen meiner Häuslichkeit. Schon längst ist der Herd blank und der Hausrat schmuck zu deinem Empfange. Laß hinter dir die Truggebilde der Hoffnung, das Ringen um Reichtum, auch den Rechtshandel des Moschus. Morgen ist des Kaisers Geburtsfest: da gilt Feiern und Ausschlafen: ungestraft dürfen wir die sommerliche Nacht bei ausgiebigem Geplauder verlängern.

Wozu des Glückes Gaben, wenn ich sie nicht brauchen soll? Sparsucht, die für den Erben sorgt und peinlich kargt, streift hart an Unvernunft. Ein frohes Zechen will ich eröffnen und Blumen ausstreuen, und will gern sogar der Anwalt des Leichtsinns heißen. Was leistet nicht ein Rausch, der Stimmung schafft? Geheimnisse erschließt er; Hoffnungen läßt er verwirklicht sehn; zu Kämpfen drängt er den Mutlosen; bekümmerten Gemütern nimmt er die Bürde ab; er lehrt ganz neue Künste. Wem ward die Fülle im Becher nicht zur Quelle beredten Wortes? Wem gab sie bei drückender Knappheit nicht das Gefühl der Befreiung?

Und dann, was mir selbst obliegt, was ich zu leisten fähig und auch willens bin: Kein Fehl am Teppich, kein Fleck im Tischtuch soll zum Naserümpfen Anlaß bieten; spiegelklar sollen Kanne und Schüssel dir

ostendat tibi te, ne fidos inter amicos
sit qui dicta foras eliminet, ut coeat par   25
iungaturque pari: Butram tibi Septiciumque
et nisi cena prior potiorque puella Sabinum
detinet adsumam; locus est et pluribus umbris;
sed nimis arta premunt olidae convivia caprae.

    tu quotus esse velis rescribe et rebus omissis   30
atria servantem postico falle clientem.

                            6

    Nil admirari prope res est una, Numici,
solaque, quae possit facere et servare beatum.

    hunc solem et stellas et decedentia certis
tempora momentis sunt qui formidine nulla
inbuti spectent: quid censes munera terrae,   5
quid maris extremos Arabas ditantis et Indos
ludicra, quid plausus et amici dona Quiritis,
quo spectanda modo, quo sensu credis et ore?
qui timet his adversa, fere miratur eodem
quo cupiens pacto; pavor est utrubique molestus,   10
inprovisa simul species exterret utrumque.
gaudeat an doleat, cupiat metuatne, quid ad rem,
si, quidquid vidit melius peiusve sua spe,
defixis oculis animoque et corpore torpet?

    insani sapiens nomen ferat, aequus iniqui,   15
ultra quam satis est virtutem si petat ipsam.
i nunc, argentum et marmor vetus aeraque et artis
suspice, cum gemmis Tyrios mirare colores;
gaude quod spectant oculi te mille loquentem;
navus mane forum et vespertinus pete tectum,   20
ne plus frumenti dotalibus emetat agris
Mutus et — indignum, quod sit peioribus ortus —

dein Bild zeigen. Nur vertraute Freunde werden da sein, kein Schwätzer
darunter, der das Gesprochne über die Schwelle trägt. Nur Gleich und
Gleich soll sich begegnen und gesellen: Butra und Septicius will ich
dir dazu bitten, auch den Sabinus, falls nicht frühere Zusage ihn bindet
oder ein Mädchen ihm mehr zusagt. Platz ist auch für mitwandelnde
„Schatten", sogar in größerer Anzahl; nur legt auf allzu nahe Sitz-
gemeinschaft die Schwüle spürbar ihren Druck.

Gib bitte Bescheid, wie viele Gäste du bringen willst. Laß alles stehn
und liegen; und lauert ein Klient im Atrium, so entschlüpfe du ihm
durch die Hintertür!

Numicius

Nichts anstaunen: nur dies im Grunde, dies allein kann Menschen
glücklich machen und erhalten.

Die Sonne am Himmel und die Sterne und den gesetzmäßigen Wandel der Jahreszeiten betrachtet mancher frei von banger Furcht: was
gelten dann der Erde Güter, des Meeres spielerische Schätze, wie es am
fernsten Saum sie Arabern und Indern spendet? Was gilt das Beifall-
klatschen samt den Geschenken von Wählers Gnaden? Wie willst du
solches betrachten, wie es werten in Gefühl und Miene? Wer das Entbehren dieser Herrlichkeiten fürchtet, bestaunt sie schließlich gleich
stark wie der Begehrende: beklommene Unruhe stört sie beide, sowie
ein Unvorhergesehenes den Sinn traf und ihm die Fassung raubt. Ob
Lust oder Schmerz, ob Wunsch oder Furcht erregt wird, es ist kein
Unterschied, wenn doch jedes Neue, das Erwartungen überbietet oder
enttäuscht, dermaßen wirkt, daß die Blicke gebannt, daß Seele und
Leib in Unfreiheit befangen sind.

Unvernünftig hieße der Weise, ungerecht der Gerechte, wenn er zu
weit ginge, selbst im sittlichen Eifer. Nun habe den Mut, dich zu ereifern für Silber und Marmor von alten Meistern, für Bronzen und alles,
was der Künstler bildet! Bestaune Juwelen und tyrische Purpurstoffe.
Freue dich, daß du als Redner tausend Augen dir zugewendet siehst.
Geschäftig geh frühmorgens auf den Markt, spätabend erst nach Hause;
sonst könnte ja Mutus aus seinem Frauengut mehr Getreide scheffeln, – und es geschähe das Unerträgliche: ihn, den Ungleichbürtigen,

hic tibi sit potius quam tu mirabilis illi.
quidquid sub terra est, in apricum proferet aetas,
defodiet condetque nitentia. cum bene notum   25
porticus Agrippae, via te conspexerit Appi,
ire tamen restat, Numa quo devenit et Ancus.

   si latus aut renes morbo temptantur acuto,
quaere fugam morbi. vis recte vivere — quis non ? —:
si virtus hoc una potest dare, fortis omissis   30
hoc age deliciis. virtutem verba putas et
lucum ligna: cave ne portus occupet alter,
ne Cibyratica, ne Bithyna negotia perdas;
mille talenta rotundentur, totidem altera porro et
tertia succedant et quae pars quadret acervum.   35
scilicet uxorem cum dote fidemque et amicos
et genus et formam regina Pecunia donat
ac bene nummatum decorat Suadela Venusque.

   mancupiis locuples eget aeris Cappadocum rex:
ne fueris hic tu. chlamydes Lucullus, ut aiunt,   40
si posset centum scaenae praebere rogatus,
'qui possum tot ?' ait; 'tamen et quaeram et quot habebo
mittam'; post paulo scribit sibi milia quinque
esse domi chlamydum; partem vel tolleret omnis.
exilis domus est, ubi non et multa supersunt   45
et dominum fallunt et prosunt furibus. ergo
si res sola potest facere et servare beatum,
hoc primus repetas opus, hoc postremus omittas.

   si fortunatum species et gratia praestat,
mercemur servum, qui dictet nomina, laevum   50
qui fodicet latus et cogat trans pondera dextram
porrigere: 'hic multum in Fabia valet, ille Velina;
cui libet hic fascis dabit eripietque curule

müßtest du anstaunen, anstatt daß du's von ihm erzwingst. Alles im
Erdenschoß Verborgene wird der Zeiten Lauf zutage fördern, wird ver-
graben und zudecken, was jetzt im Lichte glänzt. Hast du es erreicht, in
Agrippas Säulenhalle, auf Appius' Straße von aller Welt gekannt zu
sein: dein letzter Gang führt doch dort hinab, wo Numa, wo Ancus
das Ziel fand.

Wenn Lunge und Nieren schmerzhafte Krankheit plagt, so tu' etwas
wider die Krankheit! Du strebst – wer tut es nicht? – nach dem Glück
des Lebens: findest du, daß sittliche Weisheit allein es gewähren kann,
so betritt entschlossen diesen Weg, unbeirrt durch Lockungen des
Genusses. Siehst du in der Weisheit nur leere Worte und im Hain der
Götter nur gewöhnliches Holz: ja, dann hüte dich, daß kein Konkur-
rent vor dir die Häfen erreicht, daß deine Geschäfte mit Kibyra, mit
Bithynien nicht fehlschlagen; dann runde dir das Tausend der Gold-
talente, laß ihm ein zweites Tausend und ein drittes nachrücken, dazu
gleich eins noch, um das Quadrat zu schließen und den Haufen voll-
zumachen. Man weiß ja, Gattin und Mitgift, Vertrauen und Freunde
und Ahnen und Wohlgestalt kann König Mammon schenken, und wer
gut bei Kasse ist, den schmücken himmlische Mächte mit Überredungs-
kunst und Liebenswürdigkeit.

Der König der Kappadoker hat Massen von Leibeigenen und Mangel an Bargeld; der darf dein Ideal nicht sein. Lieber gleich ein Lukul-
lus! Man erzählt, er wurde gefragt, ob er für ein Bühnenspiel hundert
Kriegsmäntel herleihen könne. „Wie kann ich? Solche Menge!" sagte
er; „doch nachfragen will ich und schicken, so viel ich habe." Bald
drauf schrieb er: „Fünftausend Mäntel sind bei mir vorrätig; laß holen
nach Bedarf, auf Wunsch auch alle." Ärmlich bleibt ein Haus, das nicht
auch vieles über Bedarf enthält, wovon der Besitzer keine Ahnung und
nur der Dieb den Vorteil hat. Also wenn Geld allein das Glück schaffen
und erhalten kann, so sei du bei diesem Geschäft immer wieder der
erste, der zufaßt, und der letzte, der losläßt.

Wenn Glanz und Gunst das Glück verbürgen, – nun wohl, kaufen
wir uns einen Diener, der uns die Namen zuraunt, der uns links in die
Rippen stößt und uns nötigt, über die Wegsteine hin die Grußhand
entgegenzustrecken: „der hier ist Stimmführer im Fabischen Bezirk,
der im Velinischen; sein Belieben entscheidet, wer die ‚Rutenbündel'

cui volet inportunus ebur.' 'frater', 'pater' adde;
ut cuique est aetas, ita quemque facetus adopta.   55

si bene qui cenat bene vivit: lucet, eamus
quo ducit gula, piscemur, venemur, ut olim
Gargilius — qui mane plagas, venabula, servos
differtum transire forum populumque iubebat,
unus ut e multis populo spectante referret   60
emptum mulus aprum —, crudi tumidique lavemur,
quid deceat, quid non, obliti, Caerite cera
digni, remigium vitiosum Ithacensis Ulixei,
cui potior patria fuit interdicta voluptas.

si, Mimnermus uti censet, sine amore iocisque   65
nil est iucundum, vivas in amore iocisque.

vive, vale. siquid novisti rectius istis,
candidus inperti; si nil, his utere mecum.

7

Quinque dies tibi pollicitus me rure futurum
Sextilem totum mendax desideror. atque
si me vivere vis sanum recteque valentem,
quam mihi das aegro, dabis aegrotare timenti,
Maecenas, veniam, dum ficus prima calorque   5
dissignatorem decorat lictoribus atris,
dum pueris omnis pater et matercula pallet
officiosaque sedulitas et opella forensis
adducit febris et testamenta resignat.
quodsi bruma nives Albanis inlinet agris,   10
ad mare descendet vates tuus et sibi parcet
contractusque leget: te, dulcis amice, reviset
cum Zephyris, si concedes, et hirundine prima.

non quo more piris vesci Calaber iubet hospes
tu me fecisti locupletem: 'vescere sodes.'   15

bekommen soll, seine Mißlaune genügt, um den Amtssessel wegzu-
ziehn." Sag' auch hübsch „Bruder" und „Vater"; ganz nach dem
Alter nimm, wie's trifft, jeden artig in deine Verwandtschaft auf.

Ist dies das Lebensgut, daß man „gut lebt": nun wohl, es tagt; gehn
wir, wohin der Gaumen lockt! Fischen wollen wir und jagen; ich
meine, so wie einst Gargilius, der morgens Netze und Spieße und Treiber im Volksgewühl den Markt durchqueren ließ, – worauf dann eins
der vielen Maultiere, zur Schau des Volkes, die Beute heimtrug: den
Frischling vom Wildhändler. Wir wollen mit sattem, strotzendem Leibe
Bäder nehmen, unbekümmert um Maß und Unmaß, reif für die Rüge
des Zensors, lasterhaft wie die Ruderknechte des Odysseus von Ithaka,
denen ein untersagter Genuß mehr galt als Heimat und Heimkehr.

Hat nach Mimnermus' Ausspruch das Leben keinen Reiz ohne Lieb'
und Lust, so magst du leben in Lieb' und Lust.

Leb wohl, fahr wohl! Hast du bessere Weisheit, als ich sie wußte,
so gib mir redlich davon ab; wo nicht, so zehre hiervon mit mir.

Mäcenas

„Fünf Tage nur", so hatt' ich dir versprochen, wollte ich auf dem
Lande bleiben; nun ist der August ganz herum, und wortbrüchig lass'
ich noch auf mich warten. Und – du wünschst mir ja Gesundheit und
Wohlbefinden, mein Mäcenas, und so mußt du den Urlaub, den du
dem Kranken vergönnst, noch fortgewähren für die Dauer der Krank-
heitsfurcht, für die Zeit, wo die frische Feigenfrucht, wo die Schwüle
der Luft den Leichenmarschall mit dem Pomp seiner düstern Traban-
ten umgibt, wo jeder Vater, jede zärtliche Mutter um die Kinder bangt,
wo Freundschaftseifer und das Allerlei des Großstadtgetriebes manch
Fieber herbeizieht, manch Testament eröffnet. Und selbst wenn die
Sonnenwende ihr Schneeweiß der Albanerlandschaft aufträgt, wird
dein Sänger vorerst zum Meere hinabwandern und sich schonen und in
stiller Einkehr Bücher lesen. Dich, lieber Freund, wird er, wenn du's
vergönnst, mit den Westwinden wieder aufsuchen und mit der ersten
Schwalbe.

Du hast mich begütert gemacht, – nicht auf die Art, wie der Cala-
brier seinen Gast zum Birnenessen nötigt. „Bitte, laß es dir schmecken!"

'iam satis est.' 'at tu, quantum vis, tolle.' 'benigne.'
'non invisa feres pueris munuscula parvis.'
'tam teneor dono, quam si dimittar onustus.'
'ut libet: haec porcis hodie comedenda relinques.'

  prodigus et stultus donat quae spernit et odit: 20
haec seges ingratos tulit et feret omnibus annis.
vir bonus et sapiens dignis ait esse paratus,
nec tamen ignorat, quid distent aera lupinis:
dignum praestabo me etiam pro laude merentis.
quodsi me noles usquam discedere, reddes   25
forte latus, nigros angusta fronte capillos,
reddes dulce loqui, reddes ridere decorum et
inter vina fugam Cinarae maerere protervae.

  forte per angustam tenuis vulpecula rimam
repserat in cumeram frumenti, pastaque rursus   30
ire foras pleno tendebat corpore frustra.
cui mustela procul 'si vis' ait 'effugere istinc,
macra cavum repetes artum, quem macra subisti.'

  hac ego si conpellor imagine, cuncta resigno:
nec somnum plebis laudo satur altilium nec   35
otia divitiis Arabum liberrima muto.
saepe verecundum laudasti, rexque paterque
audisti coram, nec verbo parcius absens:
inspice, si possum donata reponere laetus.
haud male Telemachus, proles patientis Ulixei: 40
'non est aptus equis Ithace locus, ut neque planis
porrectus spatiis nec multae prodigus herbae:
Atride, magis apta tibi tua dona relinquam.'
parvum parva decent: mihi iam non regia Roma,
sed vacuum Tibur placet aut inbelle Tarentum.   45

  strenuus et fortis causisque Philippus agendis

„Ich habe nun reichlich." „So steck dir nach Gefallen ein." „Oh, danke, zu gütig!" „Deine Kleinen werden es nicht ungern sehen, wenn Vater hübsch was mitbringt." „Ich fühle mich beschenkt, so gut als ginge ich bepackt von hinnen." „Nun, wie es beliebt; was du hier läßt, müssen heute die Schweine fressen."

Der Verschwender, der Protz verschenkt, was für ihn wertlos und lästig ist; diese Aussaat trug und trägt bei jeder Ernte Undank ein. Der rechte, weise Hausvater hält sich, wo er Würdigkeit sieht, zu Diensten bereit, und weiß doch recht wohl, was Münzen sind und was Marken. Würdig will ich mich erweisen, entsprechen auch dem Wert des Wohltäters. Willst du mir aber nirgends mehr eine Trennung gestatten, so gib du mir auch die starke Brust wieder und das schwarze Haar über schmaler Stirn; gib zurück mir die Lust des Plauderns, die Anmut des Lachens, dazu beim Becher das Sehnen, wie einst, wenn mein loses Lieb, wenn Kinara schmollte.

Es war einmal ein schmächtiges Füchslein durch einen engen Ritz in die Mehlkiste geschlüpft, und weidlich gemästet, wollte es sich mit gefülltem Bäuchlein wieder hinausdrücken. Vergeblich. Zu ihm sagte von draußen das Wiesel: „Willst du wieder ins Freie, so mußt du mager durch das enge Loch zurück, in das du mager einkrochst."

Trifft mich die Mahnung dieses Gleichnisses: verzichtend zahle ich die ganze Schuld zurück. Und zwar bin ich nicht der Satte, der sich an Mastgeflügel übernahm und nun den gesunden Schlaf des Arbeiters preist; nicht für Arabiens Schätze vertausche ich meine Freiheit und Muße. Oft hast du mir bescheidnen Sinn nachgerühmt, hast die Anrede „mein Gönner, mein väterlicher Freund" gehört; und nicht um ein Wort karger war Ehrerbietung, die du nicht hörtest. Prüfe mich: ich kann Geschenktes zurückgeben und dabei froh bleiben. Gar sinnreich ist, was Telemach sagt, der Sohn des Dulders Odysseus: „Ithaka beut nicht Raum den edlen Rossen; fehlt ihm doch die grüne Weide und als Tummelplatz die Heide. Drum, wenn ich dein Herz nicht kränke, will ich deine Gastgeschenke, Atreus' Sohn, in Sparta lassen: Du nur bist's, für den sie passen." Schlichtem Stande ziemt das Schlichte: mir behagt jetzt nicht Roms Herrlichkeit, sondern das stille Tibur oder das friedsame Tarent.

Philippus, ein tüchtiger, vielbeschäftigter Staatsmann, auch als Anwalt

clarus ab officiis octavam circiter horam
dum redit atque foro nimium distare Carinas
iam grandis natu queritur, conspexit, ut aiunt,
adrasum quendam vacua tonsoris in umbra   50
cultello proprios purgantem leniter unguis.
'Demetri' — puer hic non laeve iussa Philippi
accipiebat — 'abi, quaere et refer, unde domo, quis,
cuius fortunae, quo sit patre quove patrono.'
it redit et narrat, Volteium nomine Menam,   55
praeconem, tenui censu, sine crimine, notum
et properare loco et cessare et quaerere et uti,
gaudentem parvisque sodalibus et lare certo
et ludis et post decisa negotia campo.
'scitari libet ex ipso quodcumque refers: dic   60
ad cenam veniat.' non sane credere Mena,
mirari secum tacitus. quid multa ? 'benigne'
respondet. 'neget ille mihi ?' 'negat inprobus et te
neglegit aut horret.' Volteium mane Philippus
vilia vendentem tunicato scruta popello   65
occupat et salvere iubet prior; ille Philippo
excusare laborem et mercennaria vincla,
quod non mane domum venisset, denique quod non
providisset eum. 'sic ignovisse putato
me tibi, si cenas hodie mecum.' 'ut libet.' 'ergo   70
post nonam venies; nunc i, rem strenuus auge.'
ut ventum ad cenam est, dicenda tacenda locutus
tandem dormitum dimittitur. hic ubi saepe
occultum visus decurrere piscis ad hamum,
mane cliens et iam certus conviva, iubetur   75
rura suburbana indictis comes ire Latinis.
inpositus mannis arvum caelumque Sabinum
non cessat laudare. videt ridetque Philippus,
et sibi dum requiem, dum risus undique quaerit,

angesehen, ging einst, wie man erzählt, von seiner Tagesarbeit um die zweite Nachmittagsstunde nach Hause, und da er schon ein älterer Herr war, seufzte er, daß es vom Markte nach den Carinen gar so weit sei. Da bemerkte er in der leergewordenen schattigen Bude des Barbiers einen Mann, der eben rasiert war und sich nun gemächlich mit dem Messerchen höchstselbst die Nägel putzte. „Demetrius" – das war der Diener, der sich auf Philippus' Winke verstand –, „geh doch, frag' und berichte, wo der zu Hause, wer und wes Standes er ist, wer sein Vater oder sein Patron." Er geht, kommt zurück und erzählt: Volteius Mena heiße der Kunde, ein Makler mit geringem Einkommen, unbescholten; bekannt dafür, wo es paßt, zu schaffen und zu feiern, zu erwerben und zu genießen; sein Behagen sei der Umgang mit kleinen Leuten, die eigene feste Häuslichkeit, der Besuch der Spiele und, nach Abwicklung der Geschäfte, das Marsfeld. „Ich möchte ihn selbst über das Berichtete im einzelnen befragen; sag', er solle zum Abendessen kommen." Dem Mena will das nicht recht in den Kopf; im stillen findet er es auffällig. Kurz und gut, er antwortet: „Ich muß danken." „Was? ein Nein, – und das mir?" „Ein richtiges Nein; der Kerl würdigt die Ehre nicht, oder er hat Scheu vor dir."

Am andern Morgen findet Philippus den Volteius, wie er einfachen Leuten, Blusenträgern, wohlfeilen Kram verkauft; er tritt heran und grüßt ihn zuerst. Der entschuldigt sich bei Philippus: die Überhäufung mit Arbeit, die Gebundenheit in seinem Gewerbe sei schuld, daß er nicht morgens seine Aufwartung gemacht, schließlich auch, daß er ihn nicht gleich gesehen habe. „Du darfst meiner Verzeihung gewiß sein, unter einer Bedingung, – wenn du heute bei mir speist." „Wie du befiehlst." „Also komm nach drei Uhr; jetzt mach, daß du ein gut Stück Geld verdienst." Man kam zum Abendessen; er plauderte das Mögliche und Unmögliche und wurde erst zur Schlafenszeit entlassen.

So sah man ihn nun oft, den Fisch, der dem verborgenen Angelhaken zuschwamm; morgens kam er zur Begrüßung, mittags war er bereits ständiger Tischgast. So erhielt er auch bei Beginn des Latinerfestes die Einladung, mit auf das Landgut vor der Stadt zu reisen. Die Rößlein traben. Der Fahrgast rühmt unermüdlich die grüne Flur und die himmlische Luft des Sabinerlandes. Philippus sieht seinem Gebaren lächelnd zu. Er sucht ja Ausspannung und sucht, wie immer, seinen

dum septem donat sestertia, mutua septem   80
promittit, persuadet uti mercetur agellum.

  mercatur. ne te longis ambagibus ultra
quam satis est morer: ex nitido fit rusticus atque
sulcos et vineta crepat mera, praeparat ulmos,
inmoritur studiis et amore senescit habendi.   85
verum ubi oves furto, morbo periere capellae,
spem mentita seges, bos est enectus arando:
offensus damnis media de nocte caballum
arripit iratusque Philippi tendit ad aedis.
quem simul adspexit scabrum intonsumque Philippus,   90
'durus', ait, 'Voltei, nimis attentusque videris
esse mihi.' 'pol me miserum, patrone, vocares,
si velles' inquit 'verum mihi ponere nomen.
quod te per Genium dextramque deosque Penatis
obsecro et obtestor: vitae me redde priori.'   95

  qui semel adspexit, quantum dimissa petitis
praestent, mature redeat repetatque relicta.

  metiri se quemque suo modulo ac pede verum est.

                        8

  Celso gaudere et bene rem gerere Albinovano
Musa rogata refer, comiti scribaeque Neronis.

  si quaeret quid agam, dic multa et pulcra minantem
vivere nec recte nec suaviter, haud quia grando
contuderit vitis oleamve momorderit aestus,   5
nec quia longinquis armentum aegrotet in agris;
sed quia mente minus validus quam corpore toto
nil audire velim, nil discere, quod levet aegrum,
fidis offendar medicis, irascar amicis,
cur me funesto properent arcere veterno,   10

Spaß; so bietet er ihm 7000 Sesterze als Geschenk, eine gleiche Summe noch als Darlehen und überredet ihn, ein kleines Gut zu kaufen.

Der Kauf wird abgeschlossen. Ich will dich nicht durch Einzelheiten länger als nötig aufhalten: aus dem schmucken Städter wird ein Bauer, der nur noch für Furchen und Weingärten Worte hat, der seine Ulmen zurecht schneidet, sich halb zu Tode arbeitet und im Eifer des Erwerbes grau und grämlich wird. Dann aber kamen Zeiten, wo Schafe durch Diebstahl, Ziegen durch Krankheit verloren gingen, wo die Aussaat die Hoffnung trog, der Ochse zuschanden gepflügt ward. Das war zu viel der Verluste: bei finsterer Nacht reißt er den Gaul aus dem Stalle und jagt in der Wut der Verzweiflung zu Philippus' Hause. Philippus sieht den schäbigen Aufzug, das ungeschorene Haar des Mannes; er sagt: „Volteius, du bist wohl gar zu hart gegen dich und etwas zu genau."

„Ach, glaub' es nur, elend würdest du mich nennen, lieber Herr, wolltest du mir den wahren Namen geben. Drum bei deinem Schutzgeiste, bei deiner Schwurhand, bei den Göttern des Hauses flehe ich inbrünstig, gib mich meinem vorigen Stande zurück!"

Wer einmal mit Augen sah, wie das Weggegebene so viel besser war als das Herbeigewünschte, der kehre beizeiten um, zurück zu dem, was er verließ!

Ein jeder messe sich nach seinem eignen Maß: das ist die wahre Weisheit.

Albinovanus Celsus

Wohlergehn und Wohlgelingen meinem Celsus Albinovanus! Erfülle die Bitte, Muse, bring dies ihm als Gegengruß, dem Begleiter des Prinzen Nero, seinem wohlbestallten Kabinettssekretär.

Fragt er, wie ich's treibe, so sag ihm, trotz vieler löblicher Vorsätze sei mein Leben weitab von Glück und Behagen. Mir hat ja nicht der Hagel Weinstöcke erschlagen, nicht Sonnenglut den Ölbaum versengt; nicht Seuche hat mir auf fernen Triften das Vieh geraubt. Krank fühle ich mich im Geiste trotz leiblicher Vollkraft. Ich mag nichts hören, nichts lernen, was mir aufhelfen könnte, bin den treuen Ärzten aufsässig, bin gram meinen Freunden, daß sie mich der tödlichen Dumpfheit durchaus entreißen wollen. Sag' ihm, ich tue, was ich als schädlich

quae nocuere sequar, fugiam quae profore credam,
Romae Tibur amem, ventosus Tibure Romam.

   post haec, ut valeat, quo pacto rem gerat et se,
ut placeat iuveni percontare utque cohorti.
si dicet 'recte', primum gaudere, subinde   15
praeceptum auriculis hoc instillare memento:
ut tu fortunam, sic nos te, Celse, feremus.

9

   Septimius, Claudi, nimirum intellegit unus,
quanti me facias; nam cum rogat et prece cogit,
scilicet ut tibi se laudare et tradere coner,
dignum mente domoque legentis honesta Neronis,
munere cum fungi propioris censet amici: 5
quid possim videt ac novit me valdius ipso.
multa quidem dixi, cur excusatus abirem,
sed timui, mea ne finxisse minora putarer,
dissimulator opis propriae, mihi commodus uni.

   sic ego maioris fugiens opprobria culpae   10
frontis ad urbanae descendi praemia. quodsi
depositum laudas ob amici iussa pudorem,
scribe tui gregis hunc et fortem crede bonumque.

10

   Urbis amatorem Fuscum salvere iubemus
ruris amatores. hac in re scilicet una
multum dissimiles, at cetera paene gemelli
fraternis animis: quidquid negat alter, et alter,
adnuimus pariter. vetuli notique columbi   5
tu nidum servas, ego laudo ruris amoeni
rivos et musco circumlita saxa nemusque.
quid quaeris? vivo et regno, simul ista reliqui,

erfuhr, ich fliehe, was ich als heilbringend erkenne; mit wetterwendi-
scher Laune schwärme ich in Rom für Tibur, in Tibur für Rom.

Darauf frage, wie's ihm ergeht, wie er sein Amt führt, wie er sich selbst
einführt; wie er zu dem jungen Fürsten steht und wie zu dem Gefolge.
Sagt er „nach Wunsch", so gib zuvörderst der Freude Ausdruck; als-
dann träufle ihm in sein liebes Ohr den Spruch: wie du in deinem Glück
dich zeigst, so werden wir uns dir erzeigen.

Claudius Tiberius Nero

Septimius ganz allein hat offenbar den rechten Begriff von meiner
Geltung bei dir, Claudius. Er bittet, – und einem Wunsch aus solchem
Munde muß ich mich freilich fügen – ihn zu empfehlen und bei dir einzuführen, den rechten Mann für Neros Herz und Haus, für deine Aus-
lese, die nach sittlichem Werte wählt. Indem er mir ein Recht zutraut,
das nur dem näheren Freunde zusteht, sieht und weiß er von meinem
Können erheblich mehr als ich selbst. Zwar habe ich vieles aufgeboten,
um mit Entschuldigungen auszuweichen; doch fürchtete ich den Anschein, als hätte ich mich trüglich zu niedrig eingeschätzt, als verleugnete
ich vorhandenen Einfluß und wäre nur mir selbst zu Diensten willig.

So habe ich, um dem Vorwurf schlimmerer Verfehlung zu entgehen,
mich zu dem Vorrecht weltstädtischer Dreistigkeit verstanden. Hältst
du es für wohlgetan, daß ich dem Freundesgebot die Bescheidenheit
opferte, so laß ihn deinem Gefolge beitreten und sei überzeugt, er ist
tüchtig und ehrenhaft.

Aristius Fuscus

Freund Fuscus, Großstadtfreund, dich grüßt von seiner Flur her der
Naturfreund. In diesem einen Stücke sind wir ja gar verschieden, doch
im übrigen wohl wie Zwillinge gesinnt: sagt der Bruder nein, so will
auch der Bruder nicht, und einstimmig nicken wir einander zu. So sind
wir wie ein altverbundenes, vertrautes Tauberpaar; doch du hütest das
Nest, ich preise die Bäche der lieblichen Flur, den Wald mitsamt den
moosumsponnenen Felsen. Was fragst du nach Gründen? Ich fühle
mich als Mensch, als König, sobald ich die Herrlichkeiten hinter mir

quae vos ad caelum fertis rumore secundo,
utque sacerdotis fugitivus liba recuso: 10
pane egeo iam mellitis potiore placentis.

   vivere naturae si convenienter oportet
ponendaeque domo quaerenda est area primum:
novistine locum potiorem rure beato ?
est ubi plus tepeant hiemes, ubi gratior aura   15
leniat et rabiem Canis et momenta Leonis,
cum semel accepit solem furibundus acutum ?
est ubi divellat somnos minus invida cura ?
deterius Libycis olet aut nitet herba lapillis ?
purior in vicis aqua tendit rumpere plumbum   20
quam quae per pronum trepidat cum murmure rivum ?
nempe inter varias nutritur silva columnas
laudaturque domus, longos quae prospicit agros:
naturam expelles furca, tamen usque recurret
et mala perrumpet furtim fastidia victrix.   25

   non qui Sidonio contendere callidus ostro
nescit Aquinatem potantia vellera fucum
certius accipiet damnum propiusve medullis
quam qui non poterit vero distinguere falsum.
quem res plus nimio delectavere secundae,   30
mutatae quatient. siquid mirabere, pones
invitus. fuge magna: licet sub paupere tecto
reges et regum vita praecurrere amicos.

   cervus equum pugna melior communibus herbis
pellebat, donec minor in certamine longo   35
inploravit opes hominis frenumque recepit.
sed postquam victor violens discessit ab hoste,
non equitem dorso, non frenum depulit ore.
sic, qui pauperiem veritus potiore metallis
libertate caret, dominum vehet inprobus atque   40
serviet aeternum, quia parvo nesciet uti.
cui non conveniet sua res, ut calceus olim,

ließ, die ihr zum Himmel erhebt mit Tönen der Bewunderung; und wie der entlaufene Priestersklave bin ich des ewigen Kuchens überdrüssig; des Brotes bedarf ich, das mir jetzt köstlicher ist als honigsüßes Backwerk.

Anschluß an die Natur gilt ja als Regel der Lebensführung; und wer ein Haus errichten will, muß Baugrund suchen vor allem. Kennst du eine köstlichere Stätte als die Flur mit ihrer Segensfülle? Wo sonst sind lauer die Winter? Wo weht linder die Luft, zu mildern des Hundssternes Tollwut, zu sänftigen, wenn der Löwe sich regt, sobald ihn die Sonne traf mit wutentflammendem Stiche? Wo stört dir weniger der Sorgen Mißgunst den stillen Schlaf? Schau hier die Wiese: ist sie ärmer an Duft und Farbenpracht als die Mosaikböden aus libyschem Marmor? Ist reiner das Wasser in städtischen Bleiröhren, wo es mühsam Durchbruch sucht, oder im Bache, der murmelnd zu Tale rieselt? Man pflanzt ja einen „Wald" inmitten der buntfarbigen Säulen und preist ein Haus mit Fernsicht in die Landschaft. Natur magst du austreiben mit der Heugabel: Natur kehrt beharrlich zurück; unmerklich, unwiderstehlich dringt sie durch die Sperren der leidigen Blasiertheit.

Echten sidonischen Purpur verwechseln mit Wollzeug, das Aquinums Pflanzensaft trank, ist Unkenntnis, die Schaden bringt; aber nicht so sicher und nicht so tief im Mark, wie der Mangel an Klarheit über das Wahre und über das Falsche. Wer dem äußeren Erfolg zu großen Wert beimaß, den wird ein Umschwung aus der Fassung bringen. Was du bestaunst, wirst du ungern hergeben. Fliehe die Höhen: das schlichte Heim hat Raum für Lebenskunst, die Königen und Königsfreunden den Rang abläuft.

Der Hirsch war im Kampfe stärker als das Pferd und pflegte es von gemeinsamer Weide zu verdrängen. Schließlich, als das Pferd immer wieder unterlag, bat es die Kräfte des Menschen zu Hilfe und ließ sich den Zaum gefallen. Da hat es denn gesiegt und hat Gewalt geübt. Aber seit es dieses Feindes ledig war, ist es den Reiter vom Rücken und den Zaum aus den Zähnen nimmer losgeworden. So auch, wer aus Angst vor knappem Lose sich der Freiheit begibt, die kostbarer ist als alles Gold: zur Strafe wird er einen Gebieter im Nacken tragen und leibeigen sein immerdar, weil er nie sich bescheiden lernt. Wem der eigne Zuschnitt nicht paßt, dem wird es gehn wie manchmal mit dem Schuh-

si pede maior erit, subvertet, si minor, uret.

laetus sorte tua vives sapienter, Aristi,
nec me dimittes incastigatum, ubi plura   45
cogere quam satis est ac non cessare videbor.
imperat aut servit collecta pecunia cuique,
tortum digna sequi potius quam ducere funem.

haec tibi dictabam post fanum putre Vacunae,
excepto quod non simul esses, cetera laetus.   50

11

Quid tibi visa Chios, Bullati, notaque Lesbos,
quid concinna Samos, quid Croesi regia Sardis,
Zmyrna quid et Colophon, maiora minorane fama ?
cunctane prae campo et Tiberino flumine sordent ?
an venit in Votum Attalicis ex urbibus una ?   5
an Lebedum laudas odio maris atque viarum ?
'scis, Lebedus quid sit: Gabiis desertior atque
Fidenis vicus; tamen illic vivere vellem
oblitusque meorum, obliviscendus et illis,
Neptunum procul e terra spectare furentem.'   10

sed neque qui Capua Romam petit, imbre lutoque
adspersus volet in caupona vivere; nec qui
frigus collegit, furnos et balnea laudat
ut fortunatam plene praestantia vitam;
nec si te validus iactaverit Auster in alto,   15
idcirco navem trans Aegaeum mare vendas.
incolumi Rhodos et Mytilene pulchra facit quod
paenula solstitio, campestre nivalibus auris,
per brumam Tiberis, Sextili mense caminus.
dum licet ac voltum servat Fortuna benignum,   20
Romae laudetur Samos et Chios et Rhodos absens.

werk: ist der Schuh zu weit, bringt er den Fuß zum Straucheln, ist er
zu eng, so drückt er.

Lebst du deines Loses froh, so übst du rechte Lebensweisheit, Aristius, und sollst auch mich nicht ohne Rüge ziehn lassen, sobald dir
scheint, daß ich über Bedarf anhäufe und mir kein Ausruhn gönne.
Herr oder Sklav ist das erworbene Geld dem Erwerber; recht gewertet,
sollte es nachtraben an handfestem Stricke, nicht Treiber sein.

Dies ließ ich für dich aufschreiben aus meinem Winkel hinter Vacu-
nas verfallenem Heiligtum. Eins fehlt mir: deine Nähe; sonst bin ich
froh und zufrieden.

Bullatius

Lieber Bullatius ! Wie hat Chios dich angemutet und das gefeierte
Lesbos ? Du sahst das elegante Samos und Krösus' königliche Stadt
Sardes, du sahst Smyrna und Kolophon: war ihre Pracht noch größer
als ihr Ruf ? War sie geringer ? Müssen sie insgesamt verbleichen vor
Marsfeld und Tiberstrom ? Ist etwa in Attalus' Reiche die Stadt, die
deine Wünsche weckt ? Oder lobst du dir ein Lebedos, – im Überdruß
der Seefahrt und der Landstraßen ? „Du weißt, was Lebedos ist: ein
kleines Nest, verlassener als Gabii und Fidenä. Gleichwohl könnte es
mich reizen, dort zu leben: vergessend diese meine Welt, und bald auch
ihr ein Vergessener, wollte ich dem Toben Neptuns vom sicheren Ufer
zuschaun."

Doch nein ! Wer von Capua nach Rom unterwegs ist, will, wenn er
durchnäßt und kotbespritzt einkehrte, dann doch nicht sein ganzes
Leben in der Herberge verbringen; wer durchfroren ist, lobt sich Hei-
zung und warmes Bad, doch nicht als volle Bürgschaften für das Glück
des Daseins; und hat dich auf ägäischer Flut ein kräftiger Süd geschau-
kelt, magst du schwerlich darum drüben dein Schiff verkaufen. Wem
nichts fehlt, dem tut das schöne Rhodos, das schöne Mytilene so wohl
wie der Pelz im Hochsommer, wie bei Schneeschauern der Lenden-
schurz, wie ein Bad im Tiber um die Jahreswende und im August der
Ofen. Solange der Zeiten Gunst und Fortunas heitre Miene dauert,
kann man in Rom bleiben, kann man Samos, Chios, Rhodos aus der
Ferne anschwärmen. ·

tu quamcumque deus tibi fortunaverit horam
grata sume manu neu dulcia differ in annum,
ut quocumque loco fueris, vixisse libenter
te dicas: nam si ratio et prudentia curas,   25
non locus effusi late maris arbiter aufert,
caelum, non animum mutant, qui trans mare currunt.
strenua nos exercet inertia: navibus atque
quadrigis petimus bene vivere. quod petis, hic est,
est Ulubris, animus si te non deficit aequus.   30

12

Fructibus Agrippae Siculis, quos colligis, Icci,
si recte frueris, non est ut copia maior
ab Iove donari possit tibi. tolle querellas;
pauper enim non est, cui rerum suppetit usus.
si ventri bene, si lateri est pedibusque tuis, nil   5
divitiae poterunt regales addere maius.
si forte in medio positorum abstemius herbis
vivis et urtica, sic vives protinus, ut te
confestim liquidus Fortunae rivus inauret,
vel quia naturam mutare pecunia nescit,   10
vel quia cuncta putas una virtute minora.

miramur, si Democriti pecus edit agellos
cultaque, dum peregre est animus sine corpore velox,
cum tu inter scabiem tantam et contagia lucri
nil parvum sapias et adhuc sublimia cures: 15
quae mare conpescant causae, quid temperet annum,
stellae sponte sua iussaene vagentur et errent,
quid premat obscurum lunae, quid proferat orbem,
quid velit et possit rerum concordia discors,
Empedocles an Stertinium deliret acumen.   20

verum seu piscis seu porrum et caepe trucidas,
utere Pompeio Grospho et, siquid petet, ultro

Mein Freund, wenn Gott dir eine gute Stunde beschert, nimm sie mit dankbarer Hand; und verschiebe das Genießen nicht auf nächstes Jahr: so knüpft an jeden Aufenthalt sich dir ein froher Lebensinhalt. Bleibt es wahr, daß nur weiser, kluger Sinn die Sorgen bannt, nicht ein Ort mit beherrschendem Blick über Meeresbreiten, so kann, wer Meere durcheilt, wohl den Himmelsstrich wechseln, doch nicht der Seele Stimmung. Was uns plagt, ist die Unrast ohne Tatkraft: mit Schnellseglern und Vierspännern jagen wir dem Lebensglücke nach. Das gesuchte Glück ist hier zu haben und ist zu haben im elenden Ulubrä, – bleibt unbeirrt dir nur der Seele Gleichmaß.

Iccius

Lieber Iccius! Wenn du von Agrippas sizilischen Einkünften genießest, wie dir zukommt, so ist undenkbar, daß der Himmel dir größere Fülle bescheren könnte. Laß ruhen die Klagen: arm ist nicht, wer von des Lebens Gütern den vollen Nutzbrauch hat. Sind dir Magen und Lunge und Füße in erwünschter Verfassung, so können Königsschätze nichts Größeres dazutun. Lebst du aber, statt zuzulangen, bedürfnislos, vielleicht von Kraut und Nesseln: dann wirst du auch künftig so leben, wollte selbst das Glück dich plötzlich mit lauterem Goldstrom überfluten. Denn das Geld kann die Art nicht ändern; auch dünkt dir ja alles minderwert neben dem einen Gute, der Tugend.

Was besagt es, wenn Demokrits Fluren und Pflanzungen dem Vieh zum Weideland dienten, während sein Geist, körperlos und fesselfrei, über die Lande entschwebte? Hier ist das größere Wunder: inmitten der herrschenden Seuche, bei dem prickelnden Reiz des Gewinnes, bist du allem Kleinlichen abgekehrt und wahrst dir den Sinn für die großen Fragen der Natur: welche Ursachen halten das Meer in Ufern, welch Gesetz regelt den Gang der Jahreszeiten? Ist es eigner Trieb, ist es ein höherer Wille, der die Sterne wandern und irren heißt? Was hüllt den Mond in Dunkel und füllt ihm wiederum den Lichtkreis? Wo ist Zweck und Ziel in der zwieträchtigen Eintracht der Stoffe? Ist Empedokles auf Abwegen oder Stertinius' Denkergeist?

Doch ob du nun Fische mordest oder Lauch und Zwiebeln, – genieße ja den Verkehr mit Pompejus Grosphus und, hat er ein Anliegen,

defer: nil Grosphus nisi verum orabit et aequum.
vilis amicorum est annona, bonis ubi quid dest.

   ne tamen ignores, quo sit Romana loco res: 25
Cantaber Agrippae, Claudi virtute Neronis
Armenius cecidit; ius imperiumque Phraates
Caesaris accepit genibus minor; aurea fruges
Italiae pleno defudit Copia cornu.

                              13

   Ut proficiscentem docui te saepe diuque,
Augusto reddes signata volumina, Vinni,
si validus, si laetus erit, si denique poscet;
ne studio nostri pecces odiumque libellis
sedulus inportes opera vehemente minister.   5
si te forte meae gravis uret sarcina chartae,
abicito potius, quam quo perferre iuberis
clitellas ferus inpingas Asinaeque paternum
cognomen vertas in risum et fabula fias.
viribus uteris per clivos flumina lamas.   10

   victor propositi simul ac perveneris illuc,
sic positum servabis onus, ne forte sub ala
fasciculum portes librorum, ut rusticus agnum,
ut vinosa glomus furtivae Pirria lanae,
ut cum pilleolo soleas conviva tribulis.   15
ne volgo narres te sudavisse ferendo
carmina quae possint oculos aurisque morari
Caesaris. oratus multa prece nitere porro;
vade, vale; cave ne titubes mandataque frangas.

                              14

   Vilice silvarum et mihi me reddentis agelli,
quem tu fastidis, habitatum quinque focis et

komm ihm gewährend zuvor; was Grosphus erbittet, wird nie unbe-
gründet und unbillig sein. Wohlfeil ist Freundschaft zu erwerben, wenn
ein guter Mensch unsrer Dienste bedarf.

Laß dir noch kundtun, wie es im Weltreich aussieht: die Kantabrer,
die Armenier liegen am Boden; dort war Agrippa, hier Claudius Nero
der Held. Kniefällig hat Phraates Cäsars Bescheid und Gebot hinge-
nommen. Goldene Fülle hat aus üppigem Horn ihre Früchte ausge-
schüttet über Italiens Fluren.

Vinnius Asina

Wie ich bei deinem Aufbruch dich oft und gründlich unterwiesen,
sollst du dem Augustus die versiegelten Rollen abgeben, mein Vinnius,
wenn er bei Gesundheit, wenn er bei Stimmung ist, und schließlich –
wenn er den Wunsch äußert. Sieh zu, daß Freundeseifer dich nicht zu
weit führt, daß Dienstwilligkeit nicht aufdringlich wird und gegen das
Büchlein einnimmt. Wird dir etwa heiß bei der gewichtigen Bürde
meiner Blätter, so wirf sie lieber weg, als daß du aus Ingrimm am ge-
botenen Ziel mit der Packung anstößt. Du würdest ja dein Vätererbe,
den Zunamen „Eselin", ins Spaßhafte umdeuten und dem Stadtwitz
verfallen. Kräfte magst du einsetzen, wo Hügel, Flüsse, Sümpfe im
Wege sind.

Hast du den Plan vollführt, das Ziel erreicht, so lege die Last nur
einfach ab und verwahre sie: trage das Heftchen ja nicht unter der
Achsel, wie der Bauer sein Lamm, auch nicht wie die weinselige Pirria
ihr Knäuel entwendeter Wolle trägt, oder wie der eingeladene Ur-
wähler Sohlen und Filzkappe in den Eßsaal mitbringt. Auch mußt du
nicht aller Welt erzählen, was man dir auflud, sei ein Liederbuch und
könne vielleicht des Kaisers Auge und Ohr fesseln.

Nun habe ich dir viel Bitten mitgegeben. Zieh deine Straße weiter.
Fahr wohl, leb wohl! Hüte dich, daß du nicht strauchelst, nicht die
Sendung, die du trägst, zu Schaden bringst.

Der Gutsverwalter

Mein lieber Hüter der Wälder und der Ackerscholle, wo ich mein
rechtes Selbst erst wieder finde! Dir ist das Heim nicht gut genug, das

quinque bonos solitum Variam dimittere patres,
certemus, spinas animone ego fortius an tu
evellas agro, et melior sit Horatius an res.   5

  me quamvis Lamiae pietas et cura moratur
fratrem maerentis, rapto de fratre dolentis
insolabiliter, tamen istuc mens animusque
fert et avet spatiis obstantia rumpere claustra.
rure ego viventem, tu dicis in urbe beatum: 10
cui placet alterius, sua nimirum est odio sors.
stultus uterque locum inmeritum causatur inique:
in culpa est animus, qui se non effugit umquam.

  tu mediastinus tacita prece rura petebas,
nunc urbem et ludos et balnea vilicus optas: 15
me constare mihi scis et discedere tristem,
quandocumque trahunt invisa negotia Romam.
non eadam miramur; eo disconvenit inter
meque et te; nam quae deserta et inhospita tesqua
credis, amoena vocat mecum qui sentit, et odit   20
quae tu pulchra putas. fornix tibi et uncta popina
incutiunt urbis desiderium, video, et quod
angulus iste feret piper et tus ocius uva
nec vicina subest vinum praebere taberna
quae possit tibi, nec meretrix tibicina, cuius   25
ad strepitum salias terrae gravis; et tamen urges
iampridem non tacta ligonibus arva bovemque
disiunctum curas et strictis frondibus exples;
addit opus pigro rivus, si decidit imber,
multa mole docendus aprico parcere prato.   30

  nunc age quid nostrum concentum dividat audi.
quem tenues decuere togae nitidique capilli,
quem scis inmunem Cinarae placuisse rapaci,
quem bibulum liquidi media de luce Falerni,
cena brevis iuvat et prope rivum somnus in herba;   35

die fünf häuslichen Herde trägt und fünf wackere Hausväter nach Varia zu entsenden pflegt! Es gilt die Wette, wer wucherndes Unkraut kräftiger auszujäten versteht, ich im Gemüt oder du im Gefild, – und wer dabei mehr gewinnt, der Gutsherr oder das Herrengut.

Mich hält ja hier in Rom Freundespflicht und Teilnahme mit starken Banden; denn mein Lamia trauert um den Bruder, untröstlichen Grames, daß ihm der Bruder entrissen. Gleichwohl zieht Neigung und Stimmung mich dort hinaus und durchbräche so gern die Schranken, die von der freien Bahn trennen. Landleben ist mir des Glückes Inbegriff, dir das Leben in der Stadt. Wem das fremde Los gefällt, dem schafft freilich das eigne Mißbehagen. Kurzsichtig zeihen sie beide den Ort als verantwortlich, mit Unrecht: Schuld trägt die Stimmung des Gemüts, das nie sich selbst entflieht.

Vordem als Hausbursch strebtest du aufs Land hinaus: die stumme Bitte ließ es merken. Jetzt als Gutsverwalter hast du Verlangen nach der Großstadt, nach ihren Spielen und Bädern. Ich bleibe, wie du weißt, mir treu; jede Trennung betrübt mich, so oft die leidigen Geschäfte mich nach Rom nötigen. Verschieden sind unsre Ideale: hier stimmt mein und dein Empfinden nicht zusammen. Denn was dir als öde, ungastliche Wildnis gilt, anmutig heißt es dem, der meinen Geschmack teilt; und widerwärtig ist ihm, was du schön findest. Kellerkneipe und Bratenduft der Küche schüren bei dir die Sehnsucht nach der Stadt, ich sehe es wohl. Auch will der Winkel da draußen, so schiltst du, eher Pfeffer und Weihrauch tragen als Trauben; keine Schenke ist in der Nähe, um mit einem Weintrunk auszuhelfen; auch kein gefälliges Flötenmädchen, um dir aufzuspielen zu schwerfüßigem Bauerntanz. Und dabei hast du deine Not mit Fluren, die längst keine Hacke mehr berührte! Ist der Ochse ausgespannt, mußt du ihn noch warten, ihm den Bauch füllen mit abgestreiftem Laub! Neue Plage, neuen Verdruß macht dann der Bach: wenn Güsse niedergingen, mußt du mühsam schanzen, ihn anzuleiten, daß er die sonnige Wiese schont.

Jetzt höre, was unsre gleichklingenden Wünsche im Grunde scheidet. Einst trug ich mit Schick die feinsten Stoffe und hielt auf schmucke Haartracht; ich hatte, du weißt es, das Herz der anspruchsvollen Cinara und hatte es ohne Geschenke; ich schlürfte den goldklaren Falerner schon am hellen Mittag. Mein Hochgenuß ist jetzt ein kurzbemessenes

nec lusisse pudet, sed non incidere ludum.
non istic obliquo oculo mea commoda quisquam
limat, non odio obscuro morsuque venenat:
rident vicini glaebas et saxa moventem.
cum servis urbana diaria rodere mavis,   40
horum tu in numerum voto ruis: invidet usum
lignorum et pecoris tibi calo argutus et horti.

　optat ephippia bos piger, optat arare caballus:
quam scit uterque, libens, censebo, exerceat artem.

15

　Quae sit hiems Veliae, quod caelum, Vala, Salerni,
quorum hominum regio et qualis via — nam mihi Baias
Musa supervacuas Antonius, et tamen illis
me facit invisum, gelida cum perluor unda
per medium frigus. sane murteta relinqui   5
dictaque cessantem nervis elidere morbum
sulpura contemni vicus gemit, invidus aegris
qui caput et stomachum supponere fontibus audent
Clusinis Gabiosque petunt et frigida rura.
mutandus locus est et deversoria nota   10
praeteragendus equus. 'quo tendis ? non mihi Cumas
est iter aut Baias' laeva stomachosus habena
dicet eques; sed equi frenato est auris in ore. —

　maior utrum populum frumenti copia pascat,
collectosne bibant imbris puteosne perennis   15
iugis aquae — nam vina nihil moror illius orae.
rure meo possum quidvis perferre patique:
ad mare cum veni, generosum et lene requiro,
quod curas abigat, quod cum spe divite manet

Mahl und der Schlummer im Grünen am Bache. Nicht schäm' ich mich des vorigen Spiels; beschämend wäre, nicht den Schluß zu finden. Kein Neider schmälert dort draußen durch scheelen Blick meine Freuden, kein Hasser vergiftet sie durch tückischen Schlangenbiß; höchstens lächeln die Nachbarn, wenn sie mich Schollen umbrechen und Feldsteine herausheben sehn. Mit den Haussklaven in der Stadt die kärgliche Tageskost knabbern, das ist deine Vorliebe; ihr Kreis ist deines Sehnens Ziel. Dich wiederum beneidet mein pfiffiger Stallknecht um die Nutzung an Holz und Herden und Gartenfrucht.

Bei verdrossener Laune wünscht der Ochse sich den Reitsattel, der Gaul das Pfluggeschirr. Mein Entscheid wird sein für beide: das Handwerk, das ein jeder kennt, das üb' er ohne Murren!

Numonius Vala

Wie ist der Winter in Velia? Wie ist das Klima von Salernum? Was für Leute wohnen dort zu Lande? Wie ist die Straße beschaffen? Ich muß es wissen, lieber Vala, denn nicht nach Bajä geht es: nach Ansicht meines Arztes Antonius Musa ist der Ort für mich ungeeignet, und doch ist man dort leider böse auf mich, auf den Ungetreuen, der tief im Winter tief in die kalte Welle taucht. Ganz menschenleer seien Bajäs Myrtenhaine und verschmäht die Schwefelquellen, die doch den Ruf hatten, die seßhafteste Krankheit aus dem Körper auszutreiben: so klagt die Einwohnerschaft und gönnt den Kranken nichts Gutes, die sich erkühnen, Kopf und Leib unter die Duschen Clusiums zu halten, oder die nach Gabii gehn und in die ländliche Abgeschiedenheit der kühlen Berge. Wechseln muß ich das Reiseziel und an den bekannten Einkehrhäusern mein Rößlein vorübertreiben. „Wohin willst du? Mein Weg geht nicht nach Cumä oder Bajä!" so wird, vom Zerren des linken Halfters ungeduldig, der Reiter sprechen; ein Pferd hat freilich nur im gezäumten Maule Gehör.

In welcher Stadt hat das Volk reichlicher zu leben? Trinken die Leute zusammengesparten Regen oder den lebendigen Born fließenden Wassers? Denn nach den Landweinen dort frage ich nicht. Auf meinem Gute mag ich jedes Gewächs leiden und nehme willig fürlieb; bin ich einmal an der See, dann verlange ich edlen, milden Stoff, der die Sorgen wegscheucht, der mit strömendem Lebensmute ins Blut und

in venas animumque meum, quod verba ministret,   20
quod me Lucanae iuvenem commendet amicae —;
tractus uter pluris lepores, uter educet apros;
utra magis piscis et echinos aequora celent,
pinguis ut inde domum possim Phaeaxque reverti,
scribere te nobis, tibi nos adcredere par est.   25

   Maenius, ut rebus maternis atque paternis
fortiter absumptis urbanus coepit haberi,
scurra vagus, non qui certum praesepe teneret,
inpransus non qui civem dignosceret hoste,
quaelibet in quemvis opprobria fingere saevus,   30
pernicies et tempestas barathrumque macelli,
quidquid quaesierat ventri donabat avaro.
hic ubi nequitiae fautoribus et timidis nil
aut paulum abstulerat, patinas cenabat omasi
vilis et agninae — tribus ursis quod satis esset —   35
scilicet ut ventres lamna candente nepotum
diceret urendos correctus Bestius. idem,
quidquid erat nactus praedae maioris, ubi omne
verterat in fumum et cinerem: 'non hercule miror,'
aiebat, 'siqui comedunt bona, cum sit obeso   40
nil melius turdo, nil volva pulchrius ampla.'

   nimirum hic ego sum; nam tuta et parvola laudo,
cum res deficiunt, satis inter vilia fortis;
verum ubi quid melius contingit et unctius, idem
vos sapere et solos aio bene vivere, quorum   45
conspicitur nitidis fundata pecunia villis.

16

   Ne perconteris, fundus meus, optime Quincti,
arvo pascat erum an bacis opulentet olivae,

ins Herz mir eingeht, der die Zunge beredt macht, der mich verjüngt
für die Gunst des Lukanischen Mädchens. Und weiter: welcher Land-
strich läßt den Hasen, welcher das Wildschwein besser gedeihen? Wo
ist die dunkle Meerestiefe reicher an Fisch und sonstigem Seegetier?
Denn ich möchte ja wohlgenährt und als ein rechter Phäake von da
nach Hause zurückkehren. All diese Auskünfte darf ich von dir erwarten, und du von mir allen Glauben.

Mänius hatte zwei Vermögen, das väterliche und das mütterliche,
mit vielem Schneid verpraßt und dann sich in der Hauptstadt als wit-
zelnder Tischfreund aufgetan: ein unsteter Schmarotzer, von der Art,
daß er sich nicht zu einer ständigen Krippe hielt, und daß er bei knur-
rendem Magen keinen Unterschied machte zwischen Freund und Feind.
Rücksichtslos und grundlos schmähte er jedermann in jeder Tonart;
ein Vertilger und Verwüster und Verschlinger des Fleischmarktes,
mußte er alles, was ihm zufiel, seinem nimmersatten Bauche opfern. Die
einen hatten Wohlgefallen an seiner Frechheit, Ängstliche fürchteten
sie: hatte er ihnen wenig oder gar nichts abgejagt, so aß er Rindskaldaunen schüsselweise und billiges Schöpsenfleisch so reichlich, daß
drei Bären davon satt geworden wären; und, wohl gemerkt, es
schmeckte ihm so, daß er erklärte, Schlemmern solle man den Wanst
mit glühendem Eisen brandmarken; – ein bekehrter Asket, ein Bestius.
Anders, so oft er größeren Beutezug getan: war dann die ganze Herrlichkeit in Rauch und Schutt verwandelt, pflegte er zu sagen: „Wahrhaftig, ich verstehe es, wenn manche ihre Güter durch die Kehle jagen;
gibt es doch nichts Edleres als eine gemästete Drossel, nichts Schöneres
als ein tüchtiges Bauchstück von der Sau."

Wundre dich nicht, lieber Vala, so einer bin ich auch. Denn ich lobe
mir das sichere, kleine Gut, wenn grade Knappheit herrscht, und bin
dann leidlich tapfer bei einfacher Zehrung. Aber sobald mir etwas
Edleres und Saftigeres beschert wird, dann bekenne ich: ihr allein habt
Geschmack und Lebensart, deren Geld sich wohlgegründet in stattlichen Landhäusern darstellt.

Quinctius

Nicht sollst du lange fragen Quinctius, ob mein Grundstück durch
Ackerflur seinen Herrn in Nahrung setzt, ob es durch Ölfrucht ihn

pomisne an pratis an amicta vitibus ulmo,
scribetur tibi forma loquaciter et situs agri.

continui montes si dissocientur opaca   5
valle, sed ut veniens dextrum latus adspiciat sol,
laevum discedens curru fugiente vaporet,
temperiem laudes. quid si rubicunda benigni
corna vepres et pruna ferant? si quercus et ilex
multa fruge pecus, multa dominum iuvet umbra ?   10
dicas adductum propius frondere Tarentum.
fons etiam rivo dare nomen idoneus, ut nec
frigidior Thraecam nec purior ambiat Hebrus,
infirmo capiti fluit utilis, utilis alvo.
hae latebrae dulces et, iam si credis, amoenae   15
incolumen tibi me praestant septembribus horis.

tu recte vivis, si curas esse quod audis.
iactamus iam pridem omnis te Roma beatum;
sed vereor, ne cui de te plus quam tibi credas
neve putes alium sapiente bonoque beatum   20
neu, si te populus sanum recteque valentem
dictitet, occultam febrem sub tempus edendi
dissimules, donec manibus tremor incidat unctis.
stultorum incurata pudor malus ulcera celat.

siquis bella tibi terra pugnata marique   25
dicat et his verbis vacuas permulceat auris:
'tene magis salvum populus velit an populum tu,
servet in ambiguo qui consulit et tibi et urbi
Iuppiter', Augusti laudes agnoscere possis:
cum pateris sapiens emendatusque vocari,   30
respondesne tuo, dic sodes, nomine ? 'nempe
vir bonus et prudens dici delector ego ac tu.'
qui dedit hoc hodie, cras, si volet, auferet, ut, si
detulerit fasces indigno, detrahet idem.

reich macht, durch Obsthaine, Wiesen oder rebenumsponnene Ulmen; darum will ich dir Aussehen und Lage des Gutes gesprächig schildern.

Denke dir Höhenzüge in langer Folge, geschieden durch schattigen Talgrund: im Kommen läßt der Sonnengott auf der rechten Seite den Blick ruhn; und wenn sein Wagen enteilt, taucht der Abschiedsstrahl die linke Talwand in abendlichen Duft: da ist ein mildes Klima, das dir gefallen müßte. Denke dir von rötlichen Kornelkirschen, von Schlehen die Büsche üppig prangend; Sommereichen und Steineichen, die dem Herdentier Frucht in Fülle spenden, und Schatten in Fülle dem Besitzer. Glauben möchte man, das grüne Tarent sei in die Nachbarschaft gezaubert. Dazu eine Quelle, reich genug, um dem Flüßchen ihren Namen zu geben; – kühler und reiner zieht nicht der Hebrus durch Thrakiens Lande. So fließt sie heilsam für alle Gebresten, heilsam für Kopf und Leib. Dies verborgene Plätzchen, dies traute und, wenn du nun mir glaubst, gar liebliche Heim verbürgt dir mein ungestörtes Wohlsein inmitten der Septemberschwüle.

Dein Wohl aber ist gesichert, wenn du in dir verwirklichst, was der Ruf von dir aussagt. Von jeher preisen wir dich als reich beglückt; ganz Rom ist dieser Meinung. Nur fürchte ich, du gründest deine Selbstbeurteilung mehr auf Fremde als auf dich und suchst das Glück noch wo anders als in Weisheit und innerem Wert; wenn man dir beharrlich Gesundheit und Wohlbefinden nachsagte, wärst du am Ende geneigt, ein heimliches Fieber um die Essensstunde zu verleugnen, bis die Hände beim Eintauchen das Zittern überkäme. Unklug ist es, Gebrechen zu verhehlen statt sie zu heilen; solche Scham ist vom Übel!

Denke, es spräche jemand von Kriegstaten zur See und zu Lande, die du vollbracht; er wollte dein empfängliches Ohr liebkosen mit den Worten: „Ob inniger vom Volk dein Wohl erfleht wird, ob inniger von dir des Volkes Wohl, die Frage lasse ungelöst der Höchste, der dein Haupt und die Hauptstadt gnädig schirmt": gleich würdest du erkennen, daß hier Augustus' Ruhm erklingt. Doch wenn du dich weise und fehllos ohne Widerspruch nennen läßt – sag, darfst du dieses Lob in Anspruch nehmen, wie wenn es dir gebührt? „Ein Ehrenmann, ein kluger Kopf heißen, das macht mir natürlich Freude, ebenso wie dir." Der Volksmund, der heute gab, wird morgen nehmen, ganz nach Laune; er verfährt wie mit dem Staatsamt: urteilslos hat er es zuge-

'pone, meum est', inquit: pono tristisque recedo.   35
idem si clamet furem, neget esse pudicum,
contendat laqueo collum pressisse paternum,
mordear opprobriis falsis mutemque colores ?
falsus honor iuvat et mendax infamia terret
quem nisi mendosum et medicandum ? vir bonus est quis ?   40

'qui consulta patrum, qui leges iuraque servat,
quo multae magnaeque secantur iudice lites,
quo res sponsore et quo causae teste tenentur.'
sed videt hunc omnis domus et vicinia tota
introrsum turpem, speciosum pelle decora.   45
'nec furtum feci nec fugi' si mihi dicit
servus, 'habes pretium, loris non ureris,' aio.
'non hominem occidi.' 'non pasces in cruce corvos.'
'sum bonus et frugi.' renuit negitatque Sabellus.
cautus enim metuit foveam lupus accipiterque   50
suspectos laqueos et opertum miluus hamum:
oderunt peccare boni virtutis amore.
tu nihil admittes in te formidine poenae:
sit spes fallendi, miscebis sacra profanis.
nam de mille fabae modiis cum surripis unum,   55
damnum est, non facinus mihi pacto lenius isto.

vir bonus, omne forum quem spectat et omne tribunal,
quandocumque deos vel porco vel bove placat,
'Iane pater' clare, clare cum dixit 'Apollo',
labra movet metuens audiri: 'pulchra Laverna,   60
da mihi fallere, da iusto sanctoque videri,
noctem peccatis et fraudibus obice nubem.'

qui melior servo, qui liberior sit avarus,
in triviis fixum cum se demittit ob assem,
non video. nam qui cupiet, metuet quoque; porro   65
qui metuens vivet, liber mihi non erit umquam.

sprochen und wird es ebenso aberkennen. „Gib her, von mir kam es",
wird er sagen; ich gebe es hin und trete betrübt zurück. Wenn er mich
nun aber als Spitzbuben verschreit, mir die Keuschheit abspricht oder
behauptet, ich hätte meinen Vater erdrosselt: soll ich mich durch die
Verleumdungen getroffen fühlen, soll ich erblassen, erröten? Kann
falsche Ehrung erfreuen, kann lügnerische Schande schrecken? Wen
anders als den Fehlbewußten, den sittlich Heilbedürftigen!

Wer gilt als Ehrenmann? „Wer die Senatserlasse, wer Recht und
Gesetz hochhält, wer viele gewichtige Streitsachen als Richter ent-
scheiden hilft, wer als Bürge in Geschäften, als Zeuge in Prozessen den
Erfolg sichert." Doch sieht jeder Hausgenosse, jeder Nachbar die in-
wendige Gemeinheit, den Mann, der durch den äußeren Schein nur
blendet. – „Ich bin kein Dieb, kein Ausreißer", sagt mir der Sklave.
„Das ist dir auch gelohnt"; erwidre ich, „die Knute brennt dir keine
Striemen auf." „Ich bin kein Mörder." „Drum wirst du auch nicht
Rabenfutter am Kreuze." „Ich bin also ein Mensch von Ehre und
Charakter." Auffahrend widerspricht der Mann, der sich als alter
Sabeller fühlt. Aus Vorsicht meidet ja der Wolf die Grube, der Habicht
verdächtige Schlingen und der Hecht die verborgene Angel. Der
Ehrenmann verabscheut die Sünde, weil er die Tugend liebt. Du,
Sklave, wirst dich schuldfrei halten, weil du die Strafe fürchtest. Winkt
dir etwa die Aussicht, unentdeckt zu bleiben, dann wird dir nichts
mehr heilig sein! Denn, glaube nur, wenn du von tausend Scheffeln
Bohnen nur einen entwendest, so ist auf diese Art zwar mein Verlust
für mich erträglich, nicht aber dein Vergehen.

Gewisse Ehrenmänner genießen allgemeine Achtung in der Volksversammlung, im Gerichtssaal. Wenn ein solcher den Göttern ein
Schwein, ein Rind darbringt, ruft er allemal vernehmlich „Vater Janus", und vernehmlich ruft er „Apollo"; dann aber, daß es ja niemand
höre, bewegt er nur die Lippen: „Holde Laverna, gib, daß man's nicht
merke, gib mir den Schein der Rechtlichkeit und Heiligkeit; hülle in
Nacht meine Sünden, hülle in Nebel meine Fälschungen!"

Steht der Habsüchtige höher als ein Sklave, steht er freier da? Etwa
wenn er auf der Straße sich bückt nach dem festgetretnen Pfennig im
Kot? Ich kann es nicht finden. Denn wo Begierde, da ist auch Angst;
wer aber in Angst lebt, wird mir niemals als freier Mann gelten. Weg-

perdidit arma, locum virtutis deseruit, qui
semper in augenda festinat et obruitur re.
'vendere cum possis captivum, occidere noli:
serviet utiliter; sine pascat durus aretque,   70
naviget ac mediis hiemet mercator in undis,
annonae prosit, portet frumenta penusque.'

    vir bonus et sapiens audebit dicere: 'Pentheu,
rector Thebarum, quid me perferre patique
indignum coges ?' 'adimam bona.' 'nempe pecus, rem,   75
lectos, argentum: tollas licet.' 'in manicis et
compedibus saevo te sub custode tenebo.'
'ipse deus, simulatque volam, me solvet.' opinor,
hoc sentit 'moriar'. mors ultima linea rerum est.

17

    Quamvis, Scaeva, satis per te tibi consulis et scis,
quo tandem pacto deceat maioribus uti,
disce, docendus adhuc quae censet amiculus, ut si
caecus iter monstrare velit; tamen adspice, siquid
et nos, quod cures proprium fecisse, loquamur.   5

    si te grata quies et primam somnus in horam
delectat, si te pulvis strepitusque rotarum,
si laedit caupona, Ferentinum ire iubebo;
nam neque divitibus contingunt gaudia solis
nec vixit male, qui natus moriensque fefellit: 10
si prodesse tuis pauloque benignius ipsum
te tractare voles, accedes siccus ad unctum.

    'si pranderet holus patienter, regibus uti
nollet Aristippus.' 'si sciret regibus uti,

geworfen hat er die Waffen, hat den Platz, den Manneswürde ihm an-
wies, verlassen, seit er nur noch um Gelderwerb hastet und darin unter-
geht. „Als Sklaven immerhin kannst du ihn noch verwerten: so laß den
armen Gefangenen nicht niederhauen! Er bleibt zu Knechtsdiensten
brauchbar. Laß ihn im Schweiße seines Angesichts Vieh füttern und
den Acker pflügen; er kann hinausfahren und im Wintersturm als
Händler auf See treiben; er kann den Markt versorgen, kann Korn-
säcke und Proviant schleppen."

Der Ehrenmann, der Weise wird freien Mutes sprechen: „Pentheus,
Machthaber zu Theben, wo sind nun deine Schrecken? Was willst du
mir an Leid und Qual auferlegen?" „Wegnehmen will ich deine
Güter." „Also wohl Vieh und Bargeld, Möbel und Tafelsilber? Nimm
es hin!" „In Handschellen, im Fußeisen sollst du mir sitzen, in der
Haft eines grausamen Kerkermeisters." „Er selbst, der Gott, wird,
sobald ich will, mich befrein." Ich ahne, was er im Sinne hat: freiwilli-
gen Tod! Denn der Tod macht aller Not ein Ende.

S c ä v a

Zwar klug beraten bist du durch dich selbst und weißt, wie man sich
schließlich zu den Großen der Welt stellen soll; gleichwohl vernimm,
was ein schlichter Freund lehrt, der selbst noch lernen muß. Es ist freilich, wie wenn ein Blinder sich als Wegführer anböte; trotzdem sieh
her, ob vielleicht auch von solcher Seite ein Wort fällt, das du zur Ver-
wertung aufheben möchtest.

Wenn gemächliche Ruhe dir lieb ist und Dauerschlaf bis in den Morgen, wenn Staub und Rädergerassel und Herbergsquartiere dir unleid-
lich sind, so muß ich empfehlen: geh nach Ferentinum! Denn nicht
dem Reichen allein sind Freuden beschert, und nicht ohne Genuß hat
gelebt, wer von der Geburt bis zum Tode im Verborgnen blieb. Willst
du hingegen deine Lieben vorwärts bringen und dir selbst den Tisch
etwas reichlicher decken, so muß der Schmachtende sich dem Schmau-
senden nähern.

„Wenn Aristipp genügsam sein Kohlgericht speiste, würde er an
dem Umgang mit Königen keinen Geschmack finden." „Wenn mein
Sittenrichter sich auf den Umgang mit Königen verstände, würde er

fastidiret holus, qui me notat.' utrius horum   15
verba probes et facta, doce, vel iunior audi,
cur sit Aristippi potior sententia. namque
mordacem Cynicum sic eludebat, ut aiunt:
'scurror ego ipse mihi, populo tu: rectius hoc et
splendidius multo est. equos ut me portet, alat rex,   20
officium facio: tu poscis vilia — verum es
dante minor, quamvis fers te nullius egentem.'

  omnis Aristippum decuit color et status et res,
temptantem maiora, fere praesentibus aequum.
contra, quem duplici panno patientia velat,   25
mirabor, vitae via si conversa decebit.
alter purpureum non exspectabit amictum,
quidlibet indutus celeberrima per loca vadet
personamque feret non inconcinnus utramque;
alter Mileti textam cane peius et angui   30
vitabit chlanidem, morietur frigore, si non
rettuleris pannum. refer et sine vivat ineptus.

  res gerere et captos ostendere civibus hostis
attingit solium Iovis et caelestia temptat:
principibus placuisse viris non ultima laus est.   35
'non cuivis homini contingit adire Corinthum.'
sedit qui timuit, ne non succederet. 'esto.
quid ? qui pervenit, fecitne viriliter ?' atqui
hic est aut nusquam, quod quaerimus. hic onus horret,
ut parvis animis et parvo corpore maius,   40
hic subit et perfert. aut virtus nomen inane est,
aut decus et pretium recte petit experiens vir.

  coram rege suo de paupertate tacentes
plus poscente ferent — distat, sumasne pudenter
an rapias —: atqui rerum caput hoc erat, hic fons.   45

Schmackhafteres speisen als Kohl." Wer von beiden spricht und handelt nach deinem Sinne? Laß hören; oder lieber noch laß als der Jüngere dir sagen, warum Aristipps Auffassung vorzuziehen ist. Denn so
hat er, wie es heißt, den Hieb des bissigen Kynikers pariert: „Ich
mache mir selbst meine Späße vor, du der Menge; mein Verfahren ist
dabei viel gescheiter und vornehmer. Ich brauche den Gaul zum Träger, den König zum Pfleger: darum tue ich Dienst. Du bettelst um die
Notdurft des Daseins und bückst dich doch vor dem Geber, obschon
du dich als bedürfnislos aufspielst."
    Ob auch Glück und Stellung und Besitz wechselte: bei jedem Stand
der Dinge wahrte Aristipp seine Haltung. Im ganzen reizte ihn wohl
das Höhere, aber das Vorhandene befriedigte ihn. Anders der Mann,
den gesuchte Genügsamkeit in den groben Doppelmantel hüllt: mir
bangt um seine Haltung, wenn das Leben ihn in andre Richtung führt.
Aristipp wird nicht auf das Purpurkleid warten; in jedem Gewande
wird er durch die belebtesten Straßen gehen, wird die eine wie die andre
Maske tragen, ohne Unsicherheit im Auftreten. Der Gegner wird das
Milesische Prachtgewebe zurückweisen, – nicht der Köter, nicht die
Natter ist ihm so widerwärtig; er wird sterben vor Kälte, wenn man
ihm nicht sein schäbiges Kostüm wiedergibt. So gib es ihm, daß er
leben bleibt und der Narr bleibt, der er ist.
    Taten vollbringen, Mitbürgern den gefesselten Feind im Triumph
vorführen: solch Verdienst reicht an Jovis Thron und strebt himmelwärts. Der ersten Männer Gunst verdienen, ist nicht der letzte Grad
des Ruhms. „Nicht jedem, der reist, gelingt es, Korinth zu erreichen."
Mancher hielt sich zurück aus Angst vor Mißerfolg. „Das mag er tun;
aber nicht wahr, der andre, der ans Ziel kam, hat doch Mannhaftes geleistet?" Hierin aber und nur hierin steckt der Kern unsrer Frage. Dem
einen graut vor der Last; sie ist zu schwer für schwache Seelen und
schwache Schultern; der andre nimmt sie auf sich und trägt sie ans Ziel.
Entweder ist Mannheit ein leerer Name, oder der wagende Mann hat
ein Recht, nach Auszeichnung und Geltung zu streben.
    Wer dem Gönner seine Nöte nicht vorklagt, wird mehr erhalten, als
wer bettelt; es ist ein Unterschied, ob du mit bescheidenem Anstand
hinnimmst oder hastig zugreifst. Dein Vorteil war ja aber die Haupt-
sache, der treibende Grund bei dem ganzen Bemühen. „Meine Schwe-

'indotata mihi soror est, paupercula mater
et fundus nec vendibilis nec pascere firmus'
qui dicit, clamat: 'victum date.' succinit alter:
'et mihi.' dividuo findetur munere quadra.
sed tacitus pasci si posset corvus, haberet   50
plus dapis et rixae multo minus invidiaeque.

Brundisium comes aut Surrentum ductus amoenum
qui queritur salebras et acerbum frigus et imbris
aut cistam effractam et subducta viatica plorat,
nota refert meretricis acumina, saepe catellam,   55
saepe periscelidem raptam sibi flentis, uti mox
nulla fides damnis verisque doloribus adsit.
nec semel inrisus triviis attollere curat
fracto crure planum. licet illi plurima manet
lacrima, per sanctum iuratus dicat Osirim: 60
'credite. non ludo; crudeles, tollite claudum':
'quaere peregrinum' vicinia rauca reclamat.

18

Si bene te novi, metues, liberrime Lolli,
scurrantis speciem praebere, professus amicum.
ut matrona meretrici dispar erit atque
discolor, infido scurrae distabit amicus.
est huic diversum vitio vitium prope maius,   5
asperitas agrestis et inconcinna gravisque,
quae se commendat tonsa cute, dentibus atris,
dum volt libertas dici mera veraque virtus.
virtus est medium vitiorum et utrimque reductum.
alter in obsequium plus aequo pronus et imi   10
derisor lecti sic nutum divitis horret,
sic iterat voces et verba cadentia tollit,
ut puerum saevo credas dictata magistro
reddere vel partis mimum tractare secundas;
alter rixatur de lana saepe caprina,   15

ster ist noch ohne Aussteuer; meiner Mutter geht's recht kümmerlich;
mein Grundstück ist schwer verkäuflich und bringt keinen sicheren
Ertrag." So sprechen heißt vernehmlich betteln: „Gebt mir ein Stück-
chen Brot!" Gleich fällt der zweite ein: „Mir auch!" Also Teilung
der Gabe, Halbierung des Brotes. Aber könnte der Rabe stillschweigend
fressen, so gäb's für ihn mehr Futter und viel weniger Zank und Neid.

Wer nach Brundisium oder nach dem schönen Sorrent als Begleiter
mitfährt, darf nicht klagen über holprige Wege, empfindliche Kälte
und Nässe, erbrochene Koffer und gestohlenes Reisegeld. Sonst erinnert er an die bekannten Kniffe der feilen Dirne: immerfort weint sie,
daß ihr ein Kettchen, ein Knöchelreif entwendet sei. Die Folge ist, daß
nachher ernstliche Verluste und Schmerzen keinen Glauben finden.
Wer einmal Spott erntete, bemüht sich nicht, auf der Straße dem Gaukler, der das Bein brach, aufzuhelfen. Da mag ihm reichlich die Träne
fließen, da mag er beim heiligen Osiris schwören: „Glaubt mir; ich
treibe kein Spiel: seid nicht so grausam, hebt den Gelähmten auf!"
„Such' dir Fremde zum Foppen!": so tönt es ihm von allen Seiten rauh
entgegen.

Lollius

Wenn ich dich recht kenne, mein Lollius, wirst du bei deinem hohen
Freiheitssinne fürchten, du könntest als Schmeichler, als Schmarotzer
erscheinen, sobald du dich als Freund bekennst. Nein, wie die ehrbare
Hausfrau in Haltung und Tracht sich abhebt von der Dirne, so wird
der Freund sich von dem unverläßlichen Schmeichler unterscheiden.
Der gegenteilige Fehler ist fast der größere Fehler: bäurische, formlose,
plumpe Schroffheit, die sich durch kahl geschorenen Kopf und un-
saubre Zähne empfiehlt, während sie zugleich barer Freimut und wahrer Tugendstolz zu heißen beansprucht. Tugend hält die Mitte zwischen diesen Fehlern, hält sich zurück von beiden. Der eine verneigt
sich so untertänig, daß er das Gleichgewicht verliert; er ist der Spaßmacher auf dem Sofa des Hausherrn; ängstlich blickt er nach dem
Winke des Reichen; beflissen wiederholt er dessen Aussprüche und
nimmt hingeworfene Worte auf; es ist als ob ein Knabe dem gestrengen Lehrer das Vorgesprochene hersagt oder ein Mime den Haupt-
darsteller nachmacht. Der andre zankt oft um der Ziege Bart; er drängt

propugnat nugis armatus: 'scilicet ut non
sit mihi prima fides?' et 'vere quod placet ut non
acriter elatrem? pretium aetas altera sordet.'
ambigitur quid enim? Castor sciat an Docilis plus;
Brundisium Minuci melius via ducat an Appi.   20

    quem damnosa venus, quem praeceps alea nudat,
gloria quem supra vires et vestit et unguit,
quem tenet argenti sitis inportuna famesque,
quem paupertatis pudor et fuga, dives amicus,
saepe decem vitiis instructior, odit et horret,   25
aut, si non odit, regit ac veluti pia mater
plus quam se sapere et virtutibus esse priorem
volt et ait prope vera: 'meae — contendere noli —
stultitiam patiuntur opes, tibi parvola res est.
arta decet sanum comitem toga: desine mecum   30
certare. Eutrapelus cuicumque nocere volebat
vestimenta dabat pretiosa; beatus enim iam
cum pulchris tunicis sumet nova consilia et spes,
dormiet in lucem, scorto postponet honestum
officium, nummos alienos pascet, ad imum   35
Thraex erit aut holitoris aget mercede caballum.'

    arcanum neque tu scrutaberis illius umquam,
conmissumque teges et vino tortus et ira.
nec tua laudabis studia aut aliena reprendes,
nec, cum venari volet ille, poemata panges.   40

    gratia sic fratrum geminorum Amphionis atque
Zethi dissiluit, donec suspecta severo
conticuit lyra. fraternis cessisse putatur
moribus Amphion: tu cede potentis amici
lenibus imperiis, quotiensque educet in agros   45
Aetolis onerata plagis iumenta canesque,
surge et inhumanae senium depone Camenae,

sich in den Streit, natürlich in einer Rüstung von leeren Pharsen: „Ich dürfte doch am ehesten Glauben beanspruchen? Ich sollte nicht mit aller Schärfe vertreten, was meine heilige Überzeugung ist? Nicht um ein zweites Leben ist sie mir feil." Der Streitpunkt ist: – ja welcher doch? Ob Castor oder Docilis in seiner Kunst mehr leistet; ob nach Brundisium besser die Minucische oder die Appische Straße führt.

Wer durch kostspielige Liebschaften, durch halsbrecherisches Würfelspiel sich ruiniert, wer mit Kleidung und Salben über Vermögen großtut, wer mit Heißhunger und Durstesqual nach Gelde giert, wer der Armut sich schämt und erwehrt, für den hat der reiche Freund, obwohl oft selbst um zehn Laster reicher, nur Abweisung und Befremden; oder, wenn er ihn nicht abweist, so hofmeistert er und macht es wie die liebende Mutter: er will den jungen Mann gescheiter und tugendreicher machen, als er selbst ist. Er sagt ihm, und darin liegt etwas Wahres: „Meine Mittel – du hältst den Vergleich nicht aus – erlauben mir den Leichtsinn. Dein Vermögen ist unbeträchtlich. Knappes Kleid schickt sich für den Klienten und spricht für gesundes Empfinden. Gib es auf, mit mir zu wetteifern. Wem Eutrapelus übel wollte, dem verehrte er kostbare Gewänder. Nun ist er im Glücke; er trägt die schönen Kleider, und gleich wird er sich auch mit neuen Plänen und Hoffnungen tragen, wird schlafen bis in den Tag, Ehrenpflicht versäumen über Dirnengunst; er wird seine Schulden anschwellen lassen; und ist die unterste Stufe erreicht, wird er als Thraker fechten oder im Tagelohn des Hökers den Gaul zum Kohlmarkt treiben."

Hüte dich, den Heimlichkeiten des Gönners nachzuspüren, wahre aber auch das anvertraute Geheimnis: nicht Wein, nicht Zorn darf es dir abdringen. Sprich nicht selbstgefällig von deinen Neigungen, nicht abfällig von den seinigen; wenn der andre gedenkt zu jagen, denke du nicht daran, Verse zu machen.

Auf solche Weise ist vor Zeiten in die brüderliche Liebe der Zwillinge Amphion und Zethos ein Riß gekommen, – bis die Leier verstummte, die dem raueren Sinne mißliebig war. Es heißt, Amphion habe sich der Denkart des Bruders gefügt: füge du dich den schonenden Ansprüchen des hochgestellten Freundes, und so oft er mit Gespannen voll ätolischer Netze und mit der Meute auf die Felder hinaus will, erhebe dich und lege den Ernst der ungeselligen Muse ab. Der Jagd-

cenes ut pariter pulmenta laboribus empta:
Romanis sollemne viris opus, utile famae
vitaeque et membris, praesertim cum valeas et   50
vel cursu superare canem vel viribus aprum
possis. adde, virilia quod speciosius arma
non est qui tractet: scis, quo clamore coronae
proelia sustineas campestria. denique saevam
militiam puer et Cantabrica bella tulisti   55
sub duce, qui templis Parthorum signa refigit
nunc et, siquid abest, Italis adiudicat armis.
ac ne te retrahas et inexcusabilis absis:
quamvis nil extra numerum fecisse modumque
curas, interdum nugaris rure paterno: 60
partitur lintres exercitus, Actia pugna
te duce per pueros hostili more refertur;
adversarius est frater, lacus Hadria, donec
alterutrum velox Victoria fronde coronet.
consentire suis studiis qui crediderit te,   65
fautor utroque tuum laudabit pollice ludum.

  protinus ut moneam — siquid monitoris eges —, tu
quid de quoque viro et cui dicas, saepe videto.
percontatorem fugito; nam garrulus idem est
nec retinent patulae conmissa fideliter aures   70
et semel emissum volat inrevocabile verbum.
non ancilla tuum iecur ulceret ulla puerve
intra marmoreum venerandi limen amici,
ne dominus pueri pulchri caraeve puellae
munere te parvo beet aut incommodus angat.   75
qualem commendes, etiam atque etiam aspice, ne mox
incutiant aliena tibi peccata pudorem.
fallimur et quondam non dignum tradimus; ergo
quem sua culpa premet, deceptus omitte tueri,
ut penitus notum, si temptent crimina, serves   80
tuterisque tuo fidentem praesidio: qui

schmaus winkt, in gemeinsamer Anstrengung verdient. Altgewohnt ist
ja römischen Männern das Weidwerk, heilsam für Ruf und Wandel und
Muskeln. Du zumal hast gesunde Kraft und bist im Laufe dem Jagdhund, an Stärke dem Keiler voraus. Auch beim männlichen Waffen-
sport bietet keiner ein glänzenderes Schauspiel; du weißt, wie die Zuschauer jubeln, wenn auf dem Marsfeld du die Waffen meisterst. Überdies hast du in jungen Jahren den Ernst des Krieges erprobt, hast mit-
gekämpft gegen die Kantabrer, und dein Führer war er, der die Römer-
adler aus Parthertempeln erlöste und jetzt, was sich dem Reiche noch
entzog, durch Machtspruch ihm zuführt. Nicht darfst du dich abschließen und fernhalten; deine Scheu entschuldigt nicht. Zwar ist ja all dein
Tun auf Takt und Maß gestimmt, aber manchmal treibst du selbst doch
Kurzweil auf des Vaters Gut. Da formen sich Parteien von Kähnen,
der Kampf von Aktium wird mit jugendlichen Hilfsvölkern kriegs-
mäßig aufgeführt. Du bist Anführer, der Gegner ist dein Bruder, ein
Teich die Hadria; schließlich reicht diesem oder jenem die beschwingte
Siegesgöttin den Kranz. Überzeugt sich dein Gönner, daß du auf seine
Neigungen eingehst, so wird er deinem musischen Spiele Beifall zollen
und beide Daumen für dich halten.

Ich komme mit weiteren Ratschlägen, – sofern ein Berater nötig ist
für dich. Beim Urteilen gib acht und abermals acht, was deine Worte
besagen, wem sie gelten und wer sie hört. Dem Ausfrager entzieh dich,
denn er ist auch ein Ausplauderer: ein ewig offenes Ohr hält Anvertrautes nicht in treuer Hut, und einmal hinausgeflogen hört das Wort
auf keinen Widerruf. Innerhalb der Marmorschwelle deines Freundes,
dem du Ehrfurcht schuldest, darf nie ein Mädchen, ein Knabe vom Ge-
sinde dein Herz verwunden. Die Gefahr ist, daß der Hausherr dir den
hübschen Jungen oder die süße Maid zum Präsent macht – ihm ist es
kleine Gabe – oder daß er durch Nichtgewährung dich quält. Willst du
jemand einführen, sieh ihn dir wieder und immer wieder an, damit nicht
nachher die Verstöße des andern dich empfindlich beschämen. Irren
ist möglich, und zuweilen erweist sich der Empfohlene als unwürdig.
Wenn also wirkliche Schuld ihn belastet, so bekenne dich getäuscht
und suche nicht weiter ihn zu halten. Wird dann einmal ein Charakter,
den du genau kennst, verdächtigt und angefochten, so kannst du der
Ehrenretter sein, kannst ihm den Schutz, den er vertrauend sucht, ge-

dente Theonino cum circumroditur, ecquid
ad te post paulo ventura pericula sentis ?
nam tua res agitur, paries cum proximus ardet,
et neglecta solent incendia sumere vires.   85

   dulcis inexpertis cultura potentis amici:
expertus metuet. tu, dum tua navis in alto est,
hoc age, ne mutata retrorsum te ferat aura.
oderunt hilarem tristes tristemque iocosi,
sedatum celeres, agilem navumque remissi;   90
[potores bibuli media de nocte Falerni]
oderunt porrecta negantem pocula, quamvis
nocturnos iures te formidare tepores.
deme supercilio nubem: plerumque modestus
occupat obscuri speciem, taciturnus acerbi.   95

   inter cuncta leges et percontabere doctos,
qua ratione queas traducere leniter aevum,
num te semper inops agitet vexetque cupido,
num pavor et rerum mediocriter utilium spes,
virtutem doctrina paret naturane donet,   100
quid minuat curas, quid te tibi reddat amicum,
quid pure tranquillet, honos an dulce lucellum
an secretum iter et fallentis semita vitae.

   me quotiens reficit gelidus Digentia rivus,
quem Mandela bibit, rugosus frigore pagus,   105
quid sentire putas, quid credis, amice, precari ?
'sit mihi quod nunc est, etiam minus, ut mihi vivam
quod superest aevi, siquid superesse volunt di;
sit bona librorum et provisae frugis in annum
copia neu fluitem dubiae spe pendulus horae.'   110

   sed satis est orare Iovem, qui ponit et aufert,
det vitam, det opes: aequum mi animum ipse parabo.

währen. Sind um den Freund die Neider nach Art des schmähsüchtigen
Theon geschäftig: merkst du da nicht, daß die nächste Gefahr dir selber
droht? Denn dein Besitz steht auf dem Spiel, wenn die Nachbarwand
brennt, und Feuers Macht pflegt, wo man achtlos blieb, sich auszu-
breiten.

Reizvoll beim ersten Erproben ist verehrender Freundesdienst; Er-
fahrung macht bedenklich. Dir rate ich: solange dein Schifflein auf
hoher See ist, bleib' aufmerksam, daß nicht umspringende Wetterlaune
dich rückwärts treibt. Anstoß gibt der Heitere dem Ernsten und der
Ernste dem Lustigen, der Gesetzte dem Beweglichen, der Rührige und
Tätige dem Bequemen. Wer als ewig durstiger Zecher um Mitternacht
dem Falerner zuspricht, nimmt Anstoß an dem Enthaltsamen, der die
dargereichten Becher ablehnt, magst du auch beteuern, daß du dich
vor Erhitzung bei nächtlichen Gelagen hüten mußt. Fort mit der
Wolke über der Augenbraue: nur zu oft erscheint der Bescheidene als
verschlossen, der Schweigsame als verbittert.

Bei allem Tun und Treiben lies die Lehrer der Weisheit und befrage
sie nach dem Leitsatz, der dein Leben in ruhiger Fahrt dahinführen
kann. Prüfe, ob dich ein ewig unbefriedigtes Begehren hetzt und plagt,
ob die Pein der Unruhe, das Hoffen auf Güter, deren Wert gering.
Suche Antwort auf die Fragen: Ist Tugend erlernbar oder freie Gabe
der Natur? Was kann die Sorgen mindern, was bringt dich mit dir
selbst in Einklang und schafft dir heitere Ruhe? Etwa Ehre gewinnen?
Hübsch Geld verdienen? Oder tut es die Abkehr von der Heerstraße,
ein Lebenspfad in bergender Stille?

Mir fließt heilkräftig mein kalter Bach Digentia, den die Bauernschaft
Mandela trinkt, aufschauernd ob seiner Kühle. So oft ich hier mich er-
quicke, – ahnst du, mein Freund, was ich empfinde, was ich betend er-
flehe? „Mein Wunsch ist, daß mir bleibe, was ich jetzt besitze; selbst
kleiner darf es werden, nur möchte ich gern mein übriges Leben mir
selbst leben, falls die Götter mir ein übriges gönnen. Mein Wunsch ist
guter Vorrat an Büchern, auch Brotkorn bis zur Ernte langend; erspart
sei mir die Unrast, die schwebende Pein des ungewissen Erwartens."

Doch zuviel schon! Juppiter ist Herr über Geben und Nehmen; ich
bitte ihn nur, daß er Leben schenke und Mittel zum Leben: der Seele
Gleichmaß will ich selbst mir sichern.

19

Prisco si credis, Maecenas docte, Cratino,
nulla placere diu nec vivere carmina possunt,
quae scribuntur aquae potoribus. ut male sanos
adscripsit Liber Satyris Faunisque poetas,
vina fere dulces oluerunt mane Camenae.   5
laudibus arguitur vini vinosus Homerus:
Ennius ipse pater numquam nisi potus ad arma
prosiluit dicenda. 'forum putealque Libonis
mandabo siccis, adimam cantare severis'.
hoc simul edixi, non cessavere poetae   10
nocturno certare mero, putere diurno.

quid? siquis voltu torvo ferus et pede nudo
exiguaeque togae simulet textore Catonem,
virtutemne repraesentet moresque Catonis?
rupit Iarbitam Timagenis aemula lingua,   15
dum studet urbanus tenditque disertus haberi.
decipit exemplar vitiis imitabile: quodsi
pallerem casu, biberent exsangue cuminum.
o imitatores, servom pecus, ut mihi saepe
bilem, saepe iocum vestri movere tumultus!   20

libera per vacuum posui vestigia princeps,
non aliena meo pressi pede. qui sibi fidet,
dux reget examen. Parios ego primus iambos
ostendi Latio, numeros animosque secutus
Archilochi, non res et agentia verba Lycamben.   25
ac ne me foliis ideo brevioribus ornes,
quod timui mutare modos et carminis artem:
temperat Archilochi musam pede mascula Sappho,
temperat Alcaeus, sed rebus et ordine dispar,
nec socerum quaerit, quem versibus oblinat atris   30
nec sponsae laqueum famoso carmine nectit.
hunc ego, non alio dictum prius ore, Latinus

An Mäcenas

Glaubst du als Griechenfreund dem alten Kratinos, so darf kein Gedicht auf lange Gunst und Dauer hoffen, dessen Schöpfer ein Wassertrinker ist. Seit der Gott der Reben schwärmende Dichter seinen Satyrn und Faunen beigesellt hat, wird es Regel, daß die holden Musen frühmorgens Wein ausatmen. Lob des Weines verrät, wie lieb der Wein dem Homer war. Vater Ennius selbst hat immer sich gestärkt zuvor, ehe er ins Kampfgetümmel seiner Heldendichtung stürmte. „Des Marktes und Gerichts Geschäfte will ich den trocknen Kehlen anvertrauen, das Sangesrecht bestreit' ich den gestrengen Herren": so der Entscheid, den einst ich gab; und ungesäumt erhob sich bei Nacht ein Sängerkrieg im Trinken, davon sie dann bei Tage duften.

Denke nur, ein Nachbeter wollte durch rauhe Manieren, finster blickend und barfuß gehend, zugleich durch knappes Maß der Toga einem Cato ähnlich sein: würde er die sittliche Kraft und Art des Cato darstellen? Jarbitas Zunge wetteiferte mit Timagenes: witzig und geistreich wollte er heißen; er quälte sich und blähte sich, bis es zum Platzen kam. Beirrend wirkt ein Vorbild, das in seinen Fehlern zur Nachahmung ermutigt: hätte ich zufällig ein blasses Aussehen, sie tränken sogar bleichmachenden Kümmel. Ach ihr Nachahmer, ihr Sklaven, ihr Herdenmenschen, wie hat euer lähmendes Gebaren oft mir die Galle, oft auch Heiterkeit erregt!

Freien Ganges bin ich als erster durch wegloses Gebiet geschritten, nicht fremden Spuren nachgetreten. Wer sich selbst vertraut, wird als Führer den Schwarm lenken. Des Pariers Jamben hab' ich in Latium eingeführt; doch nur Guß und Geist des Verses ward bei Archilochus mir Vorbild, nicht seine Stoffe, nicht die Worte, die den Lykambes in die Verzweiflung trieben. Den Dichterkranz darfst du mir deshalb nicht aus Eintagsblüten flechten, weil ich Rhythmen und Kunstform dieser Poesie zu ändern mied: folgt doch dem Fuße des Archilochus auch die männliche Sappho in ihren Takten; auch Alcäus folgt ihm, aber unabhängig im Stoff und Aufbau; nicht sucht er einen Schwiegervater, um ihn mit ätzenden Versen zu brandmarken, noch knüpft er einer Braut den Strang durch ein schmähendes Lied. Ihn hatte kein andrer Mund früher verkündigt; ihn habe ich offenbart, als der Sänger lateinischen

volgavi fidicen. iuvat inmemorata ferentem
ingenuis oculisque legi manibusque teneri.

scire velis, mea cur ingratus opuscula lector   35
laudet ametque domi, premat extra limen iniquus:
non ego ventosae plebis suffragia venor
inpensis cenarum et tritae munere vestis;
non ego nobilium scriptorum auditor et ultor
grammaticas ambire tribus et pulpita dignor.   40
hinc illae lacrimae. 'spissis indigna theatris
scripta pudet recitare et nugis addere pondus'
si dixi, 'rides' ait 'et Iovis auribus ista
servas; fidis enim manare poetica mella
te solum, tibi pulcher.' ad haec ego naribus uti   45
formido et, luctantis acuto ne secer ungui,
'displicet iste locus' clamo et diludia posco.
ludus enim genuit trepidum certamen et iram,
ira truces inimicitias et funebre bellum.

20

Vortumnum Ianumque, liber, spectare videris,
scilicet ut prostes Sosiorum pumice mundus;
odisti clavis et grata sigilla pudico,
paucis ostendi gemis et communia laudas,
non ita nutritus: fuge quo descendere gestis.   5
non erit emisso reditus tibi. 'quid miser egi?
quid volui?' dices, ubi quid te laeserit; et scis
in breve te cogi, cum plenus languet amator.
quodsi non odio peccantis desipit augur,
carus eris Romae, donec te deserat aetas: 10
contrectatus ubi manibus sordescere volgi
coeperis, aut tineas pasces taciturnus inertis

Liedes. Wer Neues bringt, will gern vor feinsichtige Augen und in feinfühlige Hände kommen.

Wissen möchtest du vielleicht, warum meine kleinen Schöpfungen des Lesers Undank erfahren: zwar Beifall und Neigung im stillen Daheim, draußen aber rücksichtslose Herabsetzung. Ich treibe keinen Stimmenfang. Ich mag die wetterwendische Masse nicht durch kostspielige Gastmähler ködern, auch nicht durch Zuwendung getragener Röcke. Ich bin nicht zu haben als Hörer und Kämpe gefeierter Tagesschriftsteller, bin zu stolz für Bittgänge bei der Kritikerzunft und ihren Lehrstühlen. Daher die bewußten Tränen! Ich versichere wohl: „Meine Schriften gehören nicht in dichtgefüllte Hörsäle; es widerstrebt mir, sie vorzutragen und mit so leichter Ware wichtig zu tun." Der Gegner meint: „Du spottest nur; du sparst sie für das allerhöchste Ohr; du denkst ja, nur in deiner Dichtung quelle des Honigs Süße; du gefällst dir und genügst dir." Ich möchte verächtlich die Nase rümpfen; indes – ich habe Angst: mit seinen scharfen Krallen könnte mich der Fechter beim Ringen zerkratzen. „Ich bin im Nachteil durch die Stellung", rufe ich, und verlange Abbruch des Waffenspiels. Denn das Spiel hat oft leidenschaftlichen Streit und Zorn erzeugt, der Zorn aber bittere Feindschaft und männermordende Fehde.

An mein Buch

Du siehst mir aus, mein Buch, als schieltest du nach Markt und Börse. Ich merk' es: feilbieten willst du dich; Gebrüder Sosius sollen dich mit dem Bimsstein glätten. Du ärgerst dich über Schlüssel und Siegel, die der ehrbaren Scheu doch lieb sind. Du klagst, daß du dich nur wenigen zeigen darfst; du lobst dir die große Welt, und warst doch nicht dafür erzogen. Nur fort! Hinab, wohin es dich gelüstet! Aber bedenke, bist du einmal draußen, kannst du nimmer zurück. „Ich Ärmster, wie konnt' ich das tun, das wünschen!" wirst du sagen, wenn dich Kränkung traf; und nun merkst du: zusammengrollt wirst du beiseite gelegt, sobald der Liebhaber satt und müde ist. Trübt nicht der Ärger über deinen Leichtsinn mir die Sehergabe, wird Rom dich wert halten, bis die Jugendfrische von dir weicht. Bist du erst in den Händen der Menge abgegriffen und verbraucht, so wirst du als ein stummes Opfer kunst-

aut fugies Uticam aut vinctus mitteris Ilerdam.
ridebit monitor non exauditus, ut ille
qui male parentem in rupis protrusit asellum   15
iratus; quis enim invitum servare laboret?
hoc quoque te manet, ut pueros elementa docentem
occupet extremis in vicis balba senectus.
    cum tibi sol tepidus pluris admoverit auris,
me libertino natum patre et in tenui re   20
maiores pinnas nido extendisse loqueris,
ut, quantum generi demas, virtutibus addas;
me primis urbis belli placuisse domique,
corporis exigui, praecanum, solibus aptum,
irasci celerem, tamen ut placabilis essem.   25
forte meum siquis te percontabitur aevum,
me quater undenos sciat inplevisse Decembris,
conlegam Lepidum quo duxit Lollius anno.

feindliche Motten füttern oder in die Fremde flüchten nach Utica oder
wohlverschnürt nach Ilerda abgehn. Lachen wird der Warner, den man
nicht hören wollte, – so wie jener lachte, der seinen störrischen Esel
jähzornig in die Felskluft stieß; denn wer möchte sich als Retter ab-
mühen, wo Rettung verschmäht wird! Auch dies Schicksal wartet
deiner, daß du den Knaben in Vorstadtgassen Lesen und Schreiben
beibringst, und so das stammelnde Alter über dich kommt.

Hat dann die mild scheinende Abendsonne dir zahlreichere Hörer
zugeführt, so wirst du von deinem Dichter du sprechen, von dem Sohn,
des Freigelassenen, dem Sohne der Niedrigkeit, der aus des Nestes
Enge zu höherem Flug die Schwingen gereckt hat; und du darfst, was
du der Herkunft abziehst, persönlichem Verdienst zurechnen. Erzähle,
daß ich bei den ersten Männern Roms, im Kriege wie daheim, Anklang
gefunden; daß ich von kleinem Wuchs war, früh ergraut, der Sonnen-
wärme zugetan, rasch aufbrausend zum Zorne, doch leicht auch wieder
versöhnbar. Trifft sich's, daß Neugier dich ausfragt nach meinem Alter,
so laß wissen: ich hatte viermal elf Dezember vollendet in dem Jahr, als
Lollius seinem Mitkonsul Lepidus im Amt vorauszog.

LIBER II

I

Cum tot sustineas et tanta negotia solus,
res Italas armis tuteris, moribus ornes,
legibus emendes, in publica commoda peccem,
si longo sermone morer tua tempora, Caesar.

Romulus et Liber pater et cum Castore Pollux,   5
post ingentia facta deorum in templa recepti,
dum terras hominumque colunt genus, aspera bella
conponunt, agros adsignant, oppida condunt,
ploravere suis non respondere favorem
speratum meritis. diram qui contudit hydram   10
notaque fatali portenta labore subegit,
comperit invidiam supremo fine domari.
urit enim fulgore suo qui praegravat artis
infra se positas; exstinctus amabitur idem:
praesenti tibi maturos largimur honores   15
iurandasque tuum per numen ponimus aras,
nil oriturum alias, nil ortum tale fatentes.
   sed tuus hic populus sapiens et iustus in uno,
te nostris ducibus, te Grais anteferendo,
cetera nequaquam simili ratione modoque   20
aestimat et, nisi quae terris semota suisque
temporibus defuncta videt, fastidit et odit,
sic fautor veterum, ut tabulas peccare vetantis,
quas bis quinque viri sanxerunt, foedera regum
vel Gabiis vel cum rigidis aequata Sabinis,   25
pontificum libros, annosa volumina vatum
dictitet Albano Musas in monte locutas.

2. Buch

An Augustus

Aufrecht und allein trägst du die vielen, die gewichtigen Bürden; Italien schirmst du durch der Waffen Macht, du hebst es durch der Sitten Zucht, du läuterst es durch deine Satzungen: da hieße es am Gemeinwohl freveln, wollte ich durch langes Briefgespräch, mein Kaiser, deine Zeit in Anspruch nehmen.

Romulus und Vater Bacchus, dazu Pollux im Bunde mit Kastor — wohl sind sie nach großem Vollbringen in die himmlischen Wohnungen der Götter aufgenommen; aber zeit ihres Erdenwallens, als sie noch zum Heile der Menschheit wilde Kriege befriedeten, Ackerflur zuteilten und Städte gründeten, mußten sie klagen, daß ihren Verdiensten nicht die erhoffte Dankesgunst entsprach. Der die grause Hydra zermalmte und berüchtigte Ungeheuer in gottverhängtem Ringen niederzwang, er hat erfahren, daß Scheelsucht erst durch den Tod gezähmt wird. Denn drückend wirkt auf Geister, die tiefer stehn, wer sie durch seinen Glanz überstrahlt; erst wenn er geschieden, wird er Liebe finden. Du bist bei uns, und bei uns erntest du zur rechten Zeit die Fülle dargebrachter Ehren; Schwuraltäre bauen wir zur Anrufung deines heiligen Waltens und bekennen den Glauben: Gleiches wird nimmer erscheinen, ist nie und nirgends erschienen.

Aber dies dein Volk, so weise hierin und gerecht, indem es dich den heimischen, dich den hellenischen Führern überordnet, neigt sonst in seinem Werturteil durchaus nicht zu ähnlicher Schätzung: was nicht der Erde und der Zeitlichkeit entrückt ist, erfährt von ihm nur Ablehnung und Mißgunst. Um so weiter geht sein Schwärmen für die Alten. Die Tafeln des Sündenverbotes nach der Satzung der Zehnmänner, die Urkunden, die in der Königszeit mit Gabii, mit den rauhen Sabinern Verträge stifteten, die Bücher der Priester, die uralten Bände der Weissagungen — sie alle gelten ihm wie Musenworte vom Gipfel des Albanerbergs.

si, quia Graiorum sunt antiquissima quaeque
scripta vel optima, Romani pensantur eadem
scriptores trutina, non est quod multa loquamur: 30
nil intra est olea, nil extra est in nuce duri;
venimus ad summum fortunae: pingimus atque
psallimus et luctamur Achivis doctius unctis.

si meliora dies, ut vina, poemata reddit,
scire velim, chartis pretium quotus adroget annus.   35
scriptor abhinc annos centum qui decidit, inter
perfectos veteresque referri debet an inter
vilis atque novos ? excludat iurgia finis.
'est vetus atque probus, centum qui perficit annos.'
quid ? qui deperiit minor uno mense vel anno,   40
inter quos referendus erit ? veteresne poetas
an quos et praesens et postera respuat aetas ?
'iste quidem veteres inter ponetur honeste,
qui vel mense brevi vel toto est iunior anno.'

utor permisso caudaeque pilos ut equinae   45
paulatim vello et demo unum, demo etiam unum,
dum cadat elusus ratione ruentis acervi
qui redit ad fastus et virtutem aestimat annis
miraturque nihil nisi quod Libitina sacravit.

Ennius, et sapiens et fortis et alter Homerus,   50
ut critici dicunt, leviter curare videtur
quo promissa cadant et somnia Pythagorea;
Naevius in manibus non est et mentibus haeret
paene recens ? adeo sanctum est vetus omne poema.
ambigitur quotiens, uter utro sit prior, aufert   55
Pacuvius docti famam senis, Accius alti,
dicitur Afrani toga convenisse Menandro,
Plautus ad exemplar Siculi properare Epicharmi,
vincere Caecilius gravitate, Terentius arte.

Gewiß sind in Hellas grade die ältesten Schriftwerke die vorzüglichsten; soll darum der Feingehalt römischer Schriftsteller auf der gleichen Waage bestimmt werden, so bedarf es nicht vieler Worte: „Dann hat die Ölfrucht keinen Kern, die Nuß hat keine Schale. Wir haben den Gipfel der Weltstellung erreicht: folglich sind wir im Malen und Harfen und Ringen bessere Kenner als die vielgesalbten Achäer!"

Wenn, wie beim Weine, auch bei Dichtungen die Zeit veredelnd wirkt, so wüßte ich gern, wie hoch die Jahreszahl sein muß, die den Gedichten erhöhten Wert zuspricht. Ist ein Schriftsteller, der jetzt vor hundert Jahren dahinschied, unter die Alten, die Meister, zu rechnen oder unter die Minderwertigen, die Modernen? Ich bitte um eine feste Grenze, die den Rechtsstreit ausschließt. „Ja, alt und achtbar ist, wer das volle Jahrhundert nachweist." Und wenn seit dem Todestag ein Monat, ein Jahr weniger verflossen ist: zu welcher Klasse wird er da zählen? Zu den alten Dichtern? Oder ist er ein Spätling, ein Abscheu für Gegenwart und Zukunft? „Allerdings, der wird mit Ehren noch bei den Alten seinen Platz behaupten, wer um einen kurzen Monat oder selbst um Jahreslänge jünger ist."

Dank für die Erlaubnis! Und nun mache ich es wie mit dem Pferdeschweif: allmählich zupfe ich ein Haar nach dem andern heraus, ziehe ein Jahr ab, ziehe noch eins ab, bis durch den Trugschluß vom „Haufenschwund" gefoppt der Altertümler widerlegt ist, der sich immer auf die Zeittafeln zurückzieht, der alle Trefflichkeit nach der Alterszahl bemißt und nichts bewundert, was nicht vom Totengräber seine Weihe empfing.

Ennius gilt als der Weise, der Heros, der neuerstandene Homer: die Kunstrichter sagen es; doch zeigt er sich nicht ernstlich bemüht, seine Verheißung zu verwirklichen und seine Träume von der Seelenwanderung. Nävius — ist er nicht in Lesers Händen und den Gemütern vertraut, als stamme er aus jüngster Zeit? So geheiligt ist jedes altertümliche Dichtwerk. Erhebt sich zuweilen ein Rangstreit unter zwei Größen: so erhält Pacuvius die Palme als der hochgebildete Altmeister, Accius als der hochgestimmte; da heißt es: Afranius war ein Menander in römischem Gewande; Plautus folgt in der flotten Gangart Epicharm dem Sizilier; Cäcilius hat die Wucht der Wirkung voraus, Terenz die Feinheit der Führung. Das sind die Poeten, die das gebietende Römer-

hos ediscit et hos arto stipata theatro 60
spectat Roma potens; habet hos numeratque poetas
ad nostrum tempus Livi scriptoris ab aevo.

   interdum volgus rectum videt, est ubi peccat:
si veteres ita miratur laudatque poetas,
ut nihil anteferat, nihil illis conparet, errat; 65
si quaedam nimis antique, si pleraque dure
dicere credit eos, ignave multa fatetur,
et sapit et mecum facit et Iove iudicat aequo.
non equidem insector delendave carmina Lịvi
esse reor, memini quae plagosum mihi parvo 70
Orbilium dictare; sed emendata videri
pulchraque et exactis minimum distantia miror.
inter quae verbum emicuit si forte decorum,
si versus paulo concinnior unus et alter,
iniuste totum ducit venditque poema. 75
indignor quicquam reprendi, non quia crasse
conpositum inlepideve putetur, sed quia nuper,
nec veniam antiquis, sed honorem et praemia posci.

   recte necne crocum floresque perambulet Attae
fabula si dubitem, clament periisse pudorem 80
cuncti paene patres, ea cum reprendere coner,
quae gravis Aesopus, quae doctus Roscius egit:
vel quia nil rectum, nisi quod placuit sibi, ducunt,
vel quia turpe putant parere minoribus et quae
inberbes didicere, senes perdenda fateri. 85

   iam Saliare Numae carmen qui laudat et illud
quod mecum ignorat, solus volt scire videri,
ingeniis non ille favet plauditque sepultis,
nostra sed inpugnat, nos nostraque lividus odit.

   quod si tam Graecis novitas invisa fuisset 90
quam nobis, quid nunc esset vetus? aut quid haberet
quod legeret tereretque viritim publicus usus?
ut primum positis nugari Graecia bellis

volk auswendig lernt; sie zu sehen, drängt und drückt es sich im Theater, sie achtet es und zählt es als die wahren Dichter bis auf unsre Tage, seit den Zeiten des Literaten Livius Andronicus.

Wohl hat zuweilen die Menge den richtigen Blick; ein andermal irrt sie arg. Wenn sie die älteren Dichter so schwärmerisch preist, daß sie nichts Höheres, nichts Vergleichbares kennt, so greift sie fehl. Wenn sie im sprachlichen Ausdruck manches Veraltete und gar vieles Harte findet, wenn sie häufige Mattheit zugesteht, so urteilt sie verständig und mit meinem Beifall und im Sinne eines höheren Richters. Nicht persönlich bin ich dem Livius gram, nicht ausrotten will ich seine Gedichte, die in der Kindheit mir — ach, ich erinnere mich — der schlagfertige Orbilius zum Lernen vorsprach; nur daß sie untadlig und schön sein sollen, ohne merklichen Abstand von wahrer Vollendung: das befremdet mich. Wenn in ihnen ja einmal ein hübscher Ausdruck hervorsticht, wenn ein oder der andre Vers sich etwas gefälliger rundet, macht er doch wahrlich zu Unrecht das ganze Werk gangbar und annehmbar. Unverantwortlich finde ich, daß man eine Schöpfung verwirft, nicht weil sie für unfein oder geistlos gilt, nur weil sie modern ist; und daß man für die Alten nicht Nachsicht verlangt, sondern Bewunderung und Beifall.

In Safranduft und Blumenpracht ergeht sich Attas Lustspiel; wollte ich seinen Wert bezweifeln, wohl alle alten Leute würden weherufen: aus der Welt sei die Ehrfurcht verschwunden; denn ich wagte es, Stücke anzutasten, an die Äsopus die Wucht seines Vortrags, Roscius die Feinheit seines Spiels gesetzt hat. Sie lassen eben nur gelten, was ihnen selbst gefiel; oder es geniert sie, sich Jüngeren zu fügen: der Alte mag nicht wertlos nennen, was er als bartloser Knabe einst erlernt.

Wer vollends das Salierlied aus König Numas Zeiten preist und sich spreizt als einziger Kenner einer Litanei, die ihm genau so wie mir unverständlich bleibt, der will nicht den Größen Gunst und Beifall zollen, die das Grab längst deckt, sondern nur unsre Verdienste bestreiten, uns und unsre Werke mißgünstig ablehnen.

Wäre nun den Griechen einst die Neuheit so verhaßt gewesen wie jetzt uns, was gäbe es dann heute Altbewährtes, und was hätten die Leute in der Hand, um es männiglich zu lesen und immer wieder zu lesen? Kaum hatte das Griechenvolk die Kriegswaffen abgelegt, da

coepit et in vitium fortuna labier aequa,
nunc athletarum studiis, nunc arsit equorum,   95
marmoris aut eboris fabros aut aeris amavit,
suspendit picta voltum mentemque tabella,
nunc tibicinibus, nunc est gavisa tragoedis;
sub nutrice puella velut si luderet infans,
quod cupide petiit, mature plena reliquit.   100
hoc paces habuere bonae ventique secundi.   102

   Romae dulce diu fuit et sollemne reclusa
mane domo vigilare, clienti promere iura,
cautos nominibus rectis expendere nummos,   105
maiores audire, minori dicere, per quae
crescere res posset, minui damnosa libido.
quid placet aut odio est, quod non mutabile credas?   101
mutavit mentem populus levis et calet uno
scribendi studio: pueri patresque severi
fronde comas vincti cenant et carmina dictant.   110
ipse ego, qui nullos me adfirmo scribere versus,
invenior Parthis mendacior et prius orto
sole vigil calamum et chartas et scrinia posco.
navem agere ignarus navis timet, habrotonum aegro
non audet nisi qui didicit dare; quod medicorum est   115
promittunt medici, tractant fabrilia fabri:
scribimus indocti doctique poemata passim.

   hic error tamen et levis haec insania quantas
virtutes habeat, sic collige: vatis avarus
non temere est animus: versus amat, hoc studet unum;   120
detrimenta, fugas servorum, incendia ridet;
non fraudem socio puerove incogitat ullam
pupillo; vivit siliquis et pane secundo,
militiae quamquam piger et malus, utilis urbi,
si das hoc, parvis quoque rebus magna iuvari.   125

   os tenerum pueri balbumque poeta figurat,
torquet ab obscaenis iam nunc sermonibus aurem,

griff es zu heiterem Tand und, vom Glück begünstigt, begann es gleich
ins Übermaß zu gleiten: bald entfachten Ringkämpfer, bald Rennpferde
seine Leidenschaft; es schwärmte für die Künstler, ob sie in Marmor,
in Elfenbein oder in Erz schufen; an Gemälde hängte es sein Herz, sein
entzücktes Auge; vergnügt lauschte es jetzt dem Flötenbläser, jetzt
dem tragischen Darsteller. Es glich dem Kinde, dem Mägdlein, das zu
den Füßen der Pflegerin seine Spiele treibt: wonach es eifrig griff, das
wirft es bald genug überdrüssig wieder fort. Dies bringt der holde
Friede und der günstige Fahrwind mit sich.

Rom hat lange das liebgewordene Herkommen mit Ernst bewahrt.
Frühmorgens wach, hielt der Bürger sein Haus offen; da gab er den
Rechtsuchenden Rat und lieh vorsichtig Gelder aus, wo vollwertige Namen Sicherheit boten; da hörte er die Älteren, da gab er den Jüngeren
Winke, zu mehren die Habe, zu wehren vergeudender Sinnenlust. Doch
wo gibt es noch ein Lieben, ein Hassen ohne Wandel der Stimmung?
Verwandelt ist das Volk von heute, leichtherzig, begeistert nur noch für
den Dienst der Poesie. Ob Knaben, ob gestrenge Väter — mit laubum-
kränztem Haar sitzen sie beim Mahle und sprechen Verse in die Feder.
Ich selbst mache es nicht besser: eben beteure ich noch, keine Gedichte
zu schreiben, und erweise mich nun im Lügen dem Parther überlegen:
vor Sonnenaufgang bin ich wach, lasse mir Stift und Blätter und Map-
pen bringen. Ein Schiff zu steuern scheut sich, wer das Schiff nicht
kennt; bittre Medizin dem Kranken zu reichen, getraut sich keiner, der
nicht sachverständig; ärztliche Leistung ist der Ärzte, bauliche der Bau-
leute Beruf: das Dichten leisten wir uns — Berufene, Unberufene —
ohne Unterschied.

Doch hat diese Irrung, diese harmlose Unvernunft auch gute Seiten:
lies sie hier vereinigt. Des Sängers Sinn ist nicht leicht habgierig: Dichten, das ist seine Wonne, sein einziges Trachten. Geldverlust, Sklaven-
flucht, Feuersbrunst erträgt er mit Humor. Keinen Trug erdenkt er,
dem Genossen oder dem jugendlichen Mündel zu schaden; er lebt von
Schoten und grobem Brot; zum Heerdienst freilich ist er unlustig und
untauglich, aber doch brauchbar als Staatsbürger, — wenn du aner-
kennst, daß auch geringe Beiträge das Große fördern.

Den zarten, stammelnden Kindesmund übt der Dichter im rechten
Ausdruck; gleich jetzt entwöhnt er das Ohr allem unehrbaren Gerede;

mox etiam pectus praeceptis format amicis;
asperitatis et invidiae corrector et irae;
recte facta refert, orientia tempora notis   130
instruit exemplis, inopem solatur et aegrum.
castis cum pueris ignara puella mariti
disceret unde preces, vatem ni Musa dedisset ?
poscit opem chorus et praesentia numina sentit,
caelestis inplorat aquas docta prece blandus,   135
avertit morbos, metuenda pericula pellit,
inpetrat et pacem et locupletem frugibus annum:
carmine di superi placantur, carmine Manes.

agricolae prisci, fortes parvoque beati,
condita post frumenta levantes tempore festo   140
corpus et ipsum animum spe finis dura ferentem
cum sociis operum et pueris et coniuge fida
Tellurem porco, Silvanum lacte piabant,
floribus et vino Genium memorem brevis aevi.
Fescennina per hunc inventa licentia morem   145
versibus alternis opprobria rustica fudit,
libertasque recurrentis accepta per annos
lusit amabiliter, donec iam saevos apertam   ·
in rabiem coepit verti iocus et per honestas
ire domos inpune minax. doluere cruento   150
dente lacessiti; fuit intactis quoque cura
condicione super communi; quin etiam lex
poenaque lata, malo quae nollet carmine quemquam
describi: vertere modum, formidine fustis
ad bene dicendum delectandumque redacti.   155

Graecia capta ferum victorem cepit et artis
intulit agresti Latio. sic horridus ille
defluxit numerus Saturnius et grave virus
munditiae pepulere; sed in longum tamen aevum
manserunt hodieque manent vestigia ruris.   160

serus enim Graecis admovit acumina chartis

bald dann bildet er auch das Herz durch freundliche Lehren, hilft Schroffheit, Mißgunst, Zornsucht mildern. Von edlen Taten berichtet er und bereichert die heranwachsenden Geschlechter durch gefeierte Vorbilder; dem Mühseligen ist er ein Tröster und dem Kranken. Als reine Knaben und unberührte Mädchen sich zum Bittgang gesellten, gab die Muse den priesterlichen Sänger: wer hätte sonst sie unterwiesen? Beistand heischt der Chor und spürt die gnadenreiche Nähe der Allmacht. Wasser des Himmels erfleht er: das Dichterwort gibt der Bitte Kraft. Abwenden kann er Seuchen, kann drohenden Schrecknissen wehren; sein Sang erweckt auch Frieden dem Land und Erntesegen. Das Lied versöhnt die Himmelsmächte, das Lied die Mächte im Schattenreich.

Die Landleute der alten Zeit, rüstig zur Arbeit und genügsam im Genuß, wollten nach Einbringung der Früchte ihr Fest feiern, zu leiblicher Erholung, zur Erholung auch für das Gemüt, das in Hoffnung des Endes den harten Druck getragen hatte. Mit den Helfern ihres Tagewerks, den Söhnen wie dem treuen Weibe, pflegten sie zu opfern: der mütterlichen Erde ein Ferkel, dem Waldgotte Milch; Blumen und Wein dem Schutzgeist, der des Daseins Kürze wohl bedenkt. Bei solchem Brauch kam die lustige Art der Feszenninen auf, — ein Versgespräch, das sich in ländlich derben Schimpfworten gefiel. Durch jährliche Wiederkehr ward der Freimut zur anerkannten Sitte und trieb sein Spiel ganz harmlos, bis der Scherz verrohte und in offene Bosheit überging, die nun in achtenswerte Häuser ungestraft das Ärgernis trug. Bitter empfanden es die Angegriffenen, die durch den blutigen Biß verwundet; auch Unverletzten kam die Sorge: denn allen konnte Gleiches widerfahren. Sogar der Gesetzgeber schritt ein, und jede Verhöhnung durch böse Spottlieder ward mit Strafe bedroht. Da wechselten sie die Tonart; der Knüttel schreckte: sie besannen sich auf sprachliche Zucht, auf erheiternde Wirkung.

Griechisch Land ward erobert; erobernd den rauhen Besieger, führt' es die Kunst in Latium ein, beim Volke der Bauern. So verlor sich der garstige alte Saturnvers, und ekler Mißgeschmack wich säuberndem Bemühen; doch für Menschenalter noch blieben Spuren der Ackerkruste sichtbar und sind selbst noch zu sehen.

Denn spät erst wandte der Römer seine scharfen Sinne griechischen

et post Punica bella quietus quaerere coepit,
quid Sophocles et Thespis et Aeschylos utile ferrent.
temptavit quoque rem si digne vertere posset,
et placuit sibi, natura sublimis et acer;   165
nam spirat tragicum satis et feliciter audet,
sed turpem putat inscite metuitque lituram.

    creditur, ex medio quia res arcessit, habere
sudoris minimum, sed habet comoedia tanto
plus oneris, quanto veniae minus. adspice, Plautus   170
quo pacto partis tutetur amantis ephebi,
ut patris attenti, lenonis ut insidiosi,
quantus sit Dossennus edacibus in parasitis,
quam non adstricto percurrat pulpita socco.
gestit enim nummum in loculos demittere, post hoc   175
securus, cadat an recto stet fabulo talo.

    quem tulit ad scaenam ventoso Gloria curru,
exanimat lentus spectator, sedulus inflat:
sic leve, sic parvum est, animum quod laudis avarum
subruit aut reficit. valeat res ludicra, si me   180
palma negata macrum, donata reducit opimum.
saepe etiam audacem fugat hoc terretque poetam,
quod numero plures, virtute et honore minores,
indocti stolidique et depugnare parati,
si discordet eques, media inter carmina poscunt   185
aut ursum aut pugiles: his nam plebecula gaudet.
verum equitis quoque iam migravit ab aure voluptas
omnis ad incertos oculos et gaudia vana.
quattuor aut pluris aulaea premuntur in horas,
dum fugiunt equitum turmae peditumque catervae;   190
mox trahitur manibus regum fortuna retortis,
esseda festinant, pilenta, petorrita, naves,
captivum portatur ebur, captiva Corinthus.

Blättern zu; erst in der Ruhezeit nach den Punischen Kriegen stellte er
sich die Frage, was Sophokles und Thespis und Aeschylus Nutzbares
bieten könnten. Er wagte sich auch selbst daran, versuchte manches
würdig nachzubilden, und da Erhabenheit und Leidenschaft in seiner Art,
gefiel ihm der Versuch. Denn ihm ward der Hauch tragischen Geistes
und die Kühnheit, der ein Wurf gelingt; aber in leidigem Mißverstand
hält er das Feilen für Handwerkssache und scheut die Kleinarbeit.

Verbreitet ist die Meinung, das Lustspiel erfordere am wenigsten
Schweiß, weil es seine Stoffe dem alltäglichen Lebenskreis entnimmt.
Tatsächlich ist es um so schwieriger, je weniger es auf Nachsicht rech-
nen kann. Sieh nur die Art des Plautus an, wie er seine Charaktere
durchhält, den liebenden Griechenjüngling, den rechnenden Vater, den
ränkevollen Kuppler; wie grotesk er ist in der Zeichnung des gefräßigen
Parasiten, wie locker er den Schuh sich knüpft, mit dem er über die
Bretter schlurft. Sein heißes Begehren ist ja, klingende Münze in den
Beutel zu senken; dann ist er ohne Sorge um den weiteren Gang: ob
das Stück fällt oder ob es sich ständig aufrecht hält.

Wen der windige Ruhm auf seinem Flitterwagen zur Bühne trug,
dem raubt bei flauer Aufnahme die Angst den Atem, reger Beifall
schwellt ihm die Brust; solch ein luftig, winzig Ding ist es, das ehrgeizi-
gen Sinn knickt oder hochrichtet. Fahr hin, du Bühnenspiel, wenn ich
beim Verlust des Siegespreises betrübt und abgemagert, beim Gewinn
gesund und froh nach Hause komme. Oft mag selbst den wagemutigen
Dichter noch eins abschrecken und einschüchtern: das sind die Herren
von der Mehrzahl, minder zählend an Wert und Würde, ungebildet
und plump und, falls die Ritter auf den feinen Plätzen andrer Meinung
sind, zum Gebrauch der Fäuste entschlossen. Sie fordern mitten im
Spiel die Bärenhatz, den Boxerkampf; denn daran hat der süße Pöbel
innigen Genuß. Aber selbst beim Ritter hat heutzutage alles Freude-
gefühl den Platz gewechselt: vom Ohr zog es in die unstet wandernden
Augen, zu nichtigem Schaugenuß. Vier oder mehr Stunden bleibt der
Vorhang unsichtbar, während Schwadronen zu Rosse und Bataillone
zu Fuß über die Bühne eilen; dann zerrt man Könige daher, gestürzte
Größen, die Hände verschnürt auf dem Rücken; Streitwagen jagen vorüber, Reisekutschen und Frachtwagen und Schiffe; eine ganze Kriegs-
beute an Elfenbein schleppt man daher, von ganz Korinth die Beute.

si foret in terris, rideret Democritus, seu
diversum confusa genus panthera camelo   195
sive elephans albus volgi converteret ora;
spectaret populum ludis attentius ipsis,
ut sibi praebentem nimio spectacula plura;
scriptores autem narrare putaret asello
fabellam surdo. nam quae pervincere voces   200
evaluere sonum, referunt quem nostra theatra ?
Garganum mugire putes nemus aut mare Tuscum:
tanto cum strepitu ludi spectantur et artes
divitiaeque peregrinae; quibus oblitus actor
cum stetit in scaena, concurrit dextera laevae.   205
'dixit adhuc aliquid ?' 'nil sane.' 'quid placet ergo ?'
'lana Tarentino violas imitata veneno.'

ac ne forte putes me, quae facere ipse recusem,
cum recte tractent alii, laudare maligne:
ille per extentum funem mihi posse videtur   210
ire, poeta meum qui pectus inaniter angit,
inritat, mulcet, falsis terroribus inplet,
ut magus, et modo me Thebis, modo ponit Athenis.

verum age et his, qui se lectori credere malunt
quam spectatoris fastidia ferre superbi,   215
curam redde brevem, si munus Apolline dignum
vis conplere libris et vatibus addere calcar,
ut studio maiore petant Helicona virentem.
multa quidem nobis facimus mala saepe poetae
— ut vineta egomet caedam mea —, cum tibi librum   220
sollicito damus aut fesso; cum laedimur, unum
siquis amicorum est ausus reprehendere versum;
cum loca iam recitata revolvimus inrevocati;
cum lamentamur non adparere labores
nostros et tenui deducta poemata filo;   225
cum speramus eo rem venturam, ut simul atque
carmina rescieris nos fingere, commodus ultro
arcessas et egere vetes et scribere cogas.

Weilte er auf Erden, der lachende Demokrit, er hätte seinen Spaß
daran, wie bald eine Giraffe, dies fremdartige Mischwesen aus Panther
und Kamel, bald ein weißer Elefant die Blicke der Menge fesselt. Ge-
spannter als auf die Spiele selbst würde er auf das Volksbild achten; es
böte ihm des Schauspiels nur zu viel; der Dichter aber müßte ihm vorkommen, als erzählte er sein Stücklein einem tauben Esel. Denn welche
Stimmkraft ist je durchgedrungen in dem Lärm, den unsre Sitzreihen
im Theater widerhallen? Garganus' Bergwald hörst du brausen, die
Brandung heulen im Tuskermeer: so laut gebärdet sich das Volk, das
die Spiele betrachtet und die Werke der Kunst und die Schätze der
Fremde. Überladen mit solchem Aufputz erscheint der Darsteller; steht
er nur auf den Brettern, gleich klatscht die Rechte in die Linke. „Hat er
schon was gesagt?" „Bisher keinen Ton." „Was erregt also den Beifall?" „Der Wollstoff, naturtreues Veilchenblau aus der Giftküche
des Färbers in Tarent."

Glaube nun nicht, ich sei, wo ich selbst nicht mittun wolle, geizig im
Lobe fremder Erfolge. Nein, wie einen, der auf gespanntem Seile wan-
delt, bestaune ich den Dichter, der mein Herz durch den Trug seiner
Kunst ängstet und erregt und sänftigt, der es mit eingebildeten Schreck-
nissen erfüllt, wie ein Zauberer, und bald mich nach Theben bald nach
Athen enttrückt.

Indes beachte auch diese Dichter, die sich lieber dem Leser anvertrauen als den Launen des verwöhnten Zuschauers aussetzen. Schenk'
ihnen für Augenblicke deine Teilnahme: du schufst ja zu Apollos Ehren
die Bibliothek; du willst sie nun auch füllen mit Bücherschätzen, willst
den Sängern Ansporn geben, auf daß sie mit erhöhtem Streben zu Heli-
kons grünen Matten pilgern. Viel Schaden freilich tun wir Dichter oft uns
selbst — hier wüte ich im eigenen Weinberg —: wir überreichen dir
Schriften, wenn du mit Sorgen überhäuft, von Arbeit abgespannt bist;
verletzt sind wir, wenn ein Freund sich erkühnte, einen einzigen Vers zu
rügen; wir möchten die schon vorgetragenen Glanzstellen unverlangt
noch einmal wiederholen; wir jammern, daß unser mühseliger Fleiß und
das feine Gespinst des Kunstgewebes nicht die rechte Würdigung finde;
wir hoffen, eine Zukunft zu erleben, wo auf die erste Kunde von poetischen Plänen du huldvoll den Poeten von selbst zu dir entbietest, ihm
das Darben unmöglich und das Dichten zur Pflicht machst.

sed tamen est operae pretium cognoscere, qualis
aedituos habeat belli spectata domique   230
virtus, indigno non committenda poetae.
    gratus Alexandro regi magno fuit ille
Choerilus, incultis qui versibus et male natis
rettulit acceptos, regale nomisma, Philippos.
sed veluti tractata notam labemque remittunt   235
atramenta, fere scriptores carmine foedo
splendida facta linunt. idem rex ille, poema
qui tam ridiculum tam care prodigus emit,
edicto vetuit, nequis se praeter Apellen
pingeret aut alius Lysippo duceret aera   240
fortis Alexandri voltum simulantia. quodsi
iudicium subtile videndis artibus illud
ad libros et ad haec Musarum dona vocares,
Boeotum in crasso iurares aere natum.
    at neque dedecorant tua de se iudicia atque   245
munera, quae multa dantis cum laude tulerunt
dilecti tibi Vergilius Variusque poetae,
nec magis expressi voltus per aenea signa
quam per vatis opus mores animique virorum
clarorum adparent. nec sermones ego mallem   250
repentis per humum quam res conponere gestas
terrarumque situs et flumina dicere et arces
montibus inpositas et barbara regna tuisque
auspiciis totum confecta duella per orbem
claustraque custodem pacis cohibentia Ianum   255
et formidatam Parthis te principe Romam,
si quantum cuperem possem quoque; sed neque parvom
carmen maiestas recipit tua nec meus audet
rem temptare pudor quam vires ferre recusent.
sedulitas autem, stulte quem diligit, urget,   260
praecipue cum se numeris commendat et arte.
discit enim citius meminitque libentius illud
quod quis deridet quam quod probat et veneratur.
nil moror officium quod me gravat ac neque ficto

Aber trotz allem ist es nicht verlorene Mühe, die Geister zu prüfen, ob sie taugen zu Hütern des im Kriege wie daheim bewährten Heldentums; denn nicht den Unwürdigen darf es sich zum Dichter bestellen.

Beliebt bei Alexander, dem großen Könige, war Meister Chörilus, der für formlose, mißgeschaffene Verse als Entgelt die Königswährung, die goldgeprägten Philippsmünzen einstrich. Aber wie die Tinte an der Hand, die sie berührt, ihr Zeichen, ihren Fleck nachläßt, so können Schriftsteller durch ein übles Gedicht glänzende Taten verunzieren. Derselbe König, der ein so lächerliches Poem so verschwenderisch teuer bezahlte, hat durch Erlaß verboten: keiner außer Apelles dürfe ihn malen, und kein andrer als Lysippus dürfe in Erzgebilden Alexanders Heroenkopf darstellen. So scharf sah dies Urteil bei Werken der bildenden Kunst; aber legtest du ihm Schriften vor und Gaben der dichtenden Muse, — du würdest schwören: der Mann ist ein Böoter; ihn drückt die Nebelluft seines Geburtslandes.

Wie anders hat dein Urteil sich bewährt ! Nicht unwert deiner Wahl sind deine Dichter Vergil und Varius, nicht unwert der Gaben, die sie empfingen zum hohen Ruhme des Spenders; und sicherlich prägt kein Erzbild die Züge des Gesichts so deutlich aus, wie Sängers Werk den Sinn und Geist des Helden. Auch würde ich statt schwungloser Briefgespräche lieber Großtaten im Liede feiern, die Weiten der Erde, die Breiten der Ströme, die hochgetürmten Bergfesten und der Barbarenvölker Reiche. Wie dein Walten den Völkerstreit in aller Welt beruhigt hat, wie der Pforten Schließung den Frieden in Janus' Obhut hält, wie die Parther bangen vor Rom, weil du das Haupt von Rom bist: solches alles würde ich lieber singen, wäre groß wie der Wunsch auch das Können. Doch nicht reicht das kleine Lied hinan zu der Höhe, da du stehst, und nicht wagt bescheidener Sinn den Versuch, dem die Kräfte sich versagen. Beflissenheit aber, wo sie taktlos ihre Wertschätzung darbringt, wird zur Qual, besonders wenn sie sich mit Vers- und Kunstübungen einführt. Denn rascher erfaßt und lieber behält der Leser im Gedächtnis, was er belächelt, als das, was er achten und ehren muß. Ich danke für den Freundschaftsdienst, der mir nur lästig ist, und weder

in peius voltu proponi cereus usquam   265
nec prave factis decorari versibus opto,
ne rubeam pingui donatus munere et una
cum scriptore meo capsa porrectus operta
deferar in vicum vendentem tus et odores
et piper et quidquid chartis amicitur ineptis.   270

2

Flore, bono claroque fidelis amice Neroni,
siquis forte velit puerum tibi vendere natum
Tibure vel Gabiis et tecum sic agat: 'hic et
candidus et talos a vertice pulcher ad imos
fiet eritque tuus nummorum milibus octo,   5
verna ministeriis ad nutus aptus erilis,
litterulis Graecis imbutus, idoneus arti
cuilibet: argilla quidvis imitaberis uda;
quin etiam canet indoctum, sed dulce bibenti.
multa fidem promissa levant, ubi plenius aequo   10
laudat venalis qui volt extrudere merces:
res urget me nulla; meo sum pauper in aere.
nemo hoc mangonum faceret tibi; non temere a me
quivis ferret idem. semel hic cessavit et, ut fit,
in scalis latuit metuens pendentis habenae' —   15

des nummos, excepta nihil te si fuga laedat:
ille ferat pretium poenae securus, opinor.
prudens emisti vitiosum, dicta tibi est lex:
insequeris tamen hunc et lite moraris iniqua?
dixi me pigrum proficiscenti tibi, dixi   20
talibus officiis prope mancum, ne mea saevus
iurgares ad te quod epistula nulla rediret.
quid tum profeci, mecum facientia iura
si tamen attemptas? quereris super hoc etiam, quod
exspectata tibi non mittam carmina mendax.   25

will ich mit verzerrten Zügen irgendwo als Wachsbild aufgestellt sein,
noch mich mit verfehlten Versen preisen lassen. Ich müßte ja rot werden über die plumpe Widmungsgabe; ich würde samt meinem Sänger,
aufgebahrt und eingesargt, in der Krämergasse enden, bei den Buden
mit Weihrauch und Wohlgerüchen und Pfeffer und sonstigen Artikeln,
die man gern in Makulatur verpackt.

An Florus

Florus, du treuer Gefährte unsres bewährten Kriegshelden Tiberius
Nero! Nimm an, ein Händler will dir einen Burschen verkaufen, einen
Inländer aus Tibur oder Gabii, und wird nun das Geschäft so einleiten:
„Dieser Prachtkerl in seiner blanken Haut, wohlgebildet vom Scheitel
bis zur Sohle, soll dir zu eigen gehören für 8000 Sesterze. Ein anstel-
liger Junge für den Dienst im Haus, auf den Wink des Herrn dressiert!
Er versteht sein bißchen Griechisch, ist brauchbar für jede Kunst. Wie
feuchter Ton ist er in des Bildners Hand; alles wirst du aus ihm machen.
Er singt sogar: die Stimme ist wohl ungeschult, doch wird sie dir beim
Becher Freude machen. Wer viel verspricht, dessen Wort wiegt leicht:
mitunter lobt der Verkäufer in allzu vollen Tönen, wenn er die Ware
losschlagen möchte. Mir ist's durchaus nicht dringend: ich bin nicht
reich, doch hab' ich keine Schulden. Kein Sklavenhändler täte es dir
so wohlfeil; auch ich würde nicht leichthin jeden so bedienen. Ein einziges Mal ist der Kerl ausgeblieben und hat sich, wie es so geht, unter
die Treppe versteckt aus Angst vor der winkenden Knute."
    Was wird geschehn? Du zahlst dein Geld, falls dich das Ausreißen
nicht weiter stört; jener steckt seinen Gewinn ein — ich denke, ohne
Sorge um Haftung: du hast ja wissentlich den Fehler mitgekauft; der
Vorbehalt ist dir eröffnet. Gleichwohl belangst du den Mann, hängst
ihm den grundlosen Rechtsstreit an? Offen habe ich dir, als du von mir
gingst, gestanden, daß ich schreibfaul und zu solchen Pflichtleistungen
fast unfähig bin. Ich sagte es dir, damit du nicht grausam mit mir ins
Gericht gingest, wenn sich kein Brief von mir als Antwort einstellt.
Was hat es mir damals genützt, wenn du das Recht, das doch auf meiner
Seite steht, trotzdem anfichtst? Dazu beschwerst du dich gar, daß ich
nicht Wort halte, die erwarteten Gedichte dir nicht sende.

Luculli miles collecta viatica multis
aerumnis, lassus dum noctu stertit, ad assem
perdiderat. post hoc vehemens lupus et sibi et hosti
iratus pariter, ieiunis dentibus acer,
praesidium regale loco deiecit, ut aiunt,   30
summe munito et multarum divite rerum.
clarus ob id factum donis ornatur honestis
accipit et bis dena super sestertia nummum.
forte sub hoc tempus castellum evertere praetor
nescio quod cupiens hortari coepit eundem   35
verbis quae timido quoque possent addere mentem:
'i bone, quo virtus tua te vocat, i pede fausto,
grandia laturus meritorum praemia. quid stas ?'
post haec ille catus, quantumvis rusticus, 'ibit,
ibit eo quo vis qui zonam perdidit' inquit.   40

Romae nutriri mihi contigit atque doceri,
iratus Grais quantum nocuisset Achilles.
adiecere bonae paulo plus artis Athenae,
scilicet ut vellem curvo dinoscere rectum
atque inter silvas Academi quaerere verum.   45
dura sed emovere loco me tempora grato
civilisque rudem belli tulit aestus in arma,
Caesaris Augusti non responsura lacertis.

unde simul primum me dimisere Philippi,
decisis humilem pinnis inopemque paterni   50
et laris et fundi paupertas inpulit audax
ut versus facerem; sed quod non desit habentem
quae poterunt umquam satis expurgare cicutae,
ni melius dormire putem quam scribere versus ?

singula de nobis anni praedantur euntes: 55
eripuere iocos, venerem, convivia, ludum;
tendunt extorquere poemata: quid faciam vis ?

denique non omnes eadem mirantur amantque:

Ein Landsknecht aus Lucullus' Heer hatte sich seine Barschaft, die er
mit Müh' und Not zusammenbrachte, bis auf den letzten Heller stehlen
lassen, als er todmüde nachts im tiefen Schlafe schnarchte. Seitdem ward
er ein reißender Wolf; erbost auf sich wie auf den Feind, scharfbissig
mit hungrigem Zahne, so jagte er, wie es heißt, des Königs Besatzung
von den Schanzen eines stark befestigten Platzes, der auch reiche Vorräte
barg. Für diese Ruhmestat ward er mit Ehrenzeichen geschmückt und
bekam obendrein 20 000 Sesterze in bar. Es traf sich, daß kurz danach
der Feldherr irgendeine Festung zu werfen wünschte. Er begann seinem
Manne zuzureden; die Worte hätten auch einem Ängstlichen Mut
machen können: ,,Vorwärts, mein braver Kamerad, dort winkt deinem
Heldenmute das Ziel! Vorwärts, dein Fuß trägt dich zum Erfolge, und
großartig wird der Preis des Gelingens! Was besinnst du dich noch?''
Darauf der andre, ganz pfiffig bei aller Plumpheit: ,,Vorgehn —, ja
doch, vorgehn zum gewünschten Orte wird der Habenichts, dem der
Gürtel mit der Geldtasche verloren ging!''

Das Glück gab meiner Jugend Rom zur Stätte, wo ich aufwuchs und
lernend hörte vom Zorn Achills, dem Quell so vieler Drangsal für die
Griechen. Ein Stücklein weiter in der Geistesbildung brachte mich
mein liebes Athen; es weckte den Trieb, den graden Weg vom krummen wohl zu unterscheiden und in Akademos' Baumgängen zu forschen nach der Wahrheit. Aber es kamen harte Zeiten, die mich von
dem vertrauten Sitze hinwegdrängten; brandend erfaßten mich des
Bürgerkrieges Wogen, und kampfesungewohnt geriet ich in die Waffen-
rüstung, die nicht geeignet war, der Schlagkraft des Cäsar Augustus
standzuhalten.

Den Abschied gab mir der Tag von Philippi. Gestutzt waren die
Schwingen, gebeugt der Sinn, verloren das väterliche Haus und Grundstück: da hat Armut mir den Wagemut gegeben und den Trieb zum
Dichten. Jetzt aber, wo mein Auskommen nichts zu wünschen läßt —
kein Schierling könnte mich vom Wahnsinn heilen, wenn ich nicht vor-
zöge, mich aufs Ohr zu legen statt zu dichten!

Stück um Stück raubt der Jahre Fortgang uns vom Lebensgute: ent-
führt haben sie Frohsinn, Liebe, Becherrunde, Jugendspiel. Nun streben
sie mir auch die Leier zu entwinden. Sag' an, was soll ich tun dawider?

Noch eins: nicht jeder Leser schätzt und liebt das gleiche. Das Lied

carmine tu gaudes, hic delectatur iambis,
ille Bioneis sermonibus et sale nigro.   60
tres mihi convivae prope dissentire videntur
poscentes vario multum diversa palato:
quid dem ? quid non dem ? renuis quod tu, iubet alter;
quod petis, id sane est invisum acidumque duobus.

   praeter cetera me Romaene poemata censes   65
scribere posse inter tot curas totque labores ?
hic sponsum vocat, hic auditum scripta relictis
omnibus officiis; cubat hic in colle Quirini,
hic extremo in Aventino, visendus uterque;
intervalla vides humane commoda. 'verum   70
purae sunt plateae, nihil ut meditantibus obstet.'
festinat calidus mulis gerulisque redemptor,
torquet nunc lapidem, nunc ingens machina tignum,
tristia robustis luctantur funera plaustris,
hac rabiosa fugit canis, hac lutulenta ruit sus: 75
i nunc et versus tecum meditare canoros.
scriptorum chorus omnis amat nemus et fugit urbem,
rite cliens Bacchi somno gaudentis et umbra:
tu me inter strepitus nocturnos atque diurnos
vis canere et contracta sequi vestigia vatum ?   80

   ingenium, sibi quod vacuas desumpsit Athenas
et studiis annos septem dedit insenuitque
libris et curis, statua taciturnius exit
plerumque et risu populum quatit: hic ego rerum
fluctibus in mediis et tempestatibus urbis   85
verba lyrae motura sonum conectere digner ?

   frater erat Romae consulti rhetor, ut alter
alterius sermone meros audiret honores,
Gracchus ut hic illi, foret huic ut Mucius ille.
qui minus argutos vexat furor iste poetas ?   90

ist dein Geschmack; ein andrer freut sich an Jamben, der dritte an Un-
terhaltungen nach Bions Art, an beißendem Salze. Die drei Gäste an
meinem Tische stimmen, wie mir scheint, nicht ganz überein: sie bestellen gar verschiedene Gerichte für ihres Gaumens verschiedenen
Geschmack. Was soll ich bieten, was versagen? Du dankst, wo der
andre bedient sein will; was du gern hast, ist zweien ganz unausstehlich und zuwider.

Und außerdem: glaubst du, in Rom könne ich dichten, umdrängt
von den Ansprüchen und Plagen des Lebens? Einer bittet mich, vor
Gericht für ihn zu bürgen; ein zweiter, den Vortrag seiner Werke an-
zuhören; alles andre soll ich stehn und liegen lassen. Da liegt ein Freund
auf dem Quirinushügel krank darnieder, dort einer am Ende des Aventin; Besuch erwarten beide: du siehst, die Entfernungen sind recht
menschlich bemessen! „Aber da sind ja die breiten, bequemen Straßen,
wo dem Sinnenden nichts im Wege steht." Jawohl! In rücksichtsloser
Hast kommt ein Bauführer und hetzt seine Maultiere und Träger; ein
Kran windet bald Blöcke, bald Riesenbalken in die Höhe; düstere
Leichenzüge verwickeln sich mit Lastfuhrwerken; hier flüchtet ein toll-
wütiger Hund, dort rennt ein kotspritzendes Schwein: geh hin und
sinne da mit Andacht auf klangschöne Verse! Wer zur Zunft der Dichter zählt, liebt Waldesstille und flieht die Großstadt; er fühlt sich als
Schützling des Bacchus, schwärmt mit ihm für Schlummer und bergen-
den Schatten: du willst, ich soll inmitten des Lärms, der Nacht und Tag
durchtobt, die Leier stimmen und mit innerlicher Sammlung den
Spuren heiliger Sänger nachwandeln?

Ein stiller Geist hat sich das einsame Athen erkoren und der Ge-
dankenarbeit sieben Jahre gewidmet. Das Haupt ist ergraut über dem
Lesen und Grübeln; stummer als ein Standbild geht er zumeist auf die
Straße; das Volk kann sich des Lachens nicht erwehren: und hier im
brandenden Gewoge des Lebens, im Wirbelsturm der Weltstadt soll
mir Stimmung kommen, Worte zu fügen, die der Laute Klang begleiten mag?

Zwei Brüder lebten in Rom, ein Anwalt und ein Redner. Sie lebten
so verbrüdert, daß jeder vom andern nur in Huldigungen sprach: der
Redner war dem Bruder ein Gracchus und ihm der Jurist ein Mucius.
Gewiß, nicht minder plagt diese Sucht die sangesfrohen Dichter. Lieder

carmina compono, hic elegos: mirabile visu
caelatumque novem Musis opus. adspice primum,
quanto cum fastu, quanto molimine circum-
spectemus vacuam Romanis vatibus aedem;
mox etiam, si forte vacas, sequere et procul audi,   95
quid ferat et qua re sibi nectat uterque coronam:
caedimur et totidem plagis consumimus hostem
lento Samnites ad lumina prima duello.
discedo Alcaeus puncto illius; ille meo quis?
quis nisi Callimachus? si plus adposcere visus,   100
fit Mimnermus et optivo cognomine crescit.

   multa fero, ut placem genus inritabile vatum,
cum scribo et supplex populi suffragia capto;
idem finitis studiis et mente recepta
obturem patulas inpune legentibus auris.   105

   ridentur mala qui conponunt carmina; verum
gaudent scribentes et se venerantur et ultro,
si taceas, laudant quidquid scripsere beati.
at qui legitimum cupiet fecisse poema,
cum tabulis animum censoris sumet honesti: 110
audebit, quaecumque parum splendoris habebunt
et sine pondere erunt et honore indigna ferentur
verba movere loco, quamvis invita recedant
et versentur adhuc inter penetralia Vestae;
obscurata diu populo bonus eruet atque   115
proferet in lucem speciosa vocabula rerum,
quae priscis memorata Catonibus atque Cethegis
nunc situs informis premit et deserta vetustas;
adsciscet nova, quae genitor produxerit usus.
vemens et liquidus puroque simillimus amni   120
fundet opes Latiumque beabit divite lingua;
luxuriantia conpescet, nimis aspera sano
levabit cultu, virtute carentia tollet:
ludentis speciem dabit et torquebitur, ut qui
nunc Satyrum, nunc agrestem Cyclopa movetur.   125

bilde ich, der andre Elegien. Staunenswerte Schöpfungen! Die Musen
haben alle neun daran gemeißelt! Nun sieh nur erstlich, wie selbstbe-
wußt und wichtigtuend wir Umschau halten angesichts der heiligen Halle,
die für Roms Sänger offen steht; dann, wenn du grade frei bist, geh mit
und höre aus sicherer Ecke zu, was jeder bringt, und wie er's anfängt,
sich den Kranz zu flechten. Herüber und hinüber fliegen unsre Streiche
bis zur Erschöpfung des Gegners; unnachgiebig ficht das Samniterpaar,
bis der Tag den Lampen weicht. Und das Ergebnis: er macht mich zum
Alcäus; und ich ernenne ihn — wozu doch gleich? Entschieden zum
Callimachus! Doch es scheint, er will noch höher hinaus: so heißt er denn
Mimnermus, in diesem selbstgewünschten Titel fühlt er sich geehrt.

Vieles erträgt der Mensch, um das reizbare Volk der Sänger zu versöhnen in Zeiten, wo man selber dichtet und fußfällig um des Publikums Stimmen wirbt. Nun ich von diesem Ehrgeiz frei und wieder bei
Vernunft bin, kann ich mir ungestraft das Ohr verstopfen, das jeder
Vorlesung einst offen stand.

Spottet man auch der schlechten Dichter, sie selbst doch freun sich
ihres Schaffens und beten sich an, und allzu eifrig preisen sie in ihrem
Hochgefühl all ihre Schöpfungen, wenn du selbst auch schweigst.
Schwerer hat es, wer ein kunstgerechtes Gedicht vollbracht sehn will:
zugleich mit den Schreibblättern muß er sich den Sinnesernst des ge-
wissenhaften Zensors vornehmen. Entschließen muß er sich, alle Worte
auszuweisen, die nicht schön sind, die nur matt und kraftlos klingen
und nicht recht würdig scheinen, mögen sie auch ungern weichen und
sich so sicher dünken wie in der Vesta Heiligtum. Vergrabene Schätze,
die dem Volke lange fremd waren, wird er geschickt hervorziehn, wird
anschauliche Worte zum Lichte fördern, die vorzeiten einem Cato und
Cethegus geläufig waren, jetzt aber unscheinbar und verblichen, ver-
altet und vergessen sind; neue wird er einbürgern, die der Allerzeuger,
der Bedarf, ins Leben rief. Sprudelnd in Kraft und Klarheit, gar ähnlich
dem lauteren Strome, wird er seine Fülle ausgießen und Latium reich
machen an köstlichem Sprachgut. Üppige Auswüchse wird er stutzen,
knorrige Rauheit in sorglicher Pflege glätten und, was wertlos ist, entfernen. Ungezwungen wie Spiel muß sein Tun erscheinen, und doch
wird er sich plagen und winden wie der Bühnentänzer, der jetzt den
Satyr, jetzt den plumpen Kyklopen mimt.

praetulerim scriptor delirus inersque videri,
dum mea delectent mala me vel denique fallant,
quam sapere et ringi. fuit haud ignobilis Argis,
qui se credebat miros audire tragoedos
in vacuo laetus sessor plausorque theatro;   130
cetera qui vitae servaret munia recto
more, bonus sane vicinus, amabilis hospes,
comis in uxorem, posset qui ignoscere servis
et signo laeso non insanire lagoenae,
posset qui rupem et puteum vitare patentem.   135
hic ubi cognatorum opibus curisque refectus
expulit elleboro morbum bilemque meraco
et redit ad sese, 'pol me occidistis, amici,
non servastis,' ait, 'cui sic extorta voluptas
et demptus per vim mentis gratissimus error.'   140

nimirum sapere est abiectis utile nugis
et tempestivum pueris concedere ludum
ac non verba sequi fidibus modulanda Latinis,
sed verae numerosque modosque ediscere vitae.

quocirca mecum loquor haec tacitusque recordor: 145
si tibi nulla sitim finiret copia lymphae,
narrares medicis: quod quanto plura parasti,
tanto plura cupis, nulline faterier audes?
si volnus tibi monstrata radice vel herba
non fieret levius, fugeres radice vel herba   150
proficiente nihil curarier: audieras, cui
rem di donarent, illi decedere pravam
stultitiam, et, cum sis nihilo sapientior ex quo
plenior es, tamen uteris monitoribus isdem?
at si divitiae prudentem reddere possent,
si cupidum timidumque minus te, nempe ruberes,   155
viveret in terris te siquis avarior uno.

si proprium est, quod quis libra mercatus et aere est,
quaedam, si credis consultis, mancipat usus:

Beneiden möchte ich den hirnlosen Dichter, den Kunstverderber:
hätte ich nur auch dies innige Behagen an meinen Schwächen oder
könnte ich mich nur selber täuschen; so ward mir leider die klare Einsicht und die bissige Mißstimmung. Ein stadtbekannter Mann in Argos
lebte des Glaubens, er höre Stimmen, — wundersame Heldendarstel-
ler; im leeren Theater saß er vergnügt und spendete seinen Beifall.
Dabei versah er alle anderen Pflichten, die der Tag ihm brachte, ganz
vernünftig, war ein guter Nachbar, liebenswürdig als Gastfreund, zärtlich mit der Gattin; er vermochte Dienern etwas nachzusehen und nicht
gleich zu toben, wenn am Weinkrug das Siegel Brüche zeigte; vor
einem Erdschlund, einer offen stehenden Zisterne wußte er sich zu
hüten. Da gelang es der sorgenden Bemühung der Verwandten, ihn zu
heilen: Nieswurz, ein unverdünnter Aufguß, trieb die Krankheit mitsamt der Galle aus. Als er zur Besinnung kam, sagte er: ,,Ach, Freunde,
das heißt ja töten, nicht retten! Denn nun ist mir die Freude meines
Lebens ausgetrieben, des Geistes holder Wahn ist mit Gewalt zerstört!‘‘

Das Heilsame bleibt sicherlich Vernunft und Einsicht, die all den
Tand abtut und Jugendspiel der Jugend überläßt, die nicht Silbenmaße
für Latiums Lautenklang abstimmt, nein, Maß und Einklang des wirklichen Lebens zu erzielen trachtet.

Darum bespreche und bedenke ich bei mir solches in der Stille des
Herzens: ,,Wenn vieles Wassertrinken dir den Durst nicht löschen
könnte, würdest du dich Ärzten anvertrauen: jetzt, wo mit jedem
Mehrerwerb die Sucht nach Mehrbesitz sich steigert, magst du keinem
deinen Zustand entdecken? Wenn dir eine Wunde bei verordneten
Wurzeln und Kräutern nicht heilen wollte, würdest du danken für die
Behandlung mit Wurzeln und Kräutern, die nichts nützen: nun war
dir gesagt, wo der Himmel Geld und Gut schenke, da schwinde der
böse Irrtum und du bist um nichts weiser, seit du reicher bist, und willst
doch noch denselben Ratgebern folgen? Ja, könnte Reichtum wirklich Klugheit bescheren, könnte er Begierde und Angst dir mindern,
dann müßtest du gewiß erröten, wenn einer auf der Welt dich an Ge-
winnlust überträfe.

Eigentum heißt, was man in aller Form, mit Waage und gutem Geld,
gekauft hat; manches wird, wenn du den Rechtsgelehrten glaubst, auch
durch den Gebrauch als Besitz übertragen. Nun, so ist das Feld, da

qui te pascit ager tuus est, et vilicus Orbi,   160
cum segetes occat tibi mox frumenta daturus,
te dominum sentit. das nummos, accipis uvam,
pullos, ova, cadum temeti: nempe modo isto
paulatim mercaris agrum, fortasse trecentis
aut etiam supra nummorum milibus emptum.   165
quid refert, vivas numerato nuper an olim,
emptor Aricini quoniam Veientis et arvi
emptum cenat holus, quamvis aliter putat ? emptis
sub noctem gelidam lignis calefactat aenum;
sed vocat usque suum, qua populus adsita certis   170
limitibus vicina refugit iurgia: tamquam
sit proprium quicquam, puncto quod mobilis horae
nunc prece, nunc pretio, nunc vi, nunc morte suprema
permutet dominos et cedat in altera iura.

  sic quia perpetuus nulli datur usus et heres   175
heredem alterius velut unda supervenit undam,
quid vici prosunt aut horrea, quidve Calabris
saltibus adiecti Lucani, si metit Orcus
grandia cum parvis, non exorabilis auro ?

  gemmas, marmor, ebur, Tyrrhena sigilla, tabellas,   180
argentum, vestis Gaetulo murice tinctas
sunt qui non habeant, est qui non curat habere.

  cur alter fratrum cessare et ludere et ungui
praeferat Herodis palmetis pinguibus, alter
dives et inportunus ad umbram lucis ab ortu   185
silvestrem flammis et ferro mitiget agrum,
scit Genius, natale comes qui temperat astrum,
naturae deus humanae mortalis, in unum
quodque caput voltu mutabilis, albus et ater.

  utar et ex modico, quantum res poscet, acervo   190
tollam nec metuam, quid de me iudicet heres,
quod non plura datis invenerit; et tamen idem
scire volam, quantum simplex hilarisque nepoti
discrepet et quantum discordet parcus avaro.

dich nährt, dein Feld; und wenn Orbius' Gutsverwalter Saaten eineggt,
da er später dir Korn liefern soll, fühlt er dich als seinen Herrn. Du
gibst die Geldstücke, du bekommst Trauben, Hühner, Eier, ein Fäß-
chen mit Most. Auf diese Art erhandelst du doch allmählich das Gut,
das den Käufer vielleicht Dreihunderttausend oder mehr gekostet hat.
Du hast deinen Unterhalt: was macht es, ob die Zahlung jüngst oder
längst geleistet ward? Wer vorzeiten Acker bei Aricia oder Veji kaufte,
speist doch gekauften Kohl, wenn er auch anders rechnet; mit einge-
kauften Holzscheiten wärmt er bei abendlicher Kühle seinen Kupfer-
kessel. Aber als sein eigen bezeichnet er das Land bis dahin, wo die
Pappelreihe auferwuchs, um als Grenzscheide nachbarlichem Übergriff
zu wehren. Als ob irgendein Ding Eigentum wäre, das in einem Punkte
der flüchtigen Zeit in fremden Anspruch übergeht, wenn Geschenk
oder Geschäft, ein Gewaltakt oder der Tod zuletzt die Besitzer wechseln heißt.

So steht dauernder Gebrauch keinem zu, und der Erbe verdrängt
den, der dem ersten Erben folgte, wie Well' auf Welle sich drängt: was
helfen also Landgüter und Speicher oder Kalabriens und Lukaniens
Bergtriften, wenn doch der Schnitter Tod, der unerbittlich bleibt für
Gold, groß und gering dahinmäht?

Juwelen, Marmor, Elfenbein, Erzbildchen aus Tyrrhenerland, Gemälde und Silbergeschirr, dazu Purpurstoffe Gätulischer Färbung:
manch einer entbehrt sie; einen weiß ich, der sie nicht begehrt.

Zwei Brüder haben verschiedene Neigungen: der eine feiert gern;
Spiel und Salbenduft ist ihm mehr wert als die Fruchternte aus Herodes'
reichen Palmenwäldern; der Bruder schafft, trotz seines Reichtums,
mißgestimmt vom Morgengrauen, bis der Abend schattet; macht Wald-
land urbar mit Feuer und Eisen. Woher die Ungleichheit? Das weiß
der Genius, der mit uns lebt, der unsrer Geburtsstunde Gestirn regiert,
das Göttliche im Menschen, das mit ihm dem Tod verfällt, im Ausdruck
wechselnd bei jedem Einzelwesen: bald voll Ernst, bald heiter.

Ich neige zum Genießen und will von dem bescheidenen Vorrat
nehmen, soviel der Bedarf erheischt; nicht soll's mich kümmern, was
ein Erbe von mir denkt, weil er nicht mehr fand, als was mir gegeben
ward. Ebenso aber will ich Augenmaß behalten für die Kluft, die den
harmlos Heiteren vom Prasser und den Sparsamen vom Geizigen trennt.

distat enim, spargas tua prodigus an neque sumptum   195
invitus facias neque plura parare labores
ac potius, puer ut festis quinquatribus olim,
exiguo gratoque fruaris tempore raptim.
pauperies inmunda domus procul absit: ego utrum
nave ferar magna an parva, ferar unus et idem.   200
non agimur tumidis velis aquilone secundo,
non tamen adversis aetatem ducimus austris,
viribus, ingenio, specie, virtute, loco, re
extremi primorum, extremis usque priores.

    non es avarus: abi. quid ? cetera iam simul isto   205
cum vitio fugere ? caret tibi pectus inani
ambitione ? caret mortis formidine et ira ?
somnia, terrores magicos, miracula, sagas,
nocturnos lemures portentaque Thessala rides ?
natalis grate numeras ? ignoscis amicis ?   210
lenior et melior fis accedente senecta ?
quid te exempta iuvat spinis de pluribus una ?

    vivere si recte nescis, decede peritis.
lusisti satis, edisti satis atque bibisti:
tempus abire tibi est, ne potum largius aequo   215
rideat et pulset lasciva decentius aetas.

Denn dem Verschwender, der das Seinige verschleudert, steht ein
andrer gegenüber: der gibt das Nötige ohne Murren aus und quält sich
nicht um Mehrgewinn; nein, wie als Knabe einst die fünftägigen Lenz-
ferien, genießt er die kurze, schöne Zeit im Fluge. Armut, die Feindin
des Behagens, wünsch' ich weit weg von meinem Hause: sonst, ob ich
auf großem oder kleinem Schiffe fahre, ich bin und bleibe derselbe
Fahrgast. Nicht schwellende Segel bei günstigem Nordwind treiben
mein Schifflein, aber ungestört vom Südsturm steure ich mein Leben:
an Kraft und Geist, an Glanz und Wert, an Rang und Gut der Letzte in
der Vorderreihe, doch stets voraus der letzten Reihe.

Du bist nicht habgierig: gut, das ist aller Ehren wert. Und nun die
übrigen Fehler: sind sie bereits wie jener überwunden? Bist du im
Herzen frei von eitlem Ehrgeiz? Bist du, des Todes denkend, frei von
Grauen und Groll? Bist du erhaben über Wahnglauben: Träume,
Geisterbeschwörungen, Wunderzeichen, Hexen, Nachtgespenster und
Thessalischen Zauberspuk? Zählst du dankbar deine Geburtstage?
Kannst Freunden du verzeihn? Wirst du milder und gütiger, je näher
das Alter rückt? Was hilft's, daß du den einen Dorn dir auszogst, wenn
die Mehrzahl noch stecken blieb?

Lebensglück setzt Lebenskunst voraus: hast du sie nicht, so mache
Kennern Platz. Genossen hast du Scherz und Schmaus und Trank: Zeit
ist's, du gehst von hinnen; sonst, wenn du allzu reichlich trinkst, foppen
und puffen dich jüngere Semester, denen der Leichtsinn besser steht.“

De arte poetica

Humano capiti cervicem pictor equinam
iungere si velit et varias inducere plumas
undique conlatis membris, ut turpiter atrum
desinat in piscem mulier formosa superne,
spectatum admissi risum teneatis, amici?   5

    credite, Pisones, isti tabulae fore librum
persimilem, cuius, velut aegri somnia, vanae
fingentur species, ut nec pes nec caput uni
reddatur formae. 'pictoribus atque poetis
quidlibet audendi semper fuit aequa potestas.'   10
scimus, et hanc veniam petimusque damusque vicissim;
sed non ut placidis coeant inmitia, non ut
serpentes avibus geminentur, tigribus agni.

    inceptis gravibus plerumque et magna professis
purpureus, late qui splendeat, unus et alter   15
adsuitur pannus, cum lucus et ara Dianae
et properantis aquae per amoenos ambitus agros
aut flumen Rhenum aut pluvius describitur arcus;
sed nunc non erat his locus. et fortasse cupressum
scis simulare: quid hoc, si fractis enatat exspes   20
navibus, aere dato qui pingitur? amphora coepit
institui: currente rota cur urceus exit?
denique sit quodvis, simplex dumtaxat et unum.

    maxima pars vatum, pater et iuvenes patre digni,
decipimur specie recti: brevis esse laboro,   25
obscurus fio; sectantem levia nervi

Das Buch von der Dichtkunst

Ein Menschenhaupt mit Pferdes Hals und Nacken: denkt euch, so
schüfe es die Laune eines Malers; dann trüge er buntes Gefieder auf,
liehe aus allen Arten die Glieder zusammen; zu unterst wär's ein häß-
lich grauer Fisch, und war doch oben als ein schönes Weib begonnen.
Denkt euch, ihr Freunde wärt zur Schau geladen: würdet ihr euch des
Lachens erwehren ?

Im Ernst, ihr Lieben vom Hause Piso, solchem Gemälde sprechend
ähnlich wird ein Schriftwerk aussehn, das wie ein Kranker im Fieber-
traum unwirkliche Einzelglieder reiht, wo dann nicht Kopf, nicht Fuß
zur Einheit, zur Gestalt sich fügen will. ,,Doch war ja Malern wie Dichtern immer schon das denkbar Kühnste verstattet.'' Ganz recht; und
diese Freiheit erbitten wir, vergönnen wir uns wechselseitig; doch nicht
die Freiheit, Zahmes mit Wildem zu gesellen, Schlangen mit Vögeln
zu paaren und Lämmer mit Tigern.

Oft, wenn der Eingang feierlich das Große, das da kommen soll,
verkündigt hat, wird der und jener Purpurstreif als weithin glänzendes
Prunkstück angeheftet: geschildert wird Dianas Altar im Waldesgrün
oder ein Bächlein, das sich durch liebliche Auen schlängelt, auch wohl
der Rheinstrom oder ein Regenbogen. Sehr schön; nur war jetzt nicht
der Ort dafür. Auch eine Zypresse verstehst du vielleicht täuschend
abzubilden. Was soll das auf dem Seestück, wenn eben aus Schiffs-
trümmern verzweifelnd der Besteller hervorschwimmt, der sich für
sein Geld malen läßt ? Ein Riesentonfaß nahm der Töpfer in Angriff;
die Scheibe läuft: merkwürdig, daß nur ein Krüglein herauskommt.
Kurz und gut, erschaffe, was du willst; nur sei es einartig und aus einem
Guß.

Euch sei's geklagt, Freund Piso und ihr jungen Söhne, die des
Vaters würdig: wir Sänger insgemein lassen uns beirren durch den
Schein des Richtigen. Bündige Kürze will ich erzwingen: Dunkelheit
ist der Erfolg. Glättung erzielt der Dichter: Kraft und Feuer geht

deficiunt animique; professus grandia turget;
serpit humi tutus nimium timidusque procellae:
qui variare cupit rem prodigialiter unam,
delphinum silvis adpingit, fluctibus aprum: 30
in vitium ducit culpae fuga, si caret arte.

  Aemilium circa ludum faber imus et unguis
exprimet et mollis imitabitur aere capillos,
infelix operis summa, quia ponere totum
nesciet: hunc ego me, si quid componere curem,   35
non magis esse velim quam naso vivere pravo,
spectandum nigris oculis nigroque capillo.

  sumite materiam vestris, qui scribitis, aequam
viribus et versate diu, quid ferre recusent,
quid valeant umeri. cui lecta potenter erit res,   40
nec facundia deseret hunc nec lucidus ordo.
ordinis haec virtus erit et venus, aut ego fallor,
ut iam nunc dicat iam nunc debentia dici,
pleraque differat et praesens in tempus omittat.

  in verbis etiam tenuis cautusque serendis   46
hoc amet, hoc spernat promissi carminis auctor.   45
dixeris egregie, notum si callida verbum   47
reddiderit iunctura novum. si forte necesse est
indiciis monstrare recentibus abdita rerum, et
fingere cinctutis non exaudita Cethegis   50
continget dabiturque licentia sumpta pudenter,
et nova fictaque nuper habebunt verba fidem, si
Graeco fonte cadent parce detorta. quid autem
Caecilio Plautoque dabit Romanus ademptum
Vergilio Varioque? ego cur, adquirere pauca   55
si possum, invideor, cum lingua Catonis et Enni
sermonem patrium ditaverit et nova rerum
nomina protulerit? licuit semperque licebit

ihm verloren. Gesuchte Erhabenheit wird schwülstig; matt am Boden
schleicht ein andrer, der die Vorsicht übertreibt und vor dem Sturmes-
fluge zittert. Wer den einheitlichen Stoff abenteuerlich durch Abwechslung beleben möchte, malt den Delphin in die Waldlandschaft und
in die Wellen das Wildschwein. Zum Mißgriff führt die Abkehr vom
Fehler, wenn's am künstlerischen Takte mangelt.

Der Erzmeißler in seinem Winkelladen bei Ämilius' Fechterschule
wird Fingernägel scharf herausarbeiten, auch die weichen Linien des
Haares gefällig nachbilden, und wird doch scheitern bei hohem Schaffen, weil er nicht versteht, ein Ganzes hinzustellen. Dieser Mann
möchte ich nicht sein, wenn ich mich schöpferischen Aufgaben widmete; so wenig ich mit schiefer Nase durchs Leben gehen möchte,
wäre ich auch sonst recht stattlich anzuschauen, mit schwarzen Augen
und schwarzem Haar.

Nehmt euch Stoff, ihr Männer des Schrifttums, der für eure Kräfte
paßt; lange müßt ihr abwägen, was zu schwer für eure Schultern und
was sie tragen können. Wo die Wahl dem Können entsprach, wird dem
Schaffenden nicht die Gabe des Wortes sich versagen, nicht die ord-
nende Klarheit. Ruhm und Reiz einer lichtvollen Anordnung beruht,
wenn mich nicht alles täuscht, darauf, daß der Schriftsteller jetzt nur
eben das sagt, was eben jetzt zu sagen Pflicht ist, gar manches aber auf-
spart und für den Augenblick beiseite läßt.

Auch bei der Sprachgestaltung muß der Schöpfer der verheißenen
Dichtung feinfühlig und behutsam sein: wählen muß er und meiden.
Erlesen wird es klingen, wenn geistreiche Verbindung das altbekannte
Wort als Neuheit wirken läßt. Wird es einmal nötig, bisher fremde
Dinge durch neu erfundene Bezeichnungen einzuführen, so werden
Bildungen glücken, die den altmodisch gekleideten Cethegern noch
unerhört waren, und erlaubt ist die Kühnheit, die sich taktvoll be-
grenzte. Neugebrauch und Neugebild darf auf Geltung rechnen, wenn
etliches aus griechischem Quell einfließen wird; nur mußt du sparsam
herüberleiten. Wie kann der Römer, was er dem Cäcilius und Plautus
einräumt, einem Vergil und Varius absprechen ? Warum sieht man
scheel auf mich, wenn mir bescheidene Mehrung gelingt, da doch die
Sprache eines Cato und Ennius den heimischen Wortschatz bereichert
und für neues Ding auch neuen Namen erbracht hat ? Es war und bleibt

signatum praesente nota producere nomen.
ut silvae foliis pronos mutantur in annos,   60
prima cadunt: ita verborum vetus interit aetas,
et iuvenum ritu florent modo nata vigentque.
debemur morti nos nostraque: sive receptus
terra Neptunus classes Aquilonibus arcet,
regis opus, sterilisve diu palus aptaque remis   65
vicinas urbes alit et grave sentit aratrum,
seu cursum mutavit iniquum frugibus amnis
doctus iter melius: mortalia facta peribunt,
nedum sermonum stet honos et gratia vivax.
multa renascentur quae iam cecidere cadentque   70
quae nunc sunt in honore vocabula, si volet usus,
quem penes arbitrium est et ius et norma loquendi.

　　res gestae regumque ducumque et tristia bella
quo scribi possent numero, monstravit Homerus;
versibus inpariter iunctis querimonia primum,   75
post etiam inclusa est voti sententia compos;
quis tamen exiguos elegos emiserit auctor,
grammatici certant et adhuc sub iudice lis est;
Archilochum proprio rabies armavit iambo;
hunc socci cepere pedem grandesque cothurni,   80
alternis aptum sermonibus et popularis
vincentem strepitus et natum rebus agendis;
Musa dedit fidibus divos puerosque deorum
et pugilem victorem et equum certamine primum
et iuvenum curas et libera vina referre.   85

　　descriptas servare vices operumque colores
cur ego si nequeo ignoroque poeta salutor?
cur nescire pudens prave quam discere malo?

　　versibus exponi tragicis res comica non volt;

des Dichters Recht, ein Wort ausgehen zu lassen, dem er den Stempel der Gegenwart aufprägte. Der Wald wechselt sein Laub im schnellen Lauf der Jahre: das erstentsprossene fällt dahin. So stirbt in der Sprache ein älteres Geschlecht von Wörtern ab; gleich jungen Menschenkindern blühen die Neugeborenen und freuen sich ihres Daseins. Wir sind dem Tod verfallen mit unserm Sein und Tun. Ein Hafenbau, der ein wahres Königswerk, Neptun in Festlands Armen, birgt ganze Flotten vor Nordstürmen; ein Sumpfgebiet, lange Zeit unfruchtbar und mit Kähnen befahren, nährt ganze Städte der Nachbarschaft und spürt den schweren Gang des Pfluges; ein Strom hat seinen Lauf, der Fluren bedrohte, verändert und sich besseren Wandel weisen lassen: gleichviel — was Sterbliche vollbringen, ist dem Untergang geweiht; wie sollten Lautgebilde sich ewig in Geltung und in Gunst behaupten? Vieles harrt der Wiedergeburt, was schon dahinstarb; vieles wird hinsterben, was jetzt an Worten in Geltung ist, ganz wie der Brauch es will: er gibt Gesetz, Entscheid und Richtschnur für das Sprachtum.

In welchem Versmaß die Großtat stolzer Könige und Heerführer und die mordende Feldschlacht besungen werden kann, hat uns Homer gezeigt. Verspaare ungleicher Messung gaben zuerst der Trauerklage die Form, dann auch dem Dankgefühle des Beglückten, dessen Wunsch Erhörung fand. Doch wer der Erfinder war, der die knappen Zweizeiler in die Welt gehen hieß, strittig ist's den Gelehrten, noch wartet des Spruches der Rechtsfall. Archilochus' Eigentum ist der Jambus: der Zorn schuf ihm die Waffe. Diesen Fuß hat der Leichtschuh der Komödie aufgenommen und der würdevolle Hochschuh der Tragödie: er ist der Sprechfuß für die Wechselrede, er durchdringt das Geräusch der Massen und ist geschaffen für den Bühnengang der Handlung. Reiche Musengabe ward den Saiten der Lyra: Götter besingt sie und Söhne der Himmlischen, dazu den siegenden Ringer und das führende Rennpferd im Wettkampf, das Sehnen des Jünglings und den sorgenlösenden Wein.

Festgelegt ist Formgebung und Färbung, je nach den wechselnden Stoffen; kann ich deren Eigenart nicht treffen, nicht begreifen: warum lasse ich mich da als Dichter begrüßen? Warum aus falscher Scham lieber irren als lernen?

Komischer Inhalt will von tragischer Verssprache nichts wissen; so

indignatur item privatis ac prope socco   90
dignis carminibus narrari cena Thyestae:
singula quaeque locum teneant sortita decentem.
interdum tamen et vocem comoedia tollit
iratusque Chremes tumido delitigat ore;
et tragicus plerumque dolet sermone pedestri,   95
Telephus et Peleus cum pauper et exsul uterque
proicit ampullas et sesquipedalia verba,
si curat cor spectantis tetigisse querella.

   non satis est pulchra esse poemata: dulcia sunto
et quocumque volent animum auditoris agunto.   100
ut ridentibus adrident, ita flentibus adflent
humani voltus. si vis me flere, dolendum est
primum ipsi tibi: tum tua me infortunia laedent,
Telephe vel Peleu; male si mandata loqueris,
aut dormitabo aut ridebo. tristia maestum   105
voltum verba decent, iratum plena minarum,
ludentem lasciva, severum seria dictu.
format enim natura prius nos intus ad omnem
fortunarum habitum: iuvat aut inpellit ad iram
aut ad humum maerore gravi deducit et angit: 110
post effert animi motus interprete lingua.
si dicentis erunt fortunis absona dicta,
Romani tollent equites peditesque cachinnum.

   intererit multum, divosne loquatur an heros,
maturusne senex an adhuc florente iuventa   115
fervidus, et matrona potens an sedula nutrix,
mercatorne vagus cultorne virentis agelli,
Colchus an Assyrius, Thebis nutritus an Argis.

   aut famam sequere aut sibi convenientia finge
scriptor. honoratum si forte reponis Achillem,   120
inpiger, iracundus, inexorabilis, acer
iura neget sibi nata, nihil non adroget armis.
sit Medea ferox invictaque, flebilis Ino,
perfidus Ixion, Io vaga, tristis Orestes.

fühlt sich auch Thyestes' Gastmahl entwürdigt durch alltäglichen Er-
zählerton, der an die leichtbeschuhte Dichtung streift. Rein für sich soll
jede Dichtungsart den Platz behaupten, der ihr gehört und ihr gebührt.
Doch kommt es vor, daß auch die Komödie ihre Stimme steigert: im
Zorne tobt sich ein Chremes mit flammender Rede aus. Ebenso zeigt
der tragische Held, wo er klagt, öfters die schlichte Sprache des Alltags,
so Telephus, so Peleus, beide in der Not, in der Fremde, beide den
hohlen Klang des Pathos verschmähend samt den ellenlangen Wort-
gefügen, sobald die Klage ernstlich des Zuschauers Herz rühren soll.

Nicht genügt es, daß Dichtungen formschön sind; süß und zu Herzen gehend sollen sie den Hörer ergreifen und unwiderstehlich mit-
reißen. Das Menschenantlitz lacht mit den Lachenden und weint mit
den Weinenden. Willst du mich zu Tränen nötigen, so mußt du selbst
zuvor das Leid empfinden; nur dann wird mich dein Unglück rühren,
mein Telephus, mein Peleus. Ward Ungeschicktes dir in den Mund
gelegt, so fang' ich an zu gähnen oder zu lachen. Traurige Worte gehören zum betrübten Antlitz, drohende zum erzürnten; zur scherzen-
den Miene paßt das mutwillige, zur ernsten das gemessene Wort. Denn
Natur stimmt zuvor unser Inneres je nach der Art des Erlebten: freudig
erhebend, Zorn aufwühlend; niederdrückend durch Kummerlast,
herzbeklemmend durch Ängste, darauf trägt sie die Schwingungen der
Seele nach außen, und Dolmetsch ist die Zunge. Steht das Gesprochene
im Mißklang mit den Erlebnissen des Sprechers, so wird das versammelte Rom, Ritter und Gemeine, in Hohngelächter ausbrechen. Sorg-
sam will unterschieden sein: ist der Redende ein Gott oder ein Held,
ein urteilsreifer Graukopf oder ein feuriger Jüngling, umblüht noch
von des Lebens Lenz ? Spricht eine gebietende Herrin oder die dienst-
beflissene Kinderfrau, ein weitgereister Handelsherr oder der Bauer,
dem die Scholle grünt ? Ist Kolchis, ist Assyrien die Heimat ? Hat
Theben, hat Argos den Geist genährt ?

Die Stoffwahl verlangt Anschluß an die Überlieferung oder, bei
freier Erfindung, innerlichen Einklang. Führt deine Dichtung etwa
aufs neue den Achill vor, wie er in hoher Ehre stand, dann muß er rastlos sein, zornwütig, unerbittlich, leidenschaftlich, Anerkennung dem
Recht versagend, jede Willkür dem Schwert ertrotzend. Eine Medea
sei wildherzig und unbeugsam, Ino wehleidig, Ixion treubrüchig, Io

siquid inexpertum scaenae conmittis et audes   125
personam formare novam, servetur ad imum,
qualis ab incepto processerit, et sibi constet.
difficile est proprie communia dicere, tuque
rectius Iliacum carmen deducis in actus
quam si proferres ignota indictaque primus: 130

   publica materies privati iuris erit, si
non circa vilem patulumque moraberis orbem
nec verbum verbo curabis reddere fidus
interpres nec desilies imitator in artum,
unde pedem proferre pudor vetet aut operis lex,   135
nec sic incipies, ut scriptor cyclicus olim:
'fortunam Priami cantabo et nobile bellum.'
quid dignum tanto feret hic promissor hiatu ?
parturient montes, nascetur ridiculus mus.
quanto rectius hic, qui nil molitur inepte: 140
'dic mihi, Musa, virum, captae post tempora Troiae
qui mores hominum multorum vidit et urbes.'
non fumum ex fulgore, sed ex fumo dare lucem
cogitat, ut speciosa dehinc miracula promat,
Antiphaten Scyllamque et cum Cyclope Charybdim.   145
nec reditum Diomedis ab interitu Meleagri
nec gemino bellum Troianum orditur ab ovo:
semper ad eventum festinat et in medias res
non secus ac notas auditorem rapit et quae
desperat tractata nitescere posse relinquit   150
atque ita mentitur, sic veris falsa remiscet,
primo ne medium, medio ne discrepet imum.

   tu, quid ego et populus mecum desideret, audi,
si plausoris eges aulaea manentis et usque
sessuri, donec cantor 'vos plaudite' dicat.   155
aetatis cuiusque notandi sunt tibi mores,

ruhelos, Orestes schwermutsvoll. Bringst du der Bühne unversuchten Stoff und wagst es, eine Gestalt frei zu erschaffen, so führe sie bis ans Ende durch, wie sie von Anbeginn auftrat, auf daß sie sich treu bleibe. Schwierig ist es, einen allgemein menschlichen Stoff lebenswahr zu gestalten, und du kommst leichter zurecht, wenn du aus dem Liede von Ilion die Folge der Akte spinnst, als wenn du Selbsterdachtes bötest, was kein Ohr gehört und kein Mund gesagt hat.

War der Stoff Gemeingut, kann er doch rechtsgültig dein Eigentum werden. Nur mußt du dich nicht in dem bequemen, oft betretenen Kreise aufhalten, mußt nicht peinlich Wort für Wort mit Dolmetschers Treue wiedergeben, auch nicht als Nachahmer dich sklavisch einengen, so daß dann ängstliche Scheu oder des Werkes Eigenart dich hindert, einen Schritt nur abzuweichen. Auch darfst du nicht anfangen, wie einst der Homeride im kyklischen Epos:

> „Priams Schicksal will ich singen
> und den weltberühmten Krieg."

Ein vielversprechend Wort! Wird er auch bieten, was dem Mundwerk ganz entspricht? Gebirge wollen gebären, und nur ein winzig Mäuslein wird zur Welt gebracht! Wie viel treffender Er, dem nie beim Schaffen der Takt fehlt:

> „Sage mir, Muse, den Mann, der in Jahren nach Trojas Zerstörung
> vieler Menschen Städte gesehen und Sitte gelernt hat."

Nicht dunkler Rauch aus Flackerfeuer, sondern aus Rauch soll Lichtglanz aufgehn; Wunder der Märchenwelt will er dann uns vorzaubern: Antiphates und Skylla, dazu Kyklop und Charybdis. Nicht beginnt er Diomedes' Heimfahrt beim Untergange seines Oheims Meleager und nicht den Krieg um Troja beim Zwillingsei: immer strebt er rasch zum Endziel und führt den Hörer mitten hinein in die Geschichte nicht anders, als kenne jeder den Hergang. Was reizlos keine schöne Darstellung verspricht, läßt er beiseite. Täuschend erfindet er, Wahrheit mischt er mit Trugspiel, immer bedacht, daß Anfang und Mitte, Mitte und Ende nicht uneins werden.

Freund, ein Erfordernis ist mir, ist der Gesamtheit wichtig: vernimm es, so gewiß du den befriedigten Zuschauer brauchst, der den Vorhang abwartet und ausharrt auf dem Sitze, bis der Spieler um den Beifall bittet. Die Altersstufen mußt du, jede in ihrer Eigenart, beobachten;

mobilibusque decor naturis dandus et annis.
reddere qui voces iam scit puer et pede certo
signat humum, gestit paribus conludere et iram
colligit ac ponit temere et mutatur in horas.   160
inberbis iuvenis, tandem custode remoto,
gaudet equis canibusque et aprici gramine campi,
cereus in vitium flecti, monitoribus asper,
utilium tardus provisor, prodigus aeris,
sublimis cupidusque et amata relinquere pernix.   165
conversis studiis aetas animusque virilis
quaerit opes et amicitias, inservit honori,
conmisisse cavet quod mox mutare laboret.
multa senem circumveniunt incommoda, vel quod
quaerit et inventis miser abstinet ac timet uti,   170
vel quod res omnis timide gelideque ministrat,
dilator, spe longus, iners avidusque futuri,
difficilis, querulus, laudator temporis acti
se puero, castigator censorque minorum.
multa ferunt anni venientes commoda secum,   175
multa recedentes adimunt: ne forte seniles
mandentur iuveni partes pueroque viriles:
semper in adiunctis aevoque morabitur aptis.

    aut agitur res in scaenis aut acta refertur.
segnius inritant animos demissa per aurem   180
quam quae sunt oculis subiecta fidelibus et quae
ipse sibi tradit spectator: non tamen intus
digna geri promes in scaenam multaque tolles
ex oculis, quae mox narret facundia praesens:
ne pueros coram populo Medea trucidet   185
aut humana palam coquat exta nefarius Atreus
aut in avem Procne vertatur, Cadmus in anguem.
quodcumque ostendis mihi sic, incredulus odi.

    neve minor neu sit quinto productior actu
fabula quae posci volt et spectanda reponi.   190

mußt den veränderlichen Charakteren nach dem verschiedenen Alter zugestehn, was ihnen zukommt. Alsbald wenn der Knabe den Sprachlaut nachzubilden weiß und sicheren Schrittes gehen kann, gilt sein Eifer dem Spiel mit seinesgleichen; blindlings erzürnt er sich, plötzlich versöhnt er sich: verwandelt findet ihn die nächste Stunde. Der bartlose Jüngling, der — endlich! — des Hüters ledig ward, hat sein Vergnügen an Pferden und Hunden, am grünen Rasen des sonnigen Marsfeldes. Wachsweich ist er für Eindrücke der Verführung; für Mahnworte harthörig; säumig im Berechnen des Nutzens; großspurig im Geldausgeben; hoch hinausstrebend, rasch im Begehren und schnellfertig wiederaufzugeben, was er liebte. Es wandeln sich die Neigungen: Mannes Alter, Mannes Art strebt nach Geltung, nach Verbindungen; er dient um Ehre, er meidet gewagte Schritte, die er mit Mühe dann zurücktun müßte. Vielerlei Nöte umringen den Greis: erwerben will er noch, und den Ertrag spart er mit Selbstpein und scheut sich ihn zu nutzen. Scheu und kühl faßt er ein jedes Ding an, abwartend und in die Ferne rechnend, matt im Schaffen und zäh im Hoffen für die Zukunft; eigensinnig und verdrießlich; ein Lobredner der Zeiten, da er selbst noch jung war; ein Sittenrichter und Tadler der Nachgeborenen. Vieles bringen die kommenden Jahre an Gaben, viel andres nehmen die scheidenden mit fort: so darf des Jünglings Rolle nichts Greisenhaftes haben und das Kind sich nicht als Mann gebärden; treulich wollen wir an das uns halten, was jedem Alter angemessen und zu eigen ist.

Eine Handlung kommt als Ereignis auf die Bühne oder durch Bericht von ihrem Hergang. Schwächer ist der Eindruck, der der Seele durch das Ohr zugeht, minder wirksam, als was das zuverlässige Auge unmittelbar aufnimmt und was der Zuschauer sich selbst zuträgt. Trotzdem laß Dinge, die ins Haus gehören, nicht vor der Bühnenwand geschehen; laß vieles den Augen entrückt bleiben: dann mag beredter Zeugenmund es anschaulich erzählen. Nicht darf vor allem Volk Medea ihre Kinder schlachten; nicht darf der grausige Atreus Menschenfleisch auf offner Bühne kochen, nicht Prokne in den Vogel, Kadmus in die Schlange sich verwandeln. Was du mir so handgreiflich zeigst, erregt Unglauben nur und Widerwillen.

Nicht kürzer und nicht länger soll das Stück sein als fünf Akte, will es Zugkraft entfalten und auf der Bühne weiterleben. Nicht darf ein Gott

nec deus intersit, nisi dignus vindice nodus
inciderit, nec quarta loqui persona laboret.
actoris partis chorus officiumque virile
defendat, neu quid medios intercinat actus
quod non proposito conducat et haereat apte.   195
ille bonis faveatque et consilietur amice
et regat iratos et amet pacare timentis,
ille dapes laudet mensae brevis, ille salubrem
iustitiam legesque et apertis otia portis,
ille tegat conmissa deosque precetur et oret,   200
ut redeat miseris, abeat Fortuna superbis.

    tibia non ut nunc orichalco vincta tubaeque
aemula, sed tenuis simplexque foramine pauco
adspirare et adesse choris erat utilis atque
nondum spissa nimis complere sedilia flatu;   205
quo sane populus numerabilis, utpote parvos,
et frugi castusque verecundusque coibat.
postquam coepit agros extendere victor et urbis
latior amplecti murus vinoque diurno
placari Genius festis inpune diebus,   210
accessit numerisque modisque licentia maior.
indoctus quid enim saperet liberque laborum
rusticus urbano confusus, turpis honesto?
sic priscae motumque et luxuriem addidit arti
tibicen traxitque vagus per pulpita vestem;   215
sic etiam fidibus voces crevere severis,
et tulit eloquium insolitum facundia praeceps
utiliumque sagax rerum et divina futuri
sortilegis non discrepuit sententia Delphis.

    carmine qui tragico vilem certavit ob hircum,   220
mox etiam agrestis satyros nudavit et asper
incolumi gravitate iocum temptavit eo quod
inlecebris erat et grata novitate morandus
spectator functusque sacris et potus et exlex.
verum ita risores, ita commendare dicacis   225

eingreifen, wo nicht Verstrickung vorliegt, die den Befreier fordert; nicht soll die vierte Person sich ins Gespräch drängen. Die Rolle einer handelnden Person muß der Chor spielen und voll beteiligt seinen Mann stehn; nicht darf er beliebig ein Lied zwischen den Akten einlegen, nichts andres, als was der Entwicklung dienlich ist und ihr sich innig anschließt. Er sei den Edlen zugetan, sei ihnen Freund und Berater, Zürnende meisternd, Verzagte gern beruhigend. Ihm ziemt es, die Freuden des einfachen Tisches zu rühmen, die Segnungen der Gerechtigkeit, Gesetz und Frieden, der die Stadttore offen hält. Bergen soll er das Anvertraute, soll beten zu den Göttern und flehen, daß den Bedrängten das Glück wiederkehre und weiche von den Hoffärtigen.

Die Flöte war ehedem nicht, wie jetzt, ein vielgliedriges Erzgefüge und nicht auf die Trompete eifersüchtig: feinstimmig und einfach und mit Öffnungen sparsam, erfüllte sie den Zweck, die Chöre tonangebend zu begleiten und den Raum mit ihrem Hauche zu erfüllen; noch waren die Sitzreihen nicht allzu gedrängt und versammelten eine wohl zu zählende Hörerschar, wie denn das Volk noch klein war, noch anspruchslos, sittsam und ehrbar zusammenlebte. Als dann der Sieg die Landesgrenzen zu dehnen begann, als weitere Mauern um die Stadt sich zogen und der Bürger sich gewöhnte, an Festtagen beim Frühtrunk unverwehrt dem Genius gütlich zu tun: da sind dann Maße und Weisen zur Ungebundenheit entartet. Wie war auch Feingeschmack zu erwarten, wo mit dem Städter sich der ungebildete Bauer, von saurer Arbeit kommend, zusammenfand, der Gemeine mit dem Edlen? So ließ der Flötenbläser Unruhe und Üppigkeit in seine altehrwürdige Kunst eindringen und rauschte im Schleppkleid über die Bühne. So nahm auch die ernstbesaitete Laute an Stimmen zu; verstiegener Wortschwall überschlug sich zu gewagter Redeweise, und der Gedanke, sonst sinnreich belehrend und ahnungsvoll vorausdeutend, klang jetzt nicht ungleich Delphis dunklen Weisheitssprüchen.

Der tragische Dichter, dem der Bock als Kampfpreis nicht zu gering war, hat später auch die Satyrn in ihrer ländlichen Derbheit und Nacktheit auftreten lassen und, ohne der Rauheit die Würde zu opfern, sich im Scherz versucht. Er bedurfte des Lockmittels; reizvolle Abwechslung mußte den Zuschauer fesseln, der nach der Festfeier in trunkener, ausgelassener Laune war. Will aber der Dichter seine Spötter und Spaß-

conveniet satyros, ita vertere seria ludo,
ne, quicumque deus, quicumque adhibebitur heros,
regali conspectus in auro nuper et ostro,
migret in obscuras humili sermone tabernas
aut, dum vitat humum, nubis et inania captet.   230
effutire levis indigna tragoedia versus,
ut festis matrona moveri iussa diebus,
intererit satyris paulum pudibunda protervis.

    non ego inornata et dominantia nomina solum
verbaque, Pisones, satyrorum scriptor amabo   235
nec sic enitar tragico differre colori,
ut nihil intersit, Davusne loquatur et audax
Pythias, emuncto lucrata Simone talentum,
an custos famulusque dei Silenus alumni.
ex noto fictum carmen sequar, ut sibi quivis   240
speret idem, sudet multum frustraque laboret
ausus idem: tantum series iuncturaque pollet,
tantum de medio sumptis accedit honoris.
silvis deducti caveant me iudice Fauni,
ne velut innati triviis ac paene forenses   245
aut nimium teneris iuvenentur versibus umquam
aut inmunda crepent ignominiosaque dicta.
offenduntur enim, quibus est equus et pater et res,
nec, siquid fricti ciceris probat et nucis emptor,
aequis accipiunt animis donantve corona.   250

    syllaba longa brevi subiecta vocatur iambus,
pes citus: unde etiam trimetris adcrescere iussit
nomen iambeis, cum senos redderet ictus,
primus ad extremum similis sibi: non ita pridem,
tardior ut paulo graviorque veniret ad auris,   255
spondeos stabilis in iura paterna recepit
commodus et patiens, non ut de sede secunda
cederet aut quarta socialiter. hic et in Acci
nobilibus trimetris adparet rarus et Enni

macher, die Satyrn, empfehlend einführen, will er den Ernst in heiteres Spiel verkehren, muß er Maß halten. Nicht darf der mitwirkende Gott oder Held, der eben noch in goldner Pracht, im Königspurpur sich darstellte, jetzt in gemeine Schenken mit niedrigem Gesprächston übergehn; ebenso wenig darf er, um die niedere Sphäre zu vermeiden, hochtrabend in die Wolken und ins Blaue greifen. Die tragische Muse ist zu gut für loses Versgeplauder; gleich der würdigen Frau, die am Götterfesttag sich den Rhythmen des Reigens fügt, wird sie in Züchten ein Weilchen die Gesellschaft der lockeren Satyrn dulden.

Nehmt an, ihr Freunde, ich wäre selber eines Satyrspiels Verfasser: keineswegs nur die schmucklosen, alltäglichen Worte und Wendungen will ich wählen; wohl werde ich den Ausdruck gegen tragische Färbung abzutönen streben, doch muß ein Unterschied bleiben, ob Davus redet oder die dreiste Pythias, die eben den alten Simo um ein Talent geprellt hat, oder ob Silen spricht, der Hüter und Diener des göttlichen Pfleglings. Nur aus gewohntem Sprachgut will ich die Dichtung gestalten, die mir vorschwebt; jeder soll denken, er könne das auch; reichlichen Schweiß und vergebliche Mühe mag er opfern, sobald er es nun auch unternimmt. Die Kunst liegt im Fügen und Binden der Worte; Kunst kann sie trotz der Alltagsherkunft adeln. Wäldern entstammen die Faune und sollten sich — nach meinem Urteil — nicht wie Pflastertreter und wohl gar wie vornehme Herren gebärden: nie müssen sie mit allzu gezierten Versen schöntun, nie unsaubere und schandbare Witze laut werden lassen. Denn daran nimmt Anstoß, wer zu den Berittenen, den Freigebornen, den Besitzenden zählt; und mag es auch der Käufer von Erbsenmehl und Röstkastanien billigen: die andern hören es mit Unbehagen und weigern den Siegerkranz.

Die lange Silbe mit kurzer Vorsilbe heißt Iambus, ein flüchtiger Fuß; weshalb er auch die iambische Zeile als Dreitakt geachtet und benannt sehn will, während er doch je sechs Hebungen zählte, vom ersten bis zum letzten Fuße gleichgeartet. Um etwas gemessener und gewichtiger ins Gehör zu fallen, hat er vor nicht gar langer Zeit die schweren Spondeen in sein altes Erbe aufgenommen, gefällig und fügsam, doch nicht gewillt, auch den zweiten und vierten Platz kameradschaftlich noch abzutreten. Er selbst kommt in den gepriesenen Trimetern des Accius nur spärlich zur Erscheinung; und Ennius' Verse mit ihrem wuchtig

in scaenam missos cum magno pondere versus 260
aut operae celeris nimium curaque carentis
aut ignoratae premit artis crimine turpi.

    non quivis videt inmodulata poemata iudex
et data Romanis venia est indigna poetis.
idcircone vager scribamque licenter ? an omnis 265
visuros peccata putem mea, tutus et intra
spem veniae cautus ? vitavi denique culpam,
non laudem merui. vos exemplaria Graeca
nocturna versate manu, versate diurna.
at vestri proavi Plautinos et numeros et 270
laudavere sales, nimium patienter utrumque,
ne dicam stulte, mirati, si modo ego et vos
scimus inurbanum lepido seponere dicto
legitimumque sonum digitis callemus et aure.

    ignotum tragicae genus invenisse Camenae 275
dicitur et plaustris vexisse poemata Thespis,
quae canerent agerentque peruncti faecibus ora.
post hunc personae pallaeque repertor honestae
Aeschylus et modicis instravit pulpita tignis
et docuit magnumque loqui nitique cothurno. 280
successit vetus his comoedia, non sine multa
laude; sed in vitium libertas excidit et vim
dignam lege regi: lex est accepta chorusque
turpiter obticuit sublato iure nocendi.

    nil intemptatum nostri liquere poetae 285
nec minimum meruere decus vestigia Graeca
ausi deserere et celebrare domestica facta
vel qui praetextas vel qui docuere togatas.
nec virtute foret clarisve potentius armis
quam lingua Latium, si non offenderet unum 290
quemque poetarum limae labor et mora. vos, o
Pompilius sanguis, carmen reprehendite, quod non
multa dies et multa litura coercuit atque
praesectum deciens non castigavit ad unguem.

schweren Bühnenschritt spricht er nicht frei von beschämendem Vorwurf: ihr Dichter hat allzu eilfertig und sorglos gearbeitet oder das
Kunstgesetz nicht verstanden.

Nicht jeder, der urteilt, hat Blick für regelwidrige Verse, und Roms
Dichter genießen eine Freiheit, die wenig Ehre macht. Soll ich darum
mich gehen lassen und lässig schreiben? Oder soll ich annehmen, daß
jeder meine Verstöße sieht, und vorsorglich mich selbst vor Fehlern
hüten, für die ich auf Nachsicht rechnen kann? Dann hab' ich schließlich Unerlaubtes nicht getan, doch auch kein Lob verdient. Nehmt ihr
euch zu Mustern die Griechen: nehmt sie zu jeder Zeit zur Hand, bei
Tag und Nacht. Ich weiß, eure Vorväter haben die Verse eines Plautus
wie auch seine Witze schön gefunden. Nur allzu anspruchslos war ihre
Vorliebe für beides, fast muß ich sagen, urteilslos; so gewiß ihr wie ich
unfeinen Scherz vom zierlichen scheidet, so gewiß wir den regelrechten
Vers mit den Fingern wie im Ohr leibhaftig fühlen können.

Die Vorzeit wußte nichts vom Spiel der tragischen Muse: Thespis gilt
als Erfinder; man sagt, er ließ auf Wagen seine Dichtungen wandern;
Weinhefe schminkte Sängern und Darstellern das Gesicht. Nach ihm hat
dann Äschylus, der auch Maske und feierliches Schleppgewand einführte,
schlicht aus Balken ein Bühnengerüst gezimmert; er hat die erhabene
Sprache gelehrt und das Schreiten auf dem Hochschuh. Ihnen ist die alte
Komödie nachgefolgt und hat der Ehren viel gewonnen; aber Freimut
verführte zum Mißbrauch, zur Gewalttat, die den Eingriff des Gesetzes
nötig machte. Das Gesetz kam, und unrühmlich verstummte der Chor:
mit dem Rechte zu verletzen hatte er auch die Sprache verloren.

Nichts haben unsre römischen Dichter unversucht gelassen; nicht
ihr schlechtester Ruhm ist da gewonnen, wo sie kühnen Mutes die
griechischen Fußstapfen verließen und Heimatliches zu Ehren brachten, ob sie nun Helden im Saumgewand vorführten oder Mitbürger im
Alltagskleid. Auch stände ebenso mächtig die Sprache Latiums da wie
sein Mannesmut und Waffenruhm, wäre nicht eins im Wege, ein Anstoß für unsre Dichter allzumal: sie finden das Feilen mühselig und
zeitraubend. Euch Pisonen, die ihr von Numas Blute seid, ermahne ich:
verwerft das Gedichtete, wenn nicht mancher Tag und mancher Feder-
strich daran Zucht übte, wenn nicht zehnmal der geglättete Fingernagel die Straffheit der Form nachprüfte.

ingenium misera quia fortunatius arte   295
credit et excludit sanos Helicone poetas
Democritus, bona pars non unguis ponere curat,
non barbam, secreta petit loca, balnea vitat.
nanciscetur enim pretium nomenque poetae,
si tribus Anticyris caput insanabile numquam   300
tonsori Licino conmiserit. o ego laevus,
qui purgor bilem sub verni temporis horam.
non alius faceret meliora poemata; verum
nil tanti est. ergo fungar vice cotis, acutum
reddere quae ferrum valet, exsors ipsa secandi;   305
munus et officium, nil scribens ipse, docebo,
unde parentur opes, quid alat formetque poetam,
quid deceat, quid non, quo virtus, quo ferat error.
    scribendi recte sapere est et principium et fons.
rem tibi Socraticae poterunt ostendere chartae   310
verbaque provisam rem non invita sequentur.
qui didicit, patriae quid debeat et quid amicis,
quo sit amore parens, quo frater amandus et hospes,
quod sit conscripti, quod iudicis officium, quae
partes in bellum missi ducis, ille profecto   315
reddere personae scit convenientia cuique.
respicere exemplar vitae morumque iubebo
doctum imitatorem et vivas hinc ducere voces.
interdum speciosa locis morataque recte
fabula nullius veneris, sine pondere et arte,   320
valdius oblectat populum meliusque moratur
quam versus inopes rerum nugaeque canorae.
    Grais ingenium, Grais dedit ore rotundo
Musa loqui, praeter laudem nullius avaris.
Romani pueri longis rationibus assem   325
discunt in partis centum diducere. 'dicat
filius Albini: si de quincunce remota est
uncia, quid superat? poteras dixisse.' 'triens.' 'eu,

Genie ist glückverheißender als der mühselige Kunstfleiß: so meint
Demokrit und will vernünftige Dichter vom Helikon verweisen. Die
Folge ist: manch einer mag Nägel und Bart nicht stutzen lassen; er
sucht die Einsamkeit und meidet die Bäderhallen. Sein Wert und Name
als Dichter ist ja gesichert, wenn er seinen Kopf in der völligen, durch
dreifache Nieswurzzufuhr nicht heilbaren Verrücktheit erhält und niemals ihn dem Bartscherer Licinus in Pflege gibt. Ich Tor, wie schade
ich mir mit der gewohnten Gallenkur zur Zeit des Vorfrühlings: kein
andrer würde bessere Gedichte machen! Doch nein, um solchen Preis
nicht. So will ich denn des Wetzsteins Dienste tun: der hat zwar nicht
die Gabe, selbst zu schneiden, kann aber Eisen scharf machen. Ohne
selbst zu dichten, will ich Beruf und Pflicht des Dichters zeigen: wo er
Gedankenreichtum sich erwirbt, was seinen Geist zu nähren und zu
bilden dient, was ihm zu tun und nicht zu tun gebührt, wohin ihn echte
Kunst, wohin des Irrtums Wahn ihn führen kann.

Dichtung rechter Art hat in gesunder Klarheit ihren Grund und Ursprung. Echten Gehalt können die Blätter Sokratischer Weisheit dir
bieten, und ist der Inhalt wohlbedacht, so werden die Worte sich folg-
sam fügen. Wer den ethischen Anspruch kennt, den Vaterland und
Freundschaft geltend machen; den Herzensanteil, den das Elternpaar,
der Bruder und der Gastfreund heischt; die Pflicht des Ratsherrn und
des Richters, die Aufgabe des kriegführenden Feldherrn: wer solches
durchdacht hat, weiß sicherlich jede Gestalt seiner Dichtung gebührend
auszustatten. Aufschauen muß er zu dem Musterbilde sittlichen Lebens
und Handelns; nachsinnend, nachbildend muß er es anschauen und daher die lebensvollen Töne gewinnen. Zeigt ein Stück Gedankenschätze
und rechte, wahre Menschen, so mag es auch ohne den Reiz der Anmut,
ohne Wucht und Kunst in der Sprache den Hörer anregender unterhalten und wirksamer fesseln als inhaltsleere Verse und nichtssagender
Wohlklang.

Das Griechenvolk hat von der Muse die schöpferische Begabung,
den Zauberfluß der Rede; und Ehrgeiz ist der Griechen einziger Geiz.
Roms Jugend lernt in langen Bruchrechnungen hundertteilig das As
zerlegen. „Sagen soll mir der junge Albinus: nehme ich von fünf Zwölfteln eine Unze weg: was bleibt als Rest? — Du konntest es schon heraus haben!" „Ein drittel As." „Bravo! Wirst mal das Deinige zusam-

rem poteris servare tuam. redit uncia, quid fit ?'
'semis.' an, haec animos aerugo et cura peculi   330
cum semel imbuerit, speremus carmina fingi
posse linenda cedro et levi servanda cupresso ?
   aut prodesse volunt aut delectare poetae
aut simul et iucunda et idonea dicere vitae.
quidquid praecipies, esto brevis, ut cito dicta   335
percipiant animi dociles teneantque fideles:
omne supervacuum pleno de pectore manat.
ficta voluptatis causa sint proxima veris:
ne quodcumque volet poscat sibi fabula credi
neu pransae Lamiae vivum puerum extrahat alvo.   340
centuriae seniorum agitant expertia frugis,
celsi praetereunt austera poemata Ramnes:
omne tulit punctum, qui miscuit utile dulci
lectorem delectando pariterque monendo.
hic meret aera liber Sosiis, hic et mare transit   345
et longum noto scriptori prorogat aevum.
   sunt delicta tamen, quibus ignovisse velimus:
nam neque chorda sonum reddit quem volt manus et mens,
poscentique gravem persaepe remittit acutum,
nec semper feriet quodcumque minabitur arcus.   350
verum ubi plura nitent in carmine, non ego paucis
offendar maculis, quas aut incuria fudit
aut humana parum cavit natura. quid ergo est ?
ut scriptor si peccat idem librarius usque,
quamvis est monitus, venia caret, et citharoedus   355
ridetur, chorda qui semper oberrat eadem,
sic mihi, qui multum cessat, fit Choerilus ille,
quem bis terve bonum cum risu miror; et idem
indignor, quandoque bonus dormitat Homerus;
verum operi longo fas est obrepere somnum.   360
   ut pictura poesis: erit quae, si propius stes,

menhalten. Bekomme ich eine Unze hinzu: wie groß ist die Summe?"
„Ein halb As." Was können wir hoffen, wenn dieser Kupferrost, dieser
Geschäftstrieb die Seelen einmal erfaßt hat? Etwa den Aufschwung zu
Dichtungen, die, durch Zedernöl geschützt, im glatten Zypressen-
schrein fortzudauern würdig wären?

Sinnbelehrend will Dichtung wirken oder herzerfreuend, oder sie
will beides geben: was lieblich eingeht und was dem Leben frommt.
All dein Unterweisen sei kurz und bündig, damit der Geist das Gesagte
alsbald gelehrig auffaßt und es getreulich festhält. Hat die Seele genug
der Fülle, läßt sie alles abgleiten, was darüber ist. Was zur Belustigung
erdichtet ist, muß der Wirklichkeit möglichst nahe kommen: nicht für
jeden Einfall darf die Erfindung Glauben verlangen, darf nicht der
Lamia den von ihr verspeisten Knaben lebend wieder aus dem Bauche
ziehn. Das stimmfähige Publikum gesetzten Alters verwirft das Werk,
das nicht moralischen Nutzen bringt; grämlichen Ernst lehnt hoch-
mutvoll der junge Ritter ab; aller Beifall ist dem gewiß, der Heil-
sames mischte mit Süßem, der den Leser zum Genießen einlud und
zugleich zum Nachdenken. Solch Buch verdient den Gebrüdern Sosius
die Groschen; es wandert auch über See und sichert dem vielgenannten
Verfasser die Unsterblichkeit.

Doch gibt es Verstöße, über die wir willig hinwegsehn. Denn auch
die Saite gibt nicht genau den Ton an, den des Spielers Hand und Takt-
sinn heischt: will er den tiefen, so schwingt sie gar oft den hellen zurück;
auch der Bogen trifft nicht unfehlbar jedes Ziel, dem sein Schuß gilt.
Indes wo im großen das Werk blitzsauber ist, werde ich nicht Ärgernis
nehmen an vereinzelten Fleckchen, wie sie flüchtiger Hand entgleiten
konnten oder wie nach menschlicher Art auch Sorgfalt sie nicht ganz
verhütet hat. Was gilt also? Das Gleichnis sagt's. Wenn der Abschrei-
ber trotz aller Warnung stets denselben Fehler wiedermacht, verliert
er das Recht auf Nachsicht; ein Zitherspieler wird ausgelacht, der immer
auf derselben Saite fehlgreift; und der Dichter, der sich vielfach versieht,
er gilt mir schließlich wie „Meister" Chörilus: ich staune und lächle,
wenn der es zwei-, dreimal recht macht, während es mich aufbringen
kann, wenn der wahre Meister Homer einmal einnickt. Aber des Schaffens Länge verzeiht, daß ein Schläfchen sich einstiehlt.

Das Dichtwerk gleicht dem Gemälde: manches wird dich, wenn du

te capiat magis, et quaedam, si longius abstes;
haec amat obscurum, volet haec sub luce videri,
iudicis argutum quae non formidat acumen;
haec placuit semel, haec deciens repetita placebit.　　365
　　o maior iuvenum, quamvis et voce paterna
fingeris ad rectum et per te sapis, hoc tibi dictum
tolle memor, certis medium et tolerabile rebus
recte concedi: consultus iuris et actor
causarum mediocris abest virtute diserti　　370
Messallae nec scit quantum Cascellius Aulus,
sed tamen in pretio est: mediocribus esse poetis
non homines, non di, non concessere columnae.
ut gratas inter mensas symphonia discors
et crassum unguentum et Sardo cum melle papaver　　375
offendunt, poterat duci quia cena sine istis:
sic animis natum inventumque poema iuvandis,
si paulum summo decessit, vergit ad imum.
ludere qui nescit, campestribus abstinet armis
indoctusque pilae discive trochive quiescit,　　380
ne spissae risum tollant inpune coronae:
qui nescit versus, tamen audet fingere. quidni?
liber et ingenuus, praesertim census equestrem
summam nummorum vitioque remotus ab omni.
　　tu nihil invita dices faciesve Minerva:　　385
id tibi iudicium est, ea mens. siquid tamen olim
scripseris, in Maeci descendat iudicis auris
et patris et nostras nonumque prematur in annum
membranis intus positis: delere licebit,
quod non edideris, nescit vox missa reverti.　　390
　　silvestris homines sacer interpresque deorum
caedibus et victu foedo deterruit Orpheus,
dictus ob hoc lenire tigres rabidosque leones;
dictus et Amphion, Thebanae conditor urbis,

näher stehst, mehr ansprechen, ein andres bei entfernterem Standpunkt; dieses liebt den dunkeln Platz, jenes will sich bei vollem Lichte zeigen und bangt nicht vor des Kenners eindringendem Scharfblick; dieses gefiel das erstemal, ein andres wird bei zehnfacher Wiederkehr gefallen.

Du älterer meiner jungen Freunde, du wirst zwar schon durch Vaters Stimme zur rechten Einsicht angeleitet und hast auch selbst das Feingefühl in dir; aber einen Leitsatz nimm zu treuem Gedächtnis mit: Auf bestimmten Gebieten läßt man mit Recht die brauchbare Mittelleistung gelten; ein Rechtsgelehrter und Anwalt vom mittleren Schlage erreicht zwar nicht Messallas Meisterschaft als Sprecher und nicht das Wissen eines Aulus Cascellius, aber er zählt doch und gilt. Beim Dichter ist das Mittelmaß verpönt: nicht Menschen, nicht Götter gönnen ihm Raum, nicht die Schaufenster des Buchladens. Wird bei schmackhaftem Mahle ein mißtönender Ohrenschmaus geboten oder dickes Salböl oder zur Mohnspeise sardischer Honig, so ist das Mißvergnügen da; — man hätte ja ohne diese Genüsse tafeln können. Das Gedicht ist erschaffen, ist berufen zur Freude des Menschenherzens, und blieb es nur ein wenig unter dem Höhepunkte, so fällt es ganz ab. Wer vom Fechten nichts versteht, läßt auf dem Marsfeld die Hand von den Waffen; wer im Ballspiel, Diskuswurf oder Reifenschlag ungeübt ist, hält sich zurück, damit nicht die Massen im Zuschauerkreis verdientes Gelächter erheben: wer vom Versbau nichts versteht, baut trotzdem tapfer seine Verse. Warum auch nicht? Er ist ja unabhängig und wohlgeboren, überdies im Einkommen auf die Ritterstufe eingeschätzt und polizeilich durchaus unbescholten.

Du, Freund, wirst in Wort und Werk nicht sündigen wider Minervas Geist: dafür bürgt dein Geschmack, deine Einsicht. Hast du jedoch einmal etwas „geschrieben", so mag Mäcius der Kunstrichter sein, dem du es vorträgst, und dein Vater und ich; neun Jahre halt es unsichtbar und laß die Handschrift eingeschlossen liegen: noch kannst du tilgen, was du nicht herausgabst; entfahrnes Wort kennt kein Zurück.

Als die Menschen noch in Wäldern hausten, hat Orpheus als priesterlicher Künder des göttlichen Willens sie erzogen, daß sie sich abwandten von Bluttaten und gräßlicher Speise: weshalb auch die Sage meldet, er habe Tiger zur Sanftmut bekehrt und tollwütige Löwen. Sie meldet auch von Thebens Erbauer Amphion, Steine habe er durch Lauten-

saxa movere sono testudinis et prece blanda   395
ducere quo vellet. fuit haec sapientia quondam,
publica privatis secernere, sacra profanis,
concubitu prohibere vago, dare iura maritis,
oppida moliri, leges incidere ligno.
sic honor et nomen divinis vatibus atque   400
carminibus venit. post hos insignis Homerus
Tyrtaeusque mares animos in Martia bella
versibus exacuit; dictae per carmina sortes
et vitae monstrata via est et gratia regum
Pieriis temptata modis ludusque repertus   405
et longorum operum finis: ne forte pudori
sit tibi Musa lyrae sollers et cantor Apollo.

  natura fieret laudabile carmen an arte,
quaesitum est: ego nec studium sine divite vena
nec rude quid prosit video ingenium: alterius sic   410
altera poscit opem res et coniurat amice.
qui studet optatam cursu contingere metam,
multa tulit fecitque puer, sudavit et alsit,
abstinuit venere et vino; qui Pythia cantat
tibicen, didicit prius extimuitque magistrum.   415
nunc satis est dixisse 'ego mira poemata pango;
occupet extremum scabies; mihi turpe relinqui
et quod non didici sane nescire fateri'.

  ut praeco, ad merces turbam qui cogit emendas,
adsentatores iubet ad lucrum ire poeta   420
dives agris, dives positis in fenore nummis.
si vero est, unctum qui recte ponere possit
et spondere levi pro paupere et eripere artis
litibus inplicitum, mirabor, si sciet inter-
noscere mendacem verumque beatus amicum.   425
tu seu donaris seu quid donare voles cui,
nolito ad versus tibi factos ducere plenum
laetitiae; clamabit enim 'pulchre, bene, recte',
pallescet, super his etiam stillabit amicis

klang bewegt und durch des Lieds einschmeichelnde Gewalt geführt,
wohin er wollte. Dies war die uranfängliche Sprache der Weisheit: sie
lehrte Volksbesitz vom Sondergut, Heiliges vom Weltlichen scheiden;
sie wehrte schweifender Lust und schuf des Ehbunds Satzungen; sie
gründete Städte und grub Gesetzes Schrift auf Tafeln. So ward Ruhm
und Ehre den göttlichen Sängern und der Dichtung. Nach diesen beiden ragt die hehre Gestalt Homers. Tyrtäus hat Mannesseelen durch
Lieder zum blutigen Kampf gestählt; Gottessprüche hat der Vers verkündet und wegweisenden Lebensrat. Musischer Klang warb um
Königshuld; er schuf auch das festliche Bühnenspiel als Abschluß langer Arbeitszeiten. Fürwahr, nicht schämen darfst du dich, wenn die
Muse lyrischer Kunst dir wert ist und der Spielmann Apollo.

Führt Naturgabe oder Kunst zu den Höhen der Poesie? So hat man
die Frage gestellt. Ich sehe nicht, was alles Bemühen hilft ohne die Ader
inneren Reichtums, und wiederum, was ohne Ausbildung das Talent
hilft: so gewiß fordert eins des andern Beistand und gelobt sich ihm
zu freundschaftlichem Bunde. Wer im Wettlauf dem ersehnten Ziel-
stein zustrebt, hat oft sich geplagt und oft die junge Kraft gespannt;
Schweiß und Frost hat er ertragen, hat nicht gefragt nach Weib und
Wein. Wer im Pythischen Wettkampf die Flöte bläst, mußte lernen
zuvor und des Meisters Rüge fürchten. Heutzutage erklärt man einfach: ,,Wunderschön ist, was ich dichte; den soll der Henker holen,
der zuletzt ans Mal kommt; schlimm wär's für mich, wollte ich zurück-
bleiben und Unkenntnis eingestehn — wo lernen freilich nie mir lag!"

Der Marktschreier, der die Massen zum Kaufen heranlockt, preist
dem Abnehmer das vorteilhafte Geschäft an; gleich einladend wirkt
auf Schmeichler ein Poet, der reich ist an Grundstücken und reich an
zinstragenden Werten. Ist er vollends der Mann, der etwas Leckeres
mit Schick vorzusetzen versteht, der für einen leichtfertigen Habenichts bürgt und Verklagte aus der Klemme reißt: so soll's mich wun-
dern, wenn er in seiner Glücksstimmung die Grenze erkennt, die den
unaufrichtigen vom ehrlichen Freunde scheidet. Sei vorsichtig, wenn
du jemand beschenkt hast oder beschenken willst: Verse von dir darfst
du ihm ja nicht vorlegen, so lange ihn die Freude noch beseligt. Denn
begeistert wird er rufen: ,,Wie schön, wie fein, wie wahr!" Erblassen
wird er nach Bedarf der Stelle, und gleich wird auch eine Zähre aus

ex oculis rorem, saliet, tundet pede terram.   430
ut, qui conducti plorant in funere, dicunt
et faciunt prope plura dolentibus ex animo, sic
derisor vero plus laudatore movetur.
reges dicuntur multis urgere culillis
et torquere mero, quem perspexisse laborent   435
an sit amicitia dignus; si carmina condes,
numquam te fallent animi sub vulpe latentes.
  Quintilio siquid recitares, 'corrige sodes
hoc' aiebat 'et hoc'. melius te posse negares
bis terque expertum frustra: delere iubebat   440
et male tornatos incudi reddere versus.
si defendere delictum quam vertere malles,
nullum ultra verbum aut operam insumebat inanem,
quin sine rivali teque et tua solus amares.
vir bonus et prudens versus reprehendet inertis,   445
culpabit duros, incomptis adlinet atrum
transverso calamo signum, ambitiosa recidet
ornamenta, parum claris lucem dare coget,
arguet ambigue dictum, mutanda notabit:
fiet Aristarchus; non dicet 'cur ego amicum   450
offendam in nugis ?' hae nugae seria ducent
in mala derisum semel exceptumque sinistre.
  ut mala quem scabies aut morbus regius urget
aut fanaticus error et iracunda Diana,
vesanum tetigisse timent fugiuntque poetam   455
qui sapiunt, agitant pueri incautique sequuntur.
hic, dum sublimis versus ructatur et errat,
si veluti merulis intentus decidit auceps
in puteum foveamve, licet 'succurrite' longum
clamet, 'io cives', non sit qui tollere curet.   460
si curet quis opem ferre et demittere funem,
'qui scis, an prudens huc se proiecerit atque
servari nolit ?' dicam Siculique poetae

seinem Freundesauge das Blatt benetzen; Luftsprünge wird er tun, wird aufstampfen mit dem Fuße. Mietlinge, die für Geld weinen beim Leichenbegängnis, geben sich in Wort und Gebärde fast leidenschaftlicher als die Trauernden in ihrem Herzeleid; so ist der heuchelnde Spötter gerührter, als wer ehrlich lobt. Könige pflegen, wie man erzählt, beim Wein mit vielen Humpen dem hart zuzusetzen, dessen Gesinnung sie erforschen wollen, ob er ihrer Freundschaft wert; du dichte nur: nie kann dich die Gesinnung täuschen, die der Fuchspelz versteckt.

Las man dem Quintilius etwas vor, so sagte er wohl: „Bitte, feile doch dies noch aus und jenes!" Meintest du, besser machen könntest du es nicht; zwei, drei Versuche seien nicht gelungen: dann riet er, ganz zu streichen und die schlecht gedrechselten Verse umzuschmieden. Warst du mehr für Rechtfertigung als für Beseitigung des Mißgriffs, so pflegte er kein Wort und keine Mühe zu verschwenden; du durftest dann unbeneidet in dich und deine Schöpfung verliebt bleiben. Wer wohlmeinend und wohlbedacht urteilt, wird kunstwidrige Verse nicht durchlassen, Härten wird er rügen, nüchterne Stellen mit schwarzem Querstrich bedenken; wuchernden Zierat wird er beschneiden, bei dunklerem Ausdruck auf Klarheit, bei mehrdeutigem auf Schärfe dringen; Änderung wird er fordern, wo Änderung nötig. Er wird dein gestrenger Aristarch werden, nicht aber sagen: „Wozu den Freund verstimmen — um ein Nichts?" Dies Nichts wird etwas, das ihm ernste Kränkung droht, beim ersten Male, wo die Öffentlichkeit ihn auslacht und ablehnt.

Alles flieht vor dem Bedauernswerten, den der Aussatz plagt oder die Gelbsucht oder Verzückungswahn und der Mondgöttin Jähzorn: so weicht, wer gescheit ist, dem wahnwitzigen Dichter aus und rettet sich; höchstens hänseln die Buben ihn und sind so unvorsichtig, ihm nachzulaufen. Wenn er dann erhabenen Hauptes nachtwandelt und Verse von sich gibt, kann es geschehen, daß er, wie der Vogelfänger im Eifer der Amseljagd, in den Brunnen oder in die Grube stürzt. Da mag er weithin hörbar schreien „helft, Leute, helft mir": schwerlich wird Neigung sein, ihn herauszuziehn. Wollte wirklich jemand ihm beispringen und ein Seil hinunterlassen, werde ich zu ihm sagen: „Woher weißt du, ob der hier sich nicht absichtlich hineingestürzt hat und Rettung übel nimmt?" Ich werde ihm von dem Ende des Sizilischen

narrabo interitum. 'deus inmortalis haberi
dum cupit Empedocles, ardentem frigidus Aetnam   465
insiluit. sit ius liceatque perire poetis:
invitum qui servat, idem facit occidenti.
nec semel hoc fecit nec, si retractus erit, iam
fiet homo et ponet famosae mortis amorem.
nec satis adparet, cur versus factitet, utrum   470
minxerit in patrios cineres an triste bidental
moverit incestus: certe furit ac velut ursus,
obiectos caveae valuit si frangere clatros,
indoctum doctumque fugat recitator acerbus;
quem vero arripuit, tenet occiditque legendo,   475
non missura cutem nisi plena cruoris hirudo.'

Dichters erzählen. „Empedokles war es; der wollte als göttliches
Wesen gelten und sprang kaltblütig in des Ätnas Gluten. Man lasse
den Dichtern das Recht und die Freiheit, sich umzubringen. Lebens-
müden das Leben retten, ist Gewalttat gleich der Mordtat. Der hier
tat das nicht zum erstenmal und, zieht man ihn heraus, wird er doch
nicht wie andre Menschen und läßt nicht von seiner Vorliebe für einen
Lebensschluß, der von sich reden macht. Auch ist nicht aufgeklärt,
was ihn dazu verdammt, ewig Verse zu schmieden. Hat er seines Vaters
Asche besudelt, hat er ein fluchtragendes Blitzmal angetastet und büßt
nun die Entweihung? Jedenfalls ist er gestört; und wie der Bär, dem
es gelang, die Sperrgitter des Käfigs zu durchbrechen, so scheucht der
ungenießbare Versemacher alles Volk, gelehrtes und ungelehrtes, aus
dem Wege. Wen er aber packen konnte, den stellt er und bringt ihn um
durch sein Vorlesen: der Blutegel läßt die Haut nicht los, eh' er mit
Blut sich vollgesogen."

ANHANG

Zur Textgestaltung

Der lateinische Text unserer Ausgabe hält sich mit Ausnahme von
etwa einem Dutzend Abweichungen an die Teubneriana von Fr*Klinger*
(Q. Horati Flacci Carmina, Leipzig 1950), der er auch in der Orthogra-
phie folgt; verglichen wurde ferner die editio Helvetica von B*Wyß*
(Frauenfeld 1947) und die kommentierten Ausgaben von A*Kießling*-
R*Heinze* (Berlin 1921, 1914).
Die Überlieferung der Gedichte des Horaz „zeigt im ganzen eine be-
merkenswerte Einstimmigkeit. Für Konjekturalkritik ist im horazi-
schen Text wenig Raum" (Teuffel). Rund 250 Hss. sind erhalten, deren
Abhängigkeitsverhältnisse nach den Arbeiten von AKeller, AHolder
und FrVollmer, PLejay, FVilleneuve und MLenchantin zuletzt FrKling-
ner in seinem Aufsatz „Über die Recensio der Horazhandschriften"
(Hermes 1935, pg. 249 ff.) genau untersucht und in der Praefatio seiner
Ausgabe dargelegt hat.
Schon die älteste uns greifbare, noch ins Altertum zurückführende
Überlieferung zerfällt in die beiden Zweige Ξ und Ψ, deren jeder
durch eine Reihe erhaltener Handschriften meist des 9., aber auch
10.—12. nachchr. Jhrdts. rekonstruierbar ist. Weitere Hss. des
9.—11. Jhrdts. bilden die Klasse Q, die, spätestens im frühen 9. Jhrdt.
entstanden, eine Mischung von Ξ und Ψ darstellt, manchmal aber auch
eigene Lesungen aufweist. Von den übrigen Hss. wäre besonders wichtig der cod. Blandinianus vetustissimus (Bl), welcher, in der Abbaye de
St. Pierre au mont Blandin zu Gent liegend, mit dieser 1566 n. Chr. zugrunde ging und uns daher nur aus den leider nicht verlässigen Angaben
der Horazausgaben des JCruquius (1565/67; 78; 97; 1611) bekannt ist.
Von untergeordneter Bedeutung ist dagegen eine Gruppe jüngerer
Hss., „recentiores". Manchmal dienen auch die alten Kommentare,
besonders Porphyrio, und die in den codd. erhaltenen Scholien der
Konstitution des Textes. Da die modernen Ausgaben die Varianten
verschieden bevorzugen, seien unten die wesentlichsten angeführt, um
eine Nebeneinanderbenützung zu ermöglichen.
Liste, Stemma und Beschreibung der Hss. sowie die Überlieferung
im einzelnen ist in der editio Klingners einzusehen; ihr entnehmen wir
die folgenden, auf ein Mindestmaß beschränkten, textkritischen Angaben. Diese sollen den Benützer *nur* auf die Stellen hinweisen, wo
die Abweichung der Überlieferung den Sinn beeinflußt oder sonstwie
von Interesse ist. Sie bringen daher 1. jeweils die Parallelüberlieferung
von Ξ oder Ψ (d. h. ein Ψ im Apparat zeigt, daß Ξ die im Text

stehende Überlieferung bietet und umgekehrt); 2. die Lesungen von
Q und Bl. nur, wenn sie von ΞΨ in sinnändernder Weise abweichen;
3. das gilt auch von den recent. und Scholien; 4. wenn eine (*un.*),
zwei (*duo*) oder mehrere Hss. eine wichtige Abweichung aufweisen,
ist diese aufgeführt, jedoch ohne Angabe der codd., da für den Leser
der bloße Name nichts besagt, der wissenschaftliche Arbeiter doch den
Apparat von Klingner wird einsehen müssen.

Sonstige Abkürzungen:

cett.	ceteri	*corr.*	correxit	*Porph.*	Porphyrio
pc.	pauci	*codd.*	codices	*Serv.*	Servius
nll.	nonnulli	*om.*	omittunt	*Btl.*	Bentley
mlt.	multi	*edd.*	editiones	*Cruqu.*	Cruquius
un.	unus	*recent.*	recentiores		

Serm. I

1 1 incipit sermonum liber primus ΨQ, *qui sermones post epistulas, i. e ultimo loco exhibent*
2 sors *un.* 19 nolent *un.* 27 amisso Ξ 38 patiens Ξ 39 dimoveat Ψ 46 quam Q *nll.*
55 mallem Ξ 60 nec Q 61 ut *mlt.* 79 optarem Ξ 81 affixit *nll.* 88 at si ΨQ 91 campum *nll.* 94 habebas Ψ 101 an Ξ 108 qui nemo ut Bl. nemon ut Ξ ne non ut Ψ ·118 vitae Ψ **2** *continuant plerique codd.* 6 depellere Ψ 34 hac *mlt.* 38 moechos *nll.* 40 rata *mlt.*
45 *recent.*, demeteret ferrum *recent. pars* quidam . . . demeteret ferro ΞΨ 48 in quis
recent. 49 ut *permlt.* 51 munificum Ψ 63 -ne *recent.* -ve ΞΨ Bl. 71 ferbuit Ψ *un.* 78 sec-
tari matronas Ξ *mlt.* 81 tuo *recent.* 86 *novum carmen incipit Ψ un., inscr.* egloga III *mlt.*
97 dum Ψ 110 tolli Ξ Bl. 120 illa Ξ 124 det Ψ 127 metuo Ψ 129 ne pallida *recent.*
3 4 possit Ψ 27 ac *permlt.* 34 pectore Ψ 35 insederit Ψ 38 amici Ψ 43 ut Ψ 56 cupi-
mus Ψ incurtare Ξ 60 Bl.: versetur ΞΨ 64 aut Ψ 65 modestus Ψ 92 me Ψ 128 quo
permlt. 132 tonsor Bl. **4** 15 accipe iam Ξ dentur Ψ 25 Q: erue Ψ extrahe *nll.* 26 miser
Ψ 30 patet Ψ 35 non hic cuiquam ΞQ 39 poetas *permlt.* 49 insanit Ψ 50 grandem Ψ
58 versum Ψ 79 inquis Ψ 87 imus Ψ amet Bl. avet ΞΨ 93 si qua Ψ capitolinis Ψ
103 aliquid Ψ 105 insevit *recent.* 111 aut Ψ 123 electis Ψ 124 factum Q Bl. 126 avidos]
vides *pc.* 131 ignoscat Ψ 132 abstulerint Q 139 incumbo Ψ includo *recent.* **5** 1 excepit
Ψ Bl. 3 linguae Ψ 15 ut cantat Ψ 71 recte Ψ 73 Q: delapso ΞΨ 97 dehinc Ψ 99 flumine *pc.* 100 credet Ξ **6** 4 imperitarint Ξ 6 ut *pc.* aut ut Ξ aut Ψ 13 fuit *mlt.* 14 non
numquam Ξ 29 est Q et ΞΨ 37 cogat Ψ 58 clarum Q 65 aut *pc.* 68 nec
Bl. ac ΞΨ 75 octonis Ψ aera Ψ 79 si quis Ξ 83 servabat *pc.* 87 ad ΨQ haec *recent.*
96 sibi] si *pc.* 102 peregreve *un.* peregre aut *cett.* 113 vespertinus *recent.* 126 campum
lusumque trigonem Bl. *et pc.* rabiosi tempora signi ΨΞ *in parte, Porph.* 130 victurus
recent. 131 fuisset *nll.* fuissent *mlt.* **7** 7 tumidusque Ψ 17 pulchrior ΨQ 20 compositus
mlt. 21 concurrunt Q 28 multum Ψ 8 9 vilis Ψ 12 ciprus Ψ 13 sequerentur Ψ
19 vexant *recent.* 41 resonarint *recent.* resonarent *codd.* **9** 3 occurit *un. Porph.* 12 ·age-
bam *mlt.* 16 prosequar *pc.* 39 haud . . . haud Ψ 48 vivitur *recent.* 52 atque Ψ 62 venisset Ψ 63 tendit Ψ 64 prensare Q Bl. 66 bellis Ψ 76 exclamat Bl. **10** *1—*8 *in
parte Ψ et recent.* *6 exhortatus *recent.* 2 inepti *recent.* 5 num Ψ 7 deducere Ψ 27 oblitos
Btl. oblitus *codd.* latine Ψ 39 spectata Ψ 40 potest Ψ 44 ductu Ψ 45 adnuerint *pc.*
47 possim Ψ 51 quaero Ξ 68 dilatus *un.* delapsus Bl. *recent.* dilapsus *cett.*

Serm. II

Sermonum liber I explicit, incipit liber II Ψ *duo* **1** 4 diduci Ψ 15 describet *duo* descri-
bat Q 22 -ve Ψ 24 simul *recent.* 31 gesserat ΨQ Bl. unquam *nll.* 41 distringere Ψ
49 Q: quis . . . certet ΨΞ 56 male Q 65 et *nll.* 69 tributum *duo* 79 diffingere *mlt.*
2 3 abnormi *mlt.* 29 illa ΨQ 30 petere Q *Porph.* patet Ψ 35 quo Q quid Ψ 38 rare
Porph. rari *duo* raris *mlt.* 41 quamvis *duo* 42 male *tres* 48 tunc Q tum Ψ aequora ale-
bant *duo* ,53 distabit *duo* distabat ΨQ Bl 56 ductum Bl. 58 fundere *duo* 60 repor **a** Ψ

Porph. 67 dedit ψ 91 vitiaret Q 95 occupat ψ 114 metato Q *mlt.* metatum ψ 121 tunc Q 122 fico Q *nll.* 123 cupa *recent.* 127 quanto Q *nll.* quantum ψ 128 nituistis Q instituistis ψ 135 aliis *recent.* **3** 1 scribes Q 21 faber ψ 22 sculptum *mlt.* 30 modicum *nll.* 33 verum ψ 39 urget ψ 50 utrisque Q 63 errore *pc.* cuncta *pc.* 93 periret Q *mlt.* 96 contraxerit ψ 98 velut in ψ 108 quid *un.* iste ψ 128 tu insanus ψ 129 tuo *un. recent.* 152 quod ψ 156 empti ψ 174 insania Q 183 aut Q 201 quorum *mlt,* *Porph.* 208 veris sceleris *un. Porph.* veri sceleris Q *Bl.* veris celeris ψ 235 vellis Q *mlt.* 238 citata *recent. Porph.* 240 exorberet *duo* 249 delectat ψ 255 *recent. Porph.:* cubitale ψ Q *Bl.* 286 volgo *nll.* 291 magne Q 292 -que ψ 303 *mlt.:* manibus portavit *Bl.* demens cum portat ψQ 304 tum ψ 317 *un. Bl. Porph.:* tandem ψQ 323 dicam *recent.* **4** 4 interpellarem *duo* 11 celebrabitur ψ 14 prohibent ψ 19 mixto *codd., corr. Landin.* 37 avertere *duo* 39 reponet Q 44 *Bl.:* secundi ψQ *Porph.* 60 illis ψ 63 addens ψ 74 inveni Q 78 movent Q 80 craterae Q **5** 39 praesta *duo* 48 arripe ψ 78 nequivere ψQ 87 et abi *pc.* 88 exstiterat *un.* **6** 10 ille *Bl. un.* 29 quas res ψQ *corr. Btl.* 32 melius *duo* 61 hortis ψ 70 humescit *pc.* 72 nepos *pc.* 77 has *un.* 82 intentus *duo* 86 frustra *nll.* 95 bene *mlt.* 108 vernaliter *duo* 109 afflat ψ **7** 3 quoad *recent.* 13 doctor ψ 19 est melius *pc.* acrior Q ille ψQ 20 tam . . . quam *pc.* 34 feret ψ 35 furis *Bl.* 48 incendit *mlt.* 60 dimisit ψ 78 supra ψ 79 ut est mos *nll.* 81 alii *Bl. duo* 99 morientes *duo* 8 4 da ψ 5 pacaverit ΞQ 10 ubi Q 24 simul Q 30 porrexerat *mlt.* 40 Q *Bl.:* imis ψ *un.* 53 quo *Bl.* remittit Ξ *Bl.* 88 *Bl. un. recent.:* albi Ξ ψ 95 atris Ξ *duo* — Q Horatii Flacci sermonum liber secundus explicit ψ *Porph.*

E p i s t. I

1 incipit epistolarum liber primus ψQ 14 adductus ΞQ 17 satellis ψ 30 desperas *un.* 32 quodam *mlt.* 48 dicere ψ 57 et *pro* est ψ 72 ac *duo* 76 quem Ξ quae ψ **2** 4 plenius ψ 5 distinet ψ *nll.* 8 aestum ψ *Bl.* 13 nunc *mlt.* 17 posset *un.* 31 somnum] curam ψ 33 atque *nll. Bl.* 38 oculos Q 46 contigit is *Bl.* 48 febrem Q 59 iram ψ 63 catenis Ξ 65 quam ψ **3** 4 terras *Bl.* 24 responsare Ξ 33 heu - heu Ξ ψ **4** 5 bonumque *pc.* 7 dederant Ξ 9 quin ψQ 11 modus et ψ 12 tumores *un.* **5** 11 festivam *recent.* 17 inermem *duo* Q 19 facundi *mlt.* **6** 10 utrobique ψ *Bl.* 11 exterruit utrum Ξ 18 suscipe *nll.* 19 spectent Ξ 22 indignus Ξ 24 proferat ψ 26 et via *nll.* 48 primum ψ 50 saevum ψ 55 adapta *duo* 64 patriae *mlt.* 68 non ψ **7** 2 atqui Ξ 5 color *Bl. nll.* 21 ingratis *duo* 22 agit ψ 25 nolles ψ 40 at *pc.* sapientis *un.* 51 resecantem Ξ 52 levi ψ 57 locum ψ 69 praevidisset *recent. schol.* 93 dicere ψ 96 *nll.:* simul *cett.* **8** 5 que ψ 12 venturus ψ *Bl. Porph.* **10** 4 siquid Ξ 9 effertis *Bl. recent.* 18 depellat Q 24 expellas *recent.* 25 fastigia ψ vestigia *Bl. recent.* **11** 3 *recent.:* minorave ψ *Bl.* -que *un.* 4 cunctaque Q 12 vovet *Porph.* 24 tu *pro* ut ψ **12** 16 temperat ψ 29 defundit Q *Bl.* **13** 14 glomos ψ **14** 9 amat Ξ ψ *corr. Btl.* 11 res Ξ 25 posset Q 31 consensum *un.* **15** 16 dulcis Ξ *Bl.* 26 *novam ep. incip.* Ξ ψ (*inscr.* ad Maenium *duo*), *continuant* Q *duo Porph.* 32 donarat ψ *Bl.* 37 Q *Bl.:* correptus ΞQ 45 alio ψ 46 vallis ψ **16** 3 amica *un.* 7 cursu *Bl.* 8 benignae ψ 30 cupias Ξ 33 aut si ψ 40 mendacem *nll.* 46 *tres:* dicat Ξ ψ 49 negat atque ψ 51 suspectus ψ 61 iustum sanctumque ψ 63 quo-quo ψ **17** 21 pascis Ξ verum es *tres* es om. Ξ ψ *Bl.* 31 vitavit Q chlanidem *Cruqu.* chlamydem Ξ ψ **18** 37 *recent.:* ullius Ξ ψ 40 p(l)angas Ξ 82 et quid Ξ 91 *recent.:* hunc vers. *non habent codd. potiores nec Porph.* 93 vapores *recent.* 98/99 ne — neu *recent.* 107 et ψ *Bl.* 111 quae ψ *Porph.* donat ΞQ 19 13 ex ore *pc.* 15 cena Ξ 30 optinet ψ 32 latinis *nll.* 39 adiutor *recent.* 47 ille ψ **20** 2 nudus *duo* 15 protrudit *un.* 19 annos *recent.* 21 pennas ψ Q. Horati Flacci epistularum liber I explicit incipit (liber) II (ad Caesarem Augustum) Ξ ψ.

E p i s t. II

1 1 ad Caesarem Augustum ψ 16 nomen ψ 27 dicat et *tres* 28 graecorum ψ 31 oleam *codd. corr. Btl.* 46 etiam] et item *tres* 48 ad] in ψ fastos ψ 73 decorum et ψ 78 ac Ξ 83 dicunt *tres* 91 haberes ψ 92 teneret *tres* 98 tunc ψ 101 *post* 107 *pos. Lachmann* 153 nata ψ 158 numeris *nll.* 159 pepererre ψ 167 inscite] in scriptis Ξ *Bl.* 168 accessit Ξ *Bl.* 175 dimittere ψ 186 plaudet ψ 198 nimio] mimo ψ *Porph.* 205 laeva ψ 207 imitare ψ 226 item fore venturum *tres* 270 inemptis *recent.* **2** 8 imitabitur *pc.* 11 excludere ψ *Bl.* 16 laedit *Bl.* 22 veniret ψ 32 opimis *nll. Bl.* 44 possim ψ 71 plures *tres* 75 furit *recent.* 77 urbes ψ 80 contacta ψ *cantata Bl.* 87 ut] et *nll.* 112 ᵉeruntur

Ξ Q 123 calentia ψ *Bl.* 135 parentem *mlt.* 158 mercatur et aere *mlt.* 161 daturas ψ
Bl. 167 quondam *recent.* 171 refigit *recent.* 175 sic] si ψ *Porph.* 203 colore ψ 205 iam]
num *recent.* 206 fugere] fuge. rite Ξ Q. Horatii Flacci epistolarum liber secundus
explicit Ξ ψ.

De arte poetica

incipit de arte poetica ψ Q 5 missi *duo* 7 aegris *nll.* 18 fluvius ψ 20 expers *nll.* 36
parvo *tres* 42 haud Ξ *tres* 43 ut] aut *mlt.* 46 *transpos. Btl.* 49 et om. Ξ 52 factaque
recent. 54 adeptum *duo* 63 debemus *un.* 92 decenter ψ 100 volunt ψ 101 adfient
un. teste Btl. adflant *recent.* adsunt *cett.* 111 effert] et certi ψ 114 divos] davos *recent.*
117 vigentis ψ 133 verbum verbo *duo, transpon. cett.* 139 parturiunt *recent.* 157 maturis
recent. 168 mox mut.] permutare ψ 178 morabimur Q *nll.* 196 amici(s) *mlt.* 197 pacare *un.* placare *recent.* peccare *cett.* tumentes *un. teste Btl.* timentis *cett.* 202 iuncta
recent. 203 parvo ψ 212 om. ψ 214 luxuriam Ξ *duo* 223 incelebris ψ 226 avertere Ξ
249 fracti *nll.* 276 plausis Ξ vixisse *tres* 277 ora] atris *duo* 284 loquendi *tres* 294 perfectum ψ 305 exsortita Ξ 319 iocis ψ *duo* 339 velit Ξ 371 nescit ψ *un.* 378 pergit
duo 393 rapidos ψ *un.* 394 arcis *mlt.* 417 relinqui est ψ 423 artis *un.* atris *cett.* 439
agebat *mlt.* 441 torquatos *un.* 450 non ψ 461 dimittere Q *mlt.* 462 proiecerit ψ
Q. Horatii Flacci de arte poetica explicit ψ Q.

Literaturhinweise

Die einschlägige Literatur bis 1934 bietet M*Schanz*-C*Hosius*, Geschichte
der römischen Literatur, 2. Teil, 1935, pg. 113—162 (in W*Ottos* Hand-
buch der Altertumswissenschaft 8. Abt. 2. Teil); bis 1936 E*Bickel*,
Lehrbuch der Geschichte der römischen Literatur, 1936, pg. 496. Das
Schrifttum der Jahre 1929—36 ist ausführlich besprochen von K*Büchner* in Bursians Jahresberichten der Altertumswissenschaft, Suppl. 267,
Leipzig 1939, pg. 1—179. Bis 1939 findet sich die wesentlichste Lite-
ratur in der Zeitschrift „Das Gymnasium" 51, 1940, pg. 82 von J*Borst*
und H*Haas* zusammengestellt. Eine kurze Zusammenfassung der
Horazüberlieferung und der Geschichte der Horazausgaben bietet
U*Knoche*, Die römische Satire, 1949, pg. 58 ff. Überblicke über die neue-
ste Forschung finden sich bei H*Fuchs* (Rückschau und Ausblick im
Arbeitsbereich der lat. Philol., Mus. Helv. 4, 1947, pg. 183 A. 101) und
K*Büchner* (Lat. Literatur und Sprache in der Forschung, 1951, pg. 128 ff.).
Ferner sei verwiesen auf die Literaturzusammenstellung in „Die Gedichte des Horaz" (Oden und Epoden), Tusculumausgabe von H*Fär-
ber*, 1949, pg. 271 ff.; dort aufgeführte allgemeine Literatur zu Horaz
ist hier n i c h t wiederholt.

Aus der Literatur nach 1939:

W. H. *Alexander*, The enigma of H. mother, Class. Phil. 1942, pg. 385.
A. *Andersen*, Horats, 1942.
M. *Andrewes*, An aspect of H. imagery, Class. Rev. 62, 1948, pg. 111.
A. *Ardizzoni*, Il problema della satira in O. (sat. I 10, 7 ff.; I 4, 64),
    Rivist. di Filol. Class. 27, 1949, pg. 161.
C. *Banterle*, O., cantore di Augusto, Eranos C. Adami 1941.
D. *Bassi*, La mitologia in O., Rendiconti dell'Inst. Lombardo, 76,
    1942, pg. 41.

W. *Beare*, H., Donatus and the five-act law, Hermathena 65, 1945, pg. 8; 67, 1946, pg. 52.

P. *Belvaux*, L'interdiction et la tutelle dans H., Latomus 5, 1946, pg.225.

J. *Bond*, H. opera, 1948.

K. *Büchner*, H. sat. I 4, 35, Philol. 93, 1939, pg. 491.

„   Der 7. Brief des H., Hermes 75, 1940, pg. 64.

„   Der Superlativ bei H., Lexis I, 1948, pg. 198.

„   Zur neuen Komödie, Lexis II, 1949.

A. J. *Campbell*, Horatiana (sat. I 3, 99 ff.; 117 ff.; I 7, 9; epist. II 2, 87 ff.), Class. Quat. 1945, pg. 113.

V. *Capocci*, Difesa di O. 1951.

Q. *Catandella*, Filodemo nella sat. I 2, La Parola del Passato 1950, pg. 18.

H. H. *Chamberlain*, Horace talks, 1940.

E. *Charle*, Analyse de certaines formes de comique dans les Sat. d'H., Rev. Belge Phil. 1944, pg. 582.

R. de *Coster*, Jupiter et Fortuna dans l'oeuvre d'H., Univ. de Louvain, 1946.

F. *Cupaiuolo*, L'epistola ai Pisoni, 1941.

E. *Curotto*, H. opera, 1951.

A. A. *Diaz*, Versión métrica y comentario de la novena sátira del primer libro de H., Anales des Inst. de lit. clas. 1, 1939, pg. 198.

P. H. L. *Eggermont*, Quaeritur num H. se cum nuce comparet (sat. II 1, 74 ff.), Mnemosyne 10, 1941, pg. 69.

S. *Eitrem*, La magie comme motif littéraire, Symbol. Oslo. 21, 1941, pg. 39.

R. *Elisei*, Il II libro delle Epistole o il libro dell'Arte poetica, Il Mondo class. 1930, pg. 79.

A. *Engelhardt*, H. Vermächtnis an die abendländische Zukunft, Alte Sprachen 7, 1942, pg. 35.

R. *Feyereisen*, H. et le vin, Univ. de Louvain, 1949.

G. *Funaioli*, Horatiana, Mélanges Marouzeau, 1948, pg. 183.

J. *Gessler*, Magie romaine diamétralement appréciée, Latomus 10, 1950, pg. 379.

G. *Grosso*, Note sulla giurisprudenza romana (sat. I 3, 82), Atti d. Accademia Torino 78, 1942, pg. 180.

J. H. *Gunning*, Der siebte Brief des H. und sein Verhältnis zu Maecenas, Mnemosyne 10, 1942, pg. 303.

E. A. *Hahn*, H. use of concrete examples, Class. Week. 39, 1945, pg. 82.

E. H. *Haight*, Menander at the Sabine farm, exemplar vitae (sat. II 3, 11), Class. Phil. 42, 1947, pg. 147.

P. *Henen*, Art poétique, 1941.

N. J. *Herescu*, Art poet. 347, Rev. étud. Lat. 1946, pg. 74.

M. T. *Herrick*, The fusion of H. and Aristotelian literary Criticism, 1946, Illinois studies 32, 1.

L. *Herrmann*, Autour des fables de Phèdre (epist. I 7, 29), Latomus
    1948, pg. 197.
H. *Herter*, De sene avaro arcae incubante (Sat. I, 1, 70), Rhein. Mus.´93,
    1950, pg. 187.
    „   Zur 1. sat. d. H., Rhein. Mus. 94, 1951, pg. 1.
J. W. *Hewitt*, The gratitude of H. to Maecenas, Class. Journ. 36, 1941,
    pg. 464.
Ch. *Hick-Tonneau*, Le mos maiorum dans l'oeuvre d'H., Rev. Belge
    Phil. 1941, pg. 783.
E. L. *Highbarger*, The attitude of H. toward art, Class. Week. 37, 1943,
    pg. 110.
H. *Hommel*, H., Der Mensch und das Werk, 1950.
    „   Cetera mitte, Gymnasium 58, 1951, pg. 218.
K. *Hönn*, Das Rom des H., 1951.
S. *Johnson*, A vexed passage in epist. I 2, 30, Class. Journ. 1940, pg. 357.
N. D. *Joung* (u. a.), Comment and conjecture on H., Class. Week. 36,
    1943, pg. 158.
L. *Kautz*, H. über seinen Genuß von Speise und Trank, Diss. Wien,
    1940.
P. *Keseling*, Homerica (sat. II 17), Phil. Woch. 1943, pg. 141.
F. *Klingner*, Zur Ars poetica, Hermes 75, 1940, pg. 326.
    „   H. Brief an Augustus, Sitzber. Bayer. Akad. d. W., 1950, 5.
    „   Kunst und Kunstgesinnung des H., Altsprachl. Unter-
             richt 1951, pg. 18.
C. *Kowalski*, Horacy, Meander I 7, 1946, pg. 340.
M. *Lenchantin*, Diortosi critica oraziane, Rendiconti dell'Inst. Lom-
    bardo 67, 1943, pg. 305.
A. R. von der *Loeff*, Alle Brieven van H., 1949.
W. D. *Lowrance*, Roman dinners and diners, Class. Journ. 35, 1939,
    pg. 86.
L. A. *MacKay*, Sat. II 3, 84 ff., Class. Journ. 36, 1940, pg. 164.
    „   Notes on H. (epist. I 1, 38), Class. Phil. 1942, pg. 79.
A. P. *McKinlay*, The wine element in H., Class. Journ. 42, 1946, pg. 161.
U. *Mancuso*, Orazio Maggiore, 1940.
H. *Martens*, Vita rustica bei H., Diss. Kiel 1948.
J. *Martin*, Die 1. Sat. des H., Würzb. Jbb. 2, 1947, pg. 152.
J. *Marouzeau*, La leçon par l'exemple, Rev. étud. Lat., 1948, pg. 105.
J. D. *Meerwaldt*, De Erfenisjager (sat. II 5), Hermeneus 21, 1950, pg. 81.
K. *Meister*, Die Freundschaft zw. H. und Maecenas, Gymnasium 57,
    1950, pg. 3.
G. *Mellerio*, O. Epist. II 2, 1941.
Ph. *Merlan*, Epicureanism and H., Journ. of Hist. of Ideas 10, 1949,
    pg. 445.
A. K. *Michels*, Parrhesia and the sat. of H., Class. Phil. 1944, pg. 173.
H. *Mihaescu*, Art poétique, 1943.

D. W. *Montgomery*, Wine, the revealer (sat. II 8), Annals of Medical Hist. 4, 1942, pg. 181.

A. H. *Nash-Williams*, H. on himself, 1939.

J. *Nemec*, Sic me servavit Apollo (sat. I 9), Cesky Casopis Filol. II 1943, pg. 52.

„ H. and Lucilius (sat. I 10), Listy Filol. 72, 1948, pg. 15.

N. *Nilsson*, Metrische Stildifferenzen in den Sat. des H., Diss. Stockholm, 1952.

V. L. *Nobrega*, A Arte poet. de H. 1948.

A. *Noirfalise*, H. et la richesse, Univ. de Louvain, 1949.

„ H., chevalier romain (sat. II 7, 53; II 6, 47), Les étud. class. 1950, pg. 16.

„ H. et Mécène, Les étud. class., 1950, pg. 289.

L. *Nougaret*, Les fins d'hexamètre et l'accent, Rev. étud. Lat. 24, 1946, pg. 261.

A. *Noyes*, Portrait of H., 1947.

R. T. *Ohl*, Ironic reserve in H., Class. Week. 43, 1949, pg. 35.

J. van *Ooteghem*, Deux remarques sur l'épître d'H. à Bullatius, Mélanges Marouzeau 1948.

„ H. et l'independence, Latomus 5, 1946, pg. 185.

B. *Otis*, H. and the elegists, Transact. and Proceed. of the Am. Phil. Assoc. 1945, pg. 177.

M. N. P. *Pacher*, Cicero, H. and the new Academy, Transact. and Proceed. of the Am. Phil. Assoc. 80, 1949, pg. 430.

U. E. *Paoli*, L'epikleros attica nella palliata romana, Atene e Roma, 1943, pg. 19.

P. *Parrella*, Introduzione allo studio dell'arte poetica di O., 1948.

C. *Pasquali*, Un verso O., Stud. It. 24, 1949, pg. 127.

G. *Pavano*, Introduzione all'Arte poetica di O., 1944.

A. La *Penna*, Schizzo di una interpretazione dal primo libro delle Epistole, Ann. della Scuola di Pisa 18, 1949, pg. 14.

„ Orazio, Augusto e la questione del teatro latino, Ann. della Scuola di Pisa 19, 1950, pg. 143.

D. M. *Pippidi*, Les deux poétiques d'H., Rivist. Class. 11/12, 1939, pg. 132.

G. de *Plinval*, H. et le sort des prisonniers de guerre d'orient, Mélanges Marouzeau, 1948, pg. 491.

M. N. *Porter-Packer*, The consistent epicurianism of the first book of the Epistles of H., Transact. and Proceed. of the Am. Phil. Assoc. 1941, pg. 39.

A. *Presta*, La poesia delle Epistole di O., Maia 2, 1946, pg. 161.

M. *Puelma Piwonka*, Lucilius and Kallimachos 1947.

H. J. *Quincey*, The metaphorical sense of ampulla, Class. Quat. 1949, pg. 32.

M. *Rabanal*, España en H., Emerita 17, 1949, pg. 165.

G. *Raskin*, H. over Reclame, Hermeneus 14, 1941, pg. 10.
E. K. *Rand*, H. and the spirit of comedy, Rice inst. pamphlet 24, 2.
„ H. by heart, Hermathena 62, 1943, pg. 1.
L. J. D. *Richardson*, H. and the bore (sat. I 9, 27), Hermathena 67, 1946, pg. 93.
A. *Ronconi*, O. sat., Paideia I, 1946, pg. 30 und 151.
„ H., Le Satire, 1947.
E. T. *Salmon*, The political views of H., Phoenix I 2, 1946, pg. 7.
„ H. ninth sat. in its setting, Phoenix, Suppl. 1, 1952, pg. 184.
W. *Schmid*, Nugae Herculanenses, Rhein. Mus. 92, 1943, pg. 35.
„ Zu Sat. I 2, Philol. 97, 1948, pg. 181.
R. von *Schoder*, H. satiric use of fable, Class. Week. 37, 1943, pg. 112.
M. L. *Schrurs*, Paysages dans l'oeuvre d'H., Rev. Belge Phil. 1948, pg. 818.
J. *Schwartz*, Art poétique, Rev. de Philol. 1947, pg. 49.
„ L'ombre d'Antoine et les debuts du principat, Mus. Helv. 5, 1948, pg. 155.
C. P. *Shipp*, Ab ovo usque ad mala, Class. Phil. 1944, pg. 117.
C. N. *Smiley*, H., his poetry and philosophy, 1945.
A. *Solari*, Il tradizionalismo antiimperiale di O., Rendiconti della Accad. dei Lincei, 8ª ser. V, 1950, pg. 139.
E. *Staedler*, Die Dreizahl bei H., Alte Sprachen 7, 1942, pg. 46.
W. *Steidle*, Studien zur Ars poetica des H., 1939.
E. B. *Stevens*, sat. I 1, 54 ff., Class. Week. 37, 1943, pg. 115.
„ H. sat. I 1, 86, Class. Week. 42, 1948, pg. 104.
F. A. *Sullivan*, H. and the afterlive, Class. Phil. 1942, pg. 275.
H. L. *Tracy*, H. ars poetica, Transact. and Proceed. of the Am. Phil. Assoc. 77, 1946, pg. 324.
A. *Tournyol du Clos*, L'ésprit dans les Satires et les Epîtres d'H., Rev. étud. Lat. 1946, pg. 315.
B. L. *Ullman*, Psychological foreshadowing in the satires of H. and Juvenal, Am. Journ. of Phil. 1950, pg. 408.
V. *Villeneuve*, H., Satires, 1951.
A. C. *Volpe*, Q. Horati Fl. bis millesimo commemoratio, 1950.
R. E. A. *Watkins*, A history of paragraph divisions in H. Epistles, Iowa studies 10.
G. van der *Weerd*, H., Satiren en Brieven, 1942.
F. *Wehrli*, Humanitas Horatiana, Hortulus amicorum (Fritz Ernst) 1949.
O. *Weinreich*, Religionswissenschaftl. und literaturgesch. Beiträge zu H., Zeitschrift f. Kirchengesch. 1942, pg. 33.
„ Römische Sat. 1949.
„ Horatius christianus, Universitas 2, 1947, pg. 1441.
A. H. *Weston*, Epist. I 11, 25 ff., Class. Journ. 35, 1940, pg. 230.
L. *Wickham*, H. opera, 1947.
H. *Wieland*, Beobachtungen zur Beweisführung in den Sat. und Epist. des H., Diss. Freiburg 1950.

W. *Wiersma*, H., Hermeneus 17, 1945, pg. 38.

N. W. de *Witt*, Epist. I 11, 25, Class. Journ. 35, 1940, pg. 418.

„   Epist. I 7, 25, Class. Journ. 35, 1940, pg. 419.

„   Epist. I 2, 30, Class. Journ. 35, 1940, pg. 485.

„   H. Sat. I 1, 86, Class. Week. 42, 1949, pg. 245.

D. E. W. *Wormell*, Walls of brass in literature, Hermathena 58, 1941, pg. 116.

T. *Zielinski*, Marginalia Horat. (sat. I 5, 87; II 5, 103; A. P. 358), Eos 41, 1940, pg. 10.

Erläuterungen

Bemerkungen zu Eigennamen sind im Namenregister nachzuschlagen. Eine Hauptquelle der folgenden Erläuterungen sind die Kommentare von A.Kießling-R.Heinze.

Satiren I

1

An die Spitze seiner Satirensammlung, gleichsam als Programm seiner Plaudereien über praktische Moral und Lebensweisheit, stellt Horaz eine Betrachtung über die Unzufriedenheit in der Welt. Die Menschen sind unzufrieden mit dem, was sie sind, und mit dem, was sie haben; Neid und Habsucht sind also die beiden Fehler, die er hier bekämpft. — Die Abfassungszeit ist nicht zu bestimmen; es ist wohl eine der jüngsten Satiren des Buches.
4 Die Dienstzeit des römischen Legionärs, zumeist 20 Jahre, wurde oft überschritten (vgl. Tac. ann. I 17). — 9 Der rechtskundige Mann, meist senatorischen Standes, erteilt frühmorgens bei der salutatio unentgeltlich seine Rechtsbelehrung; vgl. die Schilderung epist. II 1, 103 ff. — 11 Ein Rechtshandel also, bei dem für das Erscheinen Bürgen gestellt wurden. — 15 Offenbar ist diese Gegenüberstellung vor dem Gott ein gebräuchliches Motiv; denn es findet sich auch bei dem Sophisten Maximos (2. Jhdt. n. Chr. XXI [XV Hob.] 1). — 20 f. wörtl. „beide Backen aufblasen", bezeichnet den Hochmütigen (vgl. Demosthenes XIX 314 τὰς γνάθους φυσῶν) oder wie hier mit komischer Übertreibung den Zürnenden. — 24 ridentem dicere verum umschreibt den Begriff der Popularphilosophie σπονδαιογέλοιον (Mischung von Ernst und Scherz), der für die römische Satire maßgeblich ist. — 26 elementa prima: die Buchstaben (vgl. epist. I 20, 17); daß sie mit Süßigkeiten beigebracht wurden, verrät auch Hieronymus ep. 128, 1. — 29 Die exempla für die Habsucht (Bauer, Seemann, Soldat) sind literarisches Gut (vgl. Florileg. ed. Wachsm., Stud. 207). — 33 magni laboris: πολύμοχθος (Ps. Phokyl. 150). — 36 Nach Ablauf des Jahres beginnt mit Eintritt der Sonne in das Zeichen des Wassermanns (Mitte Januar) die trübe Regenzeit. — 44 οὐδὲν πλέον ἔχουσιν οἱ πλούσιοι τῶν μέτρια κεκτημένων (die Reichen haben den mäßig Begüterten nichts voraus;

nämlich, wenn deren Besitz zum Genuß ausreicht) Plutarch, de cup.
div. 8. — 50 Ein Besitz von 100 Morgen gibt nach den Begriffen
dieser Zeit ein anständiges, freilich noch ziemlich bescheidenes
Auskommen. — 62 „Geld ist der Mann" χρήματ' ἀνήρ ist ein alter
Spruch (Alkaios fr. 101 D; Pind. Isth. 2, 17; Lucilius fr. 1119; Seneca
ep. 115, 14). — 70f. saccis — sacris: Wortspiel. — 74 sextarius: der
6. Teil eines congius, etwa ¹/₂ l. — 84 Ähnlich Diogenes bei Dio
Chrys. IV pg. 169 R. — 91 in campo erg. Martio, auf dem Marsfeld,
wo die römische Jugend inter aequalis equitat (carm. I 8,6). — 95
μεδίμνῳ ἀπομετρήσασθαι τὸ ἀργύριον Xenoph. Hell. III 2,27;
ähnlich Petron 37. — 119 conviva satur nach Lucrez. III 938; vielleicht
geht es auf Bion zurück (Usener, Epic. pg. 310).

2

Die Torheit der Menschen, die zu Extremen neigen und bei Vermei-
dung des einen Fehlers in den entgegengesetzten geraten, wird durch
eine Reihe von Beispielen veranschaulicht und verspottet; zu diesen
Narren, die nicht Maß und rechte Mitte kennen, gehören auch solche,
die Liebesgenuß im unerlaubten Umgang mit Ehefrauen suchen und
sich dabei den schwersten Gefahren aussetzen. Dieser in der damaligen
Gesellschaft immer mehr überhandnehmenden Neigung zu ehebreche-
rischen Verhältnissen ist der größte Teil der Satire gewidmet. Das
Thema ist vielfach behandelt: Xenophon, mem. II 1, 5; Plutarch, de
curios. 9; Cercidas fr. 2 b D. — Die Satire gehört zu den frühesten.
14 Die Zinsen wurden in republikanischer Zeit monatlich berechnet;
der gewöhnliche Zinsfuß 1% für den Monat, also 12% fürs Jahr.
quinas mercedes = 5% monatlich, also 60% jährlich. — 16 nomina
sind die im Schuldbuch des Gläubigers eingetragenen Namen des
Schuldners nebst Bezeichnis der Schuldposten und Anleihebedingun-
gen. — Nach Beendigung des 16. Lebensjahres wurde der Sohn mündig, vertauschte die toga praetexta mit der vestis virilis, konnte Rechts-
geschäfte abschließen, hatte aber noch kein selbständiges Vermögen. —
20 Terenti fabula: der Heautontimorumenos Menedemos, der seinen
Sohn durch allzu große Strenge aus dem Hause trieb und sich nun
selbstquälerisch die schwersten Entbehrungen auferlegte. — 28 Die
vestis subsuta bezeichnet die stola der Matronen, die unten ein breites
Band aufgenäht war. — 32 sententia dia Catonis, nach Lucilius: Valeri
sententia diva (1316); vgl. II 1, 72 virtus Scipiadae et mitis sapientia
Laeli. — 37 Parodie auf Ennius (ann. 465) audire est operae pretium,
procedere recte qui rem Romanam Latiumque augescere voltis. — 63
Die ehemalige Sklavin, jetzt Freigelassene trägt die Toga,, während die
matronae die stola trugen, vgl. 82. — 75 Die Einteilung in αἱρεταί und
φευκταὶ ἡδοναί bei Diog. X 129 ff.; Epic. p. 63. — 98 ciniflones
„Aschenbläser", d. h. Sklaven, die die Brenneisen zum Kräuseln der
Haare in glühender Asche heiß machten und so vor der Tür den Ein-

tritt erschwerten. — 105 Nach einem Epigramm des Kallimachos
(A. P. XII 102; Kallim. 31):

> ὠγρευτής, Ἐπίκυδες, ἐν οὔρεσι πάντα λαγωὸν
> διφᾷ καὶ πάσης ἴχνια δορκαλίδος,
> στείβῃ καὶ νιφετῷ κεχαρημένος. ἢν δέ τις εἴπῃ
> 'τῆ, τόδε βέβληται θηρίον' οὐκ ἔλαβεν.
> χοὐμὸς ἔρως τοιόσδε · τὰ γὰρ φεύγοντα διώκειν
> οἶδε, τὰ δ' ἐν μέσσῳ κείμενα παρπέτεται.

(Der Jäger, Epikydes, sucht in den Bergen jeden Hasen und die Spuren
jedes Rehleins und freut sich auch über Frost und Schneegestöber.
Wenn aber einer sagt: „Da, dieses Tier liegt verwundet", dann nimmt
er es nicht. Auch meine Liebe ist so: denn das, was flieht, weiß sie zu
verfolgen, an dem, was vor ihr liegt, fliegt sie vorbei.) Die erste Hälfte
wird von Horaz dem wesentlichen Inhalt nach wiedergegeben, die
zweite wörtlich übersetzt. — 113 inane — solidum: κενόν (δόξα κενή) —
στερεόν sind philosophische Termini, ebenso aestus (110): χειμὼν τῆς
ψυχῆς. — 121 Wahrscheinlich liegt diesen Versen ein nicht mehr
vorhandenes Epigramm des Philodemos, des angesehensten Epiku-
reers in Rom gegen Ende der Republik, zugrunde, als Gegenstück zu
dem vorhin zitierten Epigramm des Kallimachos. — 131 Bei der Strafe
des crurifragium wurden dem Sklaven die Schenkel gebrochen.

3

Dies Gedicht wendet sich gegen die Selbstgerechtigkeit der Menschen,
die scharfsinnig fremde Fehler erkennen und blind oder doch allzu
nachsichtig gegen die eigenen sind. So empfiehlt der Dichter Duldsam-
keit im freundschaftlichen Verkehr und lehnt die rigorose Gleichset-
zung aller Vergehen, wie sie die Stoiker forderten, als eine widersinnige
Irrlehre ab. In einer lustigen Verspottung des nicht minder närrischen
stoischen Paradoxons von der Vollkommenheit des Weisen klingt die
Satire aus. — Abgefaßt nach 38 v. Chr., wohl bald nach sat. I 2.
5 per amicitiam patris: gemeint ist der Diktator Caesar, der seinen
Großneffen Oktavian adoptiert hatte. — 7 io Bacchae bezeichnet wohl
den Anfang eines bekannten modernen Dithyrambus. — 8 Die älteste
Kithara war viersaitig; den tiefsten Klang gibt die längste, zu höchst
hervorragende (summa, ὑπάτη), den höchsten Ton die kürzeste, am
niedrigsten erscheinende (ima, νήτη). — 10 Bei den Festprozessionen
in Attika trugen κανηφόροι (Korbträgerinnen) in feierlichem Schritt
die Heiligtümer der Gottheit in Körben auf dem Kopfe. — 12 tetrarchae:
Titel orientalischer Fürsten. — 13 tripes, dreifüßig, deutet auf Einfachheit; in vornehmen Häusern waren monopodia, einfüßige Tisch-
chen mit kostbarer Platte, in Gebrauch. — 25 vgl. den Vers aus einer
Komödie: τί τἀλλότριον ἄνθρωπε βασκανώτατε κακὸν ὀξυδορκεῖς,
τὸ δ' ἴδιον παραβλέπεις (Plut. de tranqu. animi 8, de curios. 1)
Verleumder, was siehst du fremden Fehler scharf und übersiehst den

eigenen ? — 27 Schon Homer nennt (P 674) den Adler den scharfsichtigsten der Vögel. — 32 Zu weiter Schuh ist ein Zeichen von Unkultiviertheit (Theophr. char. 4, 4; Quint. XI 3, 137). — 35 concutere mit dem Knöchel an den Krug schlagen, um einen Sprung festzustellen. — 36 Der Gegensatz φύσις : ἔϑος durchzieht die ganze Ethik (z. B. Arist. Eth. Nic. II 1). — 37 filix „Farnkraut", in dessen Wurzeln der Pflug sich verfängt, daher Unkraut (Verg. georg. II 189 curvis invisa aratris: den krummen Pflügen verhaßt). — 44 ff. Horaz wählt nur solche Ausdrücke, die cognomina angesehener römischer Familien sind: Paetus, Pullus, Varus, Scaurus. — 87 Die Kalenden sind der übliche Termin für Zahlung der Zinsen, die monatlich berechnet werden. — 91 Euandri manibus: spöttische Anspielung auf die Vorliebe der damaligen Römer für vermeinte Altertümer. — 96 der bekannte Satz der älteren Stoa: ἀρέσκει ι'αὐτοῖς ἴσα ἡγεῖσϑαι τὰ ἁμαρτήματα καϑά φησι Χρύσιππος καὶ Περσαῖος καὶ Ζήνων (es schien ihnen richtig, die Vergehen für gleich zu achten nach dem, was Chrysippos sagt und Persaios und Zenon. Diog. VII 120). Durch fere wird der strenge stoische Satz von der Gleichheit aller Vergehen etwas eingeschränkt. — 99 ff. Die Darlegung der Entwicklung des Menschengeschlechts aus anfänglicher Roheit zu Gesittung ist epikureisch; vgl. Lucretius V 783 ff. — 117 Das gleiche Gegensatzpaar für leichten und schweren Diebstahl erwähnt auch Plutarch (Solon 17). Diebstahl bei Nacht ist in Rom stets härter bestraft worden; das erschwert den Fall des Tempelraubs. — 124 Das bekannte stoische Paradoxon, daß der Weise alle Vollkommenheiten in sich vereine, auch König (in höherem philosophischem Sinne) sei; es wird schon von Cicero (pro Mur. 61) und Varro (sat. Men. 245) verspottet. — 137 Einen quadrans ($^1/_4$ As, etwa $1^1/_2$ Pf.) betrug das Eintrittsgeld in den für die Armen bestimmten öffentlichen Bädern.

4

Horaz verwahrt sich gegen Mißdeutung seiner Satirendichtung durch philisterhafte Tadler und Verächter dieser Poesie, die sich selbst darin bedroht fühlten und den Dichter der schadenfrohen Bosheit und Verleumdungssucht beschuldigten. Er beruft sich auf seine literarischen Vorfahren, charakterisiert die formale Eigenart dieser Dichtungsgattung und erklärt seine persönliche Neigung, die Mitmenschen zu beobachten und sich selbst darüber Rechenschaft zu geben, aus der frühen Gewöhnung durch die Erziehung des Vaters. So erweitert sich seine Verteidigung zu einer allseitigen Charakteristik seiner Satirendichtung nach Herkunft, Form und Ziel. — Die Abfassungszeit ist nicht zu bestimmen.

1 Die kanonischen Dichter der alten attischen Komödie auch bei Platonios (Περὶ διαφ. κωμ. 3; Vell. I 16; Quint. X 1, 66). — 7 Lucilius ersetzte den iambischen Trimeter der griechischen Komödie meist durch daktylische Hexameter; dadurch änderte sich der ganze Rhythmus der Rede (numeri). — 8 sprichwörtlich für feine Beobach

ERLÄUTERUNGEN

tungsgabe, vgl. Phaedr. III, 3, 14 Aesopus ibi stans naris emunctae
senex. — 11 Das Bild vom schmutzigen Strom stammt von Kallimachos, der es gegen Apollon. Rhod. gebraucht (hym. in Apoll. 108).
— 22 ultro deferre „aus freiem Antrieb etwas darbringen", mit dem
Behälter zur Aufbewahrung (capsis) und geschmückt mit dem Bilde
des Autors (imagine). — 34 wörtlich „er hat Heu am Horn"; spielt auf
die Sitte an, stößigen Stieren zur Warnung Heu um die Hörner zu
binden (vgl. Plut. Crass. 7). — 43 mens divinior: ἐνϑουσιασμὸς καὶ
ἱερὸν πνεῦμα (Democrit fr. 18 D). — 48 fingierter Einwurf eines
Zwischenredners; weist auf eine leidenschaftliche Szene aus einer uns
unbekannten Palliata hin. — 60 nach Porphyrio Verse aus Ennius'
Annalen; das Bild von der Öffnung des Janustempels in Kriegszeiten
(aus Ennius aufgenommen von Vergil, Aen. VII 607 f.). — 71 Vor den
Buchläden (tabernae) war an einem Pfeiler (pila) ein Verzeichnis der
verkäuflichen Schriften ausgehängt. — 75 Den Unfug der Rezitatio-
nen im öffentlichen Bade zeigt der verdrehte Poet Eumolpus in Petrons
Roman (92): nam et dum lavor paene vapulavi, quia conatus sum circa
solium sedentibus carmen recitare. — 85 hunc tu, Romane, caveto:
parodiert in feierlichem Klang das prophetische Wort Vergils „tu regere
imperio populos, Romane, memento" (Aen. VI 851). — 86 Die gewöhnliche Zahl der Speisenden im Triclinium war 3 × 3. — 88 Der
Wirt läßt zu Beginn des Essens seinen Gästen Wasser zum Hände-
waschen herumreichen; vgl. sat. II 2, 69; Petron. 31 discubuimus pueris
Alexandrinis aquam in manus nivatam infundentibus. — 92 Horaz
zitiert seinen eigenen Vers I 2, 26. — 96 convictor: der ständige Gast,
also ein Klient; ihm erwies Petellius Wohltaten, die jener nur durch
diese heuchlerische Verteidigung vergilt. — 100 eigentlich hic niger
sucus loliginis, denn das Tier selbst ist nicht schwarz (Symbol der
Heimtücke; vgl. Plut. De sera num. vind. 22, 565 c). — 123 iudices
selecti sind die vom praetor urbanus aus den Senatoren, Rittern und
Aerartribunen ausgewählten Geschworenen. — 134 porticus: der gewöhnliche Ort zum Spazierengehen, vor allem die Säulenhalle des
Pompejus auf dem Marsfeld. — 141 Spott auf die zahlreichen Dichter-
linge in Rom und auf den bekannten Bekehrungseifer und das feste
Zusammenhalten der Juden; vgl. Cic. pro Flacco 66: scis, quanta sit
[Judaeorum] manus, quanta concordia, quantum valeant in contionibus.

5

Poetisches Tagebuch einer Reise nach Brundisium, die Horaz in Gesellschaft des Mäcenas und anderer Freunde machte; alle kleinen Leiden
und Freuden, Eindrücke und Beobachtungen werden, den Reisegenos-
sen zur heiteren Erinnerung, in schlichter und dabei doch witzigpoin-
tierter Form erzählt. Vorbild ist wohl das iter Messeniacum des Lucilius. — Die Reise fand im Frühjahr 37 v. Chr. statt; Mäcenas war nebst
Coccejus und Fonteius Capito mit einer wichtigen Gesandtschaft be-

traut, die zur Beseitigung einer zwischen den Triumvirn Oktavianus
und Antonius bestehenden Spannung beitragen sollte. — Der Bericht
wird wahrscheinlich bald nach der Reise geschrieben sein.
3 Von Forum Appi führte durch die Pomptinischen Sümpfe ein Kanal
bis zum Tempel der Feronia (vgl. Strabo V 233); dieser Wasserweg
wird benutzt. — 5 dem Hochgeschürzten (εὐζώνῳ ἀνδρί), d. h. dem
Fußgänger, der die Tunika höher schürzt, um besser ausschreiten zu können. Horaz und seine Begleiter fuhren oder ritten. — 29 soliti: sie hatten
schon einmal im Jahre 40 v. Chr. zwischen den Triumvirn Antonius
und Oktavianus vermittelt. — 32 f. ad unguem factus (εἰς ὄνυχα) von
den Bildhauern genommen, qui iuncturas marmorum tum demum
perfectas dicunt, si unguis perductus non offendat (Porphyr.). — 36 Abzeichen der Magistratur: Purpur an Toga (praetexta) und Tunika
(latus clavus) und vorangetragene Fackeln; zu deren Anzünden ein
tragbares Kohlenpfännchen. — 45 villula: ein nahe dem pons Campanus gelegenes Gehöft, dessen Bewohner (parochi „Lieferanten“, von
παρέχω) die Verpflichtung hatten, durchreisenden Magistratspersonen
und Gesandten Obdach zu geben und den notwendigsten Bedarf zu
liefern. — 49 crudus „an schlechter Verdauung leidend“: Donatus be-
zeugt von Vergil (vita Verg. 5, 10) plerumque a stomacho et a faucibus
ac dolore capitis laborabat. — 51 ff. Wie bei Lucilius (117—122) folgt
als lustige Episode ein Wortkampf zweier Possenreißer; scherzhaft
feierliche Anrufung der Muse. — 62 Die „ Kampanerkrankheit“, die
offenbar äußerlich entstellte, nicht näher bekannt. — 63 Er soll im
pantomimischen Tanze den Polyphem als Liebhaber der Nereide Galatea darstellen, ein alter Komödienstoff, uns jedoch nur aus der bukolischen Dichtung (Theokrit id. XI) erhalten. Wegen seiner Körpergröße
brauchte er keinen Kothurn, wegen seiner natürlichen Häßlichkeit
keine Maske. — 65 ff. Der ehemalige Sklave, jetzt scriba des Mäcenas,
wird gehöhnt: er sei seiner Herrin entlaufen, habe die Kette, mit der
er gefesselt war, für den Fall der gelungenen Flucht den Göttern gelobt. — 69 Sklaven erhielten monatlich 4 oder 6 Scheffel Getreide (35
oder 44 l); Cato setzte 4—5 ℔ im Tag fest (De re rust. 56). — 77 Die
Reisegesellschaft verläßt die große Via Appia und schlägt eine kürzere,
minder bequeme Straße ein, die Via Minucia, die durch die heimatlichen apulischen Berge ebenfalls nach Brundisium führte. — 87 f. gemeint ist wohl das apulische Ausculum. Der Witz, die Unmöglichkeit
einen Namen im Verse unterzubringen, ausdrücklich zu betonen, findet
sich auch bei Archestratos (48, 3 Ribb.) und Lucilius (228). — 97 lymphis = nymphis iratis: die Erklärung Porphyrios, daß auch hier das
gute Quellwasser fehlt, entsprach nicht den Tatsachen. Vielleicht
wurde Gnatia irrtümlich den übrigen Ortschaften des „dürstenden
Apuliens“ gleichgestellt (K.-H.). — 99 f. Von dem Wunder von
Gnatia erzählt auch Plinius nat. hist. II 240. Horaz bekennt sich zur
Lehre Epikurs (vgl. bene qui didicere deos securum agere aevom

Lucr. V 82) und will die Erscheinung als Naturphänomen angesehen wissen.

6

In der Form der Selbstverteidigung legt der Dichter Rechenschaft ab über sein Verhältnis zu Mäcenas, das ihm viel Neid und mißgünstige Angriffe eingebracht hat. Nicht durch ehrgeiziges Streben, sondern durch seinen Charakter hat er sich trotz schlichter Herkunft das Glück dieser Freundschaft erworben; so wird die Abwehr der Gegner zur feinen Lobrede auf die vorurteilsfreie Denkart seines Gönners und zu einem schönen Denkmal der Pietät für den Vater, dessen kluger Fürsorge er seine Erziehung und Bildung verdankt. Mit spöttischen Seitenblicken auf die anderen, denen falsche Ehrsucht (ambitio) das Leben verleidet, schildert er sein anspruchsloses und sorgenfreies Dasein, das so recht seinem individuellen Glücksbedürfnis entspricht. — Abgefaßt nach 37.

1 Mäcenas (atavis editus regibus carm. I 1, 1) stammte aus der vornehmen etruskischen gens Cilnia; nach Herodot I 94 zogen Lyder unter Anführung des Tyrrhenus nach Italien und setzten sich in Etrurien als Tyrrhener fest. — 9 f. Der römische König Servius Tullius war als Sohn einer Kriegsgefangenen nach Livius IV 3, 12 patre nullo, matre serva, also nullis maioribus ortus; der erste derartige Fall der römischen Geschichte. — 17 imagines „Ahnenbilder", die im Atrium aufgestellten Bilder (Wachsmasken) berühmter Vorfahren, die ein kurulisches Amt verwaltet hatten; tituli: die zugehörigen Aufschriften. Sie wurden bei Leichenbegängnissen und ähnlichen Umzügen mitgeführt. — 19 f. Der adlige Taugenichts, der es nur bis zum Quaestor gebracht hat (adeo foedis moribus vixit, ut provehi non potuerit ultra quaestoriam dignitatem: Porphyr.), ist dem verdienten homo novus gegenübergestellt. — 25 clavum meint den latus clavus (28), den breiten Purpurstreifen an der Tunika, das Zeichen senatorischen Ranges. — 28 die senatorische Tracht; die meist roten Schuhe sind mit vier schwarzen Riemen befestigt, die kreuzweise bis in die Mitte des Schienbeins geflochten waren. — 39 de saxo: Tarpeio; der äußerste Grad tribunizischer Gewalt. — 48 Horaz war im Heer des Brutus hoher Offizier (tribunus militum), ohne vorher gedient zu haben. — 61 Die lange Frist, die die Bedächtigkeit des Mäcenas aufzeigen soll, erklärt sich daraus, daß er 38 v. Chr. in diplomatischer Mission abwesend war. — 72 Flavi ludus: Elementarschule in Venusia, dem Geburtsort des Horaz. — Venusia, das im Bundesgenossenkrieg abgefallen war, gehörte zu den sullanischen Militärkolonien; die Centurionen fühlten sich hier neben den kleinen Ackerbürgern als Standespersonen. — 74 loculos tabulamque: die Kapseln mit den Rechensteinen und die Tafel zum Schreiben; damit werden die einzigen artes dieser Schule bezeichnet. — 75 octonos, erg. nummos; monatlich 8 As Kupfer, d. h. 40—50 Pfennige, an den

Iden als Zahltag; das zeigt die niedrige Stufe dieser Elementarschule. —
77 artes, quibus aetas puerilis ad humanitatem informari solet (Cic.
pro Arch. 4): Griechisch, Grammatik, Metrik, Rhetorik (vgl. epist. II 1,
70; II 2, 41). — 86 nach Suetons vita Horati war sein Vater exactio-
num coactor, Kassierer von Auktionsgeldern. — 90 dolo = culpa in
juristischem Sinne „böswillige Absicht". — 97 fasces und sellae: die
Insignien der höheren Staatsämter, Prätur und Konsulat, bezeichnen
die Zugehörigkeit zur Nobilität. — 117 echinus: wohl ein Gefäß zum
Mischen des Weines oder zum Spülen der Becher; nach seiner igel-
förmigen Gestalt benannt (ἐχῖνος „Seeigel"). — 120 Marsyas: Statue
des Silen auf dem Forum, der einen Weinschlauch trägt; seine ausge-
streckte Rechte deutet Horaz boshaft als Gebärde des Abscheus gegen
einen berüchtigten Wucherer. — 123 unguor olivo: um gymnastische
Übungen anzustellen, z. B. das Ballspiel. — 126 lusus trigo: ein Ballspiel, bei dem die Spieler an den Spitzen eines Dreiecks standen.

7

Eine Feldzugserinnerung aus der Zeit, als Horaz noch in Kleinasien
unter dem Cäsarmörder Brutus beim Heere stand (43 oder 42 v. Chr.).
Er schildert den lustigen Rechtsstreit, der sich zwischen dem geächte-
ten Flüchtling Rupilius Rex und dem reichen Kaufmann Persius aus
Klazomenai vor Brutus' Richterstuhl abspielte; alles spitzt sich auf die
Schlußpointe zu, bei der des Griechen Witz schließlich über die italische Derbheit triumphiert. Literarisches Vorbild ist vielleicht die
Schilderung des Prozesses des Q. Mucius Scaevola gegen T. Albucius
in Lucilius' 2. Buch der Satiren. — Die Zeit der Abfassung ist unbekannt; wohl nicht gleich nach der Heimkehr von Philippi (42).
1 pus atque venenum charakterisiert den Menschen, der ganz „Gift
und Galle" ist; Parodie der bekannten epischen Umschreibung ἱερὸν
μένος Ἀλκινόοιο Hom. Od. η 167; vgl. II 1, 72: mitis sapientia Laeli.
— 2 ibrida: wohl der hellenisierte Sohn (vgl. 32 Graecus) eines italischen Vaters und einer griechischen Mutter. — 3 Die lippi gehören
zum Stammpublikum der Buden, in denen die Ärzte ihre Künste und
Heilmittel feilboten. — 8 equis albis: sprichwörtlich, wohl auf Persius'
superbia regia hinzielend; mit Schimmelgespannen fuhren Götter,
Könige, Triumphatoren. — 16 f. disparibus: der eine strenuus, der
andre piger; Beispiel dafür: Diomedes und Glaucus. Bei Homer (Il. Z
119 ff.) erscheint Glaukos freilich frei von Feigheit, doch legte man
ihm später sein Verfahren beim Schildtausch (vgl. Hom. Z 234) als
Feigheit aus; Horaz parodiert die homerische Erzählung. — 18 praetor
in nichtamtlicher Sprache: Statthalter; hier als Vorsitzender der Ge-
richtsverhandlung. — 28 Neben dem feinen hellenischen Salz steht –
entsprechend der beißenden Schärfe der Schmähung – das italische
acetum (32). — 31 cuculum ruft der Vorübergehende dem säumigen
Winzer höhnisch zu, weil nach italischer Bauernregel die Weinstöcke

schon beschnitten sein mußten, wenn der Kuckuck zu rufen begann
(vgl. Plin. nat. hist. XVIII 249); natürlich folgte dieser Verhöhnung
eine grobe Erwiderung des Winzers. Gleichnis und Verglichenes werden verschmolzen. — 34 consueris reges tollere verallgemeinert rheto-
risch das einmalige Faktum der Ermordung Cäsars.

8

Auf dem Esquilin hat sich Mäcenas an der Stelle eines früheren Be-
gräbnisplatzes einen Park geschaffen; der Gartengott Priapus, dessen
Statue hier errichtet ist, erzählt von seinen Erlebnissen an dieser Stätte.
Den Kern der Satire bildet die Schilderung des tollen Zauberspuks, der
hier bei Mondschein getrieben wird, bis der erschreckte Priapus mit
einem drastischen Mittel das Gesindel verscheucht. Ähnliche Zauber-
szenen bieten Theokrit (2), Vergil (ecl. 8) und Horaz selbst (epod. 5). —
Die Abfassungszeit der Satire läßt sich nicht genau bestimmen, weil
das Verhältnis zur Epode 5 ungesichert bleibt.
1 Selbstvorstellung des Priapus. — Das Material aus Feigenholz ist besonders betont, weil dieses in der Hitze leicht springt; inutile: nam haec
materia nullis fabricis idonea est (Porphyr.). — 4 dextra: die eine Sichel
(falce minax Priap. 30, 1; Verg. georg. IV 110) oder einen Knüttel
trug. — 7 Mäcenas hatte sich hier auf einem früheren Begräbnisplatz
am Serviuswall (15 aggere [Serviano] in aprico) einen Park (horti) an-
gelegt. — 8 Nicht die Herren, sondern die Mitsklaven sorgten für das
Begräbnis der Sklaven. — 12 Das Begräbnisareal betrug 1000 Fuß (ca.
300 m) an der Straße, 300 Fuß (ca. 90 m) in der Tiefe. — 13 Auf der
Grabstätte stand gewöhnlich: H. M. H. N. S. = hoc monumentum
heredes non sequitur (sequetur); die Grabstätte wird also nicht mit
dem übrigen Besitz vererbt. — 17 ferae: Raubvögel (Esquilinae alites
epod. 5, 100) und Raubtiere. — 24 Zaubereien mußten mit bloßen
Füßen und gelöstem Haar vorgenommen werden; vgl. die zaubernde
Medea bei Ovid: nuda pedem, nudos umeris infusa capillos (metam.
VII 183). — 26 f. Eine Grube gehört zur Beschwörung der Geister der
Abgeschiedenen, vgl. Homers Nekyia (λ, 25 f.). Der Gebrauch des
zauberbrechenden Eisens ist dabei ausgeschlossen, daher scalpere unguibus, divellere mordicus. — 30 ff. Zwei Puppen, eine von Wachs,
eine aus Wolle geknüpft oder mit Wolle umwunden, dienen der Ban-
nung eines widerstrebenden Geliebten. — 34 f. Daß die angerufenen
Göttinnen dem Rufe folgen, beweist das Erscheinen ihrer Tiere: serpentes Symbol der Furie Tisiphone, canes die stygischen Hündinnen,
Begleiter der Hekate. — 37 f. Das Götterbild will sich – zur Beteue-
rung der Wahrheit – dem Schlimmsten aussetzen, was Menschen und
Tiere ihm antun können; vgl. die Formel der Menschen: ita me di
deaeque perdant. — 39 Julius, der Gentilname der Cäsaren, ist wohl
falsche Überlieferung. — 42 Wolfsbart und Schlangenzahn wohl zur
Abwehr gegen Bezauberung (vgl. Plin. nat. hist. XXVIII 157). —

43 f. Das Wachsbild kommt ins Feuer, damit der Dargestellte in gleicher Weise umkommt oder damit er ebenso im Feuer der Liebe schmilzt
(vgl. Theocr. II 28, Verg. ecl. VIII 80). —49 f. incantata vincula: durch
Zaubersprüche geweihte Zauberschlingen zu magischer Fesselung und
Verstrickung geliebter Personen.

9

Horaz erzählt seine Begegnung mit einem zudringlichen und selbstge-
fälligen Schwätzer, der sich als Schöngeist empfiehlt und durch ihn bei
Mäcenas eingeführt zu werden wünscht; in dramatisch-lebendiger
Form schildert er alle Einzelheiten dieser tragikomischen Szene und
berichtigt zugleich sehr ernsthaft das falsche Bild, das man sich über sein
Verhältnis zu Mäcenas im Publikum zu machen pflegte. — Die Abfassungszeit – natürlich nach 37 – läßt sich nicht genau fixieren.
1 via sacra (Wortstellung meist: Sacra via, epod. 4, 7; 7, 8) führte vom
Esquilin über das Forum nach dem Kapitol. — 9 Malender Rhythmus.
— 18 Cäsar hatte seinen Park am Janiculum, jenseits des Tiber, dem
Volke vermacht (Suet. Caes. 83). — 24 f. Weibische Künste nach römischer Auffassung; der ältere Seneca klagt: cantandi saltandique obscena
studia effeminatos tenent (contr. I pr. 8). — 29 f. Sabella anus: dieser
Volksschlag in den Abruzzen beschäftigte sich noch viel mit Zauber
und Wahrsagekünsten. — 35 Vestae: erg. aedem, am Forum; in der
Nähe war das Tribunal des Prätors. — 36 Ein Zivilverfahren ist an-
hängig gemacht; heute ist Termin, bei dem nach geleisteter Bürgschaft
(vadato) persönliches Erscheinen notwendig ist. — 48 summovere:
technischer Ausdruck vom Platz machenden Liktor (vgl. carm. II, 6,
10). — 58 tempora: καιρούς. — 69 tricesima sabbata: der dreißigste
als Neumondstag, an dem der Geschäftsverkehr bei den Juden ruhte;
also: die Sabbatruhe am dreißigsten. — 72 f. solem nigrum: vgl. Catull
(8, 5) fulsere quondam candidi mihi soles. — 76 f. Der Beklagte, der
der Vorladung vor Gericht nicht Folge leistete, konnte erst nach
dreimaliger vergeblicher Aufforderung verurteilt werden. Zur Abkür-
zung des Verfahrens durfte der Kläger den Beklagten gewaltsam vor
den Prätor schleppen, mußte aber einen Anwesenden zum Zeugen dafür nehmen (antetestari): dabei berührte er ihn am Ohr mit den Worten:
„Memento, quod tu mihi in illa causa testis eris." Plinius erläutert den
Sinn dieses Symbols: est in aure ima memoriae locus, quem tangentes
antestamur (nat. hist. XI 251). — 78 Parodie auf Homer (Y 443 τὸν
δ᾽ ἐξήρπαξεν Ἀπόλλων; vgl. Lucilius 231).

10

Im Epilog des Buches rechtfertigt Horaz die abfällige formale Kritik,
die er früher (Sat. I 4) an seinem Vorgänger Lucilius geübt hat. Er
geht auf die einzelnen Angriffspunkte nochmals ein, widerlegt die Ein-
würfe und spricht sich über seine eigene Satirendichtung und sein Ver-

hältnis zu Lucilius aus; den mißgünstigen Kritikern seiner Satiren stellt er eine lange Reihe von kunstverständigen Freunden und Gönnern gegenüber, an deren Urteil ihm allein gelegen ist. — Abgefaßt im Jahre 35 v. Chr. oder wenig später.
Die Verse, die in einer Handschriftengruppe an der Spitze der Satire stehen, können nach Ton und Inhalt nicht zur folgenden Satire gehören; von wem sie herrühren, ob sie von einem Zeitgenossen stammen oder ein späterer Zusatz sind, läßt sich nicht bestimmen.
1*f. Cato scheint eine Ausgabe des Lucilius gemacht zu haben (emendare), um den Klassiker der Satire den gebildeten Kreisen wieder näherzubringen. — 5*ff. Wer damit gemeint ist, das wissen wir nicht. — 6 Die „Lebensbilder" (mimi) des Laberius, deren aspera libertas Macrob. II 7, 2 erwähnt, brachten mit schonungslosem Witz zeitgenössische Zustände und Typen auf die Bühne. — 11 tristis πικρός, iocosus χαρίεις sind Fachausdrücke. — 16 vgl. sat. I 4, 1 f. — 17 simius: Schimpfwort zur Bezeichnung der Häßlichkeit; nach Porphyr. (Demetrium . . . hoc nomine appellat) ist der später (90) neben Hermogenes Tigellius als Mädchengesanglehrer verhöhnte Demetrius gemeint. — 20 Die Sprachmengerei hält Cicero für unzulässig, ne ut quidam Graeca verba inculcantes iure optimo rideamur (de off. I, 111). — 30 In dem halbhellenischen Apulien sprach man Italisch (früher Oskisch, jetzt Lateinisch) und Griechisch nebeneinander. — 31 citra mare natus = Italus, vgl. II 8,47. — 33 Daß die Morgenträume wahr werden, ist alter Glaube: ἐγγύθι δ'ἠώς, εὖτε καὶ ἀτρεκέων ποιμαίνεται ἔθνος ὀνείρων Moschos, Europ. 2 ff. (vgl. Ovid, her. XIX 195). — 38 in aede: (nach Porphyr.) Musarum, in dem sich das collegium poetarum versammelte. — 43 percussio ist das Taktschlagen mit dem Fuße im jeweils geraden Versfuß des Senars: sex enim pedes, tres percussiones habet (Quint. IX 4, 75). — 48 inventor: über die πρῶτοι εὑρεταί der einzelnen Literaturgattungen gab es, besonders in der griechischen Literatur, zahlreiche gelehrte Werke (vgl. ars poetica 73 ff., 275). — 50 vgl. I 4, 11. — 72 Mit dem umgekehrten breiteren Ende des Schreibgriffels pflegte man das Wachs zu glätten und so das Geschriebene wieder zu tilgen (Cic. in Verr. II 101 vertit stilum in tabulis suis).

Satiren II

1

Um den Vorwürfen wegen allzu großer Schärfe seiner Polemik zu begegnen, gibt Horaz eine rechtfertigende Erklärung, die er in ein launiges Gespräch mit dem berühmten Juristen Trebatius kleidet und als Vorwort an die Spitze des zweiten Satirenbuches stellt: er erörtert die Gründe, die ihn zur Satirendichtung bewegen, und weist die Besorgnis zurück, daß ihm diese Poesie bei seinen hochgestellten Freunden schaden könne. So führt die Unterredung zu dem Ergebnis, daß er trotz

aller Bedenken seines Ratgebers unbekümmert um Kritik und An-
fechtung weiterdichten wird. — Verfaßt wurde diese Satire wohl als
letzte des zweiten Buches, das Horaz im Jahre 30 v. Chr. veröffent-
lichte.
1 Horaz bezeichnet seine Dichtung stets als genus hoc scribendi (z. B.
sat. I 4, 65), mea scripta u. dgl. und umschreibt so den eigentlichen
Terminus; hier begegnet zum ersten Male in der erhaltenen Literatur
das Wort satura, denn hier muß die Gattung unzweideutig bezeichnet
werden. — 7 ter: als ob es sich um ein Geheimmittel handle, dessen
Wirkung in der dreimaligen Wiederholung liegt. — 12 f. Ablehnung
des Wunsches der leitenden Männer nach epischer Verherrlichung ihrer
Taten ist zum τόπος der augusteischen Poesie geworden (vgl. carm.
I 6). — 14 f. Gegen die Gallier und Parther hatte Oktavian nicht gekämpft; sie werden aber als die Erbfeinde Roms im Norden und Osten
genannt. — 18 dextro tempore: vorläufig war der Cäsar noch in der
Ferne mit der schwierigen Aufgabe der Reorganisation Asiens beschäf-
tigt. — 27 vgl. das Sprichwort quot homines, tot sententiae (Terent.
Phorm. 454). — 34 f. vita hier „Lebensführung" (βίος). — Die pole-
mische Ader des Dichters soll aus der Abstammung von kriegerischen
apulischen oder lukanischen Vorfahren erklärt werden; sein Vater
stammte nicht von den einst nach Venusia geschickten römischen Ko-
lonisten, sondern wohl von einem gefangenen Lukaner oder Apuler.
Venusia war eine alte Stadt der Samniten, zu denen die Sabeller gehörten. — 42 vgl. die Verwünschung des Eisens bei Kallimachos (fr. 110,
48 Pf.) und Catull 66, 48. — 60 f. Trebatius parodiert der Thetis Klage
ὠκύμορος δή μοι, τέκος, ἔσσεαι οἷ' ἀγορεύεις (Σ 95). — 64 nach der
alten äsop. Fabel vom Esel, der sich in das Fell des Löwen hüllt. —
72 mitis sapientia Laeli, vgl. ἱερὰ ἷς Τηλεμάχοιο. — 73 Dasselbe erzählt der Redner Crassus bei Cic. de orat. II 22. — 75 infra Lucili censum: Lucilius war römischer Ritter. — 82 Schon die Zwölftafelgesetze
hatten die Abfassung von Schmähschriften (mala carmina) verboten
(Cic. Tusc. IV 4, de rep. IV 12). — 83 mala als doppelsinniger Ausdruck, hier in ästhetischem Sinne. — 86 „solventur tabulae" ist sprach-
lich unerklärt; der Sinn ist: die Gesetze werden ihre Kraft verlieren.

2

Das Glück einer einfachen, naturgemäßen Lebensweise, die sich von
Üppigkeit und Schlemmerei ebenso fernhält wie von schmutzigem
Geiz, wird durch Lehre und Beispiel des Ofellus empfohlen, eines
schlichten, lebensklugen Bauern, den Horaz in seiner Jugend als wohl-
habenden Besitzer eines Gutes in der Nähe seiner Vaterstadt Venusia
kennenlernte und der jetzt, durch die Landverteilung an die Veteranen
seiner Habe beraubt, als Pächter nicht weniger glücklich und zufrieden
lebt wie ehedem. — Die Abfassungszeit ist nicht zu bestimmen.
2 Das Zitat aus Euripides' Melanippe κοὐκ ἐμὸς ὁ μῦθος, ἀλλ' ἐμῆς

μητϱὸς πάϱα war offenbar sprichwörtlich (vgl. Plato, symp. 177 a). — 3 sapiens hier (wie I 4, 115) ganz als Substantiv empfunden. — 10 f. Romana militia „römischer Felddienst", Jagd und Reiten als ein Teil kriegerischer Übungen (vgl. Cic. de nat. deor. II 161 ut exerceamur in venando ad similitudinem bellicae disciplinae); demgegenüber das graecari, die leichte Gymnastik der modernen Jugend. — 13 Der Diskuswurf gilt als levissima delectatio (Cic. de orat. II 21). — 15 Die hier bezeichnete Mischung aus Honig und Falerner war die von den Feinschmeckern geschätzte Art des mulsum (Weinmet); Macrobius erwähnt als proverbium, quo utuntur gulones (Feinschmecker): mulsum, quod probe temperes, miscendum esse novo Hymettio et vetulo Falerno (sat. VII 12, 9). — 22 lagois: ein unbekannter Vogel; wohl der von Plinius nat. hist. X 133 beschriebene Alpenvogel lagopus (Schneehuhn oder Birkhuhn). — 23 pavo, zuerst vom Redner Q. Hortensius, Ciceros Zeitgenossen, bei seinem Auguralschmaus auf den Tisch gebracht, gehörte trotz seines zweifelhaften Wohlgeschmacks zu den unerläßlichen Gerichten eines feinen Diners; vgl. I 2, 116. — 32 gemeint sind wohl die unterhalb der Tiberinsel gelegenen pons Aemilius und pons sublicius; der inter duos pontes gefangene lupus, λάβϱαξ,, galt als der feinste. — 50 Sempronius Rufus brachte die Sitte auf, junge Störche zu essen; bei der Bewerbung um die Prätur ließ ihn das Volk durchfallen (darum höhnend: praetorius) und rächte damit den Tod der Störche: cicóniárum pópulus últus ést mórtem (Schluß eines Epigramms in Choliamben nach Porph.). — 57 quinquennis: also ranzig, weil eingemachte Oliven sich kaum über ein Jahr halten. — 60 repotia (nochmaliges Trinken) postridiᵉ nuptias apud novum maritum cenantur, quasi reficitur potatio (Festus p. 281). — 64 sprichwörtlich von zwei gleichgefährlichen Extremen, vgl. Plaut. Casina 971: hac lupi, hac canes. — 65 vgl. Varros Vorschrift: dominum convivii esse oportet non tam lautum quam sine sordibus (Gell. XIII 11, 5). — 77 cena dubia: vgl. Terenz Phorm. 342 cena dubia apponitur – quid istuc verbist? – ubi tu dubites, quid sumas potissimum. — 79 divinae aurae: vgl. Cic. Tusc. V 38 humanus animus decerptus ex mente divina. Daß die menschliche Seele ein Teil des alles durchströmenden Hauches der Gottheit ist, ist stoische Lehre. — 97 typische Figur des strengen, über den Leichtsinn der Jugend entrüsteten Oheims (vgl. II 3, 88; carm. III 12, 3). — 104 vgl. carm. III 6, 2; Monum. Ancyr. 4, 17: Augustus sorgte später für Wiederherstellung der Tempelruinen. — 114 accisis: durch die Proscriptionen der Triumvirn (vielleicht 42 v. Chr.); Metapher vom angehauenen Baumstamm. Das Gut wurde vermessen (metato) und einem gewissen Umbrenus (133) zugeteilt. — 122 duplice ficu: gespalten und so getrocknet. — 123 ludus erat potare, nicht nach dem vom griechischen Symposion übernommenen Komment unter einem arbiter bibendi, sondern culpa magistra: jeder trinkt, so gut er kann, ne culpam in se admittat. — 134 vgl. Stob. flor. 105, 56: τὰ

χρήματα τοῖς πλουσίοις ἡ τύχη οὐ δεδώρηκεν, ἀλλὰ δεδά-
νεικεν.

3

Auf seinem Landgut wird Horaz von dem „Tugendschwätzer" Damasippus überfallen, der, durch eigenes Mißgeschick veranlaßt, unter die
Stoiker gegangen ist und nun in einer endlos langen Kapuzinerpredigt
dem Dichter die neuerlernte Weisheit vorträgt. In grotesker Einseitig-
keit ereifert er sich über die Torheit der Menschen und vertritt dabei
das stoische Paradoxon, daß außer dem Weisen alle Menschen Toren
und daß alle Toren verrückt seien. So schildert diese Satire die verschiedenen Spielarten menschlicher Narrheit und verspottet zugleich
die rigorose stoische Moralphilosophie und die lächerliche Gespreizt-
heit und Aufdringlichkeit ihrer Vertreter. — Abgefaßt wurde die Satire nach 33 v. Chr. (Erwähnung der Ädilität Agrippas v. 185).
1 membrana: zum ersten Entwurf (vgl. dazu a. p. 389); zur Reinschrift
diente der Papyrosstoff charta. — 6 incipe: mit Rezitieren. — 13 virtus
hier nicht die ἀρετή im allgemeinen moralischen Sinne, sondern „Betätigung der Dichterkraft"; Gegenteil: desidia (15). — 14 Siren, vgl.
Hom. μ 39 ff. — 18 ff. ad Janum medium heißt eine Gegend am Forum,
wo an einem Durchgang (Janus) die Bankiers ihre Kontore hatten. Die
Mitteilungen des Damasippus, der durch Unglück im Kunsthandel (21)
und durch verfehlte Spekulationen in Grundstücken (24) bankerott
geworden ist, entsprechen den Stellen, an denen Cicero ihn erwähnt:
ad fam. VII 23; ad Att. XII 29 und 33. — 21 Auf ein kunstvolles Bek-
ken des Sisyphus zum Waschen der Füße spielt auch Aischylos in einem
Satyrdrama an (fr. 225 N), dessen Horaz hier wohl gedacht hat. —
30 Der Vergleich findet sich ähnlich bei Sext. Emp. adv. math. XI 135.—
32 Das bekannte stoische Paradoxon πᾶς ἄφρων μαίνεται (Cic. parad.
IV) wird sofort auf Horaz angewandt; prope mildert das Paradoxon
(wie I 3, 98; fere I 3, 96). — 35 Der lange ungepflegte Philosophenbart
(vgl. I 3, 133) symbolisiert hier die Bekehrung zur sapientia. — 44 Chrysippi porticus, die στοὰ ποικίλη in Athen, in der der Stifter der stoischen Philosophie Zenon gelehrt hatte und deren Name dann an seiner
Schule, deren wissenschaftlicher Begründer später Chrysipp wurde,
hängen blieb. — 53 caudam trahere: nach Porphyrio Anspielung auf
den Jungenscherz, einem anderen ohne sein Wissen einen Schwanz an-
zuhängen. — Vgl. Xenoph. mem. I 1, 14: τῶν τε γὰρ μαινομένων
τοὺς μὲν οὐδὲ τὰ δεινὰ δεδιέναι, τοὺς δὲ καὶ τὰ μὴ φοβερὰ φοβεῖ-
σθαι. — 60 ff. Der Schauspieler Fufius spielte in Pacuvius' Tragödie
„Iliona" die Rolle der Iliona, der im Schlafe der Schatten ihres ge-
töteten Sohnes Deïphilus erscheint und sie auffordert, ihn zu begraben,
mater, te appello . . . surge et sepeli natum (Cic. Tusc. I 44, 106). Fufius
ist infolge Bezechtheit (ebrius) wirklich eingeschlafen und hört nicht
den Ruf des Catienus, der den Deïphilus spielt; daher witzig Ilionam

„edormit" statt agit, er schläft die Iliona, d. h. er spielt die Rolle der
schlafenden Iliona. Das belustigte Publikum ruft offenbar mit, daher mille
ducentis Catenis: das Doppelte von dem sonst als Bezeichnung einer
großen Zahl verwendeten sescenti. — 69 scribere: einen Posten in die
Bücher eintragen, buchen; decem: scil. milia sestertium, stehende Bezeichnung für eine größere Summe. — 72 malis alienis, vgl. Homer
v 346 vom Lachen der Freier: γναϑμοῖσι γελώων ἀλλοτρίοισι. Die
Bedeutung der Worte bei Horaz ist noch nicht sicher erklärt. — 77 Der
Toga den gehörigen Faltenwurf geben, damit man längere Zeit ruhig
zuhören kann. — 82 elleborus, Nieswurz, das spezifische Heilmittel
der Alten gegen geistige Störungen; wuchs besonders bei Antikyra,
einer Stadt in Phokis (Strabo IX 418), die auch als Kurort aufgesucht
wurde (v. 166). — 85 ff. Buße, die den Erben auferlegt wird, falls sie
den testamentarischen Bestimmungen über die protzige Grabschrift
nicht gehorchen. — 88 patruus: vgl. zu II 2, 97. — 129 dieselben Worte
bei Sallust Jug. 31, 11 servi aere parati; beim Sklaven, seinem Eigentum, wäre er also formal in seinem Rechte, trotzdem würde er als insanus gelten. — 134 ff. Abweichend von der üblichen Erzählung bezeichnet Stertinius den Orest als wahnsinnig schon zur Zeit des Mutter-
mordes: beliebtes Reizmittel des kynischen Stils, die gewöhnliche Auffassung der Mythen umzukehren. — 140 f. vocando hanc Furiam: nach
Eurip. Orest. 264. — 141 bilis als Ursache des Wahnsinns ((μελαγχολία); splendida wegen des spiegelnden Aussehens der schwarzen
Galle. — 155 oryza: indischer Reis, der also ein wenig teurer ist. —
161 cardiacus (καρδιακός) nicht sicher zu bestimmen; ein Kranker,
der am Magenmund oder am Herzen (beides καρδία) leidet (vgl. Cels.
III 19). — 163 vgl. epist. I 6, 28. — 168 dives antiquo censu: weil zwei
praedia nach heutiger Schätzung wenig, nach dem Census der alten
Generation einen stattlichen Besitz darstellen. — 171 Spiele mit Nüssen
waren bei Kindern beliebt (vgl. Nux 73 ff.; Pers. I 10). — 180 f. aedilis
fueritve praetor: nach K.-H. wohl in Canusium, nicht etwa in Rom;
also gloria (179): bescheidner munizipaler Ehrgeiz. — 182 Speisung
des ärmeren Volkes als verächtliche Bezeichnung des Aufwandes als
Ädil; hier wohl als Bewirtung im Zirkus. — 187 Die altertümliche Ge-
setzessprache wird imitiert. — 191 Nachahmung von Homer A 18 f. —
193 vgl. Homer P 279. — 195 vgl. Homer A 255. — 200 mole salsa:
οὐλοχύται Gerstenkörner vermischt mit Salz wurden dem Opfertier
aufs Haupt gestreut (schol. Arist. equit. 1167). — 205 Die Opferung
Iphigeniens wird wie bei Lucrez I 84 f. als vollzogen angesehen, also
die jüngere Sage von ihrer Entrückung und von ihrem Ersatz durch
eine Hirschkuh ignoriert. — 216 Weibliche cognomina, die oft auf Inschriften vorkommen; hier als Schmeichelnamen. — 217 Dem Geistes-
kranken a praetore bonis (i. e. administratio bonorum) interdicitur;
vgl. tab. V der Zwölftafeln. — 223 Die Priester der asiatischen Göttin
Bellona, deren Kult Sulla nach Rom brachte, führten rasende Tänze

auf und opferten dabei ihr eigenes Blut (vgl. Tibull I 6, 45). — 239
Aesopi filius: Valerius Max. IX 1, 2 nennt ihn non solum perditae, sed
etiam furiosae luxuriae iuvenem. — 246 vgl. carm. I 36, 10. — 256 ex
collo: beim Gelage trug man auch um den Nacken Kränze (vgl. Tibull
I 7, 52 et capite et collo mollia serta gerat). — 260 ff. freie Nachdichtung
von Terenz Eunuchus 46 ff., 57 ff.; auch von Persius 5, 161 ff. nachgebildet. — 264 ist bis auf eine Silbe (si me obsecret) übernommen. —
272 Das hier erwähnte Liebesorakel beschreibt Pollux IX 128. —
275 πῦρ μαχαίρᾳ μὴ σκαλεύειν ist eine sprichwörtliche Redensart. —
285 Porphyr.: qui vendunt mancipia, solent hoc adicere: sanum corpore et animo putes. Bei Verschweigen von Fehlern erfolgte Klage auf
Schadenersatz. — 289 frigida quartana: quarto quoque die die wiederkeh-
rendes Fieber. — 291 Von einem Fasten zu Ehren Jupiters ist nichts
bekannt; hier ist unter Jupiter offenbar der Judengott zu verstehen.
An welchen Fasttag zu denken ist, läßt sich nicht bestimmen. Auch das
Eintauchen in den Tiber ist orientalischer Gebrauch. — 296 sapien-
tium octavus: vielleicht Anspielung auf eine Kallimachosstelle (fr.
587 Pf.; dort Parallelbelege und Kommentar). — 299 Anspielung auf die
äsopische Fabel von den zwei Säcken; s. Phaedr. IV 10 peras impo-
suit Juppiter nobis duas: propriis repletam vitiis post tergum dedit,
alienis ante pectus suspendit gravem. — 303 natürlich in Euripides
Bakchen. — 314 ff. Wiedergabe einer äsopischen Fabel, vgl. Babrios
28, Phaedr. I 24.

4

Gespräch des Dichters mit Catius, der eben von einem ungenannten
Kochkünstler darüber belehrt worden ist, „wie man mit Geist, Geschmack und angemessener Zuträglichkeit essen und trinken soll",
und nun voll Enthusiasmus und mit komischer Wichtigkeit die lange
Reihe der gehörten Vorschriften wörtlich wiedergibt. Alles ist mit
allgemeinen Reflexionen durchwoben und gleichsam philosophisch aus
dem „Geist der Kochkunst" begründet — ein rechtes antikes „Schlem-
merparadies", durch dessen übermütige Schilderung gewisse Leute
verspottet werden, die in der Anleitung zum guten Essen und Trinken
die höchste Lebensweisheit sahen. — Zur Bestimmung der Abfassungszeit bieten sich keine Anhaltspunkte.
2 ponere signa: das Verfahren der Mnemonik, die sich gewisser Bilder
und Zeichen für die einzuprägenden Gedanken und Worte bediente. —
12 Ob langhohe Eier Hähnchen tragen, ist eine Streitfrage der antiken
Biologie (vgl. Antig. Karyst. mir. 96; Aristot. hist. an. VI 2,2). —
13 Plinius nat. hist. X 145 beruft sich auf diese Horazstelle: quae
oblonga sunt ova, gratioris saporis putat Horatius Flaccus. — 21 aliis:
die Pilze, die im Walde und überhaupt an schattigen Orten wachsen,
wegen der vielen Giftpilze; vgl. Plinius XXII 92 ff. — 22 f. Maulbeeren
müssen, weil der Saft der reifen (nigras) Früchte leicht in Gärung ge-

rät, frühmorgens gepflückt und nicht der Tageshitze ausgesetzt, sondern schon zum Schlusse des prandium gegessen werden. — 25 venis „Adern", d. h. die Kanäle für Speise und Trank. — 29 Der Ampfer wurde nach Athenaios III p. 92 A mit den Muscheln zusammen gekocht. — 30 vgl. Lucil. 1201 luna alit ostrea et implet echinos. — 41 curvat, da der Eber damals ganz aufgetragen wurde, wie es sich seit P. Servilius Rullus in sullanischer Zeit eingebürgert hatte, Plin. VIII 210. — 44 vgl. zur Erläuterung dieser Vorschrift sat. II 8,89. — 51 eine öfters erwähnte Vorschrift antiker Weinbereitung, bestätigt von Plinius nat. hist. XIV 136: Campaniae (vina) nobilissima exposita sub divo in cadis verberari sole, luna, imbre, ventis aptissimum videtur. — 63 est operae pretium parodiert Ennius ann. 465. — 66 Von Byzanz kamen die marinierten Thunfische. — 68 vgl. Plinius nat. hist. XXI 31 prima nobilitas Cilicio (croco) et ibi in Coryco monte. — 71 venucula: erg. uva, eine kampanische Traubenart. — 74 sale nigro: aus Holzasche ausgelaugtes Salz nach Plinius hist. nat. XXXI 83. — 83 lapides varios: der kostbare bunte Mosaikfußboden des Speisezimmers. — 94 fontes ut adire remotos: Parodie von Lucret. I 927, IV 2 iuvat integros accedere fontis atque haurire.

5

Die Satire fingiert eine Fortführung des bei Homer (Odyss. λ 90 ff.) berichteten Gespräches, das Odysseus mit dem blinden Seher Teiresias in der Unterwelt führt: er will nach der gewünschten Auskunft über seine Heimkehr nun auch erfahren, wie er sein verlorenes Vermögen rasch ersetzen kann. Teiresias rät ihm, Erbschleicher in Rom zu werden, und gibt ausführliche Unterweisung in dieser Kunst mit all ihren Ränken und Schlichen. So richtet sich diese Satire, die mehr als alle anderen von Bitterkeit und vernichtender Ironie durchtränkt ist, gegen die würdelose Erbschleicherei, die damals zu den schwersten Schäden der römischen Gesellschaft gehörte und ein höchst aktuelles Problem darstellte. — Abfassungszeit der Satire: 30 v. Chr., vgl. 62 f.: Oktavian hat bei Aktium gesiegt und alle Welt erwartet den Rachezug gegen die Parther.
1 hoc quoque knüpft unmittelbar an die homerische Szene (Odyss. λ 114 ff.) an. — 7 apotheca: das Weinlager im oberen Teil des Hauses (vgl. carm. III 8, 11). — 8 vilior alga sprichwörtlich, vgl. Verg. buc. 7, 42. — 10 turdus als besonderer Leckerbissen: inter aves turdus si quis me iudice certet, inter quadrupedes mattea prima lepus Martial. XIII 92. — 17 comes exterior, erklärt durch latus tegere (18): bei den engen Straßen Roms geht natürlich der Höhere und Ältere auf der Innenseite. — 20 f. nach Homer Odyss. υ 18 τέτλαθι δὴ κραδίη· καὶ κύντερον ἄλλο ποτ' ἔτλης. — 23 captare und 57 captator hier zum ersten Male als technische Bezeichnungen des Erbschleichens. — 41 Als Beweis für die Schwülstigkeit von Furius' Poesie wird sein geschmackloser Vers

zitiert: Jupiter hibernas cana nive conspuit Alpes (auch bei Quintilian VIII 6, 11 getadelt). Statt des boshaften Epithetons „turpidus“, das Furius sat. I 10, 36 bekommt, steht hier das noch boshaftere „pingui tentus omaso“. Rindskaldaunen als ein plebejisches Gericht, von dem man für billiges Geld viel essen kann. — 44 plures thynni, denn die Thunfische pflegen in Schwärmen zu ziehen. — 46 sublatus, d. h. als anerkanntes Kind und künftiger Erbe. Das neugeborene Kind wurde nach römischer Sitte vor den Vater auf den Boden gelegt; indem er es aufhob, erkannte er es an. — 48 secundus heres = substitutus; tritt an die Stelle des ersten Erben, falls dieser stirbt oder die Erbschaft nicht antritt. — 52 secundo versu: in der ersten Zeile stand der Name des Testators, in der zweiten der des Haupterben. — 55 ff. Nasica, der Schuldner eines gewissen Coranus, der sich aus der schlichten Stellung eines Polizisten (quinquevir) zum Schreiber emporgeschwungen und sich Vermögen erworben hatte. Nasica gab dem Coranus, der offenbar wesentlich älter war als er selbst, seine Tochter zur Frau, um ihn zu beerben oder wenigstens von der Rückzahlung der Schuld befreit zu werden; er wurde aber in dieser Hoffnung von Coranus schmählich getäuscht (vgl. v. 64 ff.). corvum deludet hiantem spielt wohl auf die äsopische Fabel vom Fuchs und Raben an. — 59 Horaz verspottet durch die Zweideutigkeit, die er dem Teiresias in den Mund legt, die Weissagekunst. Er meint: was ich sage, wird in jedem Falle eintreffen; der nächstliegende Sinn der Worte ist aber: was ich sage, wird entweder eintreffen oder nicht. — 62 iuvenis: Oktavian, 63 geboren, also jetzt 33 Jahre alt. Gemeint ist hier die Zeit nach der Schlacht bei Aktium. — 79 vgl. Penelopes Klage Homer. Od. σ 275 ff. — 83 sprichwörtlich, vgl. Lucian. adv. indoct. 25 οὐδὲ γὰρ κύων ἅπαξ παύσαιτ’ ἂν σκυτοτραγεῖν μαθοῦσα. — 96 ohe iam, in voller Form I 5, 12 f. ohe iam, satis est. — 109 nummo te addicere: nummus = sestertius, ein fingierter Kaufschilling, den bei rechtskräftigen Schenkungen als Scheinkauf der Empfänger erlegte.

6

Dies Gedicht, die „Krone der Horazischen Satirendichtung“, entstand auf dem Landgut im Sabinerwalde, das Mäcenas seinem Freunde um 33 v. Chr. geschenkt hatte. Horaz ist beglückt, daß er nun das ersehnte Heim gefunden hat, und schildert in einer beschaulichen Morgenstunde die stille Ruhe und Zufriedenheit des Landlebens im Gegensatz zur vielbewegten Stadt, wo ihm freudlose Geschäftigkeit und die Mißgunst der Menschen das Leben vergällen. Dieser Kontrast zwischen städtischer Unruhe und ländlichem Frieden wird zum Schluß durch die im gemütlichen Plauderton erzählte Fabel von der Stadtmaus und Landmaus noch einmal symbolisch zum Ausdruck gebracht. — Als Entstehungszeit dieser Satire ergibt sich nach Vers 53 und 55 der Spätherbst des Jahres 31 v. Chr., als Mäcenas und Horaz, die Oktavian in

den Kampf vor Aktium begleitet hatten, wieder nach Rom zurückge-
kehrt waren.
6 ff. Die übliche Form des Gebets, die Erfüllung gleichsam als Lohn
für eine Leistung beansprucht (vgl. carm. I 32, 1; III 18, 5), ist schon
vorgebildet von Homer (A 39) und zieht sich durch die ganze antike
Literatur. — 12 f. dives amico Hercule: ideo quia thesauris praeest
(Porphyr.); Nachahmung dieser Stelle bei Persius 2, 10. — 14 f. praeter
ingenium: nach dem sprichwörtlichen pingui Minerva (sat. II 2,3
crassa Minerva); Ovid sagt von dem törichten Midas: pingue sed ingenium mansit (met. XI 148). — 17 Musa pedestris: die Muse der sermones repentes per humum (epist. II 1, 250 f.), wegen ihrer der Prosa
nahestehenden Sprache. Alter Vergleich der poetischen Rede mit dem
Reiter, der prosaischen mit dem Fußgänger (πεζὸς λόγος). — 20 Es
ist im Gebet üblich, der Gottheit mehrere Namen zur Wahl zu stellen
(vgl. carm. saec. 14; carm. III 21, 5). — 26 interiore gyro: die Sonne
beschreibt im Winter scheinbar einen mit dem Sommerlauf konzentri-
schen kleineren Kreis. — 35 puteal: Einfriedung einer vom heiligen
Blitzstrahl getroffenen Stelle auf dem Forum, in dessen Nähe das Tribunal des praetor urbanus lag (vgl. epist. I 19, 8, Ovid rem. am. 561).
— 36 f. scribae: Die Sekretäre, zu denen Horaz früher als scriba quae-
storius gehörte (s. Suetons vita Horati). — 40 f. Parodie auf Homer,
β 89; so läßt sich der Beginn des Verhältnisses zu Mäcenas auf den
Winter 38/37 datieren. — 42 tollere reda: bei Ausflügen in die Nähe
Roms (I 6, 101) oder auf Reisen, z. B. nach Brundisium (I 5). — 52 deos:
Mäcen und durch ihn Oktavian und Agrippa. — 55 f. Die nach der
Schlacht bei Aktium verheißene Ackerverteilung fand Anfang des
Jahres 30 v. Chr. statt; vgl. mon. Ancyr. 3, 24. — 63 Pythagorae cognata
verspottet das pythagoreïsche Verbot des Bohnenessens: man meinte,
die Bohnen seien am Uranfang der Lebewesen mit den Menschen entstanden, also mit dem Menschenleibe verwandt (Porphyr. vita Pythag.
2,3), oder man kannte die von römischen Gelehrten aufgestellte Behauptung, in jeder Bohne könne die Seele eines nahen Verwandten
sitzen (quoniam mortuorum animae sint in ea, Plin. nat. hist. XVIII 118).
— 71 über den Luxus kostspieliger Villenanlagen klagt Varro r. r. I 13;
vgl. carm. II 15. — 72 ad nos pertinet: vgl. den philosophischen Terminus τὰ πρὸς ἡμᾶς. — 79 ff. Die Fabel von der Stadtmaus und Landmaus steht bei Babrios (Nr. 108) und im Corp. Aesop. (297 H.). —
91 Die Feldmaus der Fabel (μῦς ἀρουρίτης) hat Horaz zur Waldmaus
gemacht, um den Kontrast zu verschärfen.

7

Ein Sklave des Dichters benutzt die Gelegenheit des Saturnalienfestes,
um seinem Herrn eine Strafpredigt zu halten und dabei die Weisheit
anzubringen, die er dem Türsteher eines stoischen Tugendschwätzers
verdankt: nach dem Paradoxon, daß nur der Weise frei, alle übrigen

Menschen aber Sklaven seien, hält er ihm in lustiger Übertreibung seine Fehler vor und behandelt ihn geradezu als seinen Mitsklaven, bis er schließlich von Horaz zur Tür hinausgeworfen wird. — Wann diese Satire entstand, die ein Seitenstück zur dritten Satire dieses Buches ist, läßt sich nicht bestimmen.

3 f. hoc est, ut vitale putes: Sinn „nur so weit frugi, daß ich noch nicht zu gut für diese Welt bin", denn nach altem Glauben müssen hervorragende Menschen früh sterben (vgl. Seneca contr. I 1, 22 magnum ingenium non esse vitale). — 4 Saturnalibus tota servis licentia permittitur (Macrob. Sat. I 7, 26), darunter auch die παρρησία (Redefreiheit). — 10 Purpurstreif (clavus) der Tunika: breit als Abzeichen senatorischen Ranges oder schmal als insigne des Ritterstandes. Zur Übersteigerung „in horas" vgl. ars poet. 160. — 14 Horaz variiert die sprichwörtliche Wendung „dis iratis natum esse" sat. II 3, 8 (vgl. sat. I 5, 97 f. lymphis iratis). — 20 Sinn der Metapher: der bald zu streng, bald zu locker lebt; Vergleich mit dem Tier, das am Stricke geht. — 28 vgl. epist. I 8, 12 Romae Tibur amem ventosus, Tibure Romam. — 33 sub lumina prima, also nach Sonnenuntergang (post duodecimam), während die eigentliche Zeit der cena post nonam ist (epist. I 7, 71). — 35 blaterare est stulte et praecupide loqui, Paull. p. 34; vulgär, entsprechend der Redeweise des Sklaven. — 43 Fünfhundert Drachmen (= 2000 Sesterzen, noch nicht 400 Mark), ein sehr geringer Preis für einen römischen Sklaven (vgl. epist. II 2, 5). — 59 auctoratus: das technische Wort für den Freien, der sich als Gladiator verdungen hat; illius auctoramenti (Kontrakt) verba sunt: uri, vinciri ferroque necari (Senec. epist. 37, 1; vgl. Petron 117). — 61 in adulterio uxorem tuam si prehendisses, sine iudicio inpune necares (Gell. X 23). — 66 ibis sub furcam: vgl. 22 furcifer; hier nur bildlich. Zur Sache vgl. Donat zu Ter. Andr. 618: furciferi dicebantur, qui ob leve delictum cogebantur a dominis ignominiae magis quam supplicii causa circa vicinos furcam in collo ferre subligatis ad eam manibus. — 70 f. vgl. das griechische Sprichwort: ἀλλ᾽ οὐκ αὖθις ἀλώπηξ (scil. ἁλώσεται). — 76 f. Die älteste Art der Freilassung vor dem Prätor, in den symbolischen Formen einer Eigentumsklage; dabei wurde der Sklave mit der Rute (vindicta ‚Freiheitsstab') berührt und dem bisherigen Eigentümer abgefordert. — 79 Ein älterer Sklave konnte sich von seinem Spargut (peculium) einen anderen Sklaven halten, der für ihn die Dienste tat; man nannte einen solchen Sklaven eines Sklaven dessen vicarius (Stellvertreter), er könnte auch sein conservus (Mitsklaven) heißen. — 82 Dasselbe Bild von der Marionette gebraucht Plato, leg. I p. 644 E; seitdem in der populären Ethik oft wiederholt. — 86 in se ipso totus: αὐτάρκης; vgl. Cic. Parad. 2,17 nemo potest non beatissimus esse, qui est totus aptus ex sese, quique in se uno sua ponit omnia. Die Kugel als Abbild absoluter Vollkommenheit zuerst bei den Eleaten. — 95 f. vgl. Cic. Parad. 5, 37. — 108 vgl. Seneca ep. 95, 16 über die Folgen

der Schlemmerei. — 113 Ulpian. Dig. XXI 1, 17, 14 erronem sic defi-
nimus, qui non quidem fugit, sed frequenter sine causa vagatur et
temporibus in res nugatorias consumptis serius domum redit. —

8

Schilderung eines verunglückten Diners, das der reiche, aber ungebildete und protzige Emporkömmling Nasidienus Rufus zu Ehren des
Mäcenas gegeben hat. Horaz läßt sich von einem der Teilnehmer, dem
Komödiendichter Fundanius, ausführlich berichten, wie sich der Gastgeber durch täppisches Loben aller Speisen und aufdringliche gastro-
nomische Belehrungen lächerlich macht und seine vornehmen Gäste
schließlich durch sein Ungeschick vertreibt. — Die Abfassungszeit ist
nicht näher zu bestimmen.
11 vgl. Lucilius 568: purpureo tersit tunc latas gausape mensas. Tisch-
tücher kamen erst im 2. Jahrhundert auf. — 13 wie eine κανηφόρος
(vgl. sat. I 3, 10). — 15 maris expers übersetzt das vom Wein gebräuch-
liche ἀθάλαττος; der edelste Wein wurde nicht, wie die übrigen griechischen Weine, mit etwas Seewassser versetzt; vgl. Galen X p. 833 K.;
Herakl. alleg. Hom. 35. — 22 umbrae (epist. I 5, 28): Schmarotzer,
ungeladene Begleiter des Ehrengastes; vgl. Plut. symp. VII 6, 1
ἐπίκλητοι, οὓς νῦν σκιὰς καλοῦσιν, οὐ κεκλημένους αὐτούς, ἀλλ᾽ ὑπὸ
τῶν κεκλημένων ἐπὶ τὸ δεῖπνον ἀγομένους.. — 31 melimela: ein
Frühapfel, quae antea mustea (a celeritate mitescendi Plin. XV 51)
vocabant, nunc melimela appellant (Varro r. r. I 59). — 34 moriemur
inulti parodiert eine pathetische Wendung der Tragödie (Aesch. Agam.
1234) oder des Epos (Verg. Aen. II 670: numquam omnes hodie moriemur inulti). — 39 Die schweren Spondeen malen die gewaltige Arbeit
der beiden Zecher. — 47 citra mare nato = Italo (sat. I 10, 39). —
54 Varro dicit vela solere suspendi ad excipiendum pulverem (Serv.
Aen. I 697). — 64 suspendens omnia naso, vgl. I 6, 5; hier Ausdruck
des Spottes. — 86 μαζονόμος ist ursprünglich die hölzerne Schüssel
fürs Auftragen oder Zerteilen der μᾶζα (Brot), bei den Römern die
große Schüssel zum Auftragen des Geflügels (Varro r. r. III 4). —
89 vgl. sat. II 4, 44: nur diese Stücke wurden vom Feinschmecker beachtet. — 95 Canidia aus epod. 5, 17 und sat. I 8 als Zauberin und Gift-
mischerin bekannt. Der Atem der Schlange ist giftig (Colum. VIII 5,
18 cavendum est, ne pulli a serpentibus adflentur, quarum odor tam
pestilens est, ut interimat universos); die giftigsten Schlangen sind die
afrikanischen (carm. III 10, 18).

Episteln I.

1

Als Widmungsgedicht eine Empfehlung der Philosophie, eingekleidet
in die Ablehnung des von Mäcenas geäußerten Wunsches nach neuer

Lyrik. Horaz hat die Vertiefung in Fragen des sittlichen Lebens als Aufgabe und Inhalt seines Daseins erkannt; er will sich selbst durch die Irrungen des Lebens hindurchkämpfen, im Gegensatz zum widerspruchsvollen Treiben der Menge, die äußere Güter über alles schätzt: denn auf Weisheit allein beruht wahre Glückseligkeit. Zum Schluß eine spöttische Anspielung auf die paradoxe Behauptung der Stoiker von der Vollkommenheit des Weisen. — Entstehungszeit wohl im Spätherbst 20 v. Chr., bei Abschluß dieser ersten Briefsammlung und bei ihrer Übersendung an Mäcenas.
1 entspricht einer in Hymnen und Enkomien beliebten altepischen Formel, z. B. Homer Il. I 96 (Ἀτρείδη) ἐν σοὶ μὲν λήξω, σέο δ' ἄρξομαι. — 2 Das hölzerne Rapier (rudis) wurde dem ausgezeichneten Gladiator als Zeichen ehrenvoller Entlassung geschenkt. — 14 addictus: das übliche Wort vom insolventen Schuldner, der durch ein Edikt des Prätors dem Gläubiger als Sklave zuerkannt wird. — 16 agilis = ad agendum paratus, πρακτικός, entsprechend dem System der Stoa. — 19 Die scharfe Antithese erinnert an Aristipps Äußerung über sein Verhältnis zu Lais: ἔχω, ἀλλ' οὐκ ἔχομαι (Diog. Laert. II 75). — 33 ff. Neben körperlichen Leiden zwei seelische, avaritia und ambitio, die nach Sallust die Grundübel der römischen Gesellschaft: primo imperi, deinde pecuniae cupido crevit: ea quasi materies omnium malorum fuere (Catil. 10). — 34 einem berühmten Vers des Euripides nachgebildet: εἰσὶν δ' ἐπῳδαὶ καὶ λόγοι θελκτήριοι · φανήσεταί τι τῆσδε φάρμακον νόσου (Hippolyt. 478). — 37 ter pure lecto libello: die übernatürliche Wirkung wird durch dreimalige (vgl. carm. III 22, 3) Lesung der Bücher der Philosophen erhöht; dabei ist physische Reinheit erforderlich. — 40 cultura autem animi philosophia est (Cic. Tusc. II 5, 13). — 46 mare, saxa, ignes als die üblichen Gefahren und Beschwerden; stammt aus den Elegien des Theognis (175). — 52 χρυσὸς ἀρετῆς οὐκ ἀντάξιος Plat. legg. V 728 a. — 54 vom untersten bis zum obersten Janusbogen, d. h. auf der ganzen Börse; damit wird der Janus medius, bei dem die Bankiers ihre Kontore hatten (s. sat. II 3, 19) mit eingeschlossen. — 56 zitiert sat. I 6, 74, um die schulbubenhafte Hingebung der iuvenes senesque drastisch zu betonen. — 58 quadringentis, scil. milibus; 400 000 Sesterzen sind der Betrag des Ritterzensus; wer weniger versteuert, gehört zur Plebs. — 59 contra pueri lusu cantare solent „réx erit, qui récte faciet quí non faciet nón erit (Porphyr.). — 64 Curii und Camilli als stehende Typen altrömischer Einfachheit und Sittenstrenge. — 73 ff. Anspielung auf die bekannte äsopische Fabel: ἀλλ' ἔγωγε εἰσῆλθον ἄν, εἰ μὴ ἑώρων πολλῶν εἰσιόντων ἴχνη, ἐξιόντων δὲ οὐδενός (91); schon von Lucilius im 30. Buch seiner Satiren erzählt. — 76 Ariston πολυκέφαλον θηρίον εἶπε πάντα δῆμον (Gnomol. Vat. 121 St.). — 78 vgl. sat. II 5, besonders v. 12. — 87 aula (Halle) meint das kostbare Atrium eines dives (vgl. carm. II 10, 8). — 95 subucula: ein Hemd unter der Tunika; posteaquam binas tunicas

habere coeperunt, instituerunt vocare subuculam et indusium (Varro
de vita p. R. I bei Non. p. 542). — 104 Auf sorgfältige Pflege der
Fingernägel legten die Römer großen Wert (vgl. epist. I 7, 51). —
107 rex denique regum: vgl. sat. I 3, 136.

2

Angeregt durch die Fülle ethischer Betrachtungen, die ihm die Lektüre
der homerischen Gedichte geboten hat, weist Horaz seinen jugendlichen
Freund Lollius Maximus auf die Notwendigkeit hin, rechtzeitig das
Studium der oft vernachlässigten echten Lebensweisheit zu pflegen und
sich so um die eigene sittliche Erziehung zu bemühen. — Abfassungszeit unbekannt; vielleicht (nach K.-H.) am Anfang der Episteldichtung,
also etwa im Herbst 22 v. Chr.
9 gemeint ist die Beratung Ilias H 345—379. — 11 Ilias A 247 ff.;
I 96 ff. — 19—22 Nachbildung der ersten Verse der Odyssee. — 23 Sirenum voces Odyss. μ 39 ff.; 154—200; Circae pocula Odyss. κ 136 ff.
— 25 excors: abweichend von Homer, denn auch nach ihrer Verwand-
lung blieb den Genossen des Odysseus νοῦς ἔμπεδος ὡς τὸ πάρος περ
κ 240. — 27 fruges consumere nati: entspricht der homerischen Phrase
βροτοὶ οἳ ἀρούρης καρπὸν ἔδουσιν Z 142; σῖτον ἔδοντες θ 222. —
28 f. Alcinoi iuventus: die Phäaken, Odyss. θ 248 f. geschildert;
Horaz' Darstellung ist stark beeinflußt durch die moralisierende
Kritik, die spätere Philosophen am Leben der Phäaken übten. —
34 curres hydropicus: nach der Vorschrift des Celsus III 21 (hydro-
picis) multum ambulandum, currendum aliquando est. — 40 Plat. legg.
VI p. 753 e ἀρχὴ γὰρ λέγεται μὲν ἥμισυ παντὸς ἐν ταῖς παροιμίαις
ἔργου, dem bekannten hesiodischen Satze ὅσῳ πλέον ἥμισυ παντός
nachgebildet. — 54 Vergleich der Seele mit einem Gefäß ist der populären Ethik geläufig; schon bei Plato Protag. 314 B. — 55 ff. Beispiele
aus griechischer Spruchweisheit; zwei Paare zusammengestellt, die sich
auf Dinge (φιληδονία und φιλοπλουτία) und die sich gegen die
Mitmenschen (φθόνος und ὀργή) richten. — 58 Siculi tyranni: sprichwörtlich; erinnert an ihre grausamen Martervorrichtungen, z. B. den
ehernen Stier des Phalaris, den Kerker des Dionysios. — 64 fingit: das
technische Wort für das Dressieren des Pferdes; vgl. Macrob. VI 2,
19 angusto prius ore coercens insultare docet campis fingitque mo-
rando. — 69 f. ein der populären Ethik geläufiges Bild; vgl. Quintil. I
1, 5 natura tenacissimi sumus eorum, quae rudibus annis percepimus, ·
ut sapor quo nova imbuas vasa durat.

3

Julius Florus begleitete mit anderen jungen Römern den Prinzen Tiberius Claudius Nero, der im Herbst 21 v. Chr. von Augustus in politischer Mission nach Asien geschickt wurde. Horaz erkundigt sich nach
Beschäftigung und Plänen der literarisch interessierten Gesellschaft

und berät sie als der ältere, geistig überlegene Freund. — Der Brief
wurde im Spätherbst 21 oder im Frühjahr 20 verfaßt.
4 Umschreibung des Hellesponts. Gemeint ist der Turm der Hero bei
Sestos (Thrakien) und ein gegenüberliegender in der Nähe von Abydos
(Asien); vgl. Strabo XIII 591. — 6 cohors: nicht militärisch, sondern
die comites peregrinationum expeditionumque (Suet. Tib. 46) der
Feldherrn und Statthalter. — 10 Pindarici fontis: die Quelle am Helikon, aus der einst Pindar getrunken und sich zu seinem Schaffen begeistert hat; vgl. carm. IV 2: Horaz' Urteil über die Nachahmung Pindars. — 14 ampullatur übersetzt ληκυθίζει (vgl. a. p., 97 ampullas = ληκύθους). Der Ausdruck geht auf Kallimachos zurück, der ihn
διὰ τὸν βόμβον τὸν τραγικόν gebrauchte. (Belege s. bei Pfeiffer, fr.
215.) — 17 Palatinus Apollo: die von Oktavian im Jahre 28 v. Chr. im
Apollotempel auf dem Palatin gegründete öffentliche Bibliothek. —
18 Anspielung auf die äsopische Fabel von der Dohle, die sich mit den
Federn der übrigen Vögel schmückt (Babr. 72; vgl. Phaedr. I 3). —
20 zum Bild von der Biene, die aus den Blüten Honig zusammenträgt,
vgl. carm. IV 2, 27 ff. — 25 hederae victricis praemia: vgl. carm. I 1, 29.
— 26 fomenta: „warme Umschläge", Linderungsmittel; vgl. Cic.
Tusc. II 24, 59 haec sunt solatia, haec fomenta summorum dolorum.

4

Horaz verfolgt mit feinfühliger Teilnahme das Ergehen des ihm freundschaftlich verbundenen Dichters Tibull, von dessen melancholischer
Stimmung er gehört hat; er rühmt die glücklichen Gaben, die ihm das
Leben geschenkt hat, und sucht seinen trüben Sinn aufzuheitern. —
Die Abfassungszeit des Briefes ist nicht näher zu bestimmen; fällt
wohl in die letzten Lebensjahre Tibulls († 19 v. Chr.).
2 Bei Pedum hatte Tibull sein Landgut. — 3 Von der literarischen Tätigkeit des Cassius Parmensis (so genannt zum Unterschied von C. Cassius Longinus) ist uns nichts Sicheres überliefert; unter den opuscula
(vgl. epist. I 19, 35), mit denen Tibull wetteifert, sind gewiß Elegien
zu verstehen. — 5 sapiens bonusque vgl. epist. I 7, 22; I 16, 20; 73;
es erschöpft die theoretische und die praktische Seite der virtus. —
14 vgl. carm. I 9, 14 quem fors dierum cumque dabit, lucro appone. —
15 Horaz war von Natur klein (epist. I 20, 24; sat. II 3, 309) und korpu-
lent; vgl. Sueton. vit. Hor.: habitu corporis brevis fuit atque obesus.
— 16 Wie die Kyniker durch einen Hund, so werden die Epikureer
durch ein Schweinchen charakterisiert. Horaz schließt sich in scherz-
hafter Übertreibung der gewöhnlichen Ansicht an, als ob die von
Epikur als höchstes Gut anerkannte ἡδονή nur im wüsten Sinnengenuß
zu suchen sei.

5

Einladung zum einfachen Mahl und Zechgelage an den vielbeschäftig-
ten Anwalt Torquatus, verbunden mit der Aufforderung, die Alltags-

sorgen zu vergessen und den Augenblick zu genießen; in heiterer
Ironie wird dem vornehmen Gast beschrieben, was ihm des Dichters
bescheidene Häuslichkeit zu bieten hat. — Verfaßt wurde der Brief
wahrscheinlich im Jahre 20 v. Chr.
1 Archiacis: enger als gewöhnlich, daher weniger bequem; Porphyr.:
Archias breves lectos fecit. — 3 supremo sole: im September (s. zu 9 f.)
etwa 5 Uhr nachmittags; das Gegenteil Ovid. Met. IX 93 primo sole. —
4 iterum Tauro: sc. consule; T. Statilius Taurus, zum zweiten Male
Konsul 28 v. Chr. — 8 vgl. carm. III 8, 17 mitte civiles super urbe curas.
— 8 f. certamina divitiarum: Kämpfe um Reichtümer, d. h. Zivilpro-
zesse, bei denen es sich um ein größeres Objekt handelt; als Gegenstück ein Kriminalprozeß (Moschi causam): Der Rhetor Moschos aus
Pergamon war der Giftmischerei angeklagt, außer Torquatus vertei-
digte ihn auch Asinius Pollio (nach Porphyrio), übrigens ohne Erfolg
(vgl. Sen. contr. II 5, 13). — 9 f. nato Caesare: nicht der Geburtstag
Julius Cäsars (wie Porphyrio meint), sondern des Augustus, der
23. September, der seit 30 v. Chr. publice gefeiert wurde. Dazu ist
„aestivam noctem" nicht unpassend, da der September in Rom noch
sehr heiß ist (vgl. epist. I 16, 16). — 14 spargere flores: vgl. carm. III
19, 21 sparge rosas; ohne Blumen ist das ausgelassene Symposion nicht
denkbar. — 28 umbris: s. zu sat. II 8, 22. — 29 olidae caprae: von dem
widrigen Geruch des Schweißes unter den Achseln, verglichen mit dem
Bocksgestank (statt caprae steht sonst meist hircus). — Die gewöhnliche Zahl der im Triclinium Speisenden war neun (vgl. sat. II 8, 20 ff.),
höchstens zwölf.

6

Nur die Freiheit der Seele von aller Leidenschaft verbürgt das wahre
Glück; also gilt es stets diesen Gleichmut zu bewahren, selbst gegenüber dem sittlichen Streben. Die Richtigkeit dieser Lebensanschauung
wird durch einige aus dem Alltag gegriffene Bilder der Maßlosigkeit
bestätigt; indem der Dichter im Tone trockener Ironie den entgegengesetzten Standpunkt bis in seine letzten Konsequenzen verfolgt, verspottet er dessen Ideale und wandelt sie in Karikaturen. — Über den
Empfänger des Briefes und über die Abfassungszeit läßt sich nichts
Näheres sagen.
1 nil admirari ist die von vielen Philosophen des Altertums (Pythagoras, Demokrit, Heraklit, Epikur) empfohlene ἀθαμβία, ἀθαυμαστία
oder ἀταραξία, auch εὐθυμία, bei den Stoikern ἀπάθεια; vgl. Cic.
de fin. V 29, 87 id enim (scil. bono esse animo) ille [Democritus] summum bonum, εὐθυμίαν et saepe ἀθαμβίαν appellat, id est animum ter-
rore liberum. — 7 dona Quiritis: die honores des öffentlichen Lebens,
vgl. carm. I 1, 7. — 12 Bezeichnung der vier πάθη der stoischen Ethik:
ἡδονή, λύπη, ἐπιθυμία, φόβος. — 16 ultra bezeichnet nicht die Lei-
denschaftlichkeit des Strebens, sondern die Quantität: summum ius

summa iniuria. — 20 f. Auf dem Forum war die Börse von Rom, also
hier (im Gegensatz zu agri dotales) Geldgeschäfte. — 26 porticus Agrippae: eine von Agrippa zum Andenken an den Seesieg bei Aktium errichtete und dem Neptun geweihte Säulenhalle, neben dem Pantheon auf
dem campus Martius; von der vornehmen Welt zur Promenade viel aufgesucht. via Appi: die wegen des entsprechenden „porticus Agrippae"
so bezeichnete via Appia (bei Horaz meist einfach Appia, vgl. epod. 4,
14; sat. I 5, 6), die von Appius Claudius Caecus um 311 v. Chr. ange-
legte Appische Straße, die belebteste Heerstraße, die zuerst bis Capua,
später bis Brundisium führte. — 27 Numa et Ancus, d. h. auch Könige;
sie repräsentieren die graue Vorzeit; vgl. carm. IV 7, 15. — 28 vgl.
sat. II 3, 163. — 30 f. der βίος φιλόσοφος; dann der βίος φιλοχρήματος
(31—48), φιλότιμος (49—55), φιλήδονος (55—64). — 39 die Geld-
nöte des Königs Ariobarzanes III. von Kappadokien waren sprichwörtlich; vgl. Cic. ad Att.VI 3, 5 erat enim rex perpauper. — 40 ff. Die
Anekdote von Lucullus erzählt – in etwas anderer Form – Plutarch
Luc. 39. — 44 tolleret: der das Bühnenspiel veranstaltende Magistrat,
Prätor oder Ädil. — 50 servum: einen sogenannten nomenclator
(ὀνοματολόγος), der es dem Bewerber um ein Amt bei seiner ambitio
möglich macht, jeden Wähler mit Namen zu begrüßen. — 51 pondera: die Wegsteine, die quer über die Straße liegen und dem Über-
queren des Fahrdammes dienen (heute noch in Pompeji); sie glichen
in der Form den Gewichtsteinen, daher der Name. — 53 f. der mit
Elfenbein ausgelegte Klappstuhl, sella curulis, nebst den fasces sind
Abzeichen der höheren Magistratur. — 54 frater: quotiens blandiri
volumus his, qui esse amici videntur, nulla adulatio procedere ultra hoc
nomen potest, quam ut fratres vocemus (Quintil. decl. 321). — 61 Die
Schlemmer nahmen crudi (noch ehe sie verdaut haben) und tumidi (mit
vollem Magen) ein Bad, um sich wieder Appetit zu machen. — 62 Caerite cera digni = nota censoria digni, die Bewohner der etruskischen
Stadt Caere haben zuerst das Bürgerrecht ohne Stimmrecht erhalten;
daher der Gebrauch, daß der Zensor die „in Caeritum tabulas" eintrug,
denen er wegen eines Makels das Stimmrecht entzog (Gell. XVI 13, 7).
— 63 remigium verächtlich statt socii; gemeint ist hier die Schlachtung
der Rinder des Helios (Odyss. μ 261 ff.) oder (nach K.-H. wahrschein-
licher) das Zurückholen der Gefährten nach dem Genuß des Lotos
(Odyss. ι 94 ff.). — 65 Mimnermos fr. 1 D: τίς δὲ βίος, τί δὲ τερπνὸν
ἀτὲρ χρυσέης Ἀφροδίτης.

7

Ein durch Krankheit bedingtes kurzes Fernsein von Rom veranlaßt
den Dichter, sein Verhältnis zu Mäcenas, der ihn zur Heimkehr ge-
mahnt und dadurch an die ihm schuldige dankbare Rücksicht erinnert
hat, grundsätzlich zu klären; in diesem für die Würdigung seiner Persönlichkeit bedeutungsvollen Schreiben entschließt er sich, lieber auf

alles zu verzichten, was er seinem Gönner verdankt, als seine Freiheit und Unabhängigkeit zu opfern. Durch Gleichnisse aus Fabel und Epos und eine im behaglichsten Plauderton erzählte Anekdote aus dem wirklichen Leben weiß er das Herbe und Verletzende dieser freimütigen Erklärung liebenswürdig zu mildern und fand damit volles Verständnis bei seinem Freunde; daß die Beziehungen zwischen beiden Männern in alter Herzlichkeit bis an ihr Lebensende fortdauerten, ist ein schöner Beweis für ihre echte Freundschaft und aufrechte Gesinnung. — Abfassungsjahr vielleicht 22 v. Chr.

3 sanum recteque viventem: wie epist. I 16, 21; er beruft sich auf die Schlußformel von Mäcenas' Brief, die etwa lautete ‚vive vale'. — 5 Die Feige reift Anfang September; in Rom oft die Zeit der größten Hitze. — 6 Dem Ordner eines großen Leichenbegängnisses folgten schwarzgekleidete Diener, die vor den Ahnenbildern die Insignien der einst bekleideten Magistratur trugen, gleichsam die lictores eines höheren Beamten. — 23 lupini: die Feigbohnen, sonst Viehfutter, wurden als Rechenpfennige beim Spiel verwendet. — 27 dulce loqui, ridere decorum: Zeichen der Jugendfrische wie carm. I 22, 23 f. — 29 ff. nach Aesop. 31, Babrius 86, hier etwas verschieden erzählt. Die Abweichung von der Wirklichkeit — der Fuchs frißt kein Korn — findet sich auch sonst in der alten Fabelliteratur. — 34 resignare: die übliche Formel vom Zurückzahlen einer Schuld, vgl. carm. III 29, 54. — 36 Arabum: sprichwörtlich für die größten Schätze, vgl. carm. I 29, 1; III 24, 2. — 40 ff. vgl. Homer δ 601 ff.; patiens: πολύτλας. — 44 regia Roma: vgl. carm. IV 14, 44 domina Roma; IV 3, 13 Romae, principis urbium. — 58 lare certo: der Schutzgott des Hauses für das Haus selbst; er ist also nicht Parasit, sondern hat sein eignes Hauswesen. — 59 ludi: die öffentlichen Bühnen- und Zirkusspiele; campus: scil. Martius. — 65 tunicatus popellus: verächtlich von einfachen Leuten, die alltags keine Toga trugen. — 66 iubeo te salvere ist eine aus der Komödie bekannte Begrüßungsformel; vgl. epist. I 10, 1. — 76 Das viertägige latinische Bundesfest (feriae Latinae), nach Livius (I 52) schon von Tarquinius Superbus eingesetzt, war an kein festes Datum gebunden, sondern wurde in jedem Jahr besonders angesagt (indictis); meist April oder Anfang Mai. Während dieser Zeit war iustitium, d. h. es ruhten alle Geschäfte auf dem Forum. — 80 septem sestertia = septem milia sestertium, etwa 1500 Mark. — 92 patrone: Mena ist in das Klientelverhältnis zu Philippus übergetreten (vgl. v. 75). — 94 per genium: der gewöhnliche Schwur der Sklaven ihrem Herrn gegenüber; vgl. Ter. Andr. 289.

8

Albinovanus Celsus, der im Gefolge des jungen Tiberius Claudius Nero in Asien weilt (vgl. epist. I 3), hat dem Dichter seine Ernennung zum Privatsekretär des Prinzen mitgeteilt. Horaz antwortet in verdrießlicher

Stimmung, schildert den Widerstreit seiner eigenen Empfindungen und
Wünsche und schließt mit allerhand spitzen Fragen und einer Warnung
an den jungen Freund — so kommen in dem Bilde, das dies Buch der
Briefe von des Dichters innerem Leben bietet, auch die Schattenseiten
zu ihrem Rechte. — Abgefaßt wurde der Brief wahrscheinlich im Sommer (vgl. v. 5 f.) des Jahres 20 v. Chr.
1 Statt des römischen Grußes ,salutem dicit' oder ,salvere iubet'(epist. I
10, 1) der griechische χαίρειν = gaudere; dazu bene rem gerere =
εὖ πράττειν.. — 2 comiti: vgl. epist. I 3, 15; scribae: nicht in amtlicher
Stellung, sondern in der privaten Vertrauensstellung eines Kabinetts-
sekretärs. — 4 f. vgl. carm. III 1, 29 non verberatae grandine vineae.
— 8 nil audire, nil discere: vgl. epist. I 1, 48; gemeint ist auch hier philosophischer Zuspruch durch Lektüre; fidis amicis (v. 9) meint wohl die
Bücher oder deren Verfasser. — 12 In Tibur war Horaz oft und gern
(vgl. carm. II 6, 5 ff.; epist. I 7, 45); ob er dort ein Landgut besaß (was
Suetons Worte in seiner Horazvita annehmen lassen), läßt sich nicht
beweisen. — 14 iuveni: Tiberius war 22 Jahre alt.

9

In diesem Schreiben, das meisterhaft auf den selbstbewußten und miß-
trauischen Empfänger berechnet ist, empfiehlt Horaz seinen Freund
Septimius dem Prinzen Tiberius zur Aufnahme in sein Gefolge. Unter
dem Anschein zwangloser Unbefangenheit wird in wohl abgewogenen,
vorsichtigen Wendungen die Empfehlung vorbereitet, die erst im letzten Verse in wenige Worte zusammengedrängt ist; vgl. epist. I 3. —
Dieses Muster eines Empfehlungsbriefes entstand wohl vor dem Herbst
21 v. Chr.
3 laudare = commendare; zu tradere vgl. sat. I 9, 47. — 6 valdius =
magis; ebenso ars poet. 321.

10

Dem leidenschaftlichen Großstädter Aristius Fuscus, seinem vertrauten Freunde, rühmt Horaz die Schönheit und das beschauliche Glück
des Landlebens, das er auf seinem Gut genießt; ungezwungen ver-
knüpft er damit die Mahnung zu einfacher Selbstbescheidung, in der
er die wahre Lebenskunst sieht. — Die Abfassungszeit läßt sich
nicht bestimmen.
1 salvere iubemus: Die übliche Begrüßungsformel; vgl. epist. I 7, 66. —
9 rumore secundo: Altertümelnde Wendung, vgl. Ennius ann. 255;
Verg. Aen. VIII 90; poeta anon. Cic. de div. I 29 (trag. Rom. inc. fr.
46 R). — 12 Horaz übersetzt wörtlich den stoischen Grundsatz ὁμολο-
γουμένως τῇ φύσει ζῆν und legt ihm einen populären Sinn bei, während
die Stoa an ein vernunftgemäßes philosophisches Leben dachte. —
16 Mit dem Eintritt der Sonne in das Sternbild des Löwen am 23. Juli
fällt auch der Frühaufgang des Hundsgestirns (26. Juli) zusammen; bei

des bezeichnet die Hitze der Hundstage. — 19 Libycis: aus Afrika war der Luxus der kunstvollen Mosaikfußböden nach Rom gekommen (vgl. Fest. p. 242). — 22 silva inter columnas meint das hinter dem tablinum gelegene peristylium; varias ‚bunt‘ von lapis Phrygius carm. III 1, 41. — 24 expelles furca: sprichwörtlicher Ausdruck. — 27 In Aquinum scheint man mit einem billigen Pflanzensaft von einer Art Steinflechte als Surrogat des echten Purpurs Wollzeuge gefärbt zu haben. — 30 plus nimio:‚vgl. carm. I 18, 15; I 33, 1. — 33 reges: nach Ansicht der Menge der Gipfel des Reichtums und des Glücks, vgl. carm. I 4, 14. — 34 ff. Mit dieser Fabel, erzählt von Aristoteles Rhet. II 20, führte einst Stesichoros (6. Jahrh. v. Chr.) den Himeräern ihre Torheit zu Gemüte, als sie den Tyrannen Phalaris von Agrigent zu Hilfe riefen und ihm auch eine Leibwache geben wollten. Man soll also nicht, um dem vermeintlichen Übel der paupertas zu entgehen, unwissentlich ein größeres Übel, die Knechtschaft, eintauschen. — 47 vgl. Seneca de vita beata 26: divitiae enim apud sapientem virum in servitute sunt, apud stultum in imperio. — 48 vgl. sat. II 7, 20 qui iam contento, iam laxo fune laborat. — 49 Zur Abrundung des Bildes der Ferienstimmung nennt Horaz den Namen der Vacuna; Anklang an vacuus und vacare. Porphyrio: Vacuna in Sabinis dea, quae sub incerta specie est formata. hanc quidam Bellónam, alii Minervam, alii Dianam. Ein pseudakronisches Scholion ergänzt: sed Varro in I rerum divinarum Victoriam ait, quod ea maxime hi gaudent, qui sapientiae v a c e n t. Vgl. Plin. nat. hist. III 109; Ovid, fast. VI 307.

11

Dem weitgereisten Bullatius, der auf einer Fahrt nach Asien sein seelisches Gleichgewicht wiederzufinden sucht, schreibt der Dichter, daß unser Lebensglück nicht vom Orte abhängig ist, an dem wir weilen; in sich selbst trägt der Mensch die Quelle seines Glückes. — Die Zeit der Abfassung ist nicht näher bestimmbar; gewiß wurde der Brief geschrieben, während der Empfänger noch auf der Reise war. 4 Campus, scil. Martius. — 5 ex Attalicis urbibus: von den Städten des Attalidenreiches, das im wesentlichen der römischen Provinz Asia entsprach: Pergamon, Ephesos, Smyrna u. a.; „Attalicis“ läßt auch an üppigen Reichtum denken (vgl. carm. I 1, 12). — 8 f. ähnliche Sehnsucht nach Abgeschiedenheit und Frieden sat. II 6, 60—62; epist. I 7, 44 f. — 10 Vgl. Lucrez II 1 ff. suave mari magno turbantibus aequora ventis e terra magnum alterius spectare laborem. — 17 incolumis: „unversehrt“ in leiblicher oder bürgerlicher Existenz. — Rhodos et Mytilene: vgl. carm. I 7, 1 claram Rhodon aut Mytilenen. — 18 solstitium ist immer die Sommersonnenwende im Gegensatz zu bruma, der Zeit des kürzesten Tages; campestre: ex eo dictum, quod iuvenes, qui nudi exercebantur in campo, pudenda operiebant (Augustin. c. d. XIV 17). — 28 strenua inertia: ματαία πολυπραγμοσύνη, vgl. Seneca de

tranq. anim. 12, 6 inquieta inertia. Zum Gedanken vgl. Sen. a. a. O. II 13
inde peregrinationes suscipiuntur vagae et litora pererrantur et modo
mari se modo terra experitur semper praesentibus infesta levitas. —
30 animus aequus: die εὐθυμία, vgl. carm. II 3, 1.

12

Iccius, der als Bevollmächtigter Agrippas dessen Besitzungen in Sizilien verwaltet, ist trotz der einträglichen Stellung mit seinem Lose
nicht zufrieden und hat sich bei Horaz über seine enttäuschten Hoffnungen und seine Einsamkeit beklagt. Da neckt ihn der Dichter mit
seiner Lebensweise und seinem philosophischen Enthusiasmus, der ihn
doch alles Irdische vergessen lasse; er empfiehlt ihm den Verkehr mit
seinem alten Freund Pompeius Grosphus und schließt mit der Mittei-
lung politischer Neuigkeiten aus der Hauptstadt. — Als Abfassungszeit ergibt sich aus den letzten Versen das Jahr 20 v. Chr.
9 Fortunae rivus inauret: wohl ein sprichwörtlicher Ausdruck, von Gedanken an den Pactolus (Ovid. met. XI 142 ff.) veranlaßt. — 10 natura:
die natürliche Anlage im Gegensatz zur philosophischen Überzeugung
(v. 11). — 12 Vgl. Cic. de fin. V 29, 87 Democritus ... ut quam minime
a cogitationibus abduceretur, patrimonium neglexit, agros deseruit
incultos; mit leichter Ironie wird Iccius als lebendes Exempel der
gleichen Sinnesart bezeichnet. — 13 peregre est animus: s. Cic. Tusc.
V 39, 114 Democritus luminibus amissis ... in infinitatem omnem pere-
grinabatur, ut nulla in extremitate consisteret („vor keiner Schranke
stillstand"). — 15 sublimia: τὰ μετέωρα, caelestia, wovon in v. 16—20
Beispiele angeführt; derartige naturwissenschaftliche Probleme be-
schäftigten damals die Geister sehr (vgl. Prop. III 5, 25 ff.). — 19 concordia discors: ein Oxymoron; meint die Lehre des Empedokles, die
das Entstehen und Vergehen der Dinge aus der Einwirkung der zwei
Kräfte φιλότης und νεῖκος, Haß und Liebe, auf die vier Elemente
Wasser, Feuer, Luft, Erde ableitete. — 21 trucidas: auch auf porrum
et caepe übertragen; Anspielung auf die Ansicht, daß die menschlichen
Seelen auch in Pflanzen übergehen und diese eine Zeitlang beleben. —
26 Besiegung der Cantabrer durch Agrippa im Jahre 20 v. Chr.; auch
die Armenier unterwarfen sich und erhielten durch Tiberius Nero den
Tigranes als König (s. zu epist. I 3). — 27 f. Phraates entschloß sich
20 v. Chr. zu einem Vertrag: Parthos trium exercituum Romanorum
spolia et signa reddere mihi supplicesque amicitiam populi Romani
petere coegi (Mon. Ancyr. V 40). — 29 Im Gegensatz zu der durch
Pest und Mißernte hervorgerufenen Hungersnot des Jahres 22 v. Chr.
gab es im Jahre 20 eine reiche Ernte in Italien.

13

Poetisches Sendschreiben an Vinnius Asina, der – selbst wohl dem
Kreis der engeren Hofgesellschaft angehörend – ein Exemplar der

ersten drei Odenbücher des Horaz dem Kaiser Augustus überbringen
soll; in Wirklichkeit gewiß ein für Augustus selbst bestimmter Begleit-
brief mit dem Wunsche des bescheidenen Verfassers, in keiner Weise
dem Princeps mit seinen Gedichten lästig zu fallen. — Der Brief entstand wohl 23 v. Chr. bei Veröffentlichung der Oden; im nächsten
Jahre begab sich Augustus nach Sizilien und von da nach dem Orient.
3 f. Vgl. sat. II 1, 18 f.; ähnlich epist. II 1, 219 ff. — 8 ferus impingas:
an einen Baum oder Türpfosten wie ein störrischer Esel; der Vergleich
führt zu dem Scherz mit dem cognomen Asina. — 9 fabulas fias: vgl.
epod. 11, 8 fabula quanta fui. — 14 vinosa = ebria; nach schol. Pseudacr. in einem Stück des Titinius (ca. 150 v. Chr.) eine Magd, die in
der Trunkenheit ein gestohlenes Knäuel Wolle so trug, daß sie ertappt
wurde. — 15 Der bei einem reicheren Distriktsgenossen (tribulis) eingeladene ärmere Bürger hat keinen Sklaven, dem er beim Eintreten ins
Speisezimmer die Sandalen übergeben könnte (vgl. sat. II 8, 77); so
trägt er sie samt seiner Filzkappe ungeschickt unterm Arm. — 19 vade
vale: Abschiedsformel, Variation des Grußes vive vale (epist. I 6, 67).

14

Ein fingierter Brief an seinen Gutsverwalter, der des Landlebens überdrüssig ist und sich nach der Stadt und ihren materiellen Genüssen zu-
rücksehnt, im Gegensatz zu Horaz, den es von der Unrast städtischer
Verpflichtungen hinauszieht auf das geliebte Sabinergut. So huldigen
beide einseitiger Vorliebe; die Person des Adressaten ist Pendant, zugleich aber auch Kontrastfigur für die Selbstdarstellung des Dichters:
die Briefform ist hier nur ein Mittel, um den Gegensatz der Anschau-
ungen über Stadt- und Landleben an zwei Persönlichkeiten drastisch
zu entwickeln und ein Bild der eignen Launen und Wandlungen zu
geben. — Die Abfassungszeit des Briefes läßt sich nicht bestimmen.
1 silvarum: welchen Wert Horaz auf diesen Wald „paucorum iugerum"
legte, zeigt carm. III 16, 29; sat. II 6, 3; zu mihi me reddentis vgl. epist.
I 18, 107 mihi vivam. — 2 Auf Horaz fundus (epist. I 16, 1) im Tal der
Digentia (epist. I 18, 104) waren also fünf foci („Feuerstellen)", deren
Bewohner wohl coloni (Pächter) waren; für sich selbst hatte er den
Gutshof mit Wald, Weide und Ackerland mit 8 Sklaven (vgl. sat. II 7,
118) als Sommeraufenthalt vorbehalten. — 3 Variam dimittere: wohl
um ihre Erzeugnisse zu Markte zu bringen. — 9 translatio ab equis
circensibus facta (Porphyr.). — 13 Vgl. epist. I 11, 27. — 19 tesqua:
ein uraltes Wort, das sich in der Bauernsprache erhalten hatte; loca
deserta et difficilia lingua Sabinorum sic dicuntur (schol. Pseudacr.). —
29 rivus: Digentia, in der Nähe des Landgutes; vgl. epist. I 18, 104. —
34 media de luce: vgl. sat. II 8, 3 de medio potare die; carm. I 1, 20;
II 7, 6. — 44 sprichwörtlich: ἔρδοι τις ἣν ἕκαστος εἰδείη τέχνην
Aristoph. Wespen 1431; Cic. Tusc. I 18, 41 bene illo proverbio Graecorum praescribitur: quam quisque norit artem, in hac se exerceat.

15

Horaz will nicht wie sonst zur Herstellung seiner Gesundheit die heißen
Quellen von Bajä aufsuchen, sondern in einer anderen unteritalischen Seestadt kalte Bäder nehmen; er erkundigt sich deshalb nach
Klima, Menschen und Verpflegung in Velia oder Salernum und knüpft
in humorvoller Redseligkeit allerhand Nebenbemerkungen daran an.
Zur Rechtfertigung der hohen Ansprüche, die er an die Verpflegung
stellt, vergleicht er sich in launiger Selbstpersiflage mit dem berüchtigten Schlemmer Mänius: auch bei ihm sei der Gesinnungswechsel Prinzip, und so schwanke seine Lebensauffassung zwischen einer Philosophie des Genusses und der Entsagung. — Abfassungszeit kaum zu
bestimmen; vielleicht da Horaz im 7. Brief dem Mäcenas ankündigt
(v. 11) ad mare descendet vates tuus, im Spätherbst 22. v. Chr.; doch
war Horaz öfters an der See (vgl. v. 2 ff., 10 f.).
3 Der Arzt Antonius Musa hatte den Kaiser Augustus, der 23. v. Chr.
gefährlich an der Leber erkrankt war, durch Kaltwasserbehandlung gesund gemacht und war durch diese Kur ein berühmter Mann geworden;
infolgedessen kamen kalte Bäder damals sehr in die Mode. Auch dem
Dichter hat er offenbar kalte Bäder verordnet und macht ihm dadurch
das [sonst besuchte Bajä überflüssig. — 5 ff. Im Myrtenwäldchen oberhalb Bajäs stiegen heiße Dämpfe aus dem Boden (Celsus II 17 p. 62);
auch Schwefelbäder gab es bei Bajä (Ovid ars am. I 255 f.). — 8 supponere fontibus: offenbar Duschen von kaltem Wasser. — 15 f. collectos: in Zisternen; den Gegensatz zum Regenwasser bildet iugis
aqua (Quellwasser; vgl. sat. II 6, 2). — 21 Lucanae: er will nach Velia
in Lukanien reisen (vgl. v. 1); iuvenem: trotz meiner 44 Jahre. —
22 f. als Gegensatz vgl. sat. II 6, 63. — 24 Phaeax: vgl. epist. I 2, 28 f.
— 29 hostis = peregrinus, altertümlicher Sprachgebrauch, vgl. Plaut.
Trin. 102. — 36 ventres: als Sklaven ihres Bauches. Nach Galenus (de
plac. Hippocrat. et Platon. VI, vol. V, p. 584 K) wurden Sklaven zur
Strafe mit glühenden Eisen auf dem Körperteil gebrannt, mit dem sie
gesündigt hatten, die entlaufenen an den Beinen, die diebischen an den
Händen, die geschwätzigen an der Zunge, die gefräßigen und naschhaften am Magen. — 37 correctus = corrigendo factus Bestius.

16

Dem jungen Quinctius, der nach dem Urteil der Welt ein glücklicher
Mensch ist, entwirft Horaz durch Schilderung seines einsamen, kargen
und doch so lieblichen Sabinergutes ein Bild schöner Selbstgenügsamkeit. Daran knüpft er die Mahnung, nicht äußeren Schein und das Gerede der Leute zu schätzen, sondern an sich zu arbeiten; denn nur so
wird er, wofür er gilt: ein guter Mensch. Die Bestimmung dieses Ideals
ist das eigentliche Thema des Briefes: Der wahrhaft Gute ist keiner
Begierde oder Furcht unterworfen, er ist innerlich frei und beugt sich

keiner Gewalt; als letzte Zuflucht bleibt ihm stets der Tod. — Das
Jahr der Abfassung dieses Briefes läßt sich nicht bestimmen.
11 Das grüne Tarent war immer ein Lieblingsort des Dichters: ille
terrarum mihi praeter omnes angulus ridet carm. II 6, 13 f.; vgl. epist.
I 7, 45. — 12 fons: wohl die der Bandusia geweihte Quelle (carm. III
13, 1); sie fließt so reichlich, daß eigentlich der Bach, die Digentia
(epist. I 18, 104), nach ihr heißen müßte. — 16 Die Septembertage als
Zeit der ungesunden Schwüle: sat. II 6, 19; epist. I 7, 5 ff. — 23 manibus unctis: bei der Mahlzeit; denn man bediente sich beim Essen meist
der Finger. — 27 ff. nach Porphyrio ein Zitat aus einem bekannten
zeitgenössischen Gedicht; vielleicht aus einem Panegyricus des Varius
auf Augustus. — 34 Nach staatsrechtlicher Theorie war das Volk be-
rechtigt, seinen Beauftragten ihren Auftrag durch die abrogatio wieder
zu entziehen; seit 133 v. Chr. ist dies Recht auch mehrfach ausgeübt
worden (vgl. carm. III 2, 19 f. nec sumit aut ponit secures arbitrio popularis aurae). — 45 introrsum turpem: wiederholt aus sat. II 1, 65 mit
Anspielung auf die äsopische Fabel vom Affen im Löwenfell. —
49 Die Sabeller standen im Rufe strenger Sittenzucht; Horaz fühlt sich
durch sein fundus in Sabinis schon selbst als alter Sabeller. — 55 f. Der
Satz ὅτι ἴσα τὰ ἁμαρτήματα, den er sat. I 3, 96 verspottet, wird hier
in der Theorie anerkannt. — 63 Auch hier streift Horaz ein stoisches
Paradoxon: ὅτι μόνος ὁ σοφὸς ἐλεύθερος (vgl. sat. II 7). — 73 ff. Der
wahre stoische vir bonus et sapiens wird geschildert im Anschluß an
Eurip. Bacch. 492 ff., wo Dionysos in der Gestalt eines Priesters des
Dionysos vor König Pentheus gebracht und von diesem mit harten
Strafen bedroht wird. — 78 λύσει μ' ὁ δαίμων αὐτός, ὅταν ἐγὼ θέλω
(Eurip. Bacch. 498). Dies deutet Horaz wie Plut. de tranqu. an. 18 auf
den Selbstmord. — 79 ultima linea: die mit Kreide (creta) oder Kalk
(calx) gefüllte Querfurche am Ende der Rennbahn im Zirkus = finis.

17

Horaz gibt hier eine Unterweisung über den Verkehr mit vornehmen
Gönnern. Wie man deren Gunst ohne Selbsterniedrigung behaupten
kann, wird im Geiste des Aristipp ausgeführt, den Horaz im Gegensatz
zum Kyniker Diogenes als das Ideal eines klugen und gewandten Welt-
mannes aufstellt: nicht bettelhaft darf man sich benehmen und das
Abhängigkeitsverhältnis zu einem genußsüchtigen Schmarotzertum
herabsinken lassen, sondern mit Anstand und Ehren wird man die
Freundschaft der Großen und die damit verbundenen materiellen Vor-
teile erwerben und erhalten. — Abgefaßt wurde der Brief in einer Zeit,
in der das Verhältnis des Dichters zu Mäcenas ganz feststand, also nach
der durch epist. I 7 bezeichneten Krisis, die wohl 22 v. Chr. bestand.
4 caecus iter monstrare velit: sprichwörtliche Redensart; Porphyrio
vergleicht das noch gröbere sus Minervam docet. — 10 fefellit =
latuit, vgl. epist. I 18, 103; Ovid. Trist. III 4, 25 crede mihi, bene qui

latuit bene vixit, nach Epikurs Grundsatz λάϑε βιώσας. — 13 ff. Aristippos handelte vernünftiger als der Kyniker Diogenes; eingeleitet durch eine Anekdote, die bei Diogenes Laërtius (II 8, 68) steht. — regibus: τύραννοι, z. B. Dionysios der Jüngere von Syrakus, an dessen Hof sich Aristippos gleichzeitig mit Platon aufhielt. — 20 equus . . . rex nach einem griechischen Sprichwort: ἵππος με ϙέρει, βασιλεύς με τρέφει (so sagte einer zu seiner Mutter, die ihn bat, seine Entlassung aus dem Heere zu nehmen, Diogenian. V 31). — 24 vgl. die Lebensregel des Isokrates: στέργε μὲν τὰ παρόντα, ζήτει δὲ τὰ βελτίω. — 25 Der doppelt umgeschlagene grobe Mantel (διπλοῖς) war das gewöhnliche Gewand der Kyniker. — patientia: καρτερία, die Haupttugend der an Entbehrungen aller Art gewohnten Kyniker. — 30 Milet der Sitz feinster Wollenweberei; vgl. Verg. Georg. III 306. — 31 Aiunt Aristippum, invitato Diogene ad balneas, dedisse operam, ut omnes prius egrederentur, ipsiusque pallium induisse illique purpureum reliquisse; quod Diogenes cum induere noluisset, suum repetens, tunc Aristippus increpuit Cynicum famae servientem, qui algere mallet quam conspici in veste purpurea (Pseudacro). — 36 Griechisches Sprichwort: οὐ παντὸς ἀνδρὸς ἐς Κόρινϑον ἔσϑ' ὁ πλοῦς. — 43 rege suo = amico suo potentiore; vgl. epist. I 7, 37 rexque paterque audisti coram. — 50 corvus cum accedit ad cibum, strepitu vocis alias aves arcessit, unde fit, ut solus pasci non possit (Porphyr.). — 58 irrisus: scil. a plano, dem Gaukler, der auf der Erde liegend schreit, er habe das Bein gebrochen, dann aber, wenn ihm jemand aufhelfen will, aufspringt und lachend davonläuft. — 60 Solches fahrendes Volk kam meist aus Ägypten, daher schwört der Gaukler hier per sanctum Osirim.

18

Horaz rät einem unabhängigen, wohl etwas schroffen und selbstbewußten Charakter, das Gefühl der eigenen Würde nicht zu überspannen und sich den Neigungen und Stimmungen seines Gönners elastisch anzupassen. Die einzelnen Verhaltungsmaßregeln, die der lebenskundige Dichter über den Verkehr mit hochgestellten Männern gibt, klingen aus in der Mahnung, über alledem nicht die Fragen des sittlichen Lebens aus dem Auge zu verlieren, die allein ein sicheres Glück verbürgen: so bleibt auch dieser Brief der Tendenz des ganzen Buches treu. — Verfaßt im Jahre 20 v. Chr., wie sich aus v. 56 f. (nunc) ergibt.

2 scurrantis: der scurra ist der Spaßmacher (βωμολόχος) und Schmeichler (κόλαξ) der griechischen Ethik. — 9 nach der Lehre des Aristoteles (Eth. Nicom. II 6) μεσότης δύο κακιῶν, τῆς μὲν καϑ' ὑπερβολήν, τῆς δὲ κατ' ἔλλειψιν. — 10 f. imus lectus: das Sofa des Tricliniums, auf dem der Wirt Platz nimmt (vgl. sat. II 8, 23). — 14 In den Mimen pflegte der zweite Spieler ein Schmarotzer zu sein, der alle Worte, Gebärden und Handlungen der Hauptperson nachmacht. — 20 Die via Minucia war die kürzere Straße von Brundisium die Küste entlang nach

Benevent; die mehr benutzte via Appia war bequemer, führte aber auf
dem Umweg über Tarent nach Benevent (Strabo VI 282). — 34 f. honestum officium: die unbequeme salutatio in der ersten Morgenstunde.
— 41 ff. Berühmte Szene aus Euripides' Antiope, in der der rauhe Zethos seinen sanfteren Bruder Amphion auffordert, vom Spiel mit der
Kithara abzulassen (fr. 188). — 46 Wie Meleager, der ätolische Held,
zur Eberjagd auszog, so werden hier die Jagdnetze ätolisch genannt. —
49 Romanis solemne viris: vgl. sat. II 2, 11. — 55 Die Kämpfe gegen
die immer noch nicht unterworfenen Cantabrer in Spanien hatte Augustus 27—25 geleitet. — 56 Die einst dem Crassus (53 v. Chr.) und Antonius (36 v. Chr.) abgenommenen Feldzeichen wurden vom Parther-
könig Phraates im Jahre 20 v. Chr. an Augustus ausgeliefert, der sie
der Kapelle des Mars Ultor auf dem Kapitol weihte. — 57 Die Vorstellung von der durch Augustus vollendeten römischen Weltherr-
schaft ist bei den römischen Dichtern dieser Zeit häufig, z. B. Prop. II
10, 17; III 4, 1 ff. — 59 numerus, modus: aus der Musik entlehnt,
ῥυθμός, μέλος, Takt und Harmonie. — 66 utroque pollice, scil. presso,
als Ausdruck besorgter Teilnahme; vgl. Plin. nat. hist. XXVIII 2, 25
pollices, cum faveamus, premere etiam proverbio iubemur. — 84 tua
res agitur: ebenso Plaut. rud. 1148. — 99 gemeint sind die ἀδιάφορα
(προηγμένα) der Stoiker, die äußeren Güter des Lebens (Ehre, Gesundheit, Besitz). — 103 fallentis: vgl. epist. I 17, 10. — 111 vgl.
carm. I 34, 14 hinc apicem ... sustulit, hic posuisse gaudet. — 112 Der
Schlußgedanke stammt von Epikur: μάταιόν ἐστι παρὰ θεῶν αἰτεῖσθαι
ἅ τις ἑαυτῷ χορηγῆσαι ἱκανός ἐστι (Epikur. Spruchs. 65).

19

Um den zwiespältigen Erfolg seiner Odendichtung zu erklären, spricht
sich Horaz über Erfahrungen aus, die er als Dichter gemacht hat. Er
spottet zunächst über die geistlosen Nachahmer, die, selbst ohnmächtig
zum Schaffen, ihm in Äußerlichkeiten zu gleichen suchen, während
seine Stärke gerade darin liegt, daß er bahnbrechend neue Wege be-
schritt, als er die strengen Formen griechischer Lyrik in Rom einführte
und mit selbständigem Leben erfüllte. Im stolzen Bewußtsein des eigenen Wertes verachtet er deshalb die mißgünstigen Kritiker und begründet die geringe Popularität seiner lyrischen Dichtungen damit, daß er
nie um die Gunst des Publikums und der Kritikerzunft gebuhlt habe.
Ihm genügt die Anerkennung eines exklusiven Kreises, der ihn versteht. — Abgefaßt wohl nicht lange vor der Veröffentlichung des
Buches im Jahre 20 v. Chr.
1 Die Vorliebe des Kratinos für den Wein bezeugen die Worte in einem
Epigramm: οἶνός τοι χαρίεντι πέλει ταχὺς ἵππος ἀοιδῷ · ὕδωρ δὲ
πίνων χρηστὸν οὐδὲν ἂν τέκοις. Athen. II 9, 39 c. — 3 male
sanos = vesanos; vgl. ars poet. 455: vesanum poetam. — 6 laudibus
vini: z. B. Ilias Ζ 261, Odyss. ι 197 ff.; schmückende Beiwörter wie

μελιηδής, ἡδύποτος, μελίφρων u. a. — 7 Ennius' von ihm selbst be-
zeugtes Podagra (numquam poetor nisi si potager, sat. 64) galt als
Folge seines Zechens: Sammonicus de medicina 706. — 8 puteal Libonis: hier wurden die Geldgeschäfte abgeschlossen; puteal autem Libonis sedes praetoris fuit prope arcum Fabianum dictumque quod a Li-
bone illuc primum tribunal et subsellia locata sunt (Porphyrio). —
11 vgl. dagegen ars poet. 268 f.: vos exemplaria Graeca nocturna
versate manu, versate diurna. — 15 f. Nach dem Scholiasten hatte sich
der Maure Jarbita in der römischen Gesellschaft unmöglich gemacht,
da er nur den losen Mund des Timagenes zum Vorbild genommen
hatte, ohne wie dieser wirklich witzig und schlagfertig zu sein; vielleicht wollte Horaz hier nur auf die bekannte Fabel vom Frosch und
Ochsen anspielen (vgl. sat. II 3, 314 ff.). — 18 exsangue: omne cuminum pallorem bibentibus gignit (Plin. nat. hist. XX, 14, 160). — 23 reget
examen: das Bild von den Bienen entlehnt. — iambos: die in jambi-
schem Maß gedichteten Epoden. — 25 Lykambes hatte dem Archilochos seine Tochter Neobule versagt und wurde vom Dichter deshalb
in seinen Jamben so heftig angegriffen, daß er sich und seine Tochter
erhängt habeh soll; darauf bezieht sich auch v. 30 und 31. — 33 fidicen:
vgl. carm. IV 3, 23 Romanae fidicen lyrae; carm. III 30, 13. — 37 ven-
tosa plebs: vgl. carm. I 1, 7 mobilium turba Quiritium. — 41 hinc
illae lacrimae: sprichwörtlich aus Ter. Andr. 126, auch bei Cic. pro
Caelio 25, 61; zur Bezeichnung einer überraschenden Aufklärung, hier
über den Grund der Ablehnung von Horaz' Dichtung in der Öffentlichkeit. — 43 rides = derides; Jovis = des Princeps Augustus. —
46 diludia: dies Wort (gebildet wie diverbium) kommt nur hier vor;
es bedeutet nach Porphyrio: intermissionem ludorum vel dilationem.

20

Als Abschluß ein Geleitgedicht an sein fertiges Buch, das der Dichter
nur mit Widerwillen hinausziehen läßt. Er prophezeit die widrigen
Schicksale, die ihm bevorstehen, und gibt ihm Auskunft, was es von
der Persönlichkeit seines Dichters draußen erzählen soll. — Verfaßt
wurde diese Epistel als letztes Stück der Sammlung für die Veröffentlichung, spät im Jahre 20 v. Chr., noch nach der Epistel I 1, die in den
Spätherbst dieses Jahres zu setzen ist.
1 Vertumnus deus est praesens vertendarum rerum, hoc est emendarum
et vendendarum (Porphyr.); er hatte in der Nähe des Janus eine Kapelle. Janus ist die Bezeichnung der römischen „Börse", s. zu epist. I 1,
54. — 2 Mit Bimsstein glättete der Buchhändler den „Schnitt" (frons)
der Rolle, um die Endfasern der Papyrusstreifen zu beseitigen. —
5 descendere wohl doppelsinnig: auf das niedriger gelegene Forum
(carm. III 1, 11) und in den Schmutz des Lebens, ad communia (v. 4),
ad volgum (v. 11). — 11 vgl. sat. I 4, 71 f. nulla taberna meos habeat …
libellos, quis manus insudet volgi. — 13 In die lateinisch redenden Pro-

vinzen des Westens, Afrika und Spanien, werden die neuen literarischen
Erscheinungen erst später geschickt; vgl. ars poet. 345. — 18 extremis
in vicis: οἱ τῶν γραμμάτων διδάσκαλοι μετὰ τῶν παίδων ἐν ὁδοῖς
κάθηνται Dio Chrysost. 20, 9. — 20 me libertino natum patre: vgl.
sat. I 6, 45; 46; 58. — 21 vgl. carm. III 30, 12 ex humili potens. —
24 corporis exigui: vgl. sat. II 3, 309; daher schrieb Augustus an ihn
(Suet. vit. Hor.): si tibi statura deest, corpusculum non deest. —
25 irasci celerem: vgl. sat. II 3, 323; carm. III 9, 23. — 27 f. Horaz – geboren a. d. VI. id Dec., 8. Dezember 65 v. Chr. – zählt seine Lebensjahre hier (wie epod. 11, 5) nach Dezembern, hatte im Dezember 21
also 44 Jahre vollendet. Nach diesem Termin wurde der Brief geschrieben. — duxit: Lollius ging dem anderen Konsul voran, wurde für 21
zuerst gewählt; später erst, als Augustus das zweite Konsulat ablehnte,
erfolgte die Wahl des Lepidus (Dio LIV 6).

Episteln II

I

Ein offenes Sendschreiben an Augustus über den literarischen Geschmack seiner Zeit, durch des Kaisers eigenen Wunsch veranlaßt, der
eifersüchtig gedrängt hatte, Horaz möchte auch an ihn einmal eine
poetische Epistel richten (Suet., vita Horat.). Der Dichter betont Recht
und Verdienst der modernen Poesie gegenüber einer einseitigen und
unbegründeten Vorliebe für die Alten; nach einem Vergleich des griechischen und römischen Volkscharakters behandelt er die Entstehung
und Weiterbildung der dramatischen Dichtung Roms, deren Gedeihen
unter dem Mangel an wahrem Kunstverständnis schwer zu leiden hatte,
und berührt schließlich die Größe der Aufgabe des epischen Dichters,
einer Aufgabe, der er selbst sich nicht gewachsen fühle. So führt diese
Epistel die Schwierigkeiten vor, mit denen die römische Poesie zu ringen hatte, und bietet damit einen wertvollen Einblick in die literarischen Kämpfe und Tendenzen der Augusteischen Zeit. — Verfaßt
wurde dieser Brief, wie sich aus v. 15 und v. 253 ff. ergibt, im Jahre
14 v. Chr. als letzter der drei Briefe des zweiten Buches.
2 f. Augustus und seine Stiefsöhne schützten in den Jahren 18—14
Italien gegen die Angriffe der Barbaren. — Die cura legum et morum
übte Augustus kraft der ihm verliehenen tribunicia potestas aus (vgl.
carm. IV 5, 22; mon. Ancyr. 2, 12). — 5 f. Mit den hier genannten Heroen ist Augustus schon carm. III 3, 9 ff.; IV 5, 34; 8, 22 zusammengestellt. — deorum templa: nicht die Tempel auf Erden, sondern die
himmlischen Wohnungen; vgl. Ennius ann. I 65 in caerula caeli templa.
— 13 ff. vgl. carm. III 24, 31 f. virtutem incolumem odimus, sublatam
ex oculis quaerimus invidi. Für Augustus traf diese Voraussage also
nicht ein. — 16 vgl. carm. IV 2, 37 ff. — 23 ff. tabulas: das Zwölftafel-
gesetz, vgl. Cic. de orat. I 44, 193 f. — foedera regum: ein Vertrag

des Tarquinius mit Gabii (Dion. Halic. IV 58) und des Tullus Hostilius
mit den Sabinern (Dion. Halic. III 33). — 27 Als ob der Albanerberg
ein Musenberg wäre wie der griechische Helikon oder Parnassos. —
29 f. eadem trutina: vgl. sat. I 3, 72. — 31 Es ist ungereimt zu schließen,
daß Oliven und Nüsse dieselben Eigenschaften haben, weil sie beide
auf Bäumen wachsen. Ebenso ungereimt ist der folgende Schluß. —
33 Achivis unctis: ironisch spöttelnd; vgl. dagegen Vergils bekannte
Verse Aen. VI 847 ff. — 47 ratione ruentis acerbi: durch den sogenannten Sorites (Trugschluß): wieviel Körner muß man zusammen-
legen, damit ein Haufen (σῶρος, daher der Name) entsteht; wieviel
muß man von einem Haufen wegnehmen, damit es kein Haufen mehr
ist (sorites ruens). Diese argumentatio acervalis (Cic. de div. II 4, 11)
ist ein beliebter, bei den Stoikern besonders ausgebildeter Kunstgriff.
— 50 alter Homerus: geht auf ein Wort des Lucilius zurück; vgl.
Hieronym. comm. in Micham II 7 poeta sublimis (Vergilius), non Homerus alter, ut Lucilius de Ennio suspicatur, sed primus Homerus apud
Latinos. — 52 Anspielung auf die Pythagoreische Lehre von der Seelenwanderung. Im Proömium seiner Annalen war dem Ennius Homer erschienen und hatte ihm verkündet, er habe von seiner Seele Besitz ergriffen. — 57 toga weist auf Afranius' fabulae togatae hin, vgl. Quint.
X 1, 100 togatis excellit Afranius. — 70 Auch der Epigrammatiker Domi-
tius Marsus gedenkt des plagosus Orbilius: si quos Orbilius ferula scu-
ticaque cecidit (vgl. Suet. de gramm. 9). — 79 Wohl nicht (wie Porphyr.
glaubt) eine boshafte Anspielung auf ein Stück des Atta; sondern die
Bühne, die man damals mit Safranessenz zu besprengen pflegte, wird
als ein wohlriechender Blumengarten bezeichnet (vgl. Lucr. II 416). —
82 Die beiden berühmten Schauspieler, mit Cicero befreundet, waren
gewiß in den Stücken des Accius und Atta aufgetreten; sie werden oft,
z. B. Quintil. XI 3, 111, nebeneinander genannt. — 86 vgl. Quintil. I 6,
40 Saliorum carmina vix sacerdotibus suis satis intellecta. — 95 ff. vgl.
v. 32 f. — 110 fronde: mit dem Epheukranz, dem Symbol dichterischer
Tätigkeit (vgl. carm. I 1, 29). — 111 z. B. epist. I 1, 10 nunc itaque et
versus et cetera ludicra pono; vgl. auch epist. II 2, 141 f. — 112 Parthis:
die gefährlichsten Feinde Roms, die immer der Treulosigkeit beschul-
digt wurden; vgl. carm. IV, 15, 23 infidi Persae (= Parthi). — 132 vgl.
carm. IV 6, 31 f. virginumque primae puerique claris patribus orti;
spielt scherzend auf den Chor der virgines lectae puerique casti (carm.
saec. 6) an. — 134 Hic autem significat carmina, quibus di placantur,
hoc est paeanas dithyrambos hymnos prosodia (Porphyr.). — 138 Manes: hier im Gegensatz zu di superi = di inferi. — 140 ff. Mit dem
Abriß der altrömischen Bühnengeschichte, den Livius VII 2 gibt, hat
Horaz' Skizze große Verwandtschaft, neben der jedoch wesentliche
Unterschiede in Standpunkt und Auffassung bestehen. — 151 intactis:
vgl. sat. II 1, 23. — 154 describi: vgl. sat. I 4, 3. — 156 Derselbe Gedanke von Livius XXXIV, 4, 1 schon dem alten Cato in den Mund

gelegt; später sehr oft wiederholt. — 163 quid utile ferrent: Die Frage nach dem Nutzen ist bezeichnend für das praktische Römertum (vgl. v. 124 f. über die utilitas des Dichters). — 167 Denselben Gedanken führt die ars poetica aus (289 f.). — 170 vgl. das Urteil über Plautus, dessen Verse und Witze Horaz gleichermaßen ablehnt, a. p. 270 ff. — 174 Vorwurf gegen Plautus; vgl. sat. I 10, 1 über Lucilius' Verse: incomposito pede currunt. — soccus ist die Fußbekleidung in der Komödie, wie in der Tragödie der Kothurn. — 175 nummum: Plautus verkaufte angeblich, ebenso wie andere Dichter, seine Schauspiele an die Leiter der Spiele (zunächst Ädilen, Prätoren). — 177 ventoso Gloria currum: vgl. sat. I 6, 23. — 185 eques: die Gebildeten; das Publikum des Parketts, auf den dem Ritterstand vorbehaltenen vierzehn ersten Sitzreihen hinter der Orchestra; vgl. sat. I 10, 76: iam satis est equitem mihi plaudere. — 189 Der Vorhang wurde in eine Vertiefung niedergelassen und erst zum Schluß des Stückes wieder in die Höhe gezogen (tolluntur). — 193 captiva Corinthus: so wie Mummius die Beute in seinem Triumph vorführte (146 v. Chr.): signa aerea marmoreaque et tabulas pictas in triumpho tulit (Liv. perioch. LII). — 194 Für die Vorstellung des stets lachenden Philosophen Demokrit, die sich später an seinen Namen heftete, bietet diese Stelle nächst Cicero de orat. II 235 den ältesten Beleg. — 195 umschreibt die Giraffe (camelopardalis), deren erste Exemplare zu Cäsars Triumphspielen 46 v. Chr. aus Alexandria nach Rom kamen. — 199 f. vgl. Ter. heaut. 222 surdo fabulam narrare; witzig ‚asello‘ hinzugefügt mit Anspielung auf das griechische Sprichwort ὄνῳ τις ἔλεγε μῦθον · ὁ δὲ τὰ ὦτα ἐκίνει Zenob. V 42. — 207 Der violette Purpur, durch eine Mischung zweier verschiedener Purpursäfte erzeugt, gehört zu den kostbarsten Sorten: amethystinum (colorem), qui a viola et ipse in purpureum (trahitur) Plin. n. h. XXI 45. — 216 die mit dem Tempel des palatinischen Apollo verbundene Bibliothek (vgl. epist. I 3, 17). — 220 vineta caedam mea: sprichwörtlich von dem, der sich selbst einen Schaden zufügt; vgl. Tib. I 2, 100 quid messis uris acerba tuas? — 221 vgl. genus inritabile vatum epist. II 2, 102. — 234 acceperat autem pro singulis versibus singulos Philippos (Porphyr.). — 239 ff. edicto vetuit: diese alte Künstleranekdote erzählt Plin. n. h. VII 125: idem hic imperator edixit nequis ipsum alius quam Apelles pingeret, quam Pyrgoteles scalperet, quam Lysippus ex aere duceret. — 244 Boeotum in crasso aere: wie hier leitet auch Cic. de fato 7 den Stumpfsinn der Böoter aus dem dicken, aus dem Kopaissee aufsteigenden Nebel her: Athenis tenue caelum, ex quo acutiores etiam putantur Attici; crassum Thebis, itaque pingues Thebani. — 251 repentis per humum: vgl. epist. II 3, 95 sermone pedestri, sat. II 6, 17 Musa pedestris. — res gestas: besonders die Siege über die Alpenvölker, wie Anklänge an das etwa zur gleichen Zeit gedichtete carm. IV 14 zeigen. — 251 ff. eine recusatio wie carm. I 6; IV 15. — 255 Der Janustempel, quem clausum esse maiores nostri voluerunt cum per totum

imperium p. R. terra marique esset parta victoria (Mon. Ancyr. 2, 42), wurde unter Augustus' Regierung dreimal geschlossen: Janum ter clusit (Suet. Aug. 22). — 256 Parthis: ihre Besiegung durch Augustus öfter von Horaz erwähnt, z. B. sat. II 5, 62; epist. I 12, 27. — 257 vgl. sat. II 1, 12 f. cupidum, pater optime, vires deficiunt. — 262 f. vgl. Cic. de or. I 28, 129 nihil est enim tam insigne nec tam ad diuturnitatem memoriae stabile quam id, in quo aliquid offenderis. — 269 vicum tus vendentem: gemeint ist — mit scherzender Etymologie — der vicus Tuscus, die vom Forum nach dem Velabrum führende Gasse (später auch vicus turarius genannt); Mittelpunkt des Kleinverkehrs mit seinem starken Verbrauch von Makulatur; vgl. sat. II 3, 228.

2

Horaz setzt seinem Freunde Julius Florus, einem Vertreter des jungen literarischen Roms, ausführlich die Gründe auseinander, die ihn zum Abschied von der Poesie bewegen. In überlegener Ironie sieht er auf das Treiben der Dichter mit ihrer Eitelkeit und ihrem Ehrgeiz herab und wendet sich schließlich der Aufgabe zu, die sein höheres Alter von ihm fordert: statt lyrischer Dichtung, die der Jugend besser ziemt, will er sich jetzt in ernster Selbstbetrachtung der Lebenskunst widmen, in der er noch so viel zu lernen hat. — Als Abfassungszeit dieses Briefes wird (nach Vahlen, Monatsber. der Berliner Akad. 1878, 696 f.) das Jahr 18 v. Chr. angenommen.
1 amice = comes; bezeichnet hier nur die Zugehörigkeit zu seiner cohors (vgl. epist. I 3). — 16 Der Verkäufer hat der Bestimmung der römischen Marktpolizeiordnung, des edictum aedilium curulium, genügt: qui mancipia vendunt certiores faciant emptores, quid morbi vitiive cuique sit, quis fugitivus errove sit noxave solutus non sit(Dig. XXI 1, 1 = Gell. IV 2). — 18 lex: legem (= Vertragsbestimmung) dicere ist Terminus der Rechts- und Geschäftssprache. — 26 ff. Die Anekdote, deren Bedeutung sich erst im Vers 52 zeigt, stammt vielleicht aus Sallusts Historien: hoc factum est in bello quod populus Romanus duce L. Lucullo cum Mithradate rege Pontico gessit (Porphyr.). — 33 bis dena sestertia: soviel bekam bei Cäsars Triumph im Jahre 46 v. Chr. jeder Soldat als Belohnung für den ganzen Feldzug (Dio XLIII 21, 3). — 41 Romae nutriri: vgl. sat. I 6, 76 puerum est ausus Romam portare docendum artes. — Roma, Athenae (43), Philippi (42), die drei Stationen seines Lebensganges. — 53 cicutae: Schierlingssamen und -blätter wurden zu Umschlägen gegen Fieber gebraucht (Plin. nat. hist. 25, 95); hier gegen die Fieberhitze des Dichters. — 55 vgl. epist. I 1, 4 non eadem est aetas, non mens. — 59 iambis: Epoden (vgl. epist. I 19, 23). — 65 ff. vgl. dazu die Schilderung in sat. II 6, 23 ff. — 70 Vom Quirinalis bis zum äußersten Ende des Aventinus (v. 68 f.) ist eine Entfernung von 3 Kilometern quer durch die ganze Stadt. — 74 vgl. sat. I 6, 42 f. si plostra ducenta concurrantque foro tria funera. — 91 hiç

elegos: ob Horaz hier — wie man (z. B. Kießling-Heinze) vermutet hat
— den Properz oder einen anderen bestimmten Elegiker, ob er ganz
allgemein einen Vertreter dieser Dichtungsgattung im Auge hat, läßt
sich nicht mit Sicherheit sagen. — 94 gemeint ist jedenfalls der Apollo-
tempel auf dem Palatin, mit dem die Bibliothek (vgl. Suet. Aug. 29)
und wohl ein Rezitationssaal (vgl. Plin. I 13, 3) verbunden war. vacuum
erklärt sich aus epist. II 1, 216 (im Jahre 14 v. Chr. an Augustus): si
munus Apolline dignum vis complere libris. — 99 puncto: bei der Ab-
stimmung in den Wahlkomitien wurden die Stimmen bei der Auszäh-
lung der Stimmtäfelchen durch Punkte notiert; daher punctum =
Stimme. — 109 legitimus: vgl. ars poet. 274 legitimumque sonum,
den Regeln der Kunst entsprechend. — 117 Der ältere Cato und Cethegus waren besonders in ihren Reden Repräsentanten der älteren Latinität; beide verbindet Horaz auch in der ars poetica bei seinen Ausfüh-
rungen über das Verhältnis des Dichters zum Sprachschatz ars poet.,
50 und 56. — 121 vgl. ars poet. 56 f. cum lingua Catonis et Enni sermonem patrium ditaverit. — 125 Vergleich mit einem Pantomimen,
der die verschiedenen Personen in charakteristischer Weise darstellen
muß; das Stück, auf das Horaz hier anspielt, ist das Satyrdrama von
der Liebe des ungeschlachten Polyphem und des zierlichen Akis zur
Nereide Galatea (Ovid met. XIII 735 ff.). — 128 haud ignobilis: die folgende offenbar bekannte Anekdote wird ebenso in den pseudaristoteli-
schen θαυμάσια ἀκούσματα 31 von einem Bürger von Abydos erzählt;
die pseudacronischen Scholien erklären: hic Lycas dictus est. —
135 sprichwörtlich, als Gegensatz zum geistig völlig abwesenden Philosophen; vgl. sat. II 3, 59 hic fossa est ingens, hic rupes maxima, serva.
— 137 Nieswurz, möglichst ohne Zutaten (meracus), war das antike
Heilmittel gegen Geistesgestörtheit. Die Wahnvorstellungen galten
als Ausfluß der Galle (bilem; daher μέλαινα χολή, μελαγχολία). —
138 nach dem Sprichwort invitum qui servat idem facit occidenti ars
poet. 467. — 152 decedere: der technische Ausdruck für das Abnehmen
der Krankheit (vgl. Lucr. II 34 nec calidae citius decedunt corpore
febres). — 156 Begierde und Furcht zusammengestellt wie epist. I 6, 12;
I 16, 65. — 158 f. libra et aere mercari: die rechtsgültige Erwerbung
von Eigentum zwischen römischen Bürgern; über das Verfahren im
einzelnen vgl. Gaius Institut. I 119. Neben dieser mancipatio gab es
noch eine zweite Form der Eigentumserwerbung, die usucapio: der
ununterbrochene Besitz einer Sache während zweier Jahre ließ sie in
den dauernden Besitz übergehen. Der technische Begriff usu capio ist
hier umschrieben: mancipat usus; doch nimmt Horaz usus im folgenden als Nutznießung, die nie zum Eigentumserwerb führen kann; so
sagt Cic. ad fam. VII 30 id enim cuiusque proprium, quo quisque frui-
tur atque utitur. — 170 Bäume zur Bezeichnung der Grenze, ne fami-
liae rixentur cum vicinis ac limites ex litibus iudicem quaerant (Varro
de re rust. I 15). — 175 heres heredem alterius: bezeichnet in aller Kürze

vier Generationen (vgl. carm. III 6, 46 ff.). — 180 Tyrrhena sigilla:
kleine Statuen aus Erz, in Etrurien sehr beliebt, wurden offenbar eifrig
gesammelt (vgl. Plin. XXXIV 34). — 189 albus et ater: vgl. Cat. 93, 2
scire utrum sis albus an ater homo; Cic. Phil. II 41 qui albus aterne fuerit ignoras. — 199 vgl. carm. III 16, 37 inportuna tamen pauperies
abest. — 200 Gern vergleicht Horaz das Leben mit einer Seefahrt, vgl.
carm. II 10, 1 ff.; III 29, 62 ff. — 204 Vergleich mit der Wettfahrt wie
sat. I 1, 115 f. — 205 abi: (oder in vollerer Form: abi, laudo Plaut. trin.
830) in der Umgangssprache Ausdruck des Lobes (verbum vel sibi vel
alteri blandientis: Donat zu Terent. ad. 765). — 209 lemures nocturnos:
umbras vagantes hominum ante diem mortuorum et ideo metuendas
(Porphyr.). — 213 f. vgl. Lucrez III 956 ff.; das Bild vom conviva satur
bei Horaz sat. I 1, 119. Freilich liegt hier der Gedanke an den Tod fern;
er bekennt sich am Schluß dieses zweiten Epistelbuches zu dem Vor-
satz, den er am Anfang des ersten bekannte: epist. I 1, 10f.

Ars poetica

„Der Brief an die Pisonen gibt eine ganze Schüssel praktischer Einzelheiten über Dichter und Dichtkunst" (Bickel), aber Horaz will dabei
kein System der Poetik geben, sondern läßt im Charakter des Sermo
in lockerer Linienführung sein Anliegen ablaufen. Zu dem schwierigen
Problem des Aufbaus sind aus der älteren Literatur noch immer wichtig E*Norden* (Hermes 40, 481 ff. 1905), O*Immisch* (Phil. Suppl. 24, 3,
1932) und Fr*Klingner* (SB Leipzig 88, 1936); von der neueren überzeugt
am meisten W*Steidle* (s. pg. 267), der dem Folgenden zugrunde liegt.
I 1—294 Dichtung: a) 1—73 Anforderungen an alle Dichtung
schlechthin. 1—23 Aufweis *eines* Grundgesetzes gegenüber dem Prinzip
dichterischer Freiheit: simplex et unum. Die organische Zusammen-
stellung (πρέπον) aller Teile verlangt wirkliche μίμησις; Ablehnung
unpassender Ekphrasis. 24—31 Ein Abweichen der ποικιλία wegen
führt zur κακοζηλία; daraus folgt die Notwendigkeit handwerklichen
Könnens (ars τέχνη). 32—37 Ein Künstler, der nur untergeordnete
Teile, aber kein Ganzes gestalten kann (ἔλλειψις als Gegenbeispiel zur
ὑπερβολή 24 ff.). 38—46/45 Anzustreben ist als μέσον die der Kraft an-
gemessene Stoffwahl; sie führt zur richtigen ordo (τάξις) und elocutio
(λέξις). 47—72 Für letztere werden spezielle Vorschriften gegeben, besonders im Hinblick auf den Maßstab der χρεία (usus). b) 73—294
Genera der Dichtung: 73—88 Gattungsgesetze: Zuordnung von Inhalt
(res) und Vers (metrum), 89—98 [Im folgenden wird von den genera
nur mehr das Drama als Beispiel für alle herausgegriffen.] Ausnahmen,
99—113 καλόν und ἡδύ; ψυχαγωγία, 114—118 Charakter und Wort,
119—152 Stoffwahl und Tradition; Originalität beruht auf der Form,
nicht im Inhalt (Homer als Vorbild, Gesetz der Einheitlichkeit), 153 bis
178 Einheit der Charaktergestaltung, aufgewiesen an den Lebensaltern,
179—201 Einzelvorschriften für das Drama, bes. für den Chor, 202—219

Musik, 220—250 Satyrspiel (in Stoff und Form μέσον zwischen Tragödie und Komödie), 251—274 iambischer Sprechvers als Beispiel
dichterischer Sorgfalt; sales in der Komödie, 275—294 Rom und das
griechische Vorbild. II 295—476 D i c h t e r: 295—308 ingenium
und ars; officia, 309—322 sapere ist die Grundlage, die Leistung res
und Charaktergestaltung: exemplar vitae et morum, 323—332 griechische und römische Veranlagung, 333 — 346 Ziel der Dichtung,
347—365 verzeihliche Fehler, Verschiedenheit der Wirkung, 366—390
Warnung vor der Mittelmäßigkeit, Bedeutung der Kritik, 391—407
Würde und Funktion der Dichtung, 408—418 natura und ars, 419
bis 452 falsches und echtes Kunstrichtertum, 453—476 Abschluß.
Quelle ist nach Porphyr. Neoptolemos ὁ Παριανός (3. Jhdt. v. Chr.),
dessen Lehre durch eine Schrift Philodems, erhalten auf einer hercula-
nensischen Rolle, greifbar geworden ist; in weiterer Sicht wohl Hera-
kleides vom Pontos und Aristoteles. Der an sich unbestimmte zeit-
liche Ansatz führt am ehesten kurz vor Vergils Tod (20/19 v. Chr.);
andere denken an Horazens letzte Lebensjahre und eine postume Veröffentlichung.

1 ff. Der Vergleich mit dem Aufbau eines Lebewesens stammt von Platon (Phaedr. 264 c). — 6 species vanae: nach Steidle nicht „Vorstellungen", wie K-H. meinte; somnium ist topisch für geringschätzige Kritik. — 10 vgl. Lukian. pro imagg. 18. — 15 Purpurstreif: vgl. Deme-
trios π. ἑρμ. 108. — 20 Votivbilder: vgl. c. I 5, 13; sat. II 1, 33. —
29 prodigialiter: durch Einflechtung von τέρατα. — 32 Die Parterre-
räume der Gladiatorenkasernen waren als Läden vermietet. — 37 zum
Schönheitsideal vgl. c. I 32, 11. — 38 vgl. die Vorschrift des Epiktet
(III 15, 9). — 49 vgl. Lukrez I 136 multa novis verbis . . . propter ege-
statem linguae et rerum novitatem. — 50 omnes Cethegi . . . numquam
tunica usi sunt (Porphyr.); der cinctus ist ein Schurz, über dem die Toga
getragen wird. — 54 f. Nach Gellius (I 10) war Cäsar der Führer der
puristischen Strömung. — 60 ff. Neuschöpfungen sind also φύσει notwendig; der Blättervergleich Homer Z 146. — 63 θανάτῳ πάντες
ὀφειλόμεθα A. P. X 105. — 71 usus: nicht Gebrauch, sondern Notwendigkeit (vgl. sat. I 3, 102; epist. II 2, 119). — 73 ff. Die Einteilung
Epos, Elegie, Iambos, Drama, Lyrik ist die gewöhnliche der peripate-
tischen Kunsttheorie (vgl. H. Färber, Die Lyrik in der Kunsttheorie
der Antike, 1936, pg. 3 ff.). — 77 Zum εὑρετής der Elegie vgl. Orion
58, 7 (Archilochos, Kallinos, Mimnermos). — 83 also ὕμνοι, ἐγκώμια,
ἐπινίκια, ἐρωτικά, συμποτικά (σκόλια) nach der Einteilung des Pro-
klos (Phot. bibl. 319 b 33 ff.; dazu Färber, l. c. pg. 16 ff.). — 89 Diese
Vermischung tadelt auch Cic. de opt. gen. or. 1. — 97 ampullas: vgl.
zu epist. I 3, 14. — 99 Zu ἡδύ und καλόν vgl. Dion. Hal. de Demosth.
47 p. 232, 4 ff.; de comp. verb. 10 p. 36, 8 ff.; 37, 12 ff. — 100 vgl.
(οἱ ποιηταὶ) ἐκ παντὸς ψυχαγωγεῖν ἐθέλουσιν Sext. adv. math. I 297.
— 105 zur λέξις παθητική vgl. Aristot. rhet. III 7. — 114 ff. eben-

dort zur λέξις ἠθική. — 118 Den psychischen Unterschied der einzelnen griechischen Gebiete erläutert Dionys. techn. XI 5. — 123 f. Den
Inhalt der Ino des Euripides s. Hygin. fab. 4; der Ixion ist dem verlore-
nen Drama des Aischylos entnommen; sein Inhalt bei Porphyr. und
schol. Apollon. III 62. — 136 zur Ablehnung der kyklischen Epik vgl.
das bekannte Kallimachosepigramm 28 ἐχθαίρω τὸ ποίημα τὸ κυκλικόν
κτλ. — 139 ὤδινεν ὄρος, εἶτα μῦν ἀπέτεκεν (Diogenian 8, 75; vgl.
Athen. XIV 616 D; Lukian, de conscrib. hist. 23). — 145 Odyssee
κ 100 ff., μ 85 ff., ι 187 ff. — 146 f. Die beiden Epen sind ungreifbar;
mit Doppelei ist wohl die Geburt der Helena und der Dioskuren gemeint. — 148 Homerus omisit initia belli Troiani schol. Dan. Verg.
Aen. I 34 (vgl. Quint. VII 10, 11). — 150 ἴδμεν ψεύδεα πολλὰ λέγειν
ἐτύμοισιν ὁμοῖα, ἴδμεν δ' εὖτ' ἐθέλωμεν ἀληθέα μυθήσασθαι Hesiod.
theog. 27. — 157 decor: τὸ πρέπον. — 182 f. vgl. Aristot. poet. 14. —
189 Die Fünfzahl ist wohl eine Forderung hellenistischer Theorie; in
der klassischen Praxis ist sie nicht als Regel festzustellen, wohl dagegen
bei Terenz und Seneca. — 191 f. zum deus ex machina s. Aristot. poet.
15, zur Schauspielerzahl poet. 4, zum Chor poet. 18. — 202 Anstatt
der Klappen der Blasinstrumente wurden verschiebbare Ringe aus
einer Kupferlegierung (Plin. nat. hist. XXXIV 2) gebraucht. — 216 Beachte das Eindringen der Saitenbegleitung in das tragische Chorlied! —
220 τραγ-ῳδία ist also mit der alexandrinischen Wissenschaft davon
abgeleitet, daß der Sieger einen Bock als Preis bekam (Lit. Schmid-Stäh-
lin I 2, pg. 46 f.). — 234 dominantia etc.: κύρια ὀνόματα καὶ ῥήματα.
— 242 iunctura: σύνθεσις. — 263 cäsurloser Vers — 276 für den
Thespiskarren ist Horaz einziger Zeuge. — 277 τὸ μὴ ὄντων προσωπείων
(Masken) τὴν ἀρχὴν τρυγὶ (Bodensatz des frisch gekelterten Weines)
χρίεσθαι τὰς ὄψεις (schol. Aristoph. Ach. 499) gab der Komödie den
Namen τρυγῳδία (Athen. II 40 b); hier fälschlich auf die Tragödie
übertragen. — 278 Die Einführung der Masken (sonst Thespis zugeschrieben, Suda s. v.) durch Aischylos außer bei Horaz noch (wohl von
ihm abhängig) Porphyr., Euanthios de com. 62 K, Cramer anecd. Par. I
19; die Erfindung des hölzernen Bühnengerüstes nur hier. — 281 Of-
fiziell wurde die Komödie in Athen 488/7 anerkannt. — 283 Das
ὀνομαστὶ κωμῳδεῖν wurde in Athen während des pelop. Krieges verboten (vita Aristoph. 10). — 288 praetextae appellantur, quae res gestas
Romanorum continent scriptas (Paull. p. 223), also historische Dra-
men; togatae sind Lustspiele mit römischem Stoff. — 292 Calpurnii a
Calpo Numae regis filio sunt oriundi (Paull. p. 47). — 294 vgl. zu sat. I
5, 32. — 297 fr. 18 D ποιητὴς δὲ ἅσσα μὲν ἂν γράφῃ μετ' ἐνθουσιασμοῦ
καὶ ἱεροῦ πνεύματος, καλὰ κάρτα ἐστίν (vgl. fr. 21 D, 112 D);
fr. 17 negat sine furore Democritus quemquam poetam magnum esse
posse; quod idem dicit Plato (Phaedr. 245 A). Cicero, de div. I 80. —
300 vgl. sat. II 3, 83. — 302 vere . . . bilis atra quam μελαγχολίαν
appellant, insania, morbus comitialis . . . oriri solent (Celsus II 1 p. 28,

30). Omnes verno tempore purgationem sumunt, quod vocatur καθαρ-
τικόν (Porphyr.). — 304 Der Vergleich stammt von Isokrates (Plut. X
orat. p. 838 E). — 309 πηγὴ καὶ ἀρχή. — 311 rem tene, verba sequentur (Cato, nach Jul. Vict. art. rhet. 1 p. 5 M). — 323 τοῦ στόματος τῷ
στρογγύλῳ (z. B. Aristoph. fr. 471 K von Euripides). — 326 ff. Die
Rechnung erfolgt in Zwölfteln (unciae). — 332 ex cedro oleum, quod
cedrium dicitur, nascitur, quo reliquae res cum sunt unctae, uti etiam
libri, a tineis et carie non laeduntur (Vitruv II 9, 13); libri, qui . . .
arca cupressea inclusi sunt, a tineis non vexantur (Porphyr.). —333 dagegen ποιητὴν πάντα στοχάζεσθαι ψυχαγωγίας, οὐ διδασκαλίας
Eratosthenes (Strab. I 15). — 343 zu punctum s. epist. II 2, 99. —
357 Choirilos wird Homer auch sonst gegenübergestellt (Hermias ad
Plat. Phaedr. 112; frag. π. ποιημάτων Usener, Rh. Mus. XLIII 150).
— 370 Dem Redner billigt die Mittelmäßigkeit auch Cicero zu (de or.
I 259, Brutus 193). — 373 columnae: vgl. sat. I 4, 71. — 375 (papaver)
candidum, cuius semen tostum in secunda mensa cum melle apud
antiquos dabatur (Plin. nat. hist. XIX 168). — 389 membrana: Kon-
zept (vgl. sat. II 3, 2). — 390 vgl. epist. I 18, 71. — 409 vgl. Vitruv I 1, 3,
der die gleiche Anschauung für den Architekten vertritt. — 411 ἡ ἀλλήλ-
ουχία (die gegenseitige Hilfe) τούτων (von φύσις und τέχνη) ἴσως
γένοιτ᾽ ἂν τὸ τέλειον (π. ὕψ. 36, 4). — 417 hoc ex lusu puerorum sustulit, quia ludentes solent dicere 'habeat scabiem quisquis ad me venerit
novissimus'. Porphyr. — 431 Den Vergleich bietet schon Lucilius 954. —
434 Die Geschichte erzählt Diodor XX 63, 1 vom Tyrannen Agatho-
kles von Syrakus. — 442 vertere: mit dem umgedrehten Griffel das
Wachs der Tafel wieder glätten, also tilgen. — 446 gemeint ist der
ὀβελός, der athetierende Querstrich am Rande. — 453 morbus regius:
Gelbsucht (Celsus III 24). — 471 Besudelung der öffentlichen Grab-
stätten war nicht selten. — bidental: id quod Jovis fulmine percussum
est (Porphyr.); die Stellen wurden mit einem Steinring (puteal) einge-
faßt und galten als sacrosanct.

Biographische Daten

Name: Quintus sat. II 6, 37 Horatius c. IV 6, 44; epist. I 14, 5 Flaccus
    epod. 15, 12; sat. II 1, 18
Geburt: Jahr epist. I 20, 27; epod. 13, 6; c. III 21, 1 Monat epist. I 20,
    27 Ort sat. II 1, 34
Äußeres: Gestalt sat. II 3, 309; epist. I 20, 24 beleibt epist. I 4, 15 Haar-
    farbe epist. I 7, 26 früh ergraut epist. I 20, 24
Eltern: libertinus sat. I 6, 6, 45, 86; epist. I 20, 20; geringes Vermögen
    sat. I 6, 71 coactor sat. I 6, 86
Erziehung: Schule sat. I 6, 72 ff. Orbilius epist. II 1, 69 durch den Vater
    sat. I 4, 105 Rom epist. II 2, 41 Athen epist. II 2, 43

Militärdienst: bei Brutus epist. II 2, 47 Tribun sat. I 6, 48 Philippi c. II
7, 9 f. Heimkehr c. III 4, 26
Beamter: Einkommen epist. II 2, 49 ff. scriba sat. II 6, 36
Maecenas: Vorstellung sat. I 6, 54; sat. II 6, 40
Lebensumstände: Landgut sat. II 6, 1, 16, 60; c. II 18, 11; III 16, 29;
epod. 1, 25; sat. II 3, 5, 308 fünf Bauernhufen epist. I 14, 2
Sklaven II, 7, 118; sat. I 6, 116 Lage des Sabinum epist. I 16,
1 ff.; c. I 17, 1 Quelle epist. I 16, 12; c. III 13 Gut in Tibur(?)
c. I 7, 13 Bibliothek sat. I 6, 122; II 3, 11; II 6, 61; epist. I 7, 12;
I 18, 109 Bäderbesuch epist. I 15., 1 ff; I 7, 11 Krankheit sat. I
5, 7.

Zeittafel

a) der bei Horaz erwähnten politischen Ereignisse

v. Chr.

91—88 Bundesgenossenkrieg (III 14, 18)
73—71 Spartacus, Sklavenaufstand (III 14, 19; E 16, 5)
66 Konsulat des L. Volcacius Tullus (III 8, 12)
65 Konsulat des Manlius Torquatus und Aurelius Cotta (III 21,1)
63 Oktavian geb. 23. September
61 Aufruhr der Allobroger (E 16, 6)
60 Konsulat des Metellus Celer (II 1, 1)
59 Konsulat des Caesar und Bibulus (III 28, 8)
53 Crassus' Niederlage bei Carrhae gegen die Parther (III 5, 5)
46 Catos Freitod bei Utica (I 12, 35), Niederlage der Pompeianer
bei Thapsus (II 1, 28)
44 Caesars Ermordung, 15. März (I 2; serm. I 7, 35)
43 Triumvirat des Oktavian, Antonius und Lepidus. Brutus in
Asien (serm. I 7)
42 Konsulat des Plancus (III 14, 27), Sieg des Oktavian bei
Philippi (II 7; epist. II 2, 49; serm. I 6, 48)
40 L. Decidius Saxa von dem Parther Pacorus besiegt (III 6, 9),
Vertrag von Brundisium zwischen Oktavian, Antonius und
Lepidus
39 Triumph des Asinius Pollio über Dalmatien, 25. Okt.
38 Ventidius besiegt Pacorus in Syrien, Oktavians Vermählung
mit Livia, der Mutter des Tiberius und Drusus
37 Begegnung des Oktavianus und Antonius in Tarent (serm. I 5)
36 Antonius' Unterfeldherr Oppius Statianus von dem Parther
Monaeses besiegt (III 6, 9), Sieg Agrippas über Sex. Pompeius bei Mylae und Naulochos (I 6, 4; IV 5, 19)
35/34 Geplante Expedition des Oktavian nach Britannien (E 7, 7)
33 Ädilität des Agrippa (serm. II 3, 185)

31   Schlacht bei Aktium, 2. September (I 37, E 9; serm. II 1, 11; 5, 60). Landanweisung an die Veteranen (serm. II 6, 55)

30   Tod der Kleopatra, Fall Alexandrias (I 37), Krieg gegen Cotiso und die Dacer (III 8, 18)

29   Statilius Taurus siegt in Spanien, Schließung des Janusbogens (IV 15, 9; epist. II 1, 255)

28   C. Calvisius Sabinus triumphiert über Spanien, Eröffnung des Apollotempels auf dem Palatin (I 31, C. S. 65), Oktavian princeps senatus. T. Statilius Taurus' (2.) Caes. Augustus' (7.) Konsulat (epist. I 5, 4)

27   Oktavian erhält den Titel Augustus, 16. Jan.; Crassus' Triumph über Thraker und Geten 4. Juli (II 16); Messallas Triumph über Gallien (Aquitanien), 27. Sept.

26   Augustus zieht nach Spanien (epist. I 18, 55)

25   Schließung des Janusbogens (III 14; epist. II 1, 255), Aelius Gallus' Expedition nach Arabien (I 29, I 35, 40), Juba als König in Mauretanien eingesetzt (I 22, 15), Tiridates flieht vor Prahates zu Augustus nach Spanien (I 26, 5), Marcellus' Verehelichung mit Julia (I 12, 46)

24   Augustus' Rückkehr aus Spanien (III 14)

23   Konsulat des L. Licinius Murena, Verschwörung gegen Augustus

21   Tib. Claudius Nero führt durch Makedonien Truppen nach dem Osten, um Tigranes auf den armenischen Thron zu setzen (epist. I 3, 2; 8, 2; II 2, 1). – Konsulat des M. Lollius und Q. Aemilius Lepidus (epist. I 20, 28)

20   Tiberius unterwirft Armenien (epist. I 12, 26). Die Parther schicken die bei Carrhae geraubten Feldzeichen nach Samos (IV 15, 6; epist. I 12, 27; 18, 56), Abgesandte der Skythen und Inder bieten Freundschaft an (IV 14, 42; C. S. 56); Agrippa unterwirft die Kantabrer (epist. I 12, 26)

18   lex Julia de adulteriis coercendis (IV 5, 22; C. S. 20)

17   Säkularfeier (C. S.; IV 6)

16   Lollius' Niederlage gegen die Sygambrer (IV 2, 36)

15   Drusus besiegt die Vindeliker in den tridentinischen Alpen, Tiberius diese und die Raeter am Bodensee (IV 4 und 14, epist. II 1, 253).

14   Aufnahme des numen Augusti in den öffentlichen Kult (epist. II 1, 15)

13   Rückkehr des Augustus aus Gallien, 4. Juli (IV 5), Errichtung der Ara Pacis Augustae

b) der datierbaren Gedichte

v. Chr.

40	E 16			
39	E 7			
37				serm I 5.
36	E 4			
35/34				Sermones I
33		I 14?		
31	E 1; 9	I 15		serm. II 6
30 Epoden		I 37		serm. II 5
				Sermones II
29		I 26; 34	II 13; 17	III 4; 6
28		I 2; 31	II 16	III 8
27		I 21		III 3; 5
26		I 35	II 2; 9	
25		I 12; 29	II 4	
24				III 14
23		I 1; 24	II 6	III 30	epist. I 13
	Carmina I.—III. Buch			
21				epist. I 3
20				epist. I 12, I 18, I 20, I 1, I 8
				Epistulae I
18				epist. II 2
17				Carmen saeculare
16				IV 2
14				IV 5	Epistulae II
13				IV 15
8				Carmina IV. Buch

Namenregister

Die Schlagworte sind nach den lateinischen Namensformen aufgeführt:
sat. = Satiren, epist. = Episteln, a. p. = ars poetica, carm. = carmina.

ACADEMUS, griechischer Heros; vor den Toren Athens lag sein Heiligtum mit dem
Gymnasium, wo einst Plato und später seine Schüler gelehrt hatten epist. II 2, 45.
ACCIUS, gest. um 104 v. Chr., der größte römische Tragiker, der vielen noch in der
ersten Kaiserzeit neben Vergil als der erste römische Dichter galt (Colum. praef. 30)
sat. I 10, 61; epist. II 1, 56; a. p. 258.
ACHILLES der griechische Held vor Troja; tötet seinen Gegner Hector sat. I 7, 12;
der tapferste neben Aias sat. II 3, 193; epist. II 2, 42; a. p. 120.
ACHIVI = Graeci die Griechen sat. II 3, 194; epist. I 2, 14; II 1, 33.
ACTIUS = Actiacus bei Aktium (Vorgebirge bei Akarnanien); Actia pugna: See-
schlacht bei Aktium (31 v. Chr.) epist. I 18, 61.
ADRIA s. Hadria.
AEGAEUS ägäisch; Aegaeum mare: Inselmeer zwischen der Ostküste Griechen-
lands und Kleinasien epist. I 11, 16.
AEMILIUS eine von einem Aemilius Lepidus erbaute Fechterschule (ludus gladia-
torius) hatte mehrere nach der Straße zu liegende Läden (tabernae); den letzten
(imus; vgl. epist. I 1, 54 Ianus imus) hatte ein bekannter Bronzeziseleur (faber
aerarius) gemietet a. p. 32.
AENEAS Sohn der Venus und des Anchises, der seinen Vater und seine Begleiter aus
dem Untergang Trojas rettet und Stammvater der Römer wird sat. II 5, 63.
AESCHYLUS, um 525—456 v. Chr. epist. II 1, 163; a. p. 279.
AESOPUS berühmter Schauspieler (Tragöde) aus Ciceros Zeit, der ein gewaltiges
Vermögen hinterließ sat. II 3, 239 (filius Aesopi); epist. II 1, 82.
AETNA der bekannte Vulkan auf Sizilien a. p. 465.
AETOLUS ätolisch, aus Ätolien (Landschaft im westlichen Mittelgriechenland,
Schauplatz der kalydonischen Eberjagd Meleagers) epist. I 18, 46.
AFER afrikanisch sat. II 4, 58; 8, 95.
AFRANIUS geb. um 130 v. Chr., war der Meister des nationalen römischen Lust-
spiels, der comoedia togata epist. II 1, 57.
AFRICA die Provinz, in der die Römer großen Grundbesitz hatten sat. II 3, 87.
AGAUE Mutter des thebanischen Königs Pentheus, den sie als den Verächter des
Gottes Dionysos in bacchischer Raserei zerriß; vgl. Euripides' Bakchen sat. II 3, 303.
AGRIPPA M. Vipsanius, geb. 63 v. Chr., der vertraute Freund und spätere Schwie-
gersohn des Augustus, gewann als Ädil (33 v. Chr.) durch Spiele, ferner durch Spen-
den und Bauten die Gunst des Volkes; sat. II 3, 185; epist. I 6, 26 (porticus Agrippae);
I 12, 1. 26.
AIAX, Sohn des Telamon, Königs von Salamis; der stärkste Kämpfer vor Troja
neben Achilles. Erschlug im Wahnsinn wegen der Waffen des Achill die Tiere der
Griechen, dann stürzte er sich in sein Schwert sat. II 3, 187. 193. 201. 211.
ALBANUS vom Albanergebirge südöstlich Roms, an dessen Westabhang Alba
Longa, die Mutterstadt Roms, lag; dort wuchs ein Wein, der nach Plinius XIV 64
nur dem Cäcuber und Falerner nachstand sat. II 4, 72; 8, 16; epist. I 7, 10.
ALBANUS mons der Albanerberg (jetzt Monte Cavo), südöstlich von Rom epist.
II 1, 27.
ALBINOVANUS CELSUS Sekretär des Tiberius in Asien, versuchte sich auch in
Gedichten epist. I 3, 15; 8, 1. 17.
ALBINUS römischer Familienname a. p. 327.
ALBIUS ein junger Römer, den seine Manie für altes Bronzegerät zum Bettler ge-
macht hat; sonst unbekannt sat. I 4, 28. 109.
ALBIUS TIBULLUS s. Tibullus.

ALBUCIUS soll nach Porphyr. seine Frau vergiftet haben; oder war er ein Opfer der Canidia? sat. II 1, 48. Wohl nicht derselbe (wie Porphyr. behauptet) war der strenge Alte sat. II 2, 67.
ALCAEUS der berühmte Lyriker, um 600 v. Chr. aus Mytilene auf Lesbos; als Vertreter äolischer Lyrik Vorbild des Horaz epist. I 19, 29; II 2, 99.
ALCINOUS König der Phäaken auf der Insel Scheria epist. I 2, 28.
ALCON ein griechischer Sklave sat. II 8, 15.
ALEXANDER der Große, Sohn Philipps, 336—323 v. Chr. König von Makedonien epist. II 1, 232. 241.
ALFENUS ein sonst wohl unbekannter Römer; nach K.-H. nicht identisch mit dem Alfenus Varus aus Cremona, der (nach Porphyr.) das in der Vaterstadt betriebene Schusterhandwerk aufgab und sich in Rom mit solchem Erfolg der Rechtswissenschaft widmete, daß er bis zum Konsulat emporstieg und auf Staatskosten beerdigt wurde sat. I 3, 130.
ALLIFANA vasa: Becher aus Allifae, einer in Samnium an der kampanischen Grenze gelegenen Stadt sat. II 8, 39.
ALPES die Alpen sat. II 5, 41.
ALPINUS ein nicht weiter bekannter schwülstiger Epiker; wahrscheinlich Furius Alpinus, der auch sat. II 5, 41 verhöhnt wird sat. I 10, 36.
AMPHION und Zethus, Söhne des Zeus und der Antiope; Amphion hatte im Gegensatz zu seinem rauheren Bruder eine mildere Art, war ganz dem Spiel der Kithara ergeben epist. I 18, 41. 44; bewegte durch sein Spiel die Steine zum Bau von Theben a. p. 394.
ANCUS Marcius, Enkel des Numa, der sagenhafte vierte römische König epist. I 6, 27.
ANTENOR Trojaner, der zum Frieden mit den Griechen und zur Auslieferung Helenas riet, vgl. Homer Ilias *H* 345 ff. epist. I 2, 9.
ANTICYRA Stadt in Phokis am Golf von Korinth sat. II 3, 83. 166. Hier wuchs elleborus (Nieswurz), das Heilmittel der Alten gegen geistige Störungen (sat. II 3, 83); a. p. 300: selbst drei Anticyras können die Verrücktheit nicht heilen.
ANTIPHATES der wilde Lästrygonenkönig (Homer Odyss. *χ* 100 ff.) a. p. 145.
ANTONIUS M., der ehemalige Offizier Caesars und spätere Triumvir; ihm gilt die diplomatische Sendung des Maecenas und Cocceius nach Brundisium sat. I 5, 33.
ANTONIUS Musa, der Leibarzt des Kaisers Augustus epist. I 15, 3.
ANXUR volskischer Name der auf hohem Kalkfelsen an der Küste Latiums gelegenen Stadt Tarracina sat. I 5, 26.
ANYTUS der vornehmste und bekannteste unter Socrates' Anklägern sat. II 4, 3.
APELLA lateinische Form für Ἀπελλῆς, häufiger Beiname von Freigelassenen; bezeichnet hier einen beliebigen abergläubischen Juden sat. I 5, 100.
APELLES der berühmteste griechische Maler im 4. Jahrh. v. Chr., Hofmaler Alexanders des Großen epist. II 1, 239.
APOLLO Schutzgott der Dichter sat. I 9, 78,; der Sehergott sat. II 5, 60; Palatinus Apollo meint die im Apollotempel auf dem Palatin gestiftete Bibliothek epist. I 3, 17; 16, 59 (als Gottheit des Lichtes); II 1, 216; a. p. 407.
APPIA (via), von Rom nach Capua, erbaut von Appius Claudius Caecus (Censor 312 v. Chr.), später bis Brundisium verlängert sat. I 5, 6; epist. I 6, 26 (via Appi); 18, 20.
APPIUS Claudius Pulcher, 50 v. Chr. Censor; übte sein Amt mit großer Strenge aus und strich viele Söhne von Freigelassenen aus der Liste der Senatoren (Dio XL 63) sat. I 6, 21.
APULIA unteritalische Landschaft, in der Horaz' Geburtsstadt Venusia lag sat. I 5, 7.
APULUS Einwohner der Landschaft Apulien in Unteritalien sat. II 1, 34; apulisch sat. II 1, 38.
AQUARIUS der Wassermann; Sternbild, das in Italien den Eintritt der Regenzeit (Mitte Januar) anzeigt sat. I 1, 36.
AQUILO Nordwind sat. II 6, 25; 8, 56; epist. II 2, 201; a. p. 64.
AQUINAS aus Aquinum, einer Stadt in Latium, bekannt durch ihre Purpurfärbereien epist. I 10, 27.
ARABES die Bewohner Arabiens, der wegen ihres Handels mit Balsam, Weihrauch, Myrrhen und Edelsteinen als sagenhaft reich geltenden Halbinsel epist. I 6, 6; 7, 36.

ARBUSCULA eine berühmte Schauspielerin der ciceronischen Zeit (Cic. ad Att. IV 15, 6) sat. I 10, 77.

ARCHIACUS von (einem weiter nicht bekannten) Archias verfertigt epist. I 5, 1.

ARCHILOCHUS aus Paros, um 650 v. Chr., schrieb Spottgedichte in Iamben, Vorbild des Horaz in seinen Epoden sat. II 3, 12; epist. I 19, 25. 28; a. p. 79.

ARELLIUS ein reicher Gutsbesitzer; unbekannt, ob in Rom oder in der Nachbarschaft des sabinischen Landgutes sat. II 6, 78.

ARGI Argos, die Hauptstadt der Landschaft Argolis in der Peloponnes sat. II 3, 132; epist. II 2, 128; die Bewohner galten als mutig und tapfer a. p. 118.

ARICIA eine der ältesten Städte Latiums an der via Appia, südöstlich von Rom sat. I 5, 1; Aricinus epist. II 2, 167.

ARISTARCHUS von Alexandria, Mitte des 2. Jahrh. v. Chr., besonders berühmt durch seine strenge Kritik a. p. 450.

ARISTIPPUS von Kyrene, Schüler des Sokrates, Stifter der kyrenaischen Schule, die der der Epikureer voranging, im 4. Jahrh. v. Chr. sat. II 3, 100; epist. I 1, 18; 17, 14. 17. 23.

ARISTIUS Fuscus Freund des Horaz sat. I 9, 61; 10, 83; epist. I 10, 1. 44.

ARISTOPHANES, ca. 445—386 v. Chr., der bedeutendste der drei Klassiker der alten (prisca) attischen Komödie, der rücksichtslos Personen des öffentlichen Lebens verspottete sat. I 4, 1.

ARMENIUS Bewohner von Armenien, dem Hochland in Asien am oberen Euphrat und Tigris epist. I 12, 27.

ARRIUS, Q., ein Freund Ciceros, gab 59 v. Chr. zu Ehren seines verstorbenen Vaters einen glänzenden Leichenschmaus, an dem viele Tausende (Cic. in Vat. 13) teilnahmen sat. II 3, 86. 243.

ASIA die römische Provinz Asien sat. I 7, 19. 24; epist. I 3, 5.

ASINA s. Vinnius.

ASSYRIUS der Bewohner von Assyrien (Vorderasien); wegen seines weichlichen Charakters dem wilden Kolcher an die Seite gestellt a. p. 118.

ATABULUS lokale Bezeichnung für den ausdörrenden heißen Südostwind (Scirocco) sat. I 5, 78.

ATHENAE Athen sat. I 1, 64 (zur Lokalisierung einer Geschichte); II 7, 13; epist. II 1, 213; 2, 43. 81.

ATREUS Sohn des Pelops, Bruder des Thyestes, dem er das Fleisch seiner eigenen Kinder aus Rache zum Mahle vorsetzt a. p. 186.

ATRIDES Sohn des Atreus: Agamemnon, König von Mykene, Führer der Griechen vor Troja sat. II 3, 187; epist. I 2, 12, und sein Bruder Menelaos, König von Sparta sat. II 3, 203; epist. I 7, 43.

ATTA T. Quinctius, gest. 78 v. Chr., neben Afranius der bekannteste Dichter des nationalen Lustspiels (togata) der Römer epist. II 1, 79.

ATTALICUS des Attalus, Königs von Pergamon; am berühmtesten durch seinen märchenhaften Reichtum Attalus III. (138—133 v. Chr.) epist. I 11, 5.

ATTICUS attisch, aus Attica sat. II 8, 13.

AUFIDIUS ein Schlemmer, nicht näher bekannt; vielleicht derselbe Aufidius Lurco, der nach Varro de r. r. III 6, 1 Pfauen zu mästen anfing und damit gute Geschäfte machte sat. II 4, 24.

AUFIDIUS LUSCUS einer der drei Ädilen, die an der Spitze von Fundi, einem Munizipium mit eigengewählter Obrigkeit, standen; in seiner Eitelkeit bezeichnet sich der ehemalige Kanzleibeamte (scriba) als Praetor sat. I 5, 34.

AUFIDUS reißendes Gebirgswasser in Horaz' Heimat Apulien sat. I 1, 58.

AUGUSTUS Caesar Octavianus, 31 v.—14 n. Chr. röm. Kaiser; ihm wurde der Ehrenname Augustus im Jahre 27 v. Chr. vom Senate beigelegt epist. I 3, 2. 7; 13, 2; 16, 29; II 2, 48.

AULIS, Hafenstadt in Böotien; hier versammelte sich die Griechenflotte vor der Fahrt nach Troja sat. II 3, 199. 205 (litore).

AULUS ein römischer Vorname sat. II 3, 171.

AULUS CASCELLIUS s. Cascellius.

AUSTER Südwind (Scirocco) sat. I 1, 6; II 2, 41; 6, 18; 8, 6; epist. I 11, 15; II 2, 202.

AVENTINUS einer der sieben Hügel Roms, zwischen dem palatinischen und cölischen epist. II 2, 69.
AVIDIENUS ein Geizhals, uns nicht weiter bekannt; wegen seiner Unsauberkeit canis genannt sat. II 2, 55.

BACCHAE Bacchantinnen, Priesterinnen des Bacchus (am Anfang eines Dithyrambos angerufen) sat. I 3, 7.
BACCHIUS gehörte (nach Porphyrio) neben Bithus zu den berühmtesten Gladiatoren; nachdem sie viele getötet hatten, wurden sie beide zusammengestellt und erschlugen sich gegenseitig sat. I 7, 20.
BACCHUS (Dionysos) Sohn des Zeus und der Semele, Gott des Weines epist.II 2, 78.
BAIAE Luxusbad in Campanien (zwischen Misenum und Puteoli) epist. I 1, 83; 15, 2. 12; Baianus sat. II 4, 32.
BAIUS Name eines Römers; unbekannt sat. I 4, 110.
BALATRO s. Servilius.
BALBINUS unbekannter Römer sat. I 3, 40.
BARIUM Seestadt in Apulien sat. I 5, 97.
BARRUS wohl ein stadtbekannter eitler Narr sat. I 6, 30; ein schmähsüchtiger Mensch gleichen Namens, nicht näher bekannt sat. I 7, 8.
BELLONA asiatische Göttin, aus Kappadokien in Rom eingeführt und in fanatischem Dienst gefeiert sat. II 3, 223.
BENEVENTUM Stadt in Samnium sat. I 5, 71.
BESTIUS wohl (wie Maenius) eine Figur aus Lucilius' Satiren, als väterlicher Eiferer gegen Sittenverderbnis und Schwelgerei (vgl. Persius IV 37: Bestius urget doctores Graios) epist. I 15, 37.
BIBULUS C. Calpurnius, Sohn des Bibulus, der 59 v. Chr. Cäsars Kollege im Konsulat war, Stiefsohn des Brutus; war mit Horaz seit dem Aufenthalt in Athen (45 v. Chr.) und dem gemeinsamen Kriegsdienst befreundet sat. I 10, 86.
BIONEUS nach Art Bions um 300 v. Chr., dessen in Prosa abgefaßte Satiren (diatribae) durch ihren scharfen Witz berüchtigt waren epist. II 2, 60.
BIRRIUS ein Verbrecher sat. I 4, 69.
BITHUS s. Bacchius sat. I 7, 20.
BITHYNUS aus Bithynien, einer nordwestlichen Landschaft Kleinasiens epist. I6,33.
BOEOTUS Einwohner von Böotien,Landschaft in Mittelgriechenland epist.II 1,244.
BOLANUS jähzorniger Mensch sat. I 9, 11.
BRUNDISIUM bedeutende Hafenstadt in der süditalischen Landschaft Calabrien (jetzt Brindisi) sat. I 5, 104; epist. I 17, 52; 18, 20.
BRUTUS M. Iunius, der Cäsarmörder (85—42 v. Chr.); ging 43 v. Chr. nach Asien und nahm diese Provinz in Verwaltung sat. I 7, 18. 23. 24. 33.
BULLATIUS reicher Römer, der zu seiner Zerstreuung weite Reisen macht epist I 11, 1.
BUTRA Freund des Briefempfängers Torquatus, von Horaz eingeladen epist. I 5, 26.
BYZANTIUS aus Byzanz (heute Konstantinopel) sat. II 4, 66.

CADMUS 1. Name eines Henkers notae crudelitatis (Porphyr.) sat. I 6, 39. — 2. Sohn des phönizischen Königs Agenor, Gründer der Burg von Theben; zuletzt (nach Ovid. met. IV 563 ff.) in eine Schlange verwandelt a. p. 187.
CAECILIUS, Statius, gest. um 168 v. Chr., Nachahmer des Menander, galt manchen für den größten Dichter der Palliata (Cic. de opt. gen. dic. 1) epist. II 1, 59; a. p. 54.
CAECUBUS ager: eine sumpfige Ebene bei Fundi im südlichen Latium, berühmt durch edelsten Wein sat. II 8, 15.
CAELIUS ein Verbrecher sat. I 4, 69.
CAERES, plur. Caerites, Einwohner der etruskischen Stadt Caere, die der politischen Rechte beraubt waren epist. I 6, 62 (vgl. Gellius XVI 13, 7).
CAESAR C. Iulius Caesar 100—44 v. Chr., der bekannte Diktator sat. I 9, 18.
CAESAR Octavianus, Großneffe des Diktators C. Iulius Caesar, der ihn adoptierte (patris, sat. I 3, 5); er nahm erst 27 v. Chr. den Titel Augustus an sat. I 3, 4; II 1, 11. 19. 84; II 6, 56; epist. I 5, 9; 12, 28; 13, 18; II 1, 4; 2, 48.

CALABER Einwohner von Kalabrien, der südöstlichen Halbinsel Italiens, Nachbarlandschaft Apuliens epist. I 7, 14; II 2, 177.
CALLIMACHUS, der große Elegiker der alexandrinischen Schule im 3. Jahrh. v. Chr. epist. II 2, 100.
CALVUS C. Licinius, ca. 50 v. Chr., Redner und Dichter, Freund Catulls sat. I 10, 19.
CAMENA die Muse sat. I 10, 45; epist. I 1, 1; 18, 47; 19, 5; a. p. 275.
CAMILLUS M. Furius, der Besieger der Gallier 386 v. Chr. und Befreier Roms; seine Einfachheit preist schon Cicero pro Caelio 17, 39 epist. I 1, 64.
CAMPANUS aus Campanien sat. I 5, 62; meist Adj. zu Campaniens Hauptstadt Capua, das schon zur Zeit des alten Cato (de agr. 135) beste Bezugsquelle für vasa ahenea war; also Campana supellex: Hausrat aus Bronze sat. I 6, 118. — II 3, 144; 8, 56.
CAMPANUS pons eine Brücke an der via Appia über den Fluß Savo (jetzt: Savone), die erste auf campanischem Gebiet sat. I 5, 45.
CAMPUS Martius Ort der Wahlversammlungen und sportlichen Übungen epist. I 11, 4.
CANICULA Sirius, der Hundsstern sat. II 5, 39.
CANIDIA „Hinter dem Namen steckt Gratidia, eine Salbenhändlerin aus Neapel" Porphyr.; Meisterin der Hexenzunft sat. I 8, 24. 48; II 1, 48; 8, 95.
CANIS 1. das Gestirn, dessen Aufgang in der zweiten Hälfte des Juli glühende Hitze brachte (Canicula, Sirius) sat. I 7, 25; epist. I 10, 16. — 2. Spottname für einen, der unsauber wie ein Hund mit den unappetitlichsten Speisen vorlieb nimmt sat. II 2, 56.
CANTABER Volk in Nordspanien, 29 v. Chr. besiegt, aber erst 20 von Agrippa, der 21 von Gallien nach Spanien ging, unterworfen epist. I 12, 26.
CANTABRICA bella epist. I 18, 55.
CANUSINI die Einwohner von Canusium in Apulien, einer ursprünglich griechischen Stadt; hier wurde ein Gemisch von Griechisch und Lateinisch (früher Oskisch) gesprochen sat. I 10, 30 Canusium sat. I 5, 91; II 3, 168.
CAPITO s. Fonteius.
CAPITOLINUS s. Petillius.
CAPPADOCES Einwohner von Kappadokien, einer Landschaft Kleinasiens, ihr König Archelaus, epist. I 6, 39.
CAPRIUS ein stadtbekannter Ankläger von Profession (s. Sulcius) sat. I 4, 66. 70.
CAPUA Hauptstadt Campaniens sat. I 5, 47; epist. I 11, 11.
CARINAE ein Stadtteil Roms am Esquilin; in Ciceros Zeit ein vornehmes Viertel; dort lagen der Tempel der Tellus und die Häuser des Pompeius, Q. Cicero u. a. epist. I 7, 48.
CARTHAGO seine Zerstörung durch Scipio 146 v. Chr. sat. II 1, 66.
CASCELLIUS: Aulus Casc., ein berühmter Jurist der ciceronischen Zeit urbanitatis mirae libertatisque (Macrob. II 6, 1) a. p. 371.
CASSIUS ETRUSCUS ein nicht weiter bekannter Vielschreiber sat. I 10, 62.
CASSIUS PARMENSIS einer der Mörder Cäsars, befehligte eine Abteilung der Flotte der Republikaner, kämpfte auch nach der Schlacht von Philippi (42 v. Chr.) unter Sex. Pompeius gegen Octavian; nach der Schlacht bei Aktium (31 v. Chr.) in Athen ergriffen und getötet epist. I 4, 3.
CASTOR 1. zusammen mit seinem Zwillingsbruder Pollux die Dioskuren, Söhne des Zeus und der Leda; nach Ilias Γ 237 liebte er das Reiten, Pollux den Faustkampf sat. II 1, 26; epist. II 1, 5 — 2. nach den Scholien ein Schauspieler oder Gladiator epist. I 18, 19.
CATIA eine wegen ihrer Schamlosigkeit berüchtigte Frau; sie pflegte (nach Porphyr.) ob pulchritudinem crurum pudore neglecto sehr hochgeschürzt zu gehen sat. I 2, 95.
CATIENUS ein Schauspieler sat. II 3, 61.
CATIUS der Schüler eines ungenannten Kochkünstlers; vielleicht (nach einer Notiz der Cruquiusscholien) Verfasser eines Kochbuches sat. II 4, 1. 88.
CATO 1. M. Porcius, der Censor (234—149 v. Chr.) warnt vor Ehebruch sat. I 2, 32; in seinen Reden Repräsentant der älteren Latinität epist. II 2, 117; a. p. 56. — 2. der jüngere Cato: M. Porcius Uticensis, von dessen Einfachheit und Strenge Plutarch (im Cato minor) oft spricht epist. I 19, 13. 14 (doch könnte auch der ältere

Cato gemeint sein). — 3. P. Valerius, der Freund Catulls, Haupt eines jungrömischen Dichterkreises Caesarischer Zeit (vgl. Sueton de gramm. 11) sat. I 10, 1*.

CATULLUS, C. Valerius, der genialste Dichter der modernen literarischen Richtung (87—54 v. Chr.) sat. I 10, 27.

CAUDIUM Stadt in Samnium an der via Appia, bekannt durch die Niederlage der Römer im zweiten Samniterkriege sat. I 5, 51.

CELSUS s. Albinovanus Celsus.

CERES (Demeter), Schwester des Zeus, Göttin des Getreides; metonymisch für Saat, Getreide sat. II 2, 124; 8, 14.

CERINTHUS wohl ein bekannter puer delicatus, dessen schöne Schenkel gerühmt werden sat. I 2, 81.

CERVIUS 1. (nach dem commentator Cruquianus) ein verleumderischer Ankläger sat. II 1, 47. — 2. ein Nachbar des Horaz sat. II 6, 77.

CETHEGUS M. Cornelius, Konsul 204 v. Chr., galt für den ältesten kunstmäßigen Redner Roms epist. II 2, 107; a. p. 50.

CHARYBDIS ein alles verschlingender Strudel in der sizilischen Meerenge, der Skylla gegenüber (Homer Odyss. μ 85 ff.) a. p. 145.

CHIOS Insel des Ägäischen Meeres, bekannt durch ihren edlen Wein epist. I 11, 1. 21; sat. I 10, 24; II 3, 115; 8, 15. 48.

CHOERILUS aus Iasos in Karien (Kleinasien), in Gemeinschaft Alexanders des Großen, den er in schlechten Versen feierte epist. II 1, 233; a. p. 357.

CHREMES der alte, grämliche Hausvater in der römischen Komödie (z. B. in der Andria und im Phormio des Terenz) sat. I 10, 48; a. p. 94.

CHRYSIPPUS berühmter Stoiker, ca. 280—205 v. Chr., der der stoischen Lehre zuerst die volle systematische Durchbildung gab; galt als zweiter Begründer der Schule (darum pater) sat. I 3, 127; II 3, 44. 287; epist. I 2, 4.

CIBYRATICUS aus Kibyra, einer gewerbetreibenden Stadt im Südwinkel Phrygiens, nicht weit von der lykischen Küste epist. I 6, 33.

CICIRRUS s. Messius Cicirrus.

CICUTA ein berüchtigter Wucherer sat. II 3, 69. 175.

CINARA Pseudonym für eine Geliebte epist. I 7, 28; 14, 33.

CIRCE Tochter des Helios, eine durch ihre Zaubereien berühmte Meernymphe epist I 2, 23.

CIRCEII Stadt und Vorgebirge in Latium am südlichen Ende der Pontinischen Sümpfe sat. II 4, 33.

CLAUDIUS Tiberius Nero (42 v. Chr.—37 n. Chr.), Stiefsohn des Kaisers Augustus, später (4 n. Chr.) vom Kaiser adoptiert; regiert als Augustus' Nachfolger 14—37 n. Chr. epist. I 3, 2; I 8, 2 (Nero); 9, 1. 4 (Nero); 12, 26; II 2, 1 (Nero).

CLAZOMENAE ionische Handelsstadt an der kleinasiatischen Küste sat. I 7, 5.

CLUSINUS aus Clusium, einer Stadt Etruriens epist. I 15, 9.

COCCEIUS L. Nerva, Konsul 39 v. Chr., gemeinschaftlicher Freund des Oktavian und Antonius, von dem er zu Verhandlungen gesandt war; er hatte schon bei dem Vertrag der entzweiten Triumvirn von Brundisium 40 v. Chr. entscheidend mitgewirkt sat. I 5, 28. 32. 50.

COLCHUS Bewohner von Kolchis am Schwarzen Meere; bekannt durch die Medeasage a. p. 118.

COLOPHON Stadt an der Küste Lydiens (Kleinasien), mit berühmtem Tempel und Orakel des Apollo Clarius epist. I 11, 3.

COPIA Personifizierung der Fruchtbarkeit mit dem Füllhorn epist. I 12, 29.

CORANUS ein sonst unbekannter Römer, der vom Polizisten (quinquevir) zum Kanzleibeamten (scriba) aufgestiegen war sat. II 5, 57. 64.

CORINTHUS Korinth, die reiche Handelsstadt auf dem Isthmus epist. I 17, 36; II 1, 193.

CORVINUS M. Valerius Messala (64 v.—9 n. Chr.), ein wegen seiner korrekten Sprache geschätzter Redner aus Horaz' Zeit (Latini sermonis observator diligentissimus: Sen. contr. II 4, 8) sat. I 10, 29; als Horaz' befreundetes Mitglied der Aristokratie sat. I 10, 85; a. p. 371; Konsul 31, triumphiert 27 über Aquitanien.

CORYCIUS von Corycus, einer Hafenstadt und einem gleichnamigen Vorgebirge in Cilicien; hier wuchs der beste Safran sat. II 4, 68.

COUS aus Kos; kleine sporadische Insel des Ägäischen Meeres an der Küste von Karien, durch Weinbau bekannt sat. II 4, 29; 8, 9. Coae vestes aus dem Gespinst einer Seidenraupe (bombyx) florartig gewebte Seidenstoffe, die, fast durchsichtig, die Körperformen durchscheinen ließen und bei den Damen der Halbwelt sehr beliebt waren sat. I 2, 101.
CRANTOR griechischer Philosoph, der im 3. Jahrh. v. Chr. der älteren Akademie angehörte; Verfasser des vielgelesenen Buches περὶ πένϑους und anderer ethischer Schriften epist. I 2, 4.
CRATERUS bekannter Arzt (Cic. ad Att. XII 13 f.) sat. II 3, 161.
CRATINUS der älteste der drei Klassiker der alten (prisca) attischen Komödie; starb in sehr hohem Alter 423 v. Chr. sat. I 4, 1; epist. I 19, 1.
CRISPINUS (nach Porphyrio: Plotius), stoischer Tugendschwätzer und moralisierender Dichter sat. I 1, 120; 3, 139; 4, 14; II 7, 45.
CROESUS der durch seinen Reichtum bekannte König von Lydien (Kleinasien) epist. I 11, 2.
CUMAE Stadt in Campanien epist. I 15, 11.
CUPIENNIUS C. Libo aus Cumae, nach Porph. ein Freund des Augustus; hier als Ehebrecher genannt (Name gewählt wegen des Anklanges an cupere? vgl. Maltinus) sat. I 2, 36.
CURIUS M. Dentatus, Konsul 290 v. Chr., besiegte Pyrrhus 275 bei Benevent; galt als Muster altrömischer Einfachheit und Sittenstrenge epist. I 1, 64.
CURTILLUS Römer, der ein Kochrezept empfiehlt sat. II 8, 52.
CYCLOPS der aus Homers Odyssee (ι 187 ff.) bekannte Kyklope Polyphem, der in die Nereide Galatea verliebt war sat. I 5, 63; epist. II 2, 125; a. p. 145.
CYNICUS kynischer Philosoph; gemeint ist Diogenes, der Stifter der Schule der Kyniker epist. I 17, 18.

DACI die Daker an der unteren Donau waren Verbündete des Antonius bei dessen Entscheidungskampf mit Oktavian (31 v. Chr.); man befürchtete ihre Invasion in das wehrlose Italien sat. II 6, 53.
DAMA Sklavenname sat. I 6, 38; II 7, 54; Freigelassener, der den alten Sklavennamen neben dem von seinem Patronus angenommenen beibehielt sat. II 5, 18. 101.
DAMASIPPUS bankerott gewordener Antiquitätenhändler, der ein stoischer Weisheitsapostel geworden ist sat. II 3, 16. 64. 65. 324.
DAVUS einer der üblichen Sklavennamen, typische Figur der alten Komödie (z. B. in der Andria und im Phormio des Terenz) sat. I 10, 40; der Sklave der Komödie, der keinen eigenen Willen hat sat. II 5, 91; als stoischer Tugendprediger sat. II 7, 2. 46. 54. 100; der durchtriebene Sklave a. p. 237.
DECEMBER (mensis) der zehnte, dann der zwölfte Monat des römischen Jahres, Dezember epist. I 20, 27; in ihm das Saturnalienfest sat. II 7, 4.
DECIUS: einer der Decier, die wegen ihrer aufopfernden Vaterlandsliebe berühmt waren (vgl. Liv. VIII 9); P. Decius Mus weihte sich in der Schlacht gegen die Latiner am Vesuv 340 v. Chr. fürs Vaterland dem Tode. Er war ein Emporkömmling (homo novus): primus e Deciis consul fuit (Cic. de div. I, 24, 51) sat. I 6, 20.
DELPHI die berühmte Orakelstätte Apollons a. p. 219.
DEMETRIUS 1. als Mädchengesanglehrer verspottet sat. I 10, 79. 90; als mißgünstiger Beurteiler des Horaz sat. I 10, 87. — 2. ein Diener (puer) des Redners Philippus epist. I 7, 52.
DEMOCRITUS, Philosoph aus Abdera, Zeitgenosse des Sokrates, Begründer der Atomenlehre epist. I 12, 12; II 1, 194; a. p. 297.
DIANA Göttin der Jagd und des Waldes, Apollos Schwester a. p. 16; auch Göttin des Mondes und der nächtlichen Zaubereien a. p. 454.
DIGENTIA Bach am sabinischen Landgute des Horaz, mündet in den Anio (jetzt Licenza) epist. I 18, 104.
DIOMEDES, einer der griechischen Heroen, wurde nach der Sage bei der Rückkehr von Troja nach Apulien verschlagen und gründete dort außer anderen Orten die Stadt Canusium sat. I 5, 92; Kampf mit Glaukos sat. I 7, 16; Führer der Epigonen auf dem Rachezug nach Theben a. p. 146.
DIONYSIUS Sklavenname sat. I 6, 38.

DISCORDIA personifiziert als Göttin der Zwietracht sat. I 4, 60; 7, 15.
DOCILIS nach den Scholien ein Schauspieler oder ein Gladiator epist. I 18, 19.
DOSSENUS ebenso wie Maccus, Bucco, Pappus eine stehende Figur der italischen Posse, der gierige Fresser und pfiffige Alleswisser epist. II 1, 173.

EGERIA die Gemahlin und Beraterin des zweiten römischen Königs Numa, sat. I 2, 126.
ELECTRA Tochter Agamemnons, Schwester des Orestes sat. II 3, 140.
EMPEDOCLES, Naturphilosoph aus Akragas in Sizilien, Schüler des Pythagoras, Mitte des 5. Jahrh. v. Chr. epist. I 12, 20; schrieb ein philosophisches Gedicht περὶ φύσεως a. p. 463.; stürzte sich in den Krater des Ätna a. p. 465.
ENNIUS Q., 239—169 v. Chr., der angesehenste unter den älteren römischen Dichtern, verfaßte ein Epos Annales, in dem er die Geschichte Roms besang, Tragödien, Komödien und Satiren sat. I 10, 54; epist. I 19, 7; II 1, 50; a. p. 56. 259.
EPICHARMUS von Kos, etwa 550—460 v. Chr., kam frühzeitig nach Sizilien und wurde der bedeutendste Dichter der dorischen Komödie epist. II 1, 58.
EPICURUS, 341—270 v. Chr., griechischer Philosoph, Begründer der Schule der Epikureer epist. I 4, 16.
EPIDAURIUS aus Epidauros (Stadt in Argolis); serpens: die Schlange, die als Symbol des Gottes Asklepios in Epidaurus verehrt wurde; von ihrem stechenden Blick heißt sie dracon sat. I 3, 27.
ESQUILIAE (mons Esquilinus) Hügel und Stadtteil Roms, einst Begräbnisplatz, später ein Park des Maecenas, wo sein Palast stand sat. I 8, 14; II 6, 33.
ETRUSCI Bewohner der mittelitalischen Landschaft Etrurien; nach Herodot I 94 ließen sich kleinasiatische Lyder, angeführt von Tyrrhenus, als Tyrrhener oder Tusker (daher Etruscus) hier nieder sat. I 6, 1; I 10, 61.
EUANDER alter Arkaderkönig, den die Sage nach Italien übersiedeln läßt; Zeitgenosse des Äneas (Verg. Aen. 8, 51; Liv. I 5, 2); nach K.-H. nur eine Hyperbel für „uralt", um den Wert herabzusetzen sat. I 3, 91.
EUPOLIS, geb. 446 v. Chr., nach Quintil. X 1, 66 einer der drei Klassiker der alten (prisca) attischen Komödie sat. I 4, 1; II 3, 12.
EUTRAPELUS P. Volumnius, römischer Ritter, Freund des Atticus und Cicero (Cic. epist. ad fam. VII 32, 33); bekam wegen seines unerschöpflichen Witzes seinen Beinamen Eutrapelos epist. I 18, 31.

FABIA (tribus) Name einer römischen Tribus, die eine Wahlkörperschaft bildete epist. I 6, 52.
FABIUS nach Porphyrio ein röm. Ritter, Anhänger des Pompeius, Verfasser mehrerer Schriften über die stoische Philosophie; als stoischer Tugendschwätzer sat. I 1, 14; wohl derselbe sat. I 2, 134.
FABRICIUS pons: die vom Marsfeld nach der Tiberinsel führende Tiberbrücke, nach der noch erhaltenen Inschrift 62 v. Chr. von L. Fabricius als curator viarum erbaut sat. II 3, 36.
FALERNUM (vinum) Falernerwein; der Falernus ager lag in Campanien sat. I 10, 24; II 2, 15; 3, 115; 4, 19. 24. 55; 8, 16; epist. I 14, 34; 18, 91.
FANNIUS ein eitler Poet, wohl dem neben ihm genannten Schwätzer Crispinus geistig verwandt sat. I 4, 21; mißgünstiger Beurteiler des Horaz sat. I 10, 80.
FAUNUS römischer Hirten- und Waldgott; Fauni: Begleiter des Dionysos epist. I 19, 4; a. p. 244.
FAUSTA die sittenlose Tochter Sullas sat. I 2, 64.
FERENTINUM ein einsam an der via Latina gelegenes Landstädtchen der Herniker, spezialisiert den Begriff Krähwinkel epist. I 17, 8.
FERONIA altitalische Göttin, vielleicht etruskischer Herkunft, die in der Nähe von Tarracina ein vielbesuchtes Heiligtum (Tempel, Hain und Quelle) hatte sat. I 5, 24.
FESCENNINUS von Fescennium (oder Fascennia), einer Stadt in Etrurien. Fescennini versus (Fescennina licentia): derbe, neckende Wechselreden bei ländlichen Feiern, angeblich nach der etruskischen Stadt genannt epist. II 1, 145.
FIDENAE einst blühende Stadt Latiums, zu Horaz' Zeit öde und menschenleer epist. I 11, 8.
FLACCUS: Q. Horatius Flaccus sat. II 1, 18.

FLAVIUS der Lehrer der Elementarschule in Horaz' Geburtsort Venusia sat. I 6, 72
FLORUS: s. Iulius Florus.
FONTEIUS CAPITO, Konsul 33, dem Antonius befreundet, dessen Legat er in
Asien gewesen war; wurde nach Abschluß des Vertrags von Antonius nach dem Osten
geschickt, um Kleopatra zu ihm nach Syrien zu geleiten (Plut. Ant. 36). Begleiter des
Maecenas sat. I 5, 32; übernimmt als Besitzer eines Hauses in Formiae die Bewirtung
der Reisegesellschaft sat. I 5, 38.
FORTUNA die Schicksalsgöttin, metonymisch für das Schicksal sat. II 2, 126;
Glücksgöttin sat. II 6, 49; 8, 61; epist. I 1, 68; 11, 20; 12, 9; a. p. 201.
FORUM APPI Städtchen an der via Appia, südöstlich von Rom; nach ihrem Schöp-
fer Appius Claudius Caecus (Censor 312 v. Chr.) genannt; Ausgangspunkt eines
Kanals sat. I 5, 3.
FUFIDIUS Großgrundbesitzer aus Horaz' Zeit, als Wucherer verspottet sat. I 2, 12.
FUFIUS ein Schauspieler sat. II 3, 60.
FULVIUS ein Gladiator sat. II 7, 96.
FUNDANIUS Komödiendichter aus Horaz' Zeit sat. I 10, 42; II 8, 19.
FUNDI Seestadt an der südlichen Spitze von Latium, an der via Appia sat. I 5, 34.
FURIAE die Furien sat. II 3, 135. 141 — so nennt Priapus die beiden Zauberweiber
Canidia und Sagana sat. I 8, 45.
FURIUS s. Alpinus.
FURNIUS C., Konsul 17 v. Chr., Sohn des Volkstribunen (51 v. Chr.) und Partei-
gängers des Antonius; als Redner von Sueton genannt; Furnii pater et filius clari
oratores habentur; quorum filius consularis ante patrem moritur (Fragm. pag. 289 R).
sat. I 10, 86.
FUSCUS Aristius s. Aristius Fuscus.

GABII in ältester Zeit eine der Hauptstädte Latiums, schon zu Ciceros Zeit öde und
menschenleer epist. I 11, 7; höchstens wegen ihrer kalten Bäder aufgesucht epist. I
15, 9; II 1, 25; 2, 3.
GAETULUS aus Gätulien, einer Landschaft im nordwestlichen Afrika epist. II
2, 181.
GALBA nach Porphyr. ein Rechtsgelehrter, den zu seinem ablehnenden juristischen
Urteil bei Bestrafung von Ehebrechern die Rücksicht auf die eigene Gefahr bestimmte,
weil er selbst ein sectator matronarum war; oder (nach K.-H.) ein allzu nachsichtiger
Ehemann sat. I 2, 46.
GALLI: 1. die Priester der Kybele, die sich selbst zu entmannen pflegten sat. I 2, 121
— 2. die Gallier sat. II 1, 14.
GALLINA Eigenname eines Gladiators, der in thrakischer Rüstung kämpft sat. II
6, 44.
GALLONIUS ein reicher Auktionator, dessen plumpen Tafelluxus Lucilius geißelte
(1238 ff., bei Cic. de fin. II 24 erhalten) sat. II 2, 47.
GARGANUS Gebirge an der Küste Apuliens, bedeckt von Eichenwäldern epist. II
1, 202.
GARGILIUS ein römischer Sonntagsjäger epist. I 6, 58.
GARGONIUS Name eines wegen seiner Unsauberkeit bekannten Römers; vielleicht
(K.-H.) der zeitgenössische Rhetor, den der ältere Seneca wegen seiner Geschmack-
losigkeit und Plumpheit verhöhnt sat. I 2, 27; 4, 92.
GENIUS der Schutzgott des Einzelmenschen, der ihn von seiner Geburt bis zu seinem
Tode begleitet epist. I 7, 94; II 1, 144; 2, 187; a. p. 210.
GLAUCUS Sohn eines Lykierfürsten, einer der tapfersten Bundesgenossen des
Priamus vor Troja; tauscht mit seinem Gegner Diomedes seinen wertvollen Schild
sat. I 7, 17.
GLORIA Ruhmesgöttin sat. I 6, 23; epist. II 1, 177.
GLYCON berühmter Athlet epist. I 1, 30.
GNATIA, später Egnatia, Hafenstadt in Apulien sat. I 5, 97.
GRACCHUS: Gaius Sempronius, 123 v. Chr. Volkstribun, war der bedeutendste
Redner der älteren Zeit, berühmter als sein älterer Bruder Tiberius Gr. epist. II 2, 89.
GRAECIA Griechenland epist. I 2, 7; II 1, 93. 156. Graecus der Grieche; griechisch
sat. I 5, 3; 7, 32; 10, 20. 31. 35. 66; II 3, 100; epist. II 1, 90. 161; 2, 7; a. p. 53. 268.
286; graecari auf griechische Art leben sat. II 2, 11.

GRAI (Graii) ältere und meist poetische Form für Graeci, die Griechen epist. II 1. 19. 28; 2, 42; a. p. 323.
GROSPHUS Pompeius, in Sizilien reich begüterter römischer Ritter epist. I 12, 22. 23.

HADRIA das Adriatische Meer epist. I 18, 63.
HAGNA Name einer griechischen Freigelassenen sat. I 3, 40.
HARPYIAE raubvogelartige, gefräßige Ungeheuer (vgl. Verg. Aen. III 211 ff.) sat. II 2, 40.
HEBRUS thrakischer Fluß (jetzt Maritza); seiner Kälte wegen sprichwörtlich geworden epist. I 3, 3; 16, 13.
HECATE unterirdische Göttin, Schutzpatronin alles Zaubers sat. I 8, 33.
HECTOR Sohn des trojanischen Königs Priamus sat. I 7, 12.
HELENA Gemahlin des Spartanerkönigs Menelaus, deren Entführung den Trojanischen Krieg veranlaßte sat. I 3, 107.
HELICON Berg im südlichen Böotien, Sitz der Musen und Apollos epist. II 1, 218; a. p. 296.
HELIODORUS griechischer Lehrer der Beredsamkeit sat. I 5, 2.
HELLAS Name einer römischen Freigelassenen sat. II 3, 277.
HERCULES Sohn des Zeus und der Alkmene; bei den Römern als Reichtumspender verehrt sat. II 6, 13; Schutzpatron der Gladiatoren (Hercules Fundanius) epist. I 1, 5.
HERMOGENES s. Tigellius.
HERODES der Große, König von Judäa (37—4 v. Chr.); ein reicher Fürst, dessen Einnahmen aus den Dattelpflanzungen in der fruchtbaren Ebene von Jericho flossen epist. II 2, 184.
HIBERUS spanisch; piscis: die Makrele (scomber), die an der spanischen Küste gefangen wurde sat. II 8, 46.
HOMERUS als großer Vertreter der Dichtkunst sat. I 10, 52; epist. I 19, 6; II 1, 50; a. p. 74. 359. 401.
HORATIUS epist. I 14, 5.
HYDASPES ein Sklave aus Indien, nach dem Fluß seiner Heimat genannt sat. II 8,14.
HYMETTIUS vom Hymettus, Berg in Attika, bekannt durch seinen Honig sat. II 2, 15.
HYPSAEA Plotia; nach Porphyr. hatte sie sich einen besonders häßlichen Liebhaber ausgesucht, was Horaz boshafterweise mit ihrer Kurzsichtigkeit begründet sat. I 2, 91.

IANUS altitalischer Gott des Eingangs, der Türen und Tore; Iani waren überwölbte Durchgänge sat. II 3, 18; als Gott des Tagesanfanges (= Matutinus) sat. II 6, 20; am mittleren Ianusbogen hatten die Bankiers ihre Kontore epist. I 1, 54; 16, 59; 20, 1; II 1, 255.
IARBITA ein Maure, der angeblich ohne Erfolg versuchte, einen römischen Rhetor nachzuahmen epist. I 19, 15.
ICCIUS philosophischer Freund des Horaz (carm. I 29); Verwalter (procurator) der sizilischen Besitzungen des M. Agrippa epist. I 12, 1.
IDUS Monatsmitte (15. oder 13. Tag) als Zahltag des Schulgeldes sat. I 6, 75.
ILERDA Stadt in Spanien epist. I 20, 13.
ILIA oder Rhea Silvia, Mutter des ersten römischen Königs Romulus, sat. I 2, 126.
ILIACUS von Ilion epist. I 2, 16; carmen: die Ilias a. p. 129.
ILIONA Tochter des Priamus, Gattin des Thrakerkönigs Polymestor sat. II 3, 61.
INDI Einwohner von Indien, das im äußersten Osten lag, berühmt wegen seines Reichtums an Gold und Perlen epist. I 1, 45; 6, 6.
INO Tochter des Kadmus, Gemahlin des thebanischen Königs Athamas; sie zerriß einen seiner Söhne, mit dem anderen stürzte sie sich wehklagend ins Meer; ihr Geschick hatte Euripides in einem uns nicht erhaltenen Stücke behandelt a. p. 123.
IO Tochter des argivischen Königs Inachus, von Jupiter geliebt, von Juno in eine Kuh verwandelt; kommt, von einer Bremse getrieben, bis nach Ägypten (vgl. Aischyl. Prometh. 681) a. p. 124.
ITALIA sat. I 6, 35; epist. I 12, 29. Italus sat. I 7, 32; II 6, 56; epist. I 18, 57; II 1, 2.
ITHACE Insel des ionischen Meeres, Heimat des Odysseus sat. II 5, 4; epist. I 7, 41. Ithacensis epist. I 6, 63

IUDAEI die Juden, deren Zahl damals in Rom sehr groß war sat. I 4, 143; als aber-
gläubisch verspottet sat. I 5, 100; jüdischer Feiertag sat. I 9, 70.
IULIUS ein verkommener Mensch. Wilamowitz hält es für unmöglich, daß zur Bezeichnung eines solchen Menschen gerade der Name eines der vornehmsten Ge-
schlechter gewählt wird; er schlägt vor: Ulius sat. I 8, 39.
IULIUS FLORUS ein Repräsentant des jungen literarischen Roms, vertrauter
Freund des Prinzen Tiberius, in dessen Gefolge er im Jahre 21 v. Chr. mit nach Asien
geht epist. I 3, 1; II 2, 1.
IUNO, ihre Heiligtümer in Prozession sat. I 3, 11.
IUPPITER zürnt den Unzufriedenen sat. I 1, 20; in der Entrüstung angerufen sat. I
2, 18; II 1, 43; 3, 288; epist. I 1, 106; 12, 3; 16, 29; 17, 34; 18, 43; II 1, 68.
IXION König der Lapithen in Thessalien; betrog seinen Schwiegervater um die
versprochenen Brautgeschenke und stürzte ihn in eine mit glühenden Kohlen gefüllte Grube. Dramatisch behandelt von Aischylos a. p. 124.

KALENDAE der erste Tag des Monats, an dem die Zinsen bezahlt werden mußten
sat. I 3, 87.
KARTHAGO s. Carthago.

LABEO ein bekannter Tollkopf; wohl nicht der berühmte Jurist, vielleicht sein Vater,
der zu den Häuptern der Verschwörung gegen Cäsar gehörte (Plut. Brutus 12) sat.
I 3, 82.
LABERIUS, Decimus (105—43 v. Chr.), der bedeutendste Dichter des Mimus, der
erst durch ihn in Rom literarisch wurde sat. I 10, 6.
LAELIUS C. Sapiens, Konsul 140 v. Chr., vertrauter Freund des jüngeren Scipio
Africanus, Gönner des Lucilius sat. II 1, 65. 72.
LAËRTIADES der Sohn des Laërtes, d. h. Odysseus sat. II 5, 59.
LAEVINUS, P. Valerius, adliger Taugenichts, brachte es (nach Porphyr.) nur bis
zur Quaestur sat. I 6, 12. 19.
LAMIA: 1. Aelius, ein Freund des Dichters, wahrscheinlich identisch mit dem carm.
III 17 (vgl. carm. I 26, 8; I 36, 7) genannten Freunde epist. I 14, 6 — 2. fabelhaftes
kinderfressendes Ungetüm der griechischen Ammenmärchen a. p. 340.
LAR, Lares die Schutzgottheiten des Hauses sat. I 5, 66; II 3, 165; 5, 14; 6, 66;
epist. I 1, 13.
LATINUS lateinisch sat. I 10, 20; pater: König Latiums, Aeneas' Schwiegervater,
der Stammheros der lateinisch redenden Menschen (Verg. Aen. VII 92, XI 469)
sat. I 10, 27; latinisch, aus Latium (mittelitalische Landschaft, meist = Italien,
latinisch = römisch) epist. I 3, 12; 19, 32; II 2, 143 feriae Latinae: das latinische
Bundesfest epist. I 7, 76.
LATIUM mittelitalische Landschaft, meist = Italien epist. I 19, 24; II 1, 157;
2, 121; a. p. 290.
LAURENS aus Laurentum, einer Stadt in Latium unweit der Meeresküste sat. II
4, 42.
LAVERNA Schutzgöttin der Diebe epist. I 16, 60.
LEBEDUS kleine Seestadt Kleinasiens zwischen Smyrna und Kolophon epist.
I 11, 6. 7.
LEO ein Gestirn: das Zeichen des Löwen, in das die Sonne am 23. Juli tritt; Zeit der
größten Hitze epist. I 10, 16.
LEPIDUS Q. Aemilius, zum Konsul des Jahres 21 v. Chr. gewählt, nachdem Augu-
stus, für den die Stelle des zweiten Konsulats vorgesehen war, abgelehnt hatte epist.
I 20, 28.
LEPOS, Tänzer, der im Pantomimus auftrat sat. II 6, 72.
LESBOS Insel des Ägäischen Meeres, bekannt durch ihren Wein; Heimat des Alkaios
und der Sappho epist. I 11, 17.
LIBER Bacchus, Gott des Weines epist. I 19, 4; II 1, 5.
LIBITINA Leichengöttin, in deren Tempel für jede Leiche eine Gebühr entrichtet
und alles zur Bestattung Nötige verkauft wurde sat. II 6, 19; epist. II 1, 49.
LIBO L. Scribonius, Prätor 204 v. Chr., errichtete auf dem Forum ein puteal mit
einem Altar; in dessen Nähe wurden die Geldgeschäfte abgeschlossen epist. I 19, 8.

LIBYA der griechische Name für Nordafrika sat. II 3, 101. Libycus numidisch epist. I 10, 19.
LICINUS Barbier a. p. 301.
LIVIUS T. Andronicus gilt als Begründer der römischen Dichtkunst; kam von Tarent nach Rom, führte zuerst 240 v. Chr. ein Schauspiel auf und übersetzte die Odyssee in lateinische Saturnier epist. II 1, 62. 69.
LOLLIUS M., gehört zu den hervorragendsten Vertrauensmännern des Augustus, Konsul 21 v. Chr. epist. I 20, 28.
LOLLIUS MAXIMUS wohl ein Sohn oder Verwandter des Konsuls des Jahres 21 v. Chr., dem Horaz carm. IV 9 gewidmet hat epist. I 2, 1; wohl derselbe junge Freund des Dichters epist. I 18, 1.
LONGARENUS ein Liebhaber von Sullas sittenloser Tochter Fausta sat. I 2, 67.
LUCANIA Landschaft in Unteritalien sat. II 1, 38. Lucanus sat. II 1, 34; sat. II 3, 234; 8. 6; epist. I 15, 21; II 2, 178.
LUCILIUS Gaius, ca. 180—102 v. Chr., der Schöpfer der Satire als besonderer literarischer Kunstform; verspottete (ebenso wie die Dichter der alten attischen Komödie) die Fehler und Torheiten seiner Zeitgenossen sat. 1 4, 6. 57; 10, 1. 2. 48. 53. 56. 64; II 1, 17. 29. 62. 75.
LUCRINUS vom Lucrinersee in Campanien, einer Meeresbucht zwischen Puteoli und Baiae sat. II 4, 32.
LUCULLUS Lucius Licinius, geb. 106 v. Chr., Feldherr im Kriege gegen Mithridates; berühmt wegen seines Reichtums und seiner Verschwendung epist. I 6, 40; II 2, 26.
LUNA die Mondgöttin sat. I 8, 35.
LUPUS wahrscheinlich L. Cornelius Lentulus, Konsul 156 v. Chr.; ein Bruchstück aus Lucilius, worin Lupus als Gottesleugner angegriffen war, zitiert Cicero de nat. deor. 1, 63; sat. II 1, 68.
LYCAMBES, Vater der Neobule, samt seiner Tochter durch die literarischen Angriffe des abgewiesenen Freiers Archilochus (um 650 v. Chr.) zum Selbstmord getrieben epist. I 19, 25.
LYCIUS Einwohner von Lycien, einer Landschaft in Kleinasien sat. I 7, 17.
LYDI Bewohner der Landschaft Lydien in Kleinasien; der Sage nach Stammland der Etrusker sat. I 6, 1.
LYNCEUS einer der Argonauten, sprichwörtlich zur Bezeichnung eines scharfen Auges sat. I 2, 90; epist. I 1, 28.
LYSIPPUS der größte griechische Erzgießer im 4. Jahrh. v. Chr., Hofkünstler Alexanders des Großen epist. II 1, 240.

MACELLUM der Marktplatz Roms für Lebensmittel; nach Varro l. l. V 147 eine Vereinigung der bisherigen Märkte für Fleisch, Fisch, Gemüse sat. II 3, 229; epist. I 15, 31.
MAECENAS C. Cilnius, gest. 8 v. Chr., Vertrauter des Kaisers Augustus und Gönner des Horaz sat. I 1, 1; 3, 64; 6, 1. 47; 9, 43; 10, 81; II 3, 312; 6, 31. 38. 41; 7, 33; 8, 16. 22; epist. I 1, 3; 7, 5; 19, 1; Reise nach Brundisium sat. I 5, 27. 31. 48.
MAECIUS Sp. Maecius Tarpa, s. Tarpa.
MAENIUS eine aus Lucilius' Satiren bekannte Figur, Verschwender und Possenreißer sat. I 3, 21. 23; epist. I 15, 26.
MAIA Tochter des Atlas, Mutter Mercurs sat. II 6, 5.
MALTINUS ein weibisch bequemer Mensch; hier wohl von Horaz als Eigenname gewählt nach malta „Weichling" sat. I 2, 25.
MAMURRARUM URBS „die Stadt derer von Mamurra", ironische Bezeichnung der Stadt Formiae an der Küste von Latium; Anspielung auf den berüchtigten Emporkömmling Mamurra aus dieser Stadt, der in Gallien Cäsars Pionieroffizier war und von dort mit unermeßlichen Reichtümern zurückkam (vgl. Catull 29, 3; 41, 4 decoctor Formianus „der Formianer Prasser", 57, 2) sat. I 5, 37.
MANDELA kleiner Ort im Sabinerland am Einfluß der Digentia in den Anio, 4 km von Horaz' Sabinergut (jetzt Cantalupo di Bardella) epist. I 18, 105.
MANES die Seelen der Abgeschiedenen in der Unterwelt; hier die unterirdischen Mächte (di inferi) epist. II 1, 138; sat. I 8, 29.

MARIUS Name eines uns unbekannten Römers, der seine Geliebte erstach sat. II 3, 277.

MARSAEUS war durch seine Leidenschaft für die Schauspielerin Origo stadtbekannt sat. I 2, 55.

MARSYA = Marsyas: volkstümliche Bezeichnung einer auf dem Forum aufgestellten Statue Silens, der einen gefüllten Weinschlauch auf der Schulter trägt; er wehrt mit ausgestreckter Hand alle ab, die ihn seiner wertvollen Last berauben wollen. Das Volk sah darin ein Standbild des von Apollo im musischen Wettkampf besiegten Phrygers Marsyas sat. I 6, 120.

MARTIUS dem Mars heilig; kriegerisch a. p. 402.

MASSICUS Berg in Campanien, berühmt durch seinen Wein (vinum Massicum) sat. II 4, 51.

MATUTINUS pater „Früh-Vater", d. h. Gott des frühen Morgens, Bezeichnung des Janus, dem, wie alle Anfänge, so auch der Anfang des Tages geweiht war sat. II 6, 20.

MAXIMUS LOLLIUS s. Lollius.

MEDEA Tochter des Kolcherkönigs Äetes, Geliebte Iasons; sie nimmt in dem gleichnamigen Stück des Euripides Rache an ihrem treulosen Gemahl und schlachtet die eigenen Kinder a. p. 123. 185.

MELEAGER fand durch den Fluch seiner Mutter Althaia den Tod, diese nahm sich dann selbst das Leben; sein Vater Oineus heiratet darauf Periboia, und ihr Sohn Tydeus ist Vater des Diomedes; also ist Meleager dessen Oheim a. p. 146.

MEMNON kam im troianischen Krieg mit seinen Äthiopen dem Priamus zu Hilfe und wurde von Achilles getötet sat. I 10, 36.

MENA: s. Volteius.

MENANDER Hauptvertreter der neuen griechischen Komödie, etwa 343—293 v. Chr. sat. II 3, 11; epist. II 1, 57.

MENELAUS, Sohn des Atreus, Agamemnons Bruder, König von Sparta sat. II 3, 198.

MENENIUS Wahnsinniger (Porphyr.: furiosus vel potius stultus, unde Meneniae stultitiae vel ineptiae) sat. II 3, 287.

MERCURIALE cognomen: der Beiname Mercurialis, d. h. Schützling des Mercurius, des Gottes, dem jeder unverhoffte Gewinn zugeschrieben wurde sat. II 3, 25.

MERCURIUS (Hermes) als Gott des Gewinnes sat. II 3, 68; 6, 5 (Maia natus).

MESSALLA Beiname von Angehörigen der gens Valeria, einer der vornehmsten Familien Roms; zu ihr gehörte auch Horaz' Gönner Messalla Corvinus sat. I 6, 42; a. p. 371; s. Corvinus.

MESSALLAE FRATER: nach Nipperdey L. Gellius Poplicola, Messallas Halbbruder; Konsul 36 v. Chr.; Anhänger des Brutus, dann des Oktavian. Horaz hat ihn in Athen oder während des Feldzugs kennengelernt sat. I 10, 93.

MESSIUS CICIRRUS stammte wohl aus der Gegend von Caudium; einer der beiden komischen „Helden", die zur Unterhaltung einer Tischgesellschaft beim Iter Brundisinum beitragen. „Cicirrus" ist Spottname; nach Hesych. der Kampfhahn, der Schreihals sat. I 5, 52. 54. 58. 65.

METELLA Caecilia, die geschiedene Frau des P. Cornelius Lentulus Spinther; zu ihren Liebhabern gehörte der Sohn des berühmten Schauspielers Aesopus sat. II 3, 239.

METELLUS gemeint ist wahrscheinlich Q. Caecilius Macedonicus, Konsul 143 v. Chr., ein politischer Gegner Scipios sat. II 1, 67.

METHYMNAEUS aus Methymna, einer Stadt auf der Insel Lesbos im Ägäischen Meer, bekannt durch ihren Wein sat. II 8, 50.

MILETUS reiche Handelsstadt in Karien (Kleinasien) epist. I 17, 30.

MILONIUS wohl ein römischer Lebemann sat. II 1, 24.

MIMNERMUS griechischer Dichter aus Kolophon, in der ersten Hälfte des 6. Jahrh. v. Chr.; er galt als Schöpfer der erotischen Elegie epist. I 6, 65; II 2, 101.

MINERVA die Patronin der Handwerker und Künstler, Göttin der Weisheit; also crassa Minerva (= pingui Minerva) „mit hausbackenem Verstande" sat. II 2, 3; a. p. 385.

MINTURNAE Stadt an der Mündung des Liris in Latium epist. I 5, 5.

NAMENREGISTER 329

MINUCI via: Straße von Rom nach Benevent, östlich von der Appischen Straße; angeblich gebaut von dem Konsul Tiberius Minucius im Jahre 306 v.Chr. epist. I 18, 20.
MISENUM Stadt und Vorgebirge in Campanien sat. II 4, 33.
MOLOSSI Volksstamm in Epirus, berühmt durch Hundezucht sat. II 6, 114.
MORS (atris alis) sat. II 1, 58.
MOSCHUS, ein bekannter Rhetor aus Pergamon, war (nach Porphyrio) wegen Giftmischerei angeklagt worden; ihn verteidigten Asinius Pollio und Torquatus epist. I 5, 9.
MUCIUS: aus der Familie der Mucii Scaevolae stammen drei berühmte Juristen. von denen wohl (wegen der Gegenüberstellung mit Gracchus) an den ältesten, P. Scaevola, Konsul 133 v. Chr., zu denken ist epist. II 2, 89.
MULVIUS ein Schmarotzer (scurra), der Gast des Horaz ist sat. II 7, 36.
MUNATIUS Begleiter des Tiberius auf seiner Sendung nach Asien; vielleicht der Sohn von Horaz' Freund L. Munatius Plancus (Konsul 42 v. Chr.), an den carm. I 7 gerichtet war epist. I 3, 31.
MURENA L. Licinius, Konsul 23 v. Chr., Bruder der Gattin des Maecenas Terentia; besaß in Formiae ein Haus sat. I 5, 38.
MUSA 1. Göttin der epischen Dichtkunst; wird bei Darstellung eines lustigen Wortkampfes (ebenso wie in hoher Poesie) angerufen sat. I 5, 53; II 3, 105; als Muse seiner sermones sat. II 6, 17; epist. I 3, 13; 8, 2; 19, 28; II 1, 27. 133. 243; 2, 93; a. p. 83. 141. 324. 407 — 2. s. Antonius Musa.
MUTUS Mann niederer Herkunft, der durch eine reiche Heirat Großgrundbesitzer geworden war epist. I 6, 22.
MYTILENE Hauptstadt der Insel Lesbos im Ägäischen Meere epist. I 11, 17.

NAEVIUS 1. Verschwender sat. I 1, 101 — 2. unsauberer Gastgeber sat. II 2, 68 — 3. einer der ältesten römischen Dichter, starb um 201 v. Chr. in Utica; dichtete noch im alten saturnischen Versmaß über den II. punischen Krieg, verfaßte außerdem Tragödien und Komödien epist. II 1, 53.
NASICA unbekannter Römer, der nach Aufnahme einer Schuld sich durch Erbschleicherei zu retten suchte sat. II 5, 57. 65. 67.
NASIDIENUS Rufus reicher, aber ungebildeter Feinschmecker sat. II 8, 1. 23. 36. 43. 58. 75. 84.
NATTA unbekannter Geizhals sat. I 6, 124.
NEPTUNUS (Poseidon) Meeresgott, metonymisch für das Meer epist. I 11, 10; a. p. 64.
NERIUS ein Bankier sat. II 3, 69.
NERO s. Claudius.
NESTOR Heerführer der Griechen im trojanischen Kriege; sucht die streitenden Helden Achilles und Agamemnon zu beschwichtigen (Homer Ilias A 247 ff.; vgl. I 96 ff.) epist. I 2, 11.
NOMENTANUS Cassius berüchtigter Verschwender sat. I 1, 102; 8, 11; II 1, 22; 3, 175. 224. Vielleicht mit ihm identisch der Schmarotzer (scurra) des Nasidienus sat. II 8, 23. 25. 60.
NOVIUS ein Freigelassener sat. I 6, 40; 42 (hic); sein jüngerer Bruder war wohl ein berüchtigter Wucherer (Porph.: duo Novii fratres, quorum minor tumultuosus fenerator fuisse traditur) sat. I 3, 21; 6, 121.
NUMA Pompilius, der sagenhafte zweite römische König epist. I 6, 27; II 1, 86.
NUMICIUS Freund des Dichters epist. I 6, 1.

OCTAVIUS ein Geschichtsschreiber, dessen frühen Tod Vergil Catal. 14 beklagt sat. I 10, 82.
OFELLUS (vielleicht — nach K.-H. — Latinisierung eines oskischen Vornamens) wohlhabender Besitzer eines Landgutes in der Nähe von Venusia; als es ihm durch die Ackerverteilung an die Veteranen (42 v. Chr.) genommen wurde, bewirtschaftete er es weiter als Pächter sat. II 2, 2. 53. 112. 133.
OLYMPIA Stätte der Wettspiele in Elis epist. I 1, 50.
OPIMIUS ein reicher Geizhals sat. II 3, 142.
OPPIDIUS Servius Canusinus sat. II 3, 168.

ORBILIUS L. Pupillus aus Benevent, etwa 113—14 v. Chr., kam 63 nach Rom und wurde dort ein berühmter Lehrer epist. II 1, 71.
ORBIUS ein reicher Gutsbesitzer; wohl des Dichters Nachbar epist. II 2, 160.
ORCUS Unterwelt, Aufenthalt der Toten sat. II 5, 49; Gott der Unterwelt epist. II 2, 178.
ORESTES Sohn von Agamemnon und Klytämnestra; erschlug, um den ermordeten Vater zu rächen, seine Mutter sat. II 3, 133. 137; er wurde von den Qualen seines Gewissens gefoltert a. p. 124.
ORIGO eine mima (Schauspielerin) und Hetäre sat. I 2, 55.
ORPHEUS, Sohn der Kalliope, mythischer griechischer Sänger aus Thrakien, der durch die Macht seines Gesanges Wälder in Bewegung setzte a. p. 392.
OSCI altitalisches Volk, einst über die Landschaften Campanien, Samnium und Lukanien verbreitet; ihre Reste in Campanien waren bei den Römern wegen ihrer rohen Gesinnung und ihrer derben Witze wenig geachtet sat. I 5, 54.
OSIRIS, Gemahl der Isis, Schutzgott Ägyptens und Genius des Nils epist. I 17, 60.

PACIDEIANUS ein berühmter Gladiator, nach Lucilius (151) optimus multo post homines natos gladiator qui fuit unus sat. II 7, 97.
PACUVIUS tragischer Dichter der Römer, geb. 221 v. Chr. in Brundisium, Neffe des Dichters Ennius epist. II 1, 56.
PALATINUS der bekannte Hügel in Rom, auf dem 28 v. Chr. Oktavian den Apollo-tempel mit einer öffentlichen Bibliothek weihte epist. I 3, 17.
PANTILIUS mißgünstiger Beurteiler der Satiren sat. I 10, 78.
PANTOLABUS („Schnapphahn"), nach Porphyr. der Spottname eines gewissen Mallius Verna, der von jedermann borgte sat. I 8, 11; II 1, 22.
PARIS, Sohn des trojanischen Königs Priamus epist. I 2, 6. 10.
PARIUS von der Insel Paros; iambi: die Iamben des Archilochos aus Paros epist. I 19, 23.
PARTHI iranisches Reitervolk, die Erbfeinde Roms im Osten sat. II 1, 15; 5, 62; epist. I 18, 56; II 1, 112. 256.
PAULLUS Beiname von Angehörigen der gens Aemilia, einer der vornehmsten Familien Roms sat. I 6, 41.
PAUSIACUS des Pausias; P. war ein berühmter griechischer Maler in Sikyon, Zeitgenosse des Apelles (um 350 v. Chr.) sat. II 7, 95.
PECUNIA Göttin des Geldes epist. I 6, 37.
PEDANUS von Pedum, einer Stadt in Latium zwischen Tibur und Präneste epist. I 4, 2.
PEDIATA nach Porphyrio ein zur Bezeichnung eines verweichlichten Menschen weiblich gebildeter Mannesname; er hieß Pediatus sat. I 8, 39.
PEDIUS POPLICOLA ein Redner, der wohl durch die Verteidigung des Petillius Aufsehen erregte sat. I 10, 28.
PELEUS, Sohn des Aeacus, wird (in einem Stück des Sophokles) als kindisch gewor-dener Greis zur Zeit der Rückkehr der Achäer von Ilion aus seinem Reich verjagt (exul) und irrt in der Fremde umher a. p. 96. 104.
PELIDES Sohn des Peleus, Achilles epist. I 2, 12.
PENATES von den Vätern ererbte und über dem Wohlstand wachende Hausgötter epist. I 7, 94, sat. II 3, 176; 5, 4.
PENELOPE, die Gattin des Odysseus sat. II 5, 76. 81; epist. I 2, 28.
PENTHEUS König von Theben epist. I 16, 73.
PERELLIUS Damasippus ein Wucherer sat. II 3, 75.
PERSIUS reicher Geschäftsmann aus Klazomenae (Ionien) sat. I 7, 2. 4. 19. 22. 33.
PETILLIUS CAPITOLINUS wurde wegen Unterschlagung von Staatsgeldern an-geklagt; vielleicht mit der Leitung der Renovierung des im Bürgerkrieg beschädigten Tempels auf dem Kapitol beauftragt sat. I 4, 94. 96; 10, 26.
PETRINUM Landgut bei Sinuessa in Latium epist. I 5, 5.
PHAEAX Phäake, sagenhafter Bewohner der Insel Scheria; pinguis Phaeaxque sprichwörtlich für wohlgepflegt epist. I 15, 24.
PHILIPPI 1. (Philippei nummi) Goldmünzen mit dem Bilde König Philipps von Makedonien epist. II 1, 234 -- 2. von Philipp von Makedonien gegründete Stadt in

Thrakien, berühmt durch die Entscheidungsschlacht von Oktavian und Antonius
gegen Brutus und Cassius (42 v. Chr.) epist. II 2, 49.
PHILIPPUS L. Marcius, Konsul 91 v. Chr., ausgezeichneter Redner (vgl. Cic. de
or. III 1, 4; Brutus 47, 173) epist. I 7, 46. 52. 64. 66. 78. 89. 90.
PHILODEMUS aus Gadara, Zeitgenosse Ciceros, epikureischer Philosoph und ero-
tischer Dichter, von dem wir noch einundzwanzig Epigramme und Reste seiner philosophischen Schriften besitzen sat. I 2, 121.
PHRAATES (Prahates), König der Parther, entschloß sich 20 v. Chr. zu einem
Vertrag mit den Römern; er sandte die den Heeren des Crassus und Antonius abgenommenen Feldzeichen aus Furcht vor einem Kriege freiwillig zurück epist. I 12,27.
PICENUS aus Picenum, Landschaft im östlichen Italien, berühmt durch vortreff-
liches Obst und Öl sat. II 3, 272; 4, 70.
PIERIUS dichterisch, zu den Musen gehörig; die Landschaft Pieria in Makedonien,
unmittelbar am Olymp, war (ebenso wie der böotische Helikon) der Sitz der Musen
a. p. 405.
PINDARICUS des Pindar; Chorlyriker aus Theben, um 518—442, dessen Sieges-
lieder auf die Kämpfer der hellenischen Kampfspiele uns erhalten sind; er galt als
das unerreichbare Vorbild der erhabenen Lyrik epist. I 3, 10.
PIRRIA eine in einem Stück des Titinius (ca. 150 v. Chr.) auftretende Magd
epist. I 13, 14.
PISONES Vater und zwei Söhne; nach Porphyrio waren es L. Calpurnius Frugi,
der 32 n. Chr. achtzigjährig starb, Konsul 15 v. Chr., bei Horaz' Tode 41 Jahre alt,
und seine beiden Söhne, damals 18—21 Jahre alt. Nach anderer Meinung waren es
Cn. Calpurnius, Horaz' Genosse aus dem Feldlager des Brutus, Konsul 23 v. Chr.,
und seine beiden Söhne, der ältere 7 v. Chr. Konsul, der andere 1 v. Chr. a. p. 6.
235. 292.
PITHOLEON gemeint ist wohl Pitholaus, der Schmähgedichte auf Cäsar gemacht
hatte (Suet. Caes. 75); die unlateinische Namensform soll ihn vielleicht ausdrücklich
als Graeculus kennzeichnen (K.-H.) sat. I 10, 22.
PLATON der griechische Philosoph, 427—347 v. Chr. sat. II 3, 11; II 4, 3.
PLAUTINUS plautinisch, des Plautus a. p. 270.
PLAUTUS T. Maccius, ca. 254—184 v. Chr., der bedeutendste römische Lustspieldichter, Repräsentant der graecisierenden comoedia palliata epist. II 1, 58. 170;
a. p. 54.
PLOTIUS Tucca gehörte zum Kreis des Maecenas, mit Horaz eng befreundet;
Vergil setzt in seinem Testamente ihn und Varius zum Erben seiner Manuscripte
ein sat. I 5, 40; sachverständiger Beurteiler der Horazischen Satiren sat. I 10, 89.
POLEMO wurde (314 v. Chr.) der Nachfolger des Xenokrates in der alten Akademie
in Athen, durch dessen Vortrag er plötzlich von liederlichem Leben zu strenger Ehr-
barkeit bekehrt worden war sat. II 3, 254.
POLLIO C. Asinius, 76—5 v. Chr., berühmter Staatsmann, Redner, Tragödien-
dichter und Geschichtsschreiber sat. I 10, 42. 85.
POLLUX zusammen mit seinem Zwillingsbruder Castor die Dioskuren, Söhne des
Zeus und der Leda; er liebte den Faustkampf (s. Castor) epist. II 1, 5.
POMPEIUS Grosphus s. Grosphus.
POMPILIUS Benennung einer römischen gens, aus der am bekanntesten Numa
Pompilius, der zweite römische König; sanguis: die Pisonen a. p. 292.
POMPONIUS junger Mensch, der nach dem Tod des Vaters ein liederliches Leben
führt sat. I 4, 52.
PORCIUS einer der beiden Schmarotzer (scurrae) des Nasidienus sat. II 8, 23.
PRAENESTE Stadt in Latium, südöstlich von Rom (jetzt Palestrina); hoch und
kühl gelegen, daher ein beliebter Sommeraufenthalt für die Römer epist. I 2, 2.
Praenestinus s. Rupilius sat. I 7, 28.
PRIAMUS König von Troja sat. II 3, 195; a. p. 137; Priamides Hektor sat. I 7, 12.
PRIAPUS der Gartengott, dessen roh gezimmertes Bild in den Gärten aufgestellt
wurde, als Symbol der Fruchtbarkeit und als Vogelscheuche sat. I 8, 2.
PRISCUS ein römischer Senator sat. II 7, 9.
PROCNE wird im „Tereus" des Sophokles in eine Nachtigall verwandelt, nachdem
sie ihren Sohn Itys getötet hat (Ovid metam. VI 424 ff.) a. p. 187.

PROSERPINA Tochter der Ceres, Gattin des Pluto, Herrin der Unterwelt, die die
Schatten aus der Unterwelt aufsteigen läßt (Homer Odyss. λ 225 ff.) und sie zurück-
ruft sat. II 5, 110.
PROTEUS ein weissagender Meergott, der die Kraft hatte, sich in allerlei Gestalten
zu verwandeln sat. II 3, 71; epist. I 1, 90.
PUBLIUS römischer Vorname sat. II 5, 32.
PUNICUS punisch; bella: die ersten beiden punischen Kriege (264—241; 218—201
v. Chr.) epist. II 1, 162.
PUPIUS ein Verfasser von Rührstücken epist. I 1, 67.
PUSILLA (Posilla) römischer Frauenname, findet sich oft auf Inschriften sat. II
3, 216.
PUTEAL ein Steinring in Form einer Brunneneinfassung auf dem Forum (Blitzein-
schlag?) in dessen Nähe das Tribunal des praetor urbanus lag sat. II 6, 35.
PYLADES Freund und Gefährte des Orestes sat. II 3, 139.
PYTHAGORAS Philosoph und Mathematiker aus Samos, 6. Jahrh. v. Chr.; lehrte
die Seelenwanderung und Wiedergeburt sat. II 4, 3; 6, 63; Pythagoreus epist. II 1, 52.
PYTHIA die pythischen Spiele, alle vier Jahre zu Ehren Apollons bei Delphi ge-
feiert; Pythia cantare: bei den pythischen Spielen als Flötenbläser auftreten a. p. 414.
PYTHIAS einer der üblichen Sklavennamen der alten Komödie (z. B. in Terenz'
Eunuchus): die freche, verschmitzte Dirne a. p. 238.

QUINCTIUS ein Bekannter des Dichters, vielleicht derselbe Quinctius Hirpinus,
an den carm. II 11 gerichtet ist: ein reicher, aber von Sorgen um seinen Besitz ge-
quälter Römer epist. I 16, 1.
QUINQUATRUS ein altes, am 19. März, d. h. am 5. Tage nach den Iden des
März (daher der Name) gefeiertes Fest zu Ehren der Minerva; wohl die einzige
kurze Ferienunterbrechung des vom 15. Oktober bis 15. Juli dauernden Schuljahres
epist. II 2, 197.
QUINTILIUS Varus aus Cremona, gest. 23 v. Chr., Poet und Freund des Vergil
und Horaz (vgl. carm. I 18), wird hier als feiner Kunstrichter genannt a. p. 438.
QUINTUS römischer Vorname sat. II 3, 243; 5, 32; als Horaz' Vorname sat. II 6, 37.
QUIRINUS der vergötterte Stadtgründer Romulus sat. I 10, 40; collis = Quirinalis
epist. II 2, 68.
QUIRIS plur. Quirites die von einem Beinamen des Mars auf seine Nachkommen
übertragene Bezeichnung für das in der Volksversammlung seine Souveränität bekun-
dende Volk; vollberechtigte Bürger epist. I 6, 7.

RAMNES die älteste der drei Rittercenturien (Liv. I 13) = Ritter; genannt statt
der centuriae iuniorum, um außer der Jugend auch Vornehmheit und Stolz zu be-
tonen a. p. 342.
REX s. Rupilius.
RHENUS der Rheingott sat. I 10, 45; der Rhein a. p. 18.
RHODOS Insel und Stadt im Ägäischen Meere, an der Küste von Kleinasien epist.
I 11, 17. 21. Rhodius sat. I 10, 30.
ROMA Ausgangspunkt der Reise nach Brundisium sat. I 5, 1; 6, 76; II 1, 59; 6, 23;
7, 13. 28; epist. I 2, 2; 7, 44; 8, 12; 11, 11. 21; 14, 17; 16, 18; 20, 10; II 1, 61. 102.
256; 2, 1. 65. 87.
ROMANUS sat. I 4, 85; 6, 48; II 1, 37; 2, 10. 52; 5, 10; 8, 54; epist. I 1, 70; 3, 9;
12, 25; 18, 49; II 1, 29; 2, 94; a. p. 54. 113. 264. 325.
ROMULUS, Sohn der Ilia und des Mars, Gründer Roms und Ahnherr der Römer
epist. II 1, 5.
ROSCIUS 1. ein Freund, der Horaz um Beistand vor Gericht bittet sat. II 6, 35 —
2. der Tribun L. Roscius Otha setzte 67 v. Chr. durch seine lex theatralis fest, daß
die römischen Ritter, die den census equester von 400 000 Sesterzen besaßen, das
Recht hatten, im Theater auf den Bänken hinter den Senatoren in der Orchestra zu
sitzen epist. I 1, 62 — 3. Q. Rosc. Gallus, ein feingebildeter (doctus) Schauspieler
in der Komödie, mit Cicero befreundet epist. II 1, 82.
RUBI Stadt in Apulien, südöstlich von Canusium sat. I 5, 94.
RUFA römischer Frauenname; findet sich oft auf Inschriften sat. II 3, 216.
RUFILLUS Name eines römischen Stutzers sat. I 2, 27; 4, 92.

SEPTEMBER der siebente, später (wie bei uns) der neunte Monat des Jahres; horae: die (ungesunde) Septemberzeit epist. I 16, 16.

SEPTICIUS Freund des Briefempfängers Torquatus, von Horaz eingeladen epist. I 5, 26.

SEPTIMIUS des Dichters Freund, der, wie es scheint, in das Gefolge des Prinzen Tiberius aufgenommen werden wollte; vielleicht identisch mit dem aus carm. II 6 bekannten und in Suetons Horazvita erwähnten Herzensfreund des Dichters epist. I 9, 1.

SERVILIUS BALATRO einer der beiden Schmarotzer in Maecenas' Gefolge sat. II 8, 21. 33. 40. 64. 83.

SERVIUS vielleicht ein Sohn (oder Enkel?) des berühmten Rechtsgelehrten Sulpicius Rufus; schrieb nach Ovid (trist. II 441) erotische Gedichte sat. I 10, 86.

SERVIUS TULLIUS, der sechste römische König; galt als der „vaterlose" Sohn einer Kriegsgefangenen sat. I 6, 9.

SEXTILIS (mensis) der sechste Monat (vom März an gerechnet), später der achte; seit 8 v. Chr. (Dio XV 7) bekam er zu Ehren des Kaisers, der in ihm sein erstes Konsulat angetreten hatte, den Namen Augustus epist. I 7, 2; 11, 19.

SICULUS von Sizilien epist. I 2, 58; 12, 1; II 1, 58; a. p. 463.

SIDONIUS aus der Stadt Sidon in Phönizien; sidonisch, phönizisch, tyrisch epist. I 10, 26.

SILENUS der Erzieher des Gottes Dionysos und sein beständiger Begleiter; eine stehende Person im Satyrspiele a. p. 239.

SILVANUS altitalischer Gott des Waldes, auch Grenzgott epist. II 1, 143.

SIMO Figur der alten Komödie (z. B. in Plautus' Pseudolus und Mostellaria), der verliebte leichtgläubige Alte a. p. 238.

SINUESSA letzte Stadt Latiums an der Grenze von Campanien sat. I 5, 40. Sinuessanus epist. I 5, 5.

SIREN die Sirene; in der Sage Vögel mit Jungfrauengesichtern, sitzen am Gestade und locken durch ihren Gesang die Vorüberfahrenden ins Verderben sat. II 3, 14; epist. I 2, 23.

SISENNA schmähsüchtiger Mensch sat. I 7, 8.

SISYPHUS 1. nach Porphyr. ein Zwerg, der dem Triumvir M. Antonius gehörte; von ihm wegen seiner Schlauheit so genannt sat. I 3, 47 — 2. der mythische König von Korinth, durch seine Schlauheit berüchtigt; einer der Unterweltsbüßer sat. II 3, 21.

SMYRNA neben Ephesos damals die schönste und belebteste von allen ionischen Städten Kleinasiens epist. I 11, 3.

SOCRATICUS sokratisch, des Sokrates a. p. 310.

SOL Sonnengott epist. I 10, 17; 16, 6.

SOPHOCLES der berühmte griechische Tragödiendichter (497--406 v. Chr.) epist. II 1, 163.

SOSII fratres waren die Verleger der Werke des Horaz; Sosii illo tempore fratres erant bibliopolae celeberrimi (Porphyrio) epist. I 20, 3; a. p. 345.

STABERIUS ein reicher Geizhals sat. II 3, 84. 89.

STERTINIUS verfaßte zahlreiche Schriften über stoische Philosophie; wohl ein Tugendschwätzer wie Crispinus (sat. I 1, 120; 3, 139; 4, 14) u. a. sat. II 3, 33. 296; epist. I 12, 20.

STOICUS stoischer Philosoph sat. II 3, 160. 300.

SUADELA Göttin der Überredung epist. I 6, 38.

SULCIUS ein stadtbekannter Ankläger von Profession sat. I 4, 65. 70.

SULLA L. Cornelius, der bekannte Diktator (138—77 v. Chr.); Vater der sittenlosen Fausta sat. I 2, 64.

SUPERBUS s. Tarquinius.

SURRENTUM (jetzt Sorrento) eine Seestadt in Campanien, berühmt durch ihren Weinbau epist. I 17, 52. Surrentinus aus Surrentum sat. II 4, 55.

SYRUS Bewohner der asiatischen Landschaft Syrien sat. I 6, 38; II 6, 44.

TANAIS ein Verschnittener (spado fuit, ut quidam aiunt, Maecenatis libertus: Porphyrio) sat. I 1, 105.

TANTALUS, der in der Unterwelt mit ewigem Hunger und Durst bestraft wurde, weil er die Geheimnisse der Götter verriet, als Sinnbild des nimmer genießenden Geizes sat. I 1, 68.
TARENTUM Stadt in Unteritalien, Endpunkt der via Appia sat. I 6, 105; II 4, 34; epist. I 7, 45; 16, 11; Tarentinus epist. II 1, 207.
TARPA Sp. Maecius, ein bekannter Kunstrichter dieser Zeit sat. I 10, 38; auch in der ars poetica als Autorität erwähnt a. p. 387.
TARQUINIUS SUPERBUS mythischer letzter König der Römer, der 510 v. Chr. vertrieben wurde sat. I 6, 12 f.
TAURUS T. Statilius, zum zweiten Male Konsul im Jahre 26 v. Chr. epist. I 5, 4.
TEANUM Sidicinum: die vornehmste Binnenstadt Campaniens epist. I 1, 86.
TELEMACHUS, Sohn des Odysseus, Königs von Ithaca epist. I 7, 40.
TELEPHUS König von Mysien, erscheint in einem Stück des Euripides als bettelnder Landstreicher vor Agamemnon, um Heilung zu suchen für die immer wieder aufbrechende Wunde, die ihm Achilles geschlagen hat a. p. 96. 104.
TELLUS die Göttin Erde epist. II 1, 143.
TERENTIUS, P. Afer, ca. 190—159 v. Chr., römischer Lustspieldichter, verfaßte u. a. den Heautontimorumenos sat. I 2, 20; epist. II 1, 59.
TEUCER (Teukros), Sohn Telamons, Halbbruder des Aias sat. II 3, 204.
THEBAE, Hauptstadt Böotiens sat. II 5, 84; epist. I 16, 74; II 1, 213; die Bewohner galten als schwerfällig und stumpf a. p. 118. Thebanus thebanisch, aus Theben; Thebani modi = Pindarische Lieder epist. I 3, 13; a. p. 394.
THEONINUS von Theon, einem Freigelassenen, der durch seine schmähsüchtige Zunge berüchtigt war epist. I 18, 82.
THESPIS um 530 v. Chr., Zeitgenosse des Solon und Peisistratos, gilt nach der antiken Tradition als Urheber der griechischen Tragödie epist. II 1, 163; a. p. 276.
THESSALUS aus Thessalien, nordostgriechische Landschaft; das klassische Land der Zauberer und ihrer Künste epist. II 2, 209.
THRACE Thracia, Thrakien; Balkangebiet nordöstlich von Makedonien epist. I 3, 3; 16, 13.
THRAEX thrakisch, der Thraker; einer der Gladiatoren, die man in thrakischer Rüstung (kleiner Rundschild und krummer Säbel) kämpfen ließ; ursprünglich thrakische Kriegsgefangene sat. II 6, 44; epist. I 18, 36.
THURINUS aus Thurii in Lukanien sat. II 8, 20.
THYESTES, Sohn des Pelops; sein Bruder Atreus, dessen Frau er verführt hat, setzt ihm die eigenen Kinder zum Mahle vor; ein von den Tragikern häufig behandelter Stoff a. p. 91.
TIBERIS sat. I 9, 18; II 1, 8; 3, 292; epist. I 11, 19; Tiberinus sat. II 2, 31; epist. I 11, 4.
TIBERIUS, ein römischer Vorname sat. II 3, 173.
TIBULLUS, der bekannte Elegiker (um 54—19/18 v. Chr.) epist. I 4, 1.
TIBUR Stadt in Latium (heute Tivoli), beliebter Sommeraufenthalt an den Wasserfällen des Anio epist. I 7, 45; 8, 12; II 2, 3. Tiburs aus Tibur; via: eine besuchte Heerstraße nach Tibur sat. I 6, 108; poma: die Obstgärten Tiburs sat. II 4, 70.
TIGELLIUS aus Sardinien, geschätzter Sänger, stand bei Cäsar und Oktavian in hoher Gunst; verschwenderisch freigebig sat. I 2, 3; wunderliches und unbeständiges Wesen sat. I 3, 4.
TIGELLIUS Hermogenes, wohl ein Freigelassener (oder Verwandter?) des sat. I 2, 3 und I 3, 4 genannten Tigellius; ein damals noch lebender Sänger sat. I 3, 129; 9, 25; als Typus der urteilslosen Lesewelt (vulgus) sat. I 4, 72; 10, 18. 80. 90.
TILLIUS, ein Mann niederer Herkunft, hatte seinen Senatssitz wohl durch eine censorische nota verloren, dann aber durch seine erfolgreiche Bewerbung um das Volkstribunat wiedergewonnen sat. I 6, 24; er bringt es zum Prätor, kann aber auch da seine niedrige Gesinnung nicht verleugnen sat. I 6, 107.
TIMAGENES aus Alexandria, Rhetor und Geschichtsschreiber; kam als Kriegsgefangener nach Rom, hielt dort nach seiner Freilassung rhetorische Kurse ab; durch seine bissige Zunge verscherzte er sich die Gunst des Augustus epist. I 19, 15.
TIRESIAS der berühmte blinde Wahrsager aus Theben, mit dem Odysseus ein Gespräch in der Unterwelt führt (Homer Odyss. λ 90 ff.) sat. II 5, 1.
TISIPHONE eine der Furien sat. I 8, 34.

TITIUS ein junger Dichter epist. I 3, 9.
TORQUATUS ein Freund des Dichters, Anwalt, wohl zur altadligen Familie der
Manlier gehörig epist. I 5, 3.
TRAUSIUS ein wenig bemittelter Verschwender, der sich ruiniert hat sat. II 2, 99.
TREBATIUS C. Testa, angesehener Rechtsgelehrter, genoß bei Cäsar und Oktavian
höchstes Ansehen; seine Korrespondenz mit Cicero, der ihm seine Topica widmete,
ist erhalten (ad fam. VII, 5—22) sat. II 1, 4. 78.
TREBONIUS Name eines Römers sat. I 4, 114.
TRIQUETRA tellus „das dreieckige Land" = Sizilien (wegen seiner dreieckigen
Gestalt; vgl. Trinacria) sat. II 6, 55.
TRIVICUM ein Städtchen im Gebirge auf der Grenze zwischen Samnium und
Apulien sat. I 5, 79.
TROIA Untergang sat. II 3, 191; Stätte des Kampfes sat. II 5, 18; epist. I 2, 19;
a. p. 141. Troianus epist. I 2, 1; a. p. 147.
TULLIUS s. Servius Tullius.
TURBO ein Gladiator parvo corpore sed animosus in pugna (Porphyr.) sat. II 3, 310.
TURIUS ein Richter oder Geschworener, der seine Stellung zur Befriedigung seiner
Rachsucht mißbrauchte sat. II 1, 49.
TUSCUS tuskisch, etrurisch; amnis: der Tiber, der in Etrurien entspringt sat. II 2,
33; vicus: die Tuskergasse, die vom Forum nach dem Velabrum führte, wo allerhand
liederliches Gesindel sein Wesen trieb sat. II 3, 228; mare (Tyrrhenum): der Teil
des Mittelmeeres westlich von Italien epist. II 1, 202.
TYNDARIDAE die Kinder des Tyndareus: Kastor und Polydeukes, Helena und
Klytämnestra; Klyt. spaltete ihrem Gemahl Agamemnon mit dem Beile das Haupt
sat. I 1, 100.
TYRIUS aus Tyrus, einer See- und Handelsstadt in Phönizien, berühmt wegen des
Purpurs sat. II 4, 84; epist. I 6, 18.
TYRRHENUS tyrrhenisch, etruskisch epist. II 2, 180.
TYRTAEUS, Lyriker, 7. Jahrh. v. Chr., er soll im 2. messenischen Kriege den Mut
der spartanischen Kämpfer durch seine Gesänge begeistert haben a. p. 403.

ULIXES Odysseus, Sohn des Laërtes, König von Ithaka sat. II 3, 197. 204; II 5, 3.
59. 100; epist. I 2, 18; 6, 63; 7, 40.
ULUBRAE ein unbedeutendes, in den pontinischen Sümpfen gelegenes Städtchen
Latiums epist. I 11, 30.
UMBER aus Umbrien, einer Landschaft in Mittelitalien sat. II 4, 40.
UMBRENUS der neue Besitzer eines Gutes, das dem früheren Besitzer Ofellus
durch die Veteranenansiedlung im Jahre 41 v. Chr. genommen wurde sat. II 2, 133.
UMMIDIUS schmutziger Geizhals sat. I 1, 95.
UTICA Stadt in Afrika, nördlich von Karthago epist. I 20, 13.

VACUNA angeblicher Name einer sabinischen Göttin; hier wohl scherzhaft —
durch Volksetymologie von vacare abgeleitet — als dea vacationibus (Ferien) pro-
pitia, also als Göttin der Muße gedeutet epist. I 10, 49.
VALA Numonius, gehört zu einer angesehenen bei Salernum und Velia begüterten
Familie epist. I 15, 1.
VALERIUS: P. Poplicola, vertrieb mit L. Iunius Brutus die römischen Könige und
begründete die Republik; auf ihn führten die Laevini ihren Stammbaum zurück
sat. I 6, 12.
VALGIUS C. Rufus, Konsul 12 v. Chr., Dichter von Elegien und Epigrammen, auch
durch rhetorische und grammatische Schriften bekannt; sat. I 10, 82.
VARIA (jetzt Vicovaro), eine Stadt in der Nähe von Horaz' Sabinergut, am Einfluß
der Digentia in den Anio epist. I 14, 3.
VARIUS L. Rufus, älterer Freund Vergils (ecl. IX, 35), der ihn und Plotius in seinem
Testamente als Erben seiner Manuscripte einsetzte; hervorragender epischer (carm.
I 6) und tragischer (Quintil. X 1, 98) Dichter; gehörte zum Kreis des Maecenas, mit
Horaz eng befreundet sat. I 5, 40. 93; 9, 23; 10, 81; epist. II 1, 247; empfahl Horaz
dem Maecenas sat. I 6, 55; als Vertreter des Heldenepos sat. I 10, 44; II 8, 21. 63;
a. p. 55.

VARRO P. Terentius Atacinus, 82—37 v. Chr., übersetzte griechische Dichtungen, z. B. die Argonautica von Apollonius Rhodius, und versuchte sich auch in der Satirendichtung; nach dem Flusse Atax in seiner Heimat Südfrankreich Atacinus genannt, zum Unterschied von dem berühmten Verfasser der saturae Menippeae M. Terentius Varro Reatinus sat. I 10, 54.

VEIANIUS ein damals bekannter ausgedienter Gladiator epist. I 1, 4.

VEIENS von (bei) Veji, einer Stadt in Etrurien epist. II 2, 167.

VEIENTANUS ein geringer Landwein (vgl. Martial I 103, 9), nach Persius (5, 147) ein Wein, den die Matrosen auf den Schiffen tranken sat. II 3, 143.

VELABRUM Niederung zwischen vicus Tuscus (Tuskergasse) und forum boarium (Rindermarkt) am Aventin; hier waren die Läden der Lebensmittelhändler sat. II 3, 229.

VELIA Stadt in Lukanien, Kolonie der Phokäer, am Meere südlich von Pästum epist. I 15, 1.

VELINA (tribus) Name einer römischen Tribus, die eine Wahlkörperschaft bildete epist. I 6, 52.

VENAFRUM eine Stadt in Campanien sat. II 8, 45. Venafranus, das dort geerntete Öl genoß Weltruhm sat. II 4, 69.

VENUS die Göttin der Liebe und Anmut; personif. Liebe sat. II 5, 80; epist. I 6, 38; a. p. 414.

VENUSINUS aus Venusia, einer alten Stadt in Apulien an der Grenze von Lukanien; Geburtsort des Horaz sat. II 1, 35.

VERGILIUS P. Maro, der bekannte Epiker aus Andes bei Mantua, 70 — 19 v. Chr., mit Horaz eng befreundet sat. I 5, 40. 48; 10, 81; epist. II 1, 247; a. p. 55 empfahl Horaz dem Maecenas sat. I 6, 55; als Vertreter der bukolischen Dichtung sat. I 10, 45.

VESTA Göttin des Herdfeuers; ihr Rundtempel stand auf dem Forum Romanum sat. I 9, 35; epist. II 2, 114.

VIA SACRA Hauptstraße Roms, führte übers Forum nach dem Kapitol sat. I 9, 1.

VIBIDIUS einer der beiden Schmarotzer in Maecenas' Gefolge sat. II 8, 22. 33. 40. 80.

VICTORIA Siegesgöttin epist. I 18, 64.

VILLIUS wohl Sex., den Cicero (epp. II 6) als Milonis mei familiaris bezeichnet; Liebhaber von Milos Gattin Fausta, die Sullas Tochter war; deshalb wird er spöttisch „Sullas Schwiegersohn" genannt sat. I 2, 64.

VINNIUS Asina ein Freund des Horaz; er gehörte gewiß zur Hofgesellschaft epist. I 13, 2. 8.

VISCUS einer von zwei Brüdern, die zum engeren Freundschaftskreis des Horaz und des Maecenas gehörten sat. I 9, 22; beide Brüder sat. I 10, 83; Viscus Thurinus sat. II 8, 20.

VISELLIUS: der Schwiegervater des Visellius (socer Viselli; so umschrieben, weil sein Name wohl nicht in den Vers paßte) litt an einem Hodenbruch sat. I 1, 105.

VOLANERIUS ein römischer Lebemann, als Beispiel der Beharrlichkeit im Laster sat. II 7, 15.

VOLCANUS = ignis; der Gott der Feuerflamme in pathetischer Umschreibung für sein Element sat. I 5, 74.

VOLTEIUS Mena: der Freigelassene eines Volteius (dessen Namen er, wie üblich, annahm), griechischer Herkunft epist. I 7, 55. 61. 64. 91.

VORANUS ein Freigelassener des Q. Lutatius (Capitolinus?); omni loco omni tempore furacissimus fuisse dicitur (Porph.) sat. I 8, 39.

VORTUMNUS ursprünglich etruskischer Gott, in Rom Gott alles Wandels und Wechsels (Ableitung des Namens von verto). Wegen der Mannigfaltigkeit der Gestalten, die der Gott annehmen kann, fingiert der Dichter den Plural sat. II 7, 14; er hatte an der Einmündung des vicus Tuscus auf das Forum eine Kapelle epist. I 20, 1.

ZEPHYRUS der Westwind epist. I 7, 13.

ZETHUS Sohn des Zeus und der Antiope; s. Amphion epist. I 18, 42.

Geflügelte Worte

Ab ovo usque ad mala. sat. I 3, 6.
Adhuc sub iudice lis est. a. p. 78.
Aut prodesse volunt aut delectare poetae. a. p. 333.

Brevis esse laboro, / obscurus fio. a. p. 25.

Caelum, non animum mutant, qui trans mare currunt. epist. I 12, 27.
Carpe viam. sat. II 6, 93.
Credat Iudaeus Apella. sat. I 5, 100.
Cum sale panis / latrantem stomachum bene leniet. sat. II 2, 17.

Debemur morti nos nostraque. a. p. 63.
Dimidium facti, qui coepit, habet: sapere aude. epist. I 2, 40.
Disiecti membra poetae. sat. I 4, 62.
Divitiis homines an sint virtute beati. sat. II 6, 74.

Epicuri de grege porcum. epist. I 4, 16.
Est modus in rebus, sunt certi denique fines, / quos ultra citraque nequit consistere
    rectum. sat. I 1, 104.

Faenum habet in cornu, longe fuge. sat. I 4, 34.

Genus inritabile vatum. epist. II 2, 102.
Graecia capta ferum victorem cepit et artis / intulit agresti Latio. epist. II 1, 156.

Haec res et iungit iunctos et servat amicos I 3, 54.
Hic niger est, hunc tu, Romane, caveto. sat. I 4, 85.
Hinc illae lacrimae. epist. I 19, 41.
Hoc erat in votis. sat. II 6, 1

Iliacos intra muros peccatur et extra. epist. I 2, 16.
In medias res. a. p. 148.
Ira furor brevis est. epist. I 2, 62.
Iurare in verba magistri. epist. I 1, 14.

Laudator temporis acti. a. p. 173.

Macte virtute esto. sat. I 2, 31.
Mors ultima linea rerum est. epist. I 16, 79.
Mortalia facta peribunt. a. p. 68.
Mutato nomine de te fabula narratur. sat. I 1, 69.

Nabis sine cortice. sat. I 4, 120.
Nam fuit ante Helenam cunnus taeterrima belli / causa. sat. I 3, 107.
Naso suspendis adunco. sat. I 6, 5.
Naturam expelles furca, tamen usque recurret. epist. I 10, 24.
Nil admirari. epist. I 6, 1.
Nil conscire sibi, nulla pallescere culpa. epist. I 1, 61.
Nil sine magno vita labore dedit mortalibus. sat. I 9, 59.
Non cuivis homini contingit adire Corinthum. epist. I 17, 36.
Nonum prematur in annum. a. p. 388.
Nos numerus sumus et fruges consumere nati. epist. I 2, 27
Nunc adbibe puro / pectore verba, puer, nunc te melioribus offer. epist. I 2, 67.

O imitatores, servom pecus. epist. I 19, 19.
Oderunt hilarem tristes. epist. I 18, 89.
Oderunt peccare boni virtutis amore. epist. I 16, 52.
Omne tulit punctum, qui miscuit utile dulci. a. p. 343.

Par nobile fratrum. sat. II 3, 243.
Parturient montes, nascetur ridiculus mus. a. p. 139.
Pauca accipe contra. sat. I 4, 38.
Paupertas inpulit audax / ut versus facerem. epist. II 2, 51.
Persta atque obdura. sat. II 5, 39.
Petimusque damusque vicissim. a. p. 11.
Principibus placuisse viris non ultima laus est. epist. I 17, 35.

Quandoque bonus dormitat Homerus. a. p. 359.
Qui dedit hoc hodie, cras, si volet, auferet. epist. I 16, 33.
Qui studet optatam cursu contingere metam, / multa tulit fecitque puer, sudavit et
    alsit. a. p. 412.
Quia me vestigia terrent. epist. I 1, 74.
Quidquid delirant reges, plectuntur Achivi. epist. I 2, 14.
Quidquid sub terra est, in apricum proferet aetas / defodiet condetque nitentia.
    epist. I 6, 24.
Quo semel est inbuta recens servabit odorem / testa diu. epist. I 2, 69.
Quod satis est cui contingit, nihil amplius optet. epist. I 2, 46.

Rara avis. sat. II 2, 26.
Rerum concordia discors. epist. I 12, 19.
Ridentem dicere verum. sat. I 1, 24.
Risum teneatis, amici. a. p. 5.
Rixatur de lana saepe caprina. epist. I 18, 15.

Saepe stilum vertas. sat. I 10, 72.
Scribimus indocti doctique poemata passim. epist. II 1, 117.
Semel emissum volat inrevocabile verbum. epist. I 18, 71.
Sic me servavit Apollo. sat. I 9, 78.
Sincerum est nisi vas, quodcumque infundis acescit. epist. I 2, 54.
Sperne voluptates: nocet empta dolore voluptas. epist. I 2, 55.

Tua res agitur, paries cum proximus ardet. epist. I 18, 84.

Unus et idem. epist. II 2, 200.
Unus multorum. sat. I 9, 71.
Ut pictura poesis. a. p. 361.

Vero distinguere falsum. epist. I 10, 29.
Versate diu, quid ferre recusent, / quid valeant umeri. a. p. 39.
Vilius argentum est auro, virtutibus aurum. epist. I 1, 52.
Virtus est medium vitiorum. epist. I 18, 9.
Virtus est vitium fugere et sapientia prima / stultitia caruisse. epist. I 1, 41.
Virtus post nummos. epist. I 1, 54.
Vivere si recte nescis, decede peritis. epist. II 2, 213.

Gedichtanfänge

Nachwort

Horaz bezeichnet seine Satiren und Episteln anspruchslos als „Plaudereien" (sermones, epist. II 1, 250), als eine Dichtung ohne höheren
Schwung (sermones repentes per humum, epist. II 1, 251), deren Sprache
der Prosa näher steht als der Poesie (musa pedestris, sat. II 6, 17). So
wird die deutsche Übersetzung den gewollten Ton der Gedichte am
richtigsten wiedergeben, wenn sie auf die poetische Kunstform ganz
verzichtet und sich einer künstlerisch gehobenen Prosa bedient. Am
besten ist dies in der 1920 erschienenen Übersetzung („Horazische
Lieder und Briefe") von Friedrich Schulteß † gelungen, die ein so be-
rufener Horazkenner wie Richard Heinze weit über alle anderen Nach-
bildungen stellte. Sie wurde deshalb den Briefen und einigen Satiren
zugrunde gelegt, doch niemals unverändert übernommen. Sehr viele
Stellen, oft ganze Versreihen habe ich umgestaltet, um den Sinn klarer
herauszuarbeiten, Unebenheiten auszugleichen und gesuchte oder veraltete, meinem Sprachgefühl widersprechende Ausdrücke zu beseitigen.
Die Satiren (außer I 1, 5, 6, 9 und II 6) habe ich neu übertragen; eine
glatte Kopie der Schulteßschen Übersetzung zu liefern war hier nicht
beabsichtigt und wohl auch gar nicht möglich. Ich habe mich — gewiß
anders als er und doch in seinem Sinne — bemüht, durch Wortwahl,
Wortstellung und eine fast durchgehende Rhythmisierung den Ton zu
treffen, der den Horazischen Plaudereien mit ihrer gepflegten Unter-
haltungssprache gemäß ist und sich bei aller Klarheit und Verständlich-
keit nie in triviale Alltagsprosa verlieren darf. An vielen Stellen, die
nicht ohne weiteres verständlich sind, suchte ich durch Einfügung einer
kurzen Wendung, oft eines einzigen Wortes, den Sinn des Textes oder
die Bedeutung eines Namens zu klären; führend blieb — in Schulteß'
Sinne — das Bestreben, nur auszulegen, nichts hineinzudeuten. Zum
Verständnis des Ganzen sollen schließlich die Erläuterungen beitragen,
die in gedrängter Kürze das Wesentlichste über Veranlassung, Inhalt
und Tendenz der einzelnen Gedichte zusammenzufassen suchen und
mit knapper Sacherklärung das unmittelbare Wortverständnis erleich-
tern wollen. Daß ich dazu bei guten Horazerklärungen Rat geholt und
vor allem die Ergebnisse der feinsinnigen Ausgabe von Richard Heinze
sorgfältig verwertet habe, ist selbstverständlich.
Mein unermüdlicher Mitarbeiter H. Färber, München, hat neben der
Gestaltung des lateinischen Textes das Literaturverzeichnis, die Erläuterungen zur Ars poetica, die biographischen Daten, Zeittafeln und
die Sammlung der Geflügelten Worte beigesteuert; vor allem aber
danke ich ihm für die aufmerksame Überwachung der Korrektur.

Wilhelm Schöne

INHALT

Lieferbare Tusculum-Bücher

Antike Autoren im Urtext mit deutscher Übertragung

Äsopische Fabeln
Griechisch-deutsch. ed. A. Hausrath. 152 S. 9. Tsd. 1944. Gebunden DM. 4.—

Aischylos, Orestie *
Griechisch-deutsch. ed. Oskar Werner. 340 S. 1948. Pappband DM 4.80

Alkaios
Griechisch-deutsch. ed. Max Treu. 184 S. 1952. Leinen DM 8.80

Alkiphron, Hetärenbriefe
Griechisch-deutsch. ed. Wilh. Plankl. 100 S. 10. Tsd. 1942. Halbleinen DM 5.—

Antike Astronomie *
Griechisch-lateinisch-deutsch. ed. Heinr. Balss. 312 S. 1949. Halbleinen DM 4.80

Antike Weisheit
Lateinisch-griechisch-deutsch. 160 S. 17. Tausend. 1951. Leinen DM 7.—

Augustin, Selbstgespräche
Lateinisch-deutsch. ed. P. Remark. 204 S. 1951. Leinen DM 8.50.

Cicero, Gespräche in Tusculum
Lateinisch-deutsch. ed. Olof Gigon. 472 S. Dünndruck. 1951. Leinen DM 12.80

Hellas
Ein Führer durch Griechenland anhand antiker Quellen
Griechisch-deutsch. ed. Georg von Reutern. 288 S. 1942. Halbleinen DM 9.—

Homer, Ilias
Griechisch-deutsch. Übersetzt von Hans Rupé, ediert von Viktor Stegemann. 2 Bände
mit zus. üb. 1000 Seiten u. 2 Karten. 6. Tsd. 1948. Zusammen Pappe. DM 9.80,
Leinen DM 15.—

Homerische Hymnen
Griechisch-deutsch. ed. Anton Weiher. 168 Seiten. 1951. Leinen DM 7.50

Horaz, Gedichte
Lateinisch-deutsch. ed. Hans Färber. 328 S. 10.—14. Tsd. 1950. Leinen DM 7.50
Horatii opera omnia (Text allein) 260 S. in Leinen DM 5.50 (= Nr. 2 der Heimeran-Texte)

Cornelius Nepos, Kurzbiographien
Lateinisch-deutsch. ed. Hans Färber. 454 S. 1952. Leinen DM 11.—
*Text allein 144 S. Dünndruckpapier, flexibel in Leinen DM 4.50. 1952 (= Nr. 1 der Heime-
ran-Texte)*

Ovid, Briefe der Leidenschaft (Heroides)
Lateinisch und deutsch. Herausgegeben von Wolfgang Gerlach. 332 Seiten. 2. Aufl.
5. Tsd. 1952. Dünndruck, Leinenband DM 9.80

Ovid, Liebeskunst
Lateinisch-deutsch ed. Franz Burger. 224 S. 16.—19. Tsd. 1950. Leinen DM 7.50

Ovid, Metamorphosen
Lateinisch-deutsch. ed. Erich Rösch. 772 S. 1952. Dünndruck, Leinen DM 19.50

Persius, Satiren
Lateinisch-deutsch. ed. Otto Seel. 136 S. 1950. Leinen DM 6.—

Platon, Phaidon
Griechisch-deutsch. ed. Franz Dirlmeier. 288 S. 1949. Leinen DM 8.50

Plautus, Komödien *
Lateinisch-deutsch. ed. Alfred Klotz. 308 S. 1949. Halbleinen DM 4.80

Properz, Elegien
Lateinisch-deutsch. ed. Wilh. Willige. 296 S. 1950. Leinen DM 8.50

Sallust, Werke
Lateinisch-deutsch. ed. Wilh. Schöne und Werner Eisenhut. 460 S. 1950. Leinen DM 9.80

Sibyllinische Weissagungen
Griechisch-lateinisch-deutsch. ed. Alfons Kurfeß. 376 S. Dünndruck. 1951. Leinen DM 12.—

Leben und Meinungen der 7 Weisen
Griechisch, lateinisch und deutsch. Herausgegeben von Bruno Snell. 184 Seiten. Neuauflage 1952. Leinenband DM 8.—

Solon, Dichtungen
Griechisch-deutsch. ed. Eberhard Preime. 68 S. 1945. Kart. DM 2.—

Tusculum-Lexikon
der griechischen und lateinischen Literatur vom Altertum bis zur Neuzeit. Unter Mitwirkung mehrerer Gelehrter. 284 S. 1948. Daunenpapier. Leinen DM 12.—

---

*Die mit * bezeichneten Werke sind im Preis reduziert, da sie kein holzfreies Papier haben. Alle anderen Titel sind auf bestem Papier gedruckt.*

Heimeran-Texte

Für Schul- und Studiengebrauch erscheinen künftig neben den zweisprachigen Tusculum-Büchern auch reine Textausgaben. Zunächst erschienen Cornelius Nepos und Horaz s. d. In Vorbereitung sind: „Vita Si Emmerami", ca. 40 S. in Leinen ca. DM 2.— und „Curtius Rufus, Historiae Alexandri Magni". ca. 250 S. in Leinen ca. DM 6.—. Heimeran-Texte bieten nur vollständige Werke ohne alle Zutat, auf bestem Papier, in Leinen gebunden und trotzdem nicht teurer als die üblichen Schulausgaben.

Stand vom Sommer 1953